世界大战丛书

丘吉尔
第二次世界大战回忆录 01

从战争到战争

〔英国〕温斯顿 · 丘吉尔 著
方 唐 译

北京时代华文书局

本书铭言

战争时：坚毅

失败时：不屈

胜利时：宽容

和平时：友善

致 谢

我在著述本书的过程中，陆军中将亨利·博纳尔爵士在军事问题方面给予了大力帮助；艾伦准将在海军方面给予了帮助；牛津大学沃德姆学院的迪金上校在欧洲和一般性问题上提供了帮助，我在写作《马尔巴罗传》时也得到了他的帮助。在遣词造句上，爱德华·马什爵士付出了很大精力来帮助我。还有很多其他人士也曾审阅过原稿，并提出了自己的意见，在这里也一并表示感谢。

伊斯梅勋爵也曾提供帮助，对我来说，这是非常宝贵的。还有我的一些其他朋友以后依然会给我提供帮助。

在此要特地感谢英王陛下政府文书局局长。一些官方文件原文的版权为其所有，然而承蒙英王陛下政府批准，得以附加在内。

温斯顿·斯宾塞·丘吉尔

序 言

关于第一次世界大战的情况，我曾写了《世界危机》《东线战争》和《战后》三本书来记录。如今的《第二次世界大战回忆录》各卷，我认为是在承接前作。本书全部写完之后，与以上几本合起来，即是对这三十年战争的一个总的记述。

我在写作本书时，跟之前几本一样，也是竭力模仿笛福著述《一个骑士的回忆录》的方法：在对重大的军事事件和政治事件进行记述和发表意见时，以一个人为核心，围绕他的经历展开。在政府中身居要职，且同时经历了这两次史上最大灾难的人，或许只有我了。不过，一战时，我的职位还不是那么重要。而到了二战，有五年多的时间，我在对德战争中是国王陛下政府的首要决策者。因此，写这本书时我的立场较之以前不同，并且比以前更有权威。

我处理公务时,都是通过口授秘书去执行的。在担任首相一职期间，我发布了将近一百万字的备忘录、训令、私人电报和节略。那个时候，每天都有很多重要的事情需要处理。而我处理这些事情时，只能依据那个时候能搜集到的资料，所以，这些逐日写下的文件有这样或那样的不足在所难免。但是，这些文件出自战争时期不列颠帝国和联邦的主要决策者之手，是自己亲眼所见的重大事件的真实记录。记录战争实况和政府工作，这种情况我不知道现在有没有，也不知道过去是否曾有过。但是，我并不认为它能被称为历史。历史应该交给后来的人去编写。但我可以肯定的是，它对后世是有益的，对历史也很有价值，对此我很有信心。

这三十年中，我的作为和观点是我一生所有努力的集中体现。我希望人们对我做出评判时，能以此为依据。在战争中或是在政府决策上的任何举措，如果事先我没有发布过公开的或是正式的意见，或是没有发出过警戒性的预告，事后我绝不会妄加评判。这是我谨守的原则。当时，处于争论之中，很多的言辞是十分激烈的，事实上，作为事后的追忆，我已将它们改成稍缓和一些了。文中我记述了很多人和我的争辩，其中不乏我敬重和拥护的人，为此我也很痛心，可是那些都是过去给我们的教训，如果不说出来作为未来的借鉴，是不正确的。希望不会有人因为我记录的事情，而看轻那些真诚仁善的人，却忘了去拷问自己，在执行公务时是否有不妥，有什么样的前车之鉴可成为日后作为的参考。

我并不指望我说的所有都能得到每个人的认同，我也不是世人想看什么才写什么，对此请不要有误解。我的阐述都是根据我所持的观点得出的。对于材料的真实性，我已尽最大努力去查证核实。但是随着敌方文件不断被缴获，不断地有事实浮出水面，或是有新的发现。这些新信息被公开后，人们可能会对我之前下的判断重新评判。所以，我认为在全局没有明朗展现出来的情况下，当时的记录和白纸黑字写下的意见是最真实可靠的，以它们为依据是必要的，也是重要的。

罗斯福总统曾就这次战争的名称向公众征求意见。有一天，他就这个问题来问我。我马上回答说："可以不爆发的战争。"历史上，没有哪次战争可以比这次更加容易预防。上一次大战，世界遭受了严重的毁坏，这一次，又将上一次仅存的东西毁灭了。现在正义的一方取得了胜利，为此亿万人拼尽力气艰苦作战，甚至付出了生命。可是我们还是没有迎来和平或是安全，我们终于消灭了那个危难，然而现在却陷入了比之前更大的危险之中。这简直是人类史上最悲剧的事情了。吃一堑，长一智，人们应该牢记之前的教训。对于新生的一代人，我热切地希望他们能够改正之前的错误，从人类的需求和尊严出发，对于可预见的可怕未来加以掌控。

温斯顿·斯宾塞·丘吉尔

于肯特郡，韦斯特汉，

恰特韦尔庄园

1948 年 3 月

为新版写几句

这次重印使我可以借机完善一下几处细节上的错误。那些曾发现这些错误，并就修改提出自己意见的人，我在此奉上我的谢意。还有，对于此书受到如此多的喜爱，我十分珍惜。很多人在给我的信中提到了这本书，对他们，我由衷地表示感谢。

这次重新出版，出版社排版时用了更大一点的字体，愿这一变化，能让所有读者满意。

温斯顿·斯宾塞·丘吉尔

于恰特韦尔庄园

1949 年 6 月 14 日

目 录

不够明智、滥施好心和麻痹粗心，英国世界的人民
是如何因此任由作恶之人重新武装起来的。

第一章　胜利者的愚蠢

1919—1929 年

用战争消灭战争——法国流尽了血——以莱茵河为国界——凡尔赛和约中关于经济的条款——关于赔偿一无所知——奥匈帝国因圣·日耳曼条约和特里亚农条约覆灭——建立魏玛共和国——美国拒不履行英美对法国的承诺——克雷孟梭垮台——鲁尔被彭加勒占据——“马克”崩溃了——美国实施孤立政策——英日终止同盟关系——英美缩减海军——法西斯——如何不让第二次世界大战爆发——一个让人信服的和平承诺——胜利一方忘记的事情——战败一方耿耿于怀——第二次世界大战的道德缺席——因为没能让德国解除武装

第一次世界大战结束之后，人们普遍怀有世界和平即将到来的期望，并且对此毫不怀疑。假如每个人都秉持正义，遵从常理，谨慎做事，世界人民的这种热切期盼原本非常容易达成。人们都在称颂“为结束战争而战”这句话，并且付诸行动，将其实现。威尔逊总统——当时被认为掌握着美国权柄的人，曾经让国际联盟的构想打动了每个人。他的构想被在凡尔赛的英国代表团塑造成形，变成了一个机构，并将成为人类艰难前行之路上永恒的里程碑。胜利的协约国[①]此时是异常强大的，起码对于他们的敌人来说是这样。事实上，协约国内部困难重重，存在着很多找不到答案的问题。不过，那些作为罪魁祸首的、占据了大半个中欧的条顿[②]政权，确已向协约国臣服。受到德国重创的俄国，已经深陷内战的乱局之中，渐渐被布尔什维党或者说共产党掌控政权。

* * *

1919 年夏，协约国把部队驻扎在莱茵河沿岸，而他们的桥头堡则插入到德国内部。当时的德国已经战败，并且被解除武装，陷入饥困的境地。在巴黎，战胜国领导人正在探讨和争论着将来的行动。基本上可以说，他们有权力随意更改眼前的欧洲地图。经历了五十二个月的艰苦和危难，他们终于让条顿国家同盟俯首听命。该同盟的四个成员国中的任何一个，都再也无力对协约国的意志稍作抵抗。首犯德国被公认是让全世界惨遭劫难的罪魁祸首，它现在任凭胜利者发落。而经历了劫难的胜利者，自身也已显得十分狼狈。这次战争是民族与民族之间的，而不是政府与政府之间的。愤怒和屠杀耗尽了每个大国的生命和能量。汇集巴黎的各国战时领袖，都感受到了时代潮流的压力，在人类历史上，还从未出现过如此强大激烈的压力。乌得勒支条约和维也纳和约的时代一去不复返了，那时候的贵族政客和外交家在开会讨论的时候，都是温和有礼的，不管是战胜者还是战败者。他们没有民主政治的那种嘈杂的争辩，完全可以遵照公认的基本规则来改变各

① 协约国：第一次世界大战中以英国、法国、俄国为主的国家联盟。协约国的敌人，是以德国为中心的同盟国集团。最终协约国赢得了胜利。——译注

② 条顿：古代日耳曼人的一个分支，后世常用来泛指日耳曼人，而德国人一般被认为是日耳曼人的代表。——译注

项制度。如今，人们在经历了深重的苦难之后，又被如此多的宣传所鼓动，数以亿计的人异口同声地强烈要求以血还血。领导者站在胜利的山巅上，头晕目眩，如果他们宣布放弃士兵们浴血奋战得来的果实，那就大祸临头了。

法国依靠自己的拼搏和牺牲顺理成章地坐在了领导的位置。为了守卫法国领土，有近一百五十万法国人死在了反抗入侵的战斗中。一百年来，巴黎圣母院的钟楼分别在1814年、1815年、1870年、1914年和1918年，五次目睹了普鲁士的枪林弹雨，听到他们的大炮轰鸣。这一次，在长达四年的惨痛时间里，法国十三个省笼罩在普鲁士的残酷军事统治下。大片土地受到敌人战火的荼毒，很多地方在两军激烈战斗中成为焦土。从凡尔登到土伦，几乎每一间屋舍，每一个家庭，不是沉浸在对死去亲人的哀悼中，就是在照料幸存下来的伤者。参加过1870年战争的法国人，或者经历过那次战争苦难的法国人，其中很多人已经身份显赫，他们认为，法国能在这次刚结束的空前惨烈的战争中取得胜利，简直是个奇迹。对德意志帝国的恐惧，伴随了他们一生。他们还记得1875年俾斯麦曾经意图发动预防性战争，记得1905年的残酷威胁使得德耳卡塞离职，他们也曾在1906年的摩洛哥事件、1908年的波斯尼亚纠纷和1911年的阿加迪尔危机中充满恐惧。在英国人和美国人耳中，德国皇帝的“铁甲拳头”和“闪亮的盔甲”的演讲也许只是个笑话，但是在法国人看来，那却是真正灾难的前兆。他们生活在德国的武力威胁之下，已将近五十年的时间。现在，法国人终于用鲜血换来了这漫长压抑后的解脱，和平和安全成为了现实。法国人激动地呐喊：“坚决不能再来！”

但是，前路还是满布着不祥之兆。法国的人口不到德国的三分之二，德国的人口还在不断增长，而法国的人口却没有变化，至少在十年之内，德国每年达到服兵役年龄的青年人都会有很多，其数量肯定两倍于法国。曾经，德国差不多是以一国之力来抗衡整个世界，并且差点就打垮了世界。整个世界好几次命悬一线，最终扭转战局的只是一些偶然因素和机遇,对此,了解真实情况的人都非常清楚。假如将来波澜再起,法国战场或者东线战场还能不能等来强大协约国的几百万大军?俄国正处在崩坏和动乱中,完全不复过去的模样。意大利很有可能站在敌人那边。英国和美国与欧洲隔着大海或大洋。大英帝国内部是团结的,这种团结靠的是什么,除了英国公民,旁人很难理解。维米山战役中的劲旅加拿大军、维莱－布雷顿诺战役中荣耀的澳大利亚军、满地弹坑的帕森达勒战役中勇敢的新西兰军,还有1914年寒冬坚守阿尔芒蒂埃尔战线的坚强的印度军,将来在什么情况下,才能让这些军队再次降临法国和佛兰德?英国热爱和平,粗心大意,反对军国主义,它什么情况下会再次调遣二三百万军队奔驰在阿图瓦和皮卡迪的平原上?美国在什么情况下会再次将两百万优秀的男子汉送到大洋之外的香槟区和阿尔贡?一战后的法国,虽已疲弱之极,人口锐减,但仍然是无可争议的主人,它在展望未来的时候,既感到幸运,又有挥之不去的恐惧。安全在哪里?得到的这些假如不包括安全,那么似乎就变得没有任何意义了,即使是在胜利的欢呼中,生活也是无法忍受的。安全是最为紧迫的需求,应该不惜代价,采用所有可能的方式来得到它,哪怕是最严酷、最残忍的方法。

* * *

停战当天,德军就非常有秩序地返回了自己的国家。协约国的总司令福煦元帅获得了无上的荣耀,他非常有军人风范地慷慨陈词:“让他们带着自己的武器吧,他们打得很漂亮。”不过他也提出了要求:从此以后,法国的边界要延伸到莱茵河。德国的军事体制必须被解散,武装也必须解除,德国的军事要塞也必须拆除,这个国家必须承担巨额的赔偿,必然会变得穷苦不堪,接着可能发生内战。不过要不了十年或二十年,这些事情就会变成过去。接着“所有日耳曼人”就会卷土重来,带着势不可挡的势头,那些普鲁士武士的残余力量必然会反扑而来，不过莱茵河又宽又深，流淌湍急，只要法军能在这里驻扎，建立防御阵地，就可以凭借这条天堑守护好法国。法国人民可以在河的另一边世世代代安居乐业了。不过这都是法国自己的想法，而说英语的国家就不这么想了，他们觉得：要不是自己伸出援手，法国早就彻底陷落了。在凡尔赛合约中，关于领土部分是保持德国原有的土地。德国依然是欧洲最大的单一民族的国家。凡尔赛和约的消息传到福煦元帅的耳里，他说了一句非常有道理的话："这不是和平，是休战。二十年的休战。"

* * *

和约中的经济制裁部分是根本不可能实现的。和约已经苛刻到了愚蠢的境地。在条约中，德国所要支付的赔款数额巨大，十分惊人。这是胜利者在发泄愤怒，也是战胜国的无知，人们并不知道，没有哪个战败国能赔得起数额如此巨大的战争费用，毕竟那相当于打一场现代战争的费用。

即使是简单的经济状况，普通人民也无法了解，而领袖们也不敢说出实情，因为他们怕失去选票。报纸媒体的内容和主题则向主流意见看齐，跟领袖保持一致，谁也不会站出来说出真相：实现支付赔款的方式只能是提供劳役，或者把物资用轮船、车辆运到国外去。而当被赔偿的国家接到这些赔偿物资之后，就可能被打乱现有的工业秩序，除非该国尚处于原始社会或者控制非常严格的国家。事实上，要想掠夺战败国，只有一个方法，那就是把能搬动的、尚且有用的东西都运走，再者是让战败国承担一些暂时性的或者长期的劳役。虽然劳役的方式不能与赔款的利益相比，但是很多国家都用这个方法，连俄国都在这么做。但当时的这些国家领导者并没有清晰地认识到这些，他们的见解完全服从了愚昧的公众，并没有向选民说出事实。最基本的、无情的事实被隐瞒起来。不过，假使他们说了，人们也不会相信。取得胜利的协约国坚持要向德国索取大量的赔款，“把这个矮子压榨到惨叫才肯作罢”。所有这些举动对整个世界的兴盛起了极大的作用，也对日耳曼民族的情绪产生了巨大的影响。

和约中的条文最终并没有执行下去。事实上，战胜国的确没收了德国的资产，其数额大约为十亿英镑，可才过了一年的时间，德国就从英美两国的手中拿到了贷款，数额在十亿五千万英镑以上。正因为如此，德国才有机会摆脱战争后的残局，从废墟上复兴起来。这实在是太慷慨了。就在这时候，战胜国中不幸的人们还在经历苦难，他们异口同声地大喊大叫，而他们的政治领袖们又向他们保证，一定要让德国交出“仅有的一点钱”。因此，德国根本不可能再对他们的慷慨心怀感激了。

德国最后只支付了后来确定的赔偿数额，因为美国此时正在对欧洲援助，德国从中取得了相当数额的贷款。从 1926 年到 1929 年的三年中，德国从美国取得贷款，且美国并没有期望德国能够偿还，而美国也从德国得到了一些赔款，后者的数量仅为前者的五分之一。可是看起来，所有人竟然都很开心，并且期望这种形势持续下去。

历史才是真正的裁判，它终将宣布这种行为是疯狂的。战争的祸根正是在他们的刺激下潜滋暗长，“经济危机”也因此在酝酿之中(后面会继续讲这个问题)。德国现在四处借贷，他们把任何一笔慷慨的信贷都毫不犹豫地吞到自己的肚子里。英国的投资家也加入了提供贷款的行列，因为他们听信了援助战败国的错误指导，加上贷款核算利率的吸引，他们开始投入，不过贷款的规模远远比不上美国。德国因此得到了高达十五亿英镑的贷款，而它的赔偿数额只有区区的十亿英镑而已，况且这些赔款的支付方式可谓五花八门，有一些是把国外的资产或者外汇出让了，有些是用美国的巨额贷款耍花样。这些蠢笨的做法，简直可以汇集成一个惨烈的故事，不过为编写这个故事花费了人们多少精力，败坏了多少美德！

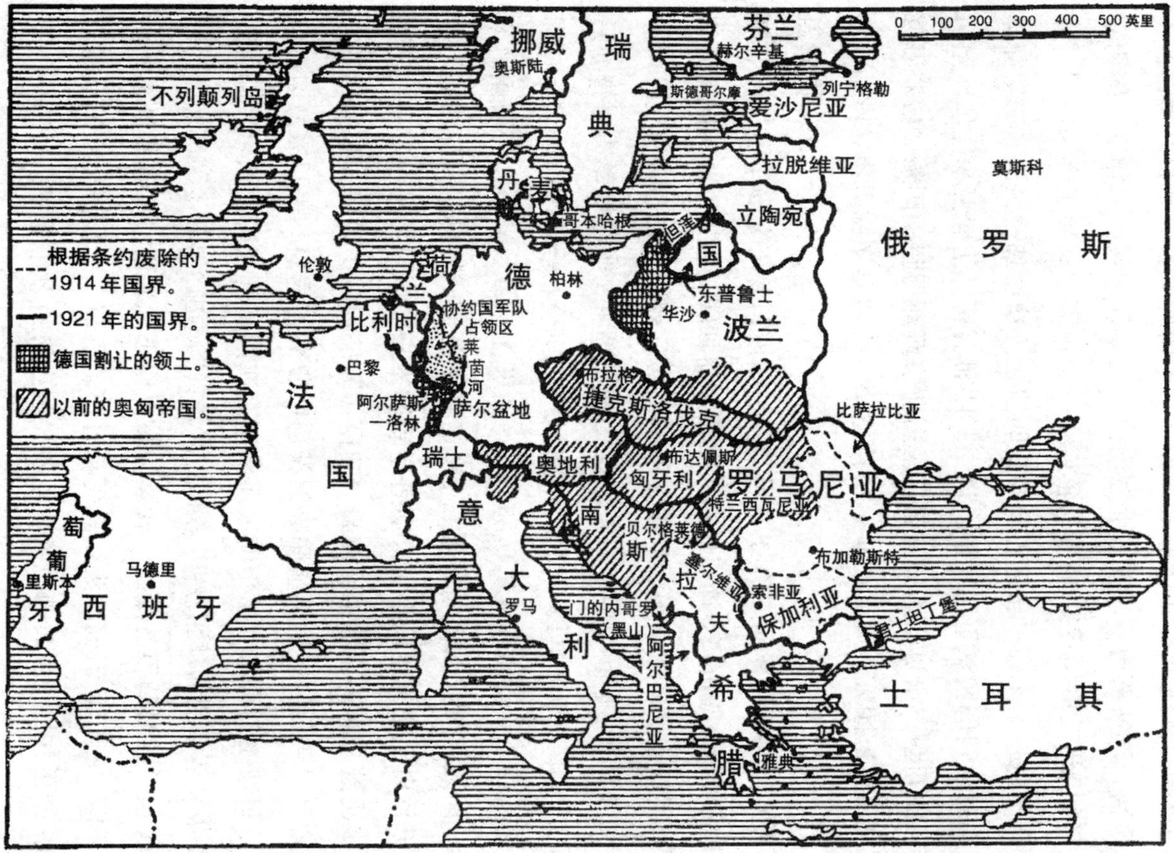

1921年的欧洲——和约以后　　（照原图译制）

* * *

第二个悲剧发生在奥匈帝国，这个国家彻底被圣·日耳曼条约和特里亚农条约拆散了。这里曾经是神圣罗马帝国残存的化身，那么多不同民族曾经在这里共同生活，进行贸易，享有安全的权利。可是在我们目前的这个时代,那些民族中,没有哪一个有足够的活力或者力量,能承担来自重新振兴的德国或俄国给他们的压力，让他们仅靠自己的力量而起来抗争。这些民族都渴望脱离帝国或者联邦的统治，自由主义的政策恰好鼓励了他们的这个想法。接着东南欧很快就分裂了，成立了一个个小国家。由此带来的结果是德意志帝国和普鲁士相对在壮大,虽然它已经战败,现在疲惫而萧条,但领土并没有受到丝毫的损害,在周围地区，仍然具有巨大的优势，它的力量不容小觑。哈布斯堡帝国[①]中获得独立的民族或地区，全都非常悲惨，简直像古诗中的描述，更像是神学家们对进入地狱的幽灵的描述。首都维也纳，曾经何等辉煌，它不仅是公路、铁路和河流的交汇中心，还是文化的中心，这里的文化和传统在相当长的时期内都受到保护，如今这里变得凄凉悲惨，到处闹饥荒，好像是贫民窟中的一个巨大商场，只不过是绝大部分居民都撤离了。

胜利者给德国人强加了一些思想——西方自由主义国家追求的理想。此后，德国不再需要强迫的军役，因此减少了负担，再也不用维持巨大的军费开销了。虽然他们并不讲信用，但是美国的巨额贷款却源源涌来。魏玛政府吸取了最后的修改意见之后，产生了一部民主宪法。他们废除了君主，选出了并不显贵的领袖。这个政府的控制力非常脆弱，而由它所统治的德意志民族却非常强大。虽然战败，但事实上该民族并没有蒙受任何损失，此时正孕育着澎湃的热情。美国人反

① 哈布斯堡王朝又称奥地利王朝，是欧洲最大的王朝之一。——译注

对帝制，劳合·乔治对此也没有什么热情，因此帝国不攻自破，因为如果维持帝制，那么协约国提供的待遇就会差很多，如果建立共和制，提供的待遇就比较好。而明智的做法是让魏玛共和国建立君主立宪制，立宪君主由德国皇帝的幼孙来担任，再组建摄政政府执政，这样来巩固和加强政府领导力。令人感到惋惜的是，德国并没有这样做。因此德国的社会生活中出现了一个真空地带。这样一来，那些有实力的封建派和军人就处于分散的状态，而君主立宪制原本能让他们团结起来，并能为维持这个制度而采用和支持刚刚建立的民主议会制度。德国人民把魏玛共和政府所有的自由主义和祝福都视为是被迫的行为，认为这都是敌人的强加给他们的，因此没有人对这个政府忠诚，更不会对它抱有什么希望。德国人民曾一度对年迈的兴登堡元帅寄予厚望，但并没有好的开始。没过多久，这个真空地带就闯进了一个人——此人天生残忍而狂妄，带着空前的仇恨和足以摧毁人心灵的恶毒，这个人就是迈着大步闯入的下士希特勒。

*　　*　　*

法国的财富在战争中已经消耗殆尽。从 1870 年以来，一代人始终想通过战争复仇，现在他们如愿了，他们获得了胜利，可国力却因此被大大削弱。在获得战争胜利的时候，法国对德国仍心怀恐惧。福煦元帅考虑到这种恐惧，因此期望法国能获得安全保证，并能应付远远比法国强大的邻邦，为此他提出要求，想把法国国界推移至莱茵河。可是英美的政治家并不认同，他们根据威尔逊总统提出的十四点，并根据凡尔赛和约提出的民族主义和民族自决的原则，认为德国人居住的领土不能划归法国。福煦和法国的要求被他们拒绝了。他们为了争取克雷孟梭，答应了以下条件：第一，美国和英国会共同保证法国的安全；第二，建立非军事区；第三，德国永远不得建立军事武装。克雷孟梭虽然心有不甘但还是接受了，福煦元帅对此表示反对。威尔逊、劳合·乔治和克雷孟梭签订了条约，彼此都做出了保证，可是该条约遭到了美国参议院的反对，威尔逊的签署没能生效。我们在签订合约的整个过程内都非常尊重威尔逊总统的意见和设想，结果美国方面却毫不客气地告诉我们，说我们对美国的宪法有欠了解。

法国人民陷入了愤怒和恐惧之中。他们在一片混乱之中，抛弃同英美有着密切关系的克雷孟梭。这个严肃的、出色的、在全世界都享有威望的人物就这样被抛开了。普鲁塔克[①]说过："民族强大的标志就是能抛弃大人物。"法国在遭受到严重削弱的情况下，不假思索地犯了这种脾气。第三共和国的各个政治集团又活跃起来，政治阴谋频繁，政府的各个部长频繁更换。一些人是为了从中谋得利益，另一些人从中寻找乐趣。无论如何，第三共和国的特征就是如此，这样一来，想要找到一个强有力的人物接替克雷孟梭的位置的希望已经非常渺茫了。

在克雷孟梭之外，后起的彭加勒是一个强有力的人物，他打算建立一个独立的莱茵兰，并由法国对它进行支配和保护。这个想法是不可能实现的。他毫不迟疑地出兵鲁尔，企图强迫德国遵照和约，交出赔款，可是英美两国的舆论却对他的行动进行了严肃的批评。由于德国在 1919 年到 1923 年之间交付了几笔赔款，而且财政和政治一直非常混乱，导致德国马克很快就崩溃了。德国人对法国占领鲁尔的举动非常愤慨，于是他们开始大肆发行纸币，目的明确而且非常有步骤地计划彻底把通货的基础搞垮。到了通货膨胀的严重时期，一英镑相当于四十三万亿马克。这次通货膨胀的后果非常严重，给社会和经济方面带来了严重的不良影响。中产阶级口袋里的钱，全部被掏空了，他们开始追逐国家社会主义的旗帜，这是毫无悬念的。托拉斯迅速发展，如同雨后春笋，德国的工业结构因此而遭到了全面的破坏，所有可流动的资本不见了。工业债务中的固定资本和内债不是必须清算，就是不得不赖掉。可这也不能使流动资本的损失得到弥补。这些情况加起来，

① 普鲁塔克（约公元 46—120 年），古希腊作家。——译注

所导致的结果就是德国的破产和破产后的大举外债。在此后的几年中，这种情况始终存在。

最初，英国人对德国的态度非常强硬，可是没过多久，就变成了极端相反的态度。劳合·乔治和彭加勒不和，彭加勒是个情绪不稳定、易激动的人，虽然他有坚决的和富有见识的政策，但注定没法顺利实施。英国和法国在思想上无法统一，行动上也有差距。相反，英国倒是对德国的同情渐渐加深了，而且带着强烈的敬佩之情。

* * *

国际联盟成立之初就经历一次打击，几乎使它丧命。威尔逊总统提出的意见被美国否定了。本来总统大人是要继续奋斗的，为了理想，他着手竞选运动，可不幸的是他突然患了中风病，之后的两年中他一直被疾病困扰着，像残疾人一样无法工作，然而这段时期也是非常重要的时期。接下来的 1920 年总统选举，共和党获胜，威尔逊的政党和政策彻底被替换掉了。共和党一上台，孤立主义就在大西洋的对岸占了上风。欧洲所欠的债务是必须偿还的，有什么问题都应该他们自己解决。另一方面，关税提高了，货物进口受阻，而欧洲偿还债务，必须依赖这些货物。在 1912 年召开了华盛顿会议，美国在会上提出裁减海军，这个建议影响深远，英美两国政府对此非常积极，他们凿沉了船舰，而且还拆除了军事装备。有一个很奇怪的逻辑依据，这是他们行动的理由：若是让战败国解除武装，战胜国必须先解除武装，否则就是不讲道义。法国对莱茵河界的要求完全落空了，并且在保证条约上也没有实现要求。不仅如此，法国还遭到了英美两国的指责，因为法国的军队虽然大大削减了，但是仍有一支以普遍服役为基础的军队。

美国明确地向英国摆明了自己的态度：如果英日同盟继续存在，那么美英的关系就无法发展。于是英日同盟宣告结束。恪守该同盟关系的日本在同盟废止后，反应非常激烈，他们说西方国家一脚就把亚洲国家踢开了。那些很可能与日后的和平有决定意义的联系都被终止了。不过这时候，日本也从中找到了自己的安慰，首先德国和俄国失败了，这样，在相当一段时间内，日本海军实力在世界上的排名可以上升到世界第三的位置。华盛顿海军协议规定主力舰的比例为：五、五、三。日本在主力舰的实力上虽然比英美两国差很多，但是要想达到规定，依日本的建舰能力和经济能力来说，需经过多年的努力才能实现目标。日本非常关注英美，这两个海上军事实力最强的国家，正在消减各自的势力，他们的资源所能供给的程度远远超过了军事力量所需，他们自身的义务超出了他们目前的实力。因此，在欧洲和亚洲，协约国作为战胜的一方，打着维持和平的名义，做出的种种努力，实际是为下一次战争清除了障碍。

这些不幸的事件，一件接着一件地发生，大西洋两岸的人正在倾吐自己的好意，可这样没完没了的没有意义。这时候一个新的争端已经在欧洲生根发芽，其威力完全可以胜过沙皇和德皇帝国主义。俄国内战的结局是布尔什维克胜利了。苏俄的军队被派去征服波兰，结果在华沙之战中失败了，可是共产党的宣传却只差一点就征服了意大利和德国，而匈牙利却真正的落在了共产党的统治之下，独裁者贝拉·库恩控制了那里。福煦元帅非常有预见性，他曾说“布尔什维主义从来没有真正占领什么地方”，可战争刚刚结束的几年中，欧洲文明的基础却陷入了危机。在慕尼黑的下士希特勒，不断地煽风点火，说犹太人和共产党应该对战败负有责任，这样就挑起士兵和工人对他们的仇恨，他想以此为条件进入军官的阶层。本尼托 · 墨索里尼是另一个野心家，他为意大利做出新的治理方案，并称该方案能使意大利得救，人民可以因此摆脱共产主义的威胁，他利用这个机会，把独裁的权力攥在了自己的手中。法西斯主义逐渐发展，演变成了纳粹主义。本属于同一股势力的它们，越来越活跃了，并把世界推向了恐怖的斗争之中。运动已经消逝，可是谁也不敢说这种斗争也随之消失了。

*　　*　　*

虽然情况就是这样，但是和平还有一个可靠的保证，并且该保证始终存在。德国数目庞大的军队已经解散，军事装备也已经被解除。大炮等武器都被销毁，战舰在英国的斯科帕湾被凿沉了。凡尔赛和约中规定，德国仅仅能保持一支维持国内秩序的军队，长期服役的专业军队人数不能超过十万，且不能在它的基础上增加后备力量。德国已经想方设法，把军官人数消减了下来，只保留了十分之一。德国不能拥有任何军事飞机，也不能拥有潜水艇。德国海军仅仅能拥有几只舰艇，而且必须是在一万吨以下的。有几个国家联成了紧密防线，他们极力反对布尔什维克，把苏俄隔离在西欧之外。这几个国家刚刚摆脱了沙俄，就以一种新的面貌侵袭过来。波兰和捷克斯洛伐克率先独立，矗立在欧洲中部。贝拉 · 库恩影响了匈牙利，所导致的麻烦如今才刚刚平息下来。欧洲无可争议的最大的军事力量是法国陆军，它获得了极大的荣誉，而且它很满足。人们丝毫也不怀疑，此后的很多年中，法国的空军也是最有实力的。

征服者的力量直到 1934 年仍是所向无敌，不仅在欧洲居于首屈一指的地位，即使在全世界范围内也是如此。协约国一方的三个国家或者仅仅是英美，如果能在十六年当中下定决心，任何时候都可以用国际联盟的名义，以国际的道义和力量作为支撑，来控制德国的军事实力，可是他们没有采取这样的做法。战胜国采取了另一种做法。直到 1931 年，他们开始向德国勒索每年应该赔偿的欠款，以美国为首，他们想尽一切办法，用国外控制的手段，让德国不堪其扰。德国之所以能拿出赔款，完全靠的是美国提供的更大数额的贷款。这个过程因此变得非常可笑。除了怨恨就是怨恨，再也不可能有其他的什么东西了。从另一方面看，截止到 1934 年，本来不需要任何流血的斗争和武力，就可以让德国解除武装，从此保证人类长期的安全和太平。可是谁也没有在稍稍违约的时候，对德国进行约束，甚至后来严重到一定程度时，也没有人正视此事。这样，本来能保证长期和平的条件消失了。胜利者的作为太过愚蠢，让战败国找到了借口和条件，虽然不是能彻底开脱的借口，却助长了它的犯罪气焰。如果不是那些愚蠢的行为，又给犯罪者带来诱惑，他们也找不到犯罪机会。

* * *

在这章中，我讲了一些事情，也讲了我的一些印象，我主要还是想说明那场在复杂的人类历史中的空前灾难是如何发生的。这场灾难必然会引起生命和财产的损失，但却不止有这些悲惨的方面。第一次世界大战中的士兵，用残忍的方式互相杀害，所有国家所累积的财富全都没了，可是只有俄国革命中发生了过激行为。战争结束后，欧洲仍然保持着它的基础结构。虽然参战的各国在大炮激起的烟尘消散时，仍然彼此怀有敌意，但是尚且能够尊重对方的人格，承认对方是历史悠久的种族。战争的法则基本还是能够得到尊重的，战争中的规则基本还是能被遵守的。专业性的公共的基础在战争双方中间还能起到相互制约的作用。战胜国和战败国都保留着风度，符合文明国家的标准。和平被严肃地建立了起来，只有经济方面的条款难以执行，而在十九世纪不断变化的各文明国家之间，还算符合要求。我们所有的人都得到了保障，因为法治被大家认可了，世界性的机构也组建起来了。欧洲得到的保障尤为明显，因为这样能防止再次燃起战火。

可是人和人之间的关系在第二次世界大战中被尽毁了。有些德国人甘心服从希特勒的统治，因此犯下了不可原谅的罪行，人类历史上任何黑暗的事情都不能与此相比，这次战争规模和性质都是空前绝后的。德国集中营展开了大屠杀，被杀的男人、女人和孩子可达六七百万人之多。切实有计划的大规模行动所造成的恐怖完全超过了成吉思汗的滥杀无辜，而且在规模上远远超过了成吉思汗的乱砍乱杀。

在东线战场，德国和俄国都曾计划过消灭所有人口，并且他们确实这样干了。德国首先开始对不设防城市进行空袭，紧接着盟国势力日益强大，开始用二十倍的火力反扑。最终到达的高峰是在广岛和长崎投放了原子弹。

现在我们终于脱离了道德沦丧和物质毁灭的深渊，在过去的多个世纪中，人们根本无法想象这种情况。我们经历了千辛万苦才获得胜利，可是危险和问题依然存在，并且这些事情非常可怕，跟我们费了很大力气克服的那些问题和危险比起来，我们现在更危险和恐怖，而不是更安全。

我是在那种岁月生活和工作过的人，因此我的目的是向读者说明以下几点：第一，第二次世界大战是个原本可以避免的悲剧；第二，善者的软弱让恶者更加肆无忌惮；第三，各民族国家组成联合机构的体制和习惯不能给各国百姓带来安全，因为缺乏毅力和信心等素质。如果能发展成更大的机构，则可能提供唯一的保证安全的素质。我们在这十年到十五年之间，在自卫方面多么欠缺啊！这本书会让读者明白，谨慎和自控的态度也是导致危险的因素，可能导致严重的危险，并且因渴望过上太平的日子而采用妥协和折中的办法，又是怎样带来严重灾难的。读者也会看到，各个国家普遍采用国际行动，是多么重要，无论各国的政治如何变动，都不该放弃这种行动。

最简单的办法是在三十年内，不允许德国拥有武装，相反，战胜国则应保持相当的军事力量；在没能同德国达成协议的时候，也必须成立一个国际联盟，且是真正有力量的联盟，以保证条约内容能够贯彻和执行下去，或者要想修改和约，必须经过讨论，争取到各国的同意。三个或者四个大国政府号召自己人民付出的时候，人们没有任何犹豫，立即就投身于共同的事业中，且得到了期待很久的结果，如此，各国最应该做的就是不丢掉根本，应保持行动协调，这样的要求合情合理，可胜利者对这个毫不过分的要求并没有在实力、学识、文明和科学方面给予满足。他们还是摆出老样子来混日子，一次选举接着一次选举，二十年的时间刚一过完，可怕的事情发生了，第二次世界大战来了。对那些精忠报国、英勇牺牲于沙场的儿女，只能如此描写：

他们受伤的肩膀并在一起前进。

脚步沉重，

远离光明的生命的原野。[①]

① 引自西格弗里德·萨松。

第二章　光辉的和平岁月

1922—1931 年

鲍德温先生上台——劳合·乔治下野——重新启用保护关税政策——英国社会党人第一次成为执政党——鲍德温先生赢了——我出任财政大臣——战争债务和赔偿——国内各个阶层越来越好——兴登堡被选为德国总统——洛迦诺会议——奥斯汀·张伯伦的功德——最为和平的时期——和平的欧洲——德国再现繁荣——1929 年大选——我和鲍德温先生意见相左——印度——经济危机——美好的期待落空了——失业——麦克唐纳的第二任政府垮了——我被迫下野——英国金融导致的混乱——1931 年大选

英国在 1922 年选出了一位新的领导人，他就是鲍德温。在国际舞台上，他原本是个名不见经传的小人物，没有人注意过他；在英国的事务中，他也是个很一般的人物。战时，他担任财政部的财政大臣，现在担任贸易大臣一职。从 1922 年 10 月，他代替了劳合·乔治，直到 1937 年 5 月卸任。这期间他工作繁重，赢得了人们的尊敬和极大荣誉。卸任后他庄严而沉默地退休了，回到故乡伍斯特郡。他在任期间是英国政治力量的权威。下面我要讲的事件包含我与他的关系，我们之间有时候分歧很严重，但是那么长的时间中，即使是此后，我们见面或者接触也没有发生过不愉快的事情。从个人角度来说，我们总能真诚地交谈，并了解彼此。

* * *

爱尔兰法案给劳合·乔治的联合政府带来了压力，随着不可避免的大选临近，来自党内的压力越来越大。这就出现了一个问题，大选之前，我们是该解散联合政府还是保持它。联合政府内的各个党派和各个内阁大臣之间已经合作了多年，很多责任都是互相分担的，要是想符合公众的利益或保持英国政治的风度，就应该在全国人民面前继续团结下去。我和首相为了能让实力非常雄厚的保守党更容易接受，在年初递交了书面辞呈，并且用私人的身份表示支持保守党的奥斯汀·张伯伦，期望他组织新政府。保守党的领袖们，非常认真地考虑了我们的辞呈，之后态度坚定地回复了我们，说不能接受我们的牺牲行为，希望我们能共同奋斗。党内的其他党员并没有支持他们豪迈的精神,保守党此时觉得自己完全能独揽国家大权,可以说是非常强大了。

保守党以占有绝对优势的票数做出了决定，他们将同劳合·乔治分道扬镳，解散联合政府。首相在当天下午就辞职了。早晨，我们跟他们还是朋友和同事，到了晚上，我们就跟他们成了政治上敌对的双方。他们一心把我们赶出政府。绝大多数同我们一起工作的保守党人和内阁大臣都离开了，这些杰出的保守党人同劳合·乔治一起走了。让人感到意外的是寇松勋爵留下了。离开的人中有四个最能干的人物，他们是：奥斯汀·张伯伦、阿瑟·鲍尔福、罗伯特·霍恩、伯肯黑德勋爵。我在这个要紧的时刻得了阑尾炎，只能做手术，等我第二天早晨从昏迷中醒来的时候，听说劳合·乔治政府已经辞职。我的阑尾离开了我，我的自治领和殖民地事务大臣的职位也离开了我。我自认为在担任该职位期间颇有成就，无论是在议会还是在行政方面都是如此。博纳·劳先生于一年前因为健康问题暂时离开了我们，现在勉强答应担任首相的职务。他组建了内阁，叫作“第二届十一人内阁”。财政大臣一职由优秀人物鲍德温先生担任。首相向国王提出请求，希望解散议会，人民也希望他们能做出调整。博纳·劳先生得到了鲍德温先生的帮助，而且他的顾问和主要支持者是比弗布鲁克勋爵，因此他赢得了七十三票的多数，非常有希望能任职五年。他于1923年辞职，之后病发去世。首相的职位由鲍德温先生接任，寇松勋爵在新政府只能担任外交大臣了。

从1923年起，之后的十四年中，我们可以叫它“鲍德温－麦克唐纳执政时期”。最初，这两个政治家轮流执政，后来他们就像是兄弟一般，结成了良好的友谊，一起统治英国。从表面看，他们分别代表不同的政党，而且是对立关系，他们所代表的利益和理论都不相同，可他们实际上却看法一致，喜好相同，方法也一样，在英国宪法中有首相这个职位以来，还没有哪两个首相跟他们一样。这两个人如此投缘真是让人费解。拉姆齐·麦克唐纳的很多观点跟老托利党一样，斯坦利·鲍德温拥护关税，也只有这一点跟工业家固有的想法一致。鲍德温在性格上跟工党中的很多人比起来，非常温和，更像是真正的社会主义者。

* * *

鲍德温先生突然得到了显赫的政治地位，不过他并没有因此而忘乎所以，在听到人们的道贺时他会说：“请为我祷告。”没过多长时间，他就开始感到慌张，担心劳合·乔治会联合其他政治人物向党的领导宣战，如果他打着保护关税的旗号，完全可以联合很多在战时内阁一同离职的保守党，只要持有不同政见，就可以反对政府。1923年秋天，他认为先下手为强，于是提出了保护关税的问题。他于10月25日在普利茅斯发表演讲，结果导致刚选出的议会没有到期就垮掉了。他极力想说明这不是自己的本意，但是他的话并不能让人信服，因为他对英国政党政治有着非同一般的深刻见解。他建议10月解散议会，于是议会服从了。于是在不到一年的时间后，开始了第二次大选。

在自由贸易的号召下，自由党联合起来，我也加入了。在选举中，我们起到平衡的作用，这也算是我们的政治地位了，虽然只是少数党，也可以组阁，条件是只要阿斯奎斯先生愿意。拉姆齐·麦克唐纳先生领导工党，他们在下议院占有的席位不多，仅仅比五分之二多一些。阿斯奎斯不想组建内阁，于是麦克唐纳先生成了大不列颠的第一个社会党首相，得益于两个政党颇有历史的争吵和默许才任职一年。占少数的工党统治了英国，局势动荡，对保守党和自由党来说政治氛围非常合适，于是他们选一个时机，抓住一个主要问题，将工党政府打败。接着，又是一次大选，时间还不到两年，已经是第三次大选。保守党获得了绝对优势，所得席位比各党之和还多二百二十二席。[①]鲍德温先生在这次选举的一开始，显得比较弱，他对选举并没有做出什么功绩，可他毕竟一直是保守党的领导人物，因此他才在选举的结果公布之后又成为了首相。

此时的我在保守党中也颇受欢迎。大选之后的六个月，在威斯敏斯特进行了候补选举，证明保守党的力量的确在我的掌握之中了。我参加竞选的身份是独立宪政主义者，不过也有很多保守党的人投了我的票，并愿意为我效力。我的三十四个办公室委员会里主持事务的都是一名保守党成员，他们这样是违背他们政党机构本意的，当然也违背了他们的领袖鲍德温先生。这种情况是从未发生过的。我在选举中失败是因为总票数落后四十三票。我以宪政主义者参加的大选，赢得了一万票，以多数当选，成为埃平选区的代表。我那时候并不使用“保守党”的名义。我和鲍德温先生在两次选举过程中有过几次接触，气氛都很融洽，可是我认为他在首相的位置上待不久了。现在他赢了，我不知道他怎么看我。他邀请我担任财政大臣，我的父亲也曾担任这个职位，我和保守党都为此感到非常意外和突然。一年后，我重新进入已经阔别二十年之久的保守党，因为我的选民赞同，而且我个人没

① 自由党占40席，工党151席，保守党为413席。——原注

有受到什么阻碍。我也再次加入了卡尔顿俱乐部。

* * *

我进入财政部以后，遇到的第一个国际性的问题是英国对美国的债务问题。战争结束后，欧洲的协约国欠了美国的钱，仅英国就欠了四十亿美元，整个欧洲共欠一百亿美元。同时，协约国中俄国欠英国七十亿美元。1920 年，英国建议把战争债务一笔勾销。这样一算，单从纸面上看,英国的损失为七亿五千万英镑。可从那时起,币值就下跌,现在已经仅剩一半，所以损失又翻了一倍，而且这个问题一直没有办法解决。1922 年 8 月 1 日，当时还是劳合 · 乔治政府时期，鲍尔福照会宣称，只要英国没有被美国催债，那么英国也不会向自己的债务国索债，不但不向盟国索债，也不会向敌国索债。这个宣言非常有价值。1922 年 12 月，博纳 · 劳政府派财政大臣鲍德温率领代表团去访问华盛顿，美国提出：无论英国从自己的债务国收回多少债款，都要支付全部的对美国的负债，利息从百分之五下调至百分之三点五。英国同意了这个提议。

熟悉情况的各方人士立刻对此开始关注，特别是首相本人。英国在那次战争中和这次一样，始终坚持战斗，已经劳民伤财，这一协议无疑让英国每年又增加了支出，此后的六十二年中，每年要多支出三千五百万英镑。不仅英国认为这不明智，即使是跟这件事没什么关系的美国财政权威也认为：该协定对债权国和债务国来说，都太过死板了，缺乏预见性，并无可依据的充分条件。柯立芝总统简洁地说："他们欠我们的钱，对吧？" 虽然他说的是事实，可是却不全面。如果各个国家之间的偿还采用交换货物或者劳务的方式，对双方都会有好处，如果采用互惠的交易，也很公道。可是如果支付的方式整齐划一地被人为规定下来，而战争中所形成的欠款数额如此巨大，现在要支付给债权国当然会影响全世界的经济进程。这种赔付方式，无论是遭受了巨大损失的胜利的盟国，还是一个战败的敌国，向他们中的任何一个索要欠款，都会导致经济问题。鲍德温－柯立芝债务协议执行后不久，整个世界就陷入了经济崩溃的状态，世界的复兴受阻，而复仇的心理激增，不得不说这个协议是个非常明显的因素。

最近，美国提高了关税，还把开采出来的黄金都存进了地下金库。如此一来，偿还美国的债务和利息就更加艰难了。其他协约国也同样被美国追债，不过比英国略轻些。在这种做法之下，协约国的第一个反应是加紧向德国催债。对 1922 年鲍尔福照会的政策，我是非常赞成的，我还为此进行了辩护。在我担任财政大臣期间，我对此做了重申，并且为此付出了行动。我想，如果英国为此不仅仅成为美国的债务国，而且还充当了替美国收债的角色，那么华盛顿方面应该能够看出其中的不妥之处。可是实际上美国并没有产生新的认识，反而对这种言论非常不满意。美国坚持认为，英国应该每年偿还欠款，只是他们稍稍降低了利率。

因此，我们消减了德国的赔偿，但还是令其偿付。我们也同其他的协约国之间探讨了解决办法。我们的目的是为了偿付美国的欠款，必须每年拿到三千五百万英镑的款项。于是，德国受到了极大的压力，一个国际监督机构开始干涉德国内政，德国虽然感到厌烦，但也不得不接受。英国向美国如数支付了三次欠款，而这些钱都是从德国索要来的，英国根据经过修订的道威斯计划[①]，根据比例取得了德国的赔偿。

* * *

那时候我和鲍德温先生是邻居。我住在唐宁街 11 号。我们做邻居

① 又称为道斯计划，用以舒缓德国因凡尔赛和约赔款而承受的巨大财政压力。美国在 1923 年提出，1924 年 4 月拟定，同意在 1924 年 9 月生效。但不久后德国又陷入困乏，难以长久维持赔偿。美国不得不在 1929 年改用杨格计划对德国进行援助。——译注

的时间长达五年。我每天早上去财政部上班的路上，经过鲍德温先生的住所，几乎每天都去看他，在内阁会议室里我们会谈几分钟。在他的同僚中，我算主要人物之一，我对所发生的任何事情都担负着一份责任。英国在这五年的复兴中，取得了一定的成绩。这一届政府沉稳而实干，在这几年中，每年都有明显的起色和进步。在政绩方面，虽然不能吹牛，但确实是没有什么让人惊叹和争论的大事情，可是从经济的角度和财政的标准看来，人民的生活水平已经大有改观。比起我们刚刚接任的时候，英国和世界的情况在我们任期结束之际，都要富裕得多了。这样的评论虽然并不华丽，但是却非常诚实。

英国政府在整个欧洲获得了很好的声誉。

* * *

这时候的德国，兴登堡上台执政了。1925 年 2 月底，德意志共和国第一任总统艾伯特去世，在战前他曾担任社会民主党的领袖，德国不得不再选一个新总统。过去，德国一向是实行家长式的专制统治，德国人也是在这样的环境下长大的，如今德国就像是一只战败的鸟，拖着羽毛零落的翅膀，在言论自由和议会反对派深远的习惯影响下，德国人从此拥有了极大的自由权利和极致的民主体制。但德国经历了那么多事情，现在已经陷入了四分五裂的境地，他们不知所措，只是盲目徘徊。各个党派之间相互争权夺利。在互相的争斗中，兴登堡得到了一股力量的支持。虽然此时兴登堡已经退休，可人们仍然爱戴这个在家赋闲的前任领袖。德国皇帝现在流亡国外，兴登堡仍然对其忠心耿耿。他赞成帝制，期望“以英国为榜样”。这样的举动虽然合理，却不合时宜。在魏玛宪法下，他被提名为总统候选人，这让他感到非常不舒服，他再三推辞说：“让我过平静的日子吧！”

可是，请他出山的压力并没有消失，最后提尔皮茨海军元帅也被动员前来说服他，这样他才下定决心，放弃个人想法，为国家效力。

兴登堡向来在为国效力的问题上富有勇气。天主教中央党的马克斯和共产党的台尔曼也是候选人，他们是兴登堡的竞争对手。4 月 26 日，星期天，德国进行大选。投票的结果竟然没有拉开太大的差距，真是让人惊奇。兴登堡获得了 14,655,766 票；马克斯获得了 13,751,615 票；台尔曼获得了 1,931,150 票。兴登堡以不到一百万的优势夺得多数选票，虽然在全部选票中不算是绝对多数，但也占了上风，因为他本身就非常有名望，而且是多次受邀才参加，在各方利益中，与任何一方都无瓜葛，这是他的优势。早上七点钟，他的儿子奥斯卡尔叫醒他，并把这个消息告诉他，他竟然骂起儿子来："你干吗要提前一个小时把我叫醒？就算是等到八点钟，事情不也是这样吗？"他说完又接着睡了，一直睡到平时起床的时间。

人们从一开始就把兴登堡的当选看作是德国一个新的挑战。英国对此事的反应并不激烈。在我看来，没有比德国恢复本来的自尊心和荣誉更好的了。如果战争带来的仇恨能够消失当然更好，所以我对这个消息并没有什么不好的感觉。我和劳合·乔治见面的时候，他说："他是一个说话做事非常讲道理的老人。"当然，只要他还没有老糊涂，他就是那样的人。就算是反对他的人，也会说："一个什么事也做不成的人怎么也比一个残暴的人好。"不过他已经是七十七岁的高龄了，而任期有七年之久，没有人会猜想他还能担任下一任总统。他在任职期间，在国内能把各个政党之间的利益平衡好，在国际上让邻国感到沉稳和安宁。

*　　*　　*

1925 年 2 月，德国政府向法国提出了一个建议，法国当时总理是赫里欧。德国政府在备忘录中宣称，与莱茵河有关系的各国，主要是法国、英国、意大利和德国，如果能在美国政府的担保下签订一个公约，保证各方均在很长的一定时期内不发动战争，那么德国非常愿意接受并宣布此事。德国还期望签订另一个协议，让莱茵河区域的边界线能维持现状。这件事非同小可。法国政府前往自己的盟国，并开始协商。英国的奥斯汀·张伯伦在下议院于3月5日把该消息公布。德国和法国适逢国会危机，因此谈判被延后。后来经过伦敦和巴黎之间的商议，法国驻德大使于1925年6月16日在柏林提出会谈的要求，德国外交部长施特雷泽曼与之会谈。会谈的结果如下：德国必须先加入国际联盟，没有这个条件在先，无法达成任何协议。德国不能为了修改条约而提出任何要求和建议。比利时也要参与签订和约。为了给莱茵公约做出必要补充，德国和法国最后应再订立一个仲裁条约。

英国该采取什么态度？6月24日，针对该问题在下议院进行了辩论。张伯伦先生说英国根据公约的协议，仅对西欧负有责任。也许法国有必要明确自己同波兰和捷克斯洛伐克的复杂关系，不过对于英国来说，除了国际联盟的盟约之外，英国不承担任何义务。没有哪个自治领对西欧公约感兴趣。史末资将军不赞成区域性协议，加拿大也缺乏热情，只有新西兰做好了准备，并打算无条件接受英国政府的意见。但我们仍然坚持。德法两国之间的矛盾已经持续了上千年，可我认为最高目标就是解决它。高卢和条顿两大民族，如果能在经济、社会生活、道德方面实现亲密的团结关系，那么就可以避免产生新矛盾，这样过去的对立关系会渐渐消失，并开始互相依存，实现共同繁荣。这样，整个欧洲的繁荣才有望实现。对英国人民来说，如果法国和德国之间的纠纷能够调和，那就是最大的利益，其他任何利益都不及这个重要，并且它与任何利益都不抵触。这是我的看法，时至今日，我仍然这样认为。

各个党派都很尊重奥斯汀·张伯伦先生提出的意见，这位外交大臣得到了内阁的一致支持。7月，德国回复了法国提出的照会要求，他们接受让德国加入国际联盟的要求，并愿意把此事同西欧公约联系起来。但是德国也说明了自己的立场，有关全面裁军的事情，必须先达成协议。白里安先生带着西欧公约的问题访问了英国，并针对这些问题和相关的问题进行了讨论。该讨论花费了很长时间。8 月，英国完全同意了法国，并正式答复了德国。德国必需首先加入国际联盟，而不能附带其他条件，这是首要的，也是必须的一步。德国对此表示同意。这意味着在没有各方同意的情况下，和约将不得修改并有效。协约国并没有向德国做出裁减军备的具体保证。另外，德国人提出了一些要求，如：对和约中关于战争罪责的条款方面提出了取消要求，阿尔萨斯－洛林的问题暂且搁置，协约国军队必须马上从科隆撤退等。这完全是民族主义的激情和压力之下的要求。协约国也没有答应，德国政府并没有坚持，即使坚持，也未必有所改变。

10 月 4 日，洛伽诺会议在此基础上召开了。英、德、法、比、意等国家的代表在平静宽阔的湖畔聚齐。会议取得了一些成果：五个国家相互做出保证，并签订了条约；德国同法国、比利时、波兰、捷克斯洛伐克分别签署了仲裁条款；法国同波兰、捷克斯洛伐克分别签订了特殊军事援助协议，即假如西欧公约被撕毁，发生了毫无道理的军事行动，法国必须向波兰和捷克斯洛伐克进行援助。如此一来，西欧各民主国家取得了一致，即无论何种情况下，都要保证彼此的和平，绝不可以有任何破坏和约的协议，更不能向兄弟国家动武，如有违反，必遭反对。法国和德国也得到了英国的严肃承诺：无论他们中的哪个国家被无缘无故地侵略，英国都要施以援手。会议对所达成的军事协议表示承认，其带来的深远影响也得到举国上下的欢迎。这相当于完成了一件历史上从未有过的大事。

不过，会议并没有涉及一个问题，也就是英国和法国是否要裁军，如果需要，那么要消减到什么程度。这些问题都被我这个刚刚上任不久的财政大臣遇到了。对这两方面的事情，我有自己的看法：假如德国方面解除军事力量，而法国保持军事装备，那么德国当然不会侵犯法国。再者，如果法国侵略德国，那么英国就顺其自然地成了德国的盟友，法国考虑到这一点，当然也不会侵略德国。不过这种做法对英国来说有一定的危险性，假设法国和德国之间开战了，那么英国就必须在二者之间做出选择，不过发生这种情况的可能性非常小。相对而言，这倒是个避免战争的好法子。所以我反对法国裁军，也反对德国扩大军备，而且一贯反对这两件事，因为这意味着给英国带来巨大的危险。从国际联盟方面看，德国已经加入，因此英国和国际联盟都会为德国提供保护。这样，各方势力就达到了均衡状态，在这种势均力敌的状态下，英国成了断绝德国和法国之间争斗的主要维持者。英国的身份相当于仲裁员或公证员。我们当然希望这种势均的状态能保持二十年。因为这样一来，长期的和平就得到了保证，信任会逐步加强，在财政压力的影响下，协约国一方的军备也会逐渐减少。不难看出德国的实力一旦赶上法国，只要二者的力量旗鼓相当，就可能发生危险。德国无需比法国更强大，那些严肃的条约就会因为情况的改变而被废除。

* * *

洛迦诺公约是仅针对西欧的和平条约，这样，在东欧，人们当然也希望有个“东欧洛迦诺公约”。我们那些防止德法之间战争的手段和精神，如果能应用在德国和俄国之间，并起到抑制危险的作用，当然就更令我们感到满意了。不过德国可不想放弃其在东部的利益要求，即使是在施特雷泽曼的领导下，也不能接受领土条约，因为条约中波兰、但泽、走廊地区和上西里西亚的领土问题，是德国所不能接受的。苏俄周围各国都是反布尔什维克的势力，相当于有了一道隔绝的“防线”，因此，苏俄只能在孤立的状态中打自己的算盘。我们虽然在东欧方面的问题上也付出了持续的努力，但是并没有取得进展。

* * *

1925 年底的洛迦诺会议上签订的条约，受到了普遍的欢迎。鲍德温先生是第一个在外交部签字的领袖。因为外交大臣没有官邸，只有借用我的餐厅。我们在唐宁街 11 号同施特雷泽曼共进午餐，我们的聚会非常友好，并且每个人都认为，欧洲那些最大的国家若是能联合起来，不但能保证自身的安全，而且能为整个欧洲的前程带来一片光明。在会议上这个值得纪念的文件获得真诚的同意后，奥斯汀 · 张伯伦先生获得了诺贝尔和平奖的奖项，并获得了嘉德勋章。他成功了，这意味着欧洲的复兴高潮到来，此后是和平复兴的三年。旧的潜在的敌对情绪暂时休眠了，虽然依然隐约可以听见新兵的号角，不过我们希望，也有理由相信，在已经打好的基础上，我们将打通一条道路，一路向前。

欧洲在鲍德温第二届政府期满之时，仍保持着平静，向前追溯二十年，或此后的二十年都没有过这种情形。我们从签订了洛迦诺条约后，对德国的情感也显得友善了。在凡尔赛和约规定的日期内，法国军队和协约国部队早早地撤出了莱茵兰地区。国际联盟虽然不完整，但是新德国也已经加入了。德国得到了美国和英国的细致而体贴的帮助——也就是贷款——因此它很快就复兴了。它新建了远洋轮船，并被称赞为能“最快横渡大西洋的客船”。它的贸易繁荣起来，国内情况日新月异。整个欧洲、法国、法国的同盟体制也都非常平稳。在军事方面，凡尔赛和约中签订了废除军备的条款，现在也没有被公开破坏。德国已经没有海军部队了。德国的空军也被禁止了，而且没有再次组建。在德国，很多实力强大的人物，强烈反对再次打仗，这最基本的考虑，也是出于慎重的原因；最高领导机关也确定下来了，协约国是不会同意他们重新用军事武装自己的。还有一点，经济风暴的端倪已经显露出来，不过仅有极少数人有所察觉，这些是经济领域的人物，他们感觉到前景将相当残酷，不禁吓得直发抖。

* * *

1929 年 5 月，进行大选，从中可以看出，选民所受影响来自于两个非常有力量的因素，即政党势力的此消彼长和一般的求变心理。工党在新成立的下议院中，所占的席位跟保守党比起来非常之少。自由党占有六十个席位，地位很重要。不难看出劳合·乔治的领导意图，他必然会带领自由党把保守党当作敌对党，一开始的确如此。我和鲍德温的看法是一致的：我们组织政府不应该靠弱势党派，也不能依靠自由党，因为支持自由党的势力是靠不住的。鲍德温不顾内阁和党内对该问题的分歧，毅然向国王递交了辞职报告。我们正式辞职了，所有的人都坐上了专车，到了温莎，交出印绶。6月7日，拉姆齐·麦克唐纳担任首相，这是他第二次担任此职。少数党政府在自由党的支持下，由他领导了。

* * *

麦克唐纳首相是一位社会党人，他希望他所领导的工党新政府能做些事情，好让工党政府美名传天下。首先是对埃及的问题，英国要对它做出巨大的让步；其次是印度的问题，英国要对印度的制度做出有深远影响的变革；最后是裁军，在世界范围内重新努力促成裁军，至少是英国裁军。在他看来，自由党必然会支持他的这些目标，因此在议会中，他会赢得多数人的支持。我和鲍德温先生的分歧也从此开始。我认为保守党作为反对党，应该在帝国和国内的任何重大问题上，都要维护英国的尊严，对工党政府提出强烈的反对。为此，我们应该像迪斯雷利勋爵和索尔兹伯里勋爵学习，他们领导英国时，会毫不迟疑地进行争论，完全不在乎全国是否能立刻做出反应。我认为鲍德温的感受是这样的：不列颠帝国的伟大时刻已经过去了，坚决维护它荣耀的时刻也过去了。我想，他认为保守党应该采用迂回的策略，先适应自由党和工党的力量，只有相时而动，把舆论中激烈的情绪和大部分选民抢到自己这方面来。他在这方面确实取得了很大的成绩。在保守党，他是有史以来最杰出的党务管理者，是保守党的领袖，在参加的五次大选中，他赢了三次。只有历史才能对这种一般的问题作出评判。

印度问题引发了我们之间的突然反目。保守党驻印度总督欧文勋爵和仅居其次的哈利法克斯勋爵对首相进行了鼓动，并大力支持他，之后，他提出了印度自治办法。于是在伦敦举行了一次会议，这次会议的中心人物是甘地先生，他是刚刚从宽敞舒适的关押所里被释放出来的，这让本次会议显得非常滑稽。在这本书里，实在没有必要对 1929 年和 1930 年的大会做详细报导，当时发生的争论也不必再提。我和鲍德温的关系最后决裂，正是因为政府决定将甘地释放，并让他担任印度民族主义使者，并参加伦敦会议。他看着事情的发展，感到很满意，首相和总督同他的看法是一致的。保守党作为反对派，被毅然决然地带上了这条路。我坚决认为，我们坚持这条道路，会让我们失去印度，并且也会让印度人民陷入苦难，其受害程度将是难以预测的。此后不久，我因此而提出辞职，离开了“预备内阁”。1931 年，我给鲍德温先生写了信，其中有这样一段话：

> 我们在印度政策上有分歧，这已经不是什么秘密。此前，承蒙您的邀请，我加入了你的事务委员会，我认为我现在必须离开。不必多说，我会在下议院竭诚助你反对工党政府，另外，在大选中，我也会尽我的力量挫败工党。

* * *

1929 年的第三季度末，在世界各地，特别是美国，越来越显出繁荣的希望和景象。极端的乐观主义，让投机事业变得愈加疯狂。企业组织和科学据理论说已经克服了此阶段的经济危机，为了证明这一点，还有人专门写了书。9 月，纽约证券交易所的负责人声称他们已经了解了周期性的经济危机，并成功地掌控了它。可是到了 10 月，华尔街被一阵狂风猛烈地吹过。虽然动用了力量最强大的机构干预了疯狂的抛售行为，但是却无法遏制它。部分举足轻重的银行筹措资金，想用十亿美元稳定和维持市场，可这根本就是白费力气。

在之前的岁月中快速积累起来的财富，其纸币货币价值迅速贬值，瞬间就变得一文不值。美国用信贷膨胀搭起来的巨大建筑，让多达几百万户的家庭在此基础上显得非常富裕，可在那一瞬，仿佛证明了之前的美好不过是一场梦。曾经最知名的银行也曾用低利息鼓励人们，让他们投资股票，另外还建立了一些商业系统，让人们用贷款的方式买房子、汽车、各种家庭用品等，或者以延期付款的方式消费。现在这些全都结束了。规模巨大的工厂停止了生产，制度完全混乱。就在前一天成千上万的工人和技师还开着小汽车去上班，弄得停车位相当紧张，全社会都在积极制造各种各样的好产品，所有的生产活动都非常繁荣,可以供上亿人使用。可是到了今天,整个社会都变得极其悲惨,工资大幅度下降,失业率骤增。美国银行跟英国比起来,系统不够集中,而且基础也没有那么坚牢,两万家银行已经停止付款。人们之间的商品、劳务交换也彻底无法继续。华尔街崩塌了，无论是富裕的家庭还是贫困的家庭，都受到了影响。

美国人曾经有着美好的愿望，期待能拥有更多的财富，让更多的人能过上舒心的日子，他们曾为了这个梦想而痴迷。这并不是说他们痴心妄想，得了狂想症。因为从没有哪个社会能制造种类和数量如此巨大的商品，更没有哪个社会共享或交换过这样多的商品。人类能发挥最高的技巧和辛勤，当然是好事，因为这对彼此的利益都有难于计算的好处。可是实际上所取得的成果，远远不及所带来的虚荣、幻觉和贪婪，直到那种带着光环的外表被破坏得体无完肤。1929 年到 1932 年，先是股票市场崩溃了，接着物价狂跌，最后生产缩紧，然后有大批大批的人失业了。

经济生活完全混乱不堪，导致的结果波及全世界。生产下降，人民失业，贸易也缩紧。各个国家为了保护国内市场，接二连三地推出关税限制政策。所有这些危机又导致了金融危机，其严重程度使国内的信贷业务完全终止。整个世界范围内都发生了破产和失业。麦克唐纳政府曾经许下种种诺言，但在 1930 年到 1931 年中，失业人数从一百万上升到三百万，面对这种情况，他的政府完全束手无策。有消息说，美国有一千万人失业。在这个庞大的共和国中，所有的银行都陷入了混乱不堪的状态，瞬间就会坍塌。由它造成的灾祸影响到了整个德国和欧洲各国。幸运的是在英语国家里，还没有人饿死。

* * *

英国是一个岛国，经济方面仰仗高度的人为自制，这会给人以非常重要的信任和信心，而以攻击资本为基础的政府或者国家要做到这一点就太困难了。麦克唐纳的工党政府所面临的问题，是他们完全无法应付的。他们连预算平衡都做不到，即使通过党的纪律和必要的手段也无法做到。本来这个政府就处于少数地位，现在又在财政方面让人失望，根本不可能继续执政了。

眼下的条件正在催生一个新的联合政府出台，因为工党应付这次风暴已经宣告失败，英国的财政信用也已经坍塌，自由党和那些有害的平衡力消失。要应付这次危机，看来只有各个政党联合起来，组成一个新政府。麦克唐纳先生和他的财政大臣表现出强烈的爱国之情，他们尽力引导工党，希望工党的群众能够支持联合政府。鲍德温一贯的观点都是保持自己的权利，官职可以让他人担任，所以现在他愿意在麦克唐纳的政府供职。虽然他的态度非常值得称道，但实际情况并不理想。劳合 · 乔治年事已高，而且做了手术，尚在恢复，考虑到他的年纪，情形很严重。赫伯特 · 塞缪尔爵士也参加了各党组合的联合政府，他所带领的是自由党人。

联合政府并没有向我发出邀请。我和鲍德温就印度问题已经决裂了，对于麦克唐纳的工党，我也持反对态度。我和其他人的看法一样，认为成立联合政府是必要的。不过我被这个政府拒之门外，这对我来说是意料之中的事，因此也没有什么不愉快。我在政府改组期间去戛纳绘画了，这是千真万确的。要是那时候，我接到了邀请，我会怎么做呢？我无法回答这个问题。我完全没必要讨论它，因为这件事情并不存在，只能说是个让人不确定的诱惑罢了。我在那一年的夏天，跟麦克唐纳就联合政府的事情进行谈话，他表示有兴趣。那时候的我，在政治方面正处于艰难的境地。我在内阁担任官职长达十五年有余，现在我正忙着写我的书——《马尔巴罗传》。当时的政治非常富有戏剧性，对于那些已经深深投入喧嚣政治局面中的人来说，真是惊心动魄。我可以毫不惭愧地说，国家正处于紧要关头，我被抛弃在外，对此我并不难过，更没有什么不满，只是觉得不太方便。1905 年以后，我在下议院都是坐在前排，让我感到很方便，因为随时可以站起来发言，讲稿可以直接放在讲桌上，看上去非常像是即兴发言。现在我只能在政府席位那边的过道后面艰难地找个座位，如果发言，稿子也只能拿在手里，同其他内阁大臣们争论的时候，我只能靠运气。不过，我很幸运，因为我常常能找到发言的机会。

* * *

新政府成立后，并没能遏制住金融危机。在必将举行的大选到来之前，我从国外返回，发现任何问题都没有解决。选民做出的决定非常符合英国民族的气魄。创立了工党的拉姆齐·麦克唐纳先生，领导着各党建立了联合政府。他们列出一个纲领，要求人民必须践行，那就是要求人们节俭和付出牺牲。这时候没有战争的危险，也没有什么致命的威胁，但是这个纲领虽不是在刺激或者要求下实行，也算是最初的“热血、辛勤、泪水和汗水”了。必须实行最严格的经济政策了。所有人的收入、薪俸和工资都必须压缩。所有的百姓被迫支持这个政府，按照它的要求过理性和节俭的生活。人民跟任何以往应当表现英勇的时刻一样，表现出了非凡的气概，响应了政府的号召。自信心和信用终于恢复了，虽然政府背信弃义，抛弃了之前施行的金本位，而且鲍德温先生也被迫停止了偿还美国的欠款，那笔战争耗资再也不会偿还了（鲍德温为了偿还这笔债务，迫使1923年的博纳·劳内阁偿付给美国）。新政府获得了拥护，而且是多数的拥护。麦克唐纳先生开始出面组织内阁，不过只有七八个他自己政党的人支持他，当选的议员中，仅有五十个是他党内的反对派或者他的追随者。在健康和精力方面，他的情况越来越差，在这四年，正是决定命运的时期，他在英国的最高位置执政，他越来越衰老，而就在这四年中，希特勒很快就到了。

第三章　潜在的险情

1928年我的感触——未来战争带来死神一般的恐怖——一些预言中的战争技术——协约国痛恨军国主义和战争——"平静的形势不会始终持续"——德国陆军部队——十万志愿兵的限额——赛克特将军的工作和意见——"又一个沙恩霍斯特"——协约国管制委员会于1927年被撤除——德国的航空发展——违约和假装——德国海军情况——拉特瑙的军事企图——工厂可以进行改造——规定"十年内不许大战"

从欧洲战争结束到1922年底英国政府频繁更替，在《战后》这本书中，我写了对这期间的一些想法。我于1928年写了这本书，当时我对未来将发生的劫难已经有所预感。

战争在公元纪年的二十世纪初，开始进入可以令全人类毁灭的境地。大帝国和大的国家已经被人类组织起来。各民族在意识上不断加强集体观念，这样屠杀事业就拥有了出人意料的规模和坚决态度，并以此对该事业进行了计划和实施。个人所拥有的超出一般的长处，在大规模的屠杀中被集中使用，用来发展屠杀的能力。以破坏为国的事业把雄厚的资本、世界贸易和信贷的资本、积累的巨额资本都为己所用。同时，各国人民的劳动也被集中于此。亿万人民的意志因为民主政治制度而彰显出来。每个人的脑子里都种下了战争的种子，这件事是通过教育手段实现的，对现在的目标来说，每个人都能发挥出最大用途。报纸成为一种工具，它让人们变得更加团结，并令人们互相激励。至于在宗教方面，虽然从根本上说是在使用巧妙地办法免谈战争，可是却用各种其他方式，对所有参加战斗的人，给予并无区别的鼓励和慰问。而人们不顾生死的要求，最终通过科学满足了，因为科学打开了自己的宝藏和秘密，人们手里拿到了能起到决定性作用的器械和装备，结果导致出现了很多奇特的事情。那些设防的城市闹起了饥荒，一个民族完全被饥饿或虚弱着，这是有计划地正在进行或者将要进行的事情。所有人都参加了战争，只是参加的身份不尽相同而已。他们进攻，也被进攻。在远离火线的大后方，死亡和恐怖仿佛从天空绕道而至。在之前的战争中，老人、妇女、孩子和病人都是被保护的对象，现在这些人同样也被死亡和恐惧威胁着。人类以令人惊奇的方式把铁路、汽车、轮船等运输工具都派上了用场，这样可以让千百万人不停地打仗。医疗和外科手术进步了，那种愈加精细的医疗手段就是把参战的人，一次次地送到战场上去，供战争屠杀。这个事业是一个巨大的浪费，可凡是能在这项事业中派上用场的东西，都不会闲置。士兵的负隅顽抗当然能让那些东西带来军事上的效果。不过，开战后的前四年仅仅是为第五年的战斗打基础而已。

原计划在1919年的战争中，将能看到战斗的杀伤力大幅度提高。若是德军的士气一直如此强盛，能够撤退到莱茵河附近，那么恐怕在同年的夏天，会有空前的、难以形容的、可怕的力量和技术向他们展开进攻。他们的城市会遭受成千上万的飞机轰炸，他们的阵地也会被几万门大炮轰平。此时的协约国，正在进行各种部署，他们的目的是用机械化的车辆，以每天行进十至十五英里的速度，把二三十万人的军队和一切必须的军事装备在同一时间连续不断地推进。毒气的威力让人难以想象，只有一种德国人目前还没有制造出来的秘密防毒面具才能抵挡这种毒气，敌方阵线所有的抵抗力量都会因此窒息，所有生命体都将失去行动能力。德国当然也有自己的打算，但是愤怒已经结束，警报已经发出了解除的信号。于是，1919 年的恐怖都书写在各个主要参战国家的备忘录里了。

战争的结束就像是开始的时候一样，突然而且一致。世界抬起头，仅能看到灾难后的废墟。胜利者和失败者都感到了一种轻松。人们从成百上千的实验室、工厂、兵工厂、办事机构里站起来，从他们那么多年所专心从事的工作中走出来。他们的计划尚未实施，未完成的工作被丢在那里，各国的军事机构匆忙将他们的资料、发明等所有的数据，都打成了捆，用“留至将来参考”的字样注明。1919 年的仗没有开打，但是它的观念仍在，而且在不断发展。每个国家的军队都穿着和平的外衣，研究、提炼和推敲那些观点。若是再次发生战争，那些 1919 年作战中曾使用的武器将被淘汰，而是使用以那些武器为基础发展和研发的新武器，新武器有着更加难以形容的致命和危险。

我们在这种情况下变得疲惫不堪，迎来了人们所说的“和平时期”。无论情况是怎么样的，我们因此而得到了一个喘息的机会，可以对整个局势进行思考。有些事情让人忧心忡忡，但已经渐渐成了不可争辩的事实，就像云雾中遮掩着的一座山峰，现在渐渐显露出来。可以肯定的是，如果以后发生战争，每个人都会参与进来，为了战斗而筋疲力尽，每个人都不可避免地面临敌人的猛烈打击。一些国家在感觉到自己的生存充满危险的时候，必然会不放弃任何能保证生存的手段。他们很可能，甚至是必然会使用威力巨大、具有毁灭性的武器和方式，更恐怖的是，一旦出现这种情况就没法控制了。

人类在品德方面没有发生有价值的进步，在理智上也缺乏引导，因此无法考虑到什么是正确，却首先拥有了可以毁灭全人类的武器。这些是人类此前没有面临过的情况，可这是人类通过荣耀的辛劳带来的结果，这是人类发展过程中的一个制高点。死神正准备完成自己的任务，听着各种号令：立正、遵命、原地待命。他已经准备把所有的人都一批一批地屠宰掉，只要命令一到，他就会把人类所创造的文明全都碾压成碎末，破坏到不可能修复的程度。现在，他正在等待一个精神疲惫的人，在无计可施的情况下下达这个命令，他本来也打算杀死这个人，可就在那一刻，他服从了那个人的命令。

*　*　*

1921年1月1日，我发表了以上那些话。我现在还是没有什么不同的话可说，虽然时间已经间隔了整整十八年，又是一个元旦。在第一次世界大战结束后，尚未发生第二次世界大战的任何时间内，我在自己所负责的事情上的言论和行动，都是根据防止第二次世界大战发生的原则进行的。另外，我还要提前准备，若是真的发生什么糟糕的事，才能保证我们能够获胜或者生存下来。第二次世界大战是非常容易防止的，恐怕这是有史以来最容易的一次。我们为了反对保证，让世界能好好地存在下去，随时准备动用武力，可如果协约国中的英美或任何国家，采用一贯的那种坚持到底的劲头，或是采用一般家庭惯用的常理来处理各自的事务，那么就无需动用武力和在没有法律的伴随下前进了。加之，我们为了正义的事业还可以运用其他力量，并非一定要流血牺牲。英国和法国将自己的目的置之一旁，连自己的初衷都抛弃了。它们任由局势发展下去，最害怕的情况出现了，事情最终发展到了顶点。美国是公正且势力雄厚的，可在这个问题上，它跟英法一样。新的问题来了，我们又一次面临非常相似的情况，要是这些国家依然采用那种善意的，但是毫无远见的做法，那么第三次战乱就会发生。到那时候，恐怕不会有人能逃脱死亡的厄运而留下来讲故事了。

*　*　*

我在早些时候，也就是 1925 年，写了一些有关技术方面的想法和问题，那些问题就是今天也不该忽视的。

是否会出现这样的爆炸武器：同今天已经发现的爆炸能量相比，威力更大，其猛烈程度无法形容。炸弹的大小跟橘子差不多，但是威力非常大，能将大片的建筑摧毁；能把上千吨的炸药集中在一处，整个城市都被其炸毁。是否会在目前使用的炸弹上使用新手段，也许用无人驾驶的飞机就可以运载，只要通过无线或者射线就可以对其操控，这样就能实现自动、连续的向敌人的城市进攻，炸毁其军工厂、营房和船厂。

还有使用毒气的化学战等，如果将其比作一本恐怖小说，那么现在仅仅是第一章而已。莱茵河两岸的人，此时都在研究新的杀伤性武器，运用科学并花费巨大的耐心，他们理所当然地会认为，所有的方法不应该仅仅是无机化学。他们还会研究疾病，非常有秩序地把各种病毒准备好，之后向敌方投放：人、牲口、庄稼都不放过。而这样的研究不仅仅是在大国实验室里。害虫能破坏庄稼，炭疽热能杀死战马和牲口，瘟疫不仅能让军队传染，而且能让整个地区受害。在军事科学的发展方面，正在沿着残忍无情的方向前进。

在四分之一个世纪前，我写下了上面的话。

*　*　*

一个自豪的民族，当然会在战败后试图快速整顿军备，这是常理。

只要他们能做到，那些强迫他们接受的条约，当然就会遭到他们的践踏。

……平静的情形不能保持
那些痛苦的誓言，会认为那是
威逼下的所为，是无意义的。

因此，胜利者有一种责任，即让战败的敌人解除武装，并迫使他们持续这种状态。而胜利者必须为此做到两点：首先，自己要保证拥有足够的军事武装，对合约中禁止敌国恢复武力装备的各个要求，必须保持警惕，毫不放松，且要保持自己的权威。其次，尽可能让战败国恢复繁荣，采用恰当的宽大政策，令其尽可能地对现状感到满意。此外，还要打下一个真正友好和共同利益的基础，为此必须想尽一切可使用的办法，以便清除那些诱发对方使用武力的因素。我在这几年内提出了一条准则："首先要让战败国消除怨气，之后战胜国才能裁军。"而英国、美国和法国在很多方面所采取的办法，都是相反的，我会在后面一一讲述。接下来我就可以讲讲故事了。

要想在一个强大的国家中把所有的男子都集合起来，让他们组成一支部队，是非常费时费力的工作。劳合·乔治代表胜利的协约国方面，建议德国军队裁军，仅保留十万人的军队，禁止其征兵，德国照办了。可是这仅剩的兵力却成了一个在核心位置放置的炉子，只要有可能，它就会变成百万人的大部队。这支军队虽然只有十万人，可是一旦增兵，士兵就会变成军士，原来的军士就会上升为军官。虽有这种可能，也不能说劳合·乔治没有在制定谨防德国重建陆军的情况进行周密的考虑。处在和平期，德国设立的十万军队，是合法的，因此其他任何国家的监督也不能对德国军人的素质指手画脚。这些还是次要问题，仅德国在边境的防守方面，所需士兵就高达三四百万。若是德国想同法国陆军一较高低，即使不超过法国军队的规模，也需要大批军事骨干，不过他们可以培养，同时还要采用此前的联队和编制方式，最重要的是每年还要征兵，实行全民征兵制度，让适龄的男子参军。在过渡时期，那些志愿兵、青年团、扩编的警察、老兵团等所有非政府团体和组织，都能起到相应的作用。可是德国如果不实行全民征兵制，那么就等于仅有骨骼，而没有血肉。

这样看只要德国没有实行几年的征兵制，就不可能建立一支像样的军队，用来和法国军队匹敌。如果不能公开地破坏凡尔赛和约的条款，那么德国就没法越过这条障碍。最开始，可以巧妙地采用隐蔽的方式，精心做准备，不过总有一天要公开，那时候必然是下了最大的决心来反抗各战胜国。劳合·乔治的原则就是为了制约这种情况的出现，从这方面来说他是对的。如果他的原则能谨慎地运用权力来坚持实施，德国当然无法重新建立起新的大规模军队。如果征兵，那么新兵即使在入伍前接受了很好的教育，也要在联队或者其他地方经过两年的训练，只有如此，才能组建和扩充后备军，因为对现代化陆军来说，这是必不可少的步骤。法国军队虽在上次的战争中损失巨大，但是经过有秩序地、逐渐地训练新兵，就可以确保战斗力。因为，每年入伍的新兵接受训练后就可以被编入后备军。德国在十五年中被禁止扩充后备军。与此同时，法国的军队不但能训练和积蓄自己的力量，并且在现有的军事体制下，是可以预见到结果的。即使德国陆军保持着自己的军事传统和精神，并且能一直发扬下去，可是要想和法国的军事力量旗鼓相当，也是不可能的。

* * *

赛克特将军是未来德国陆军的缔造者，他会建立军事机构和领导团队。他在 1921 年就开始悄悄地在书面上设计了，企图为德国建立一只完备的陆军。为了他掩护的各种活动目的，他非常谦卑地向协约国军事管制委员会做出解释。拉本瑙将军是他的传记作者。1940 年，德国接连不断地取得胜利，拉本瑙在报告中写了这样的话：“若是在 1920

年到 1934 年中，我们仅有适合小规模军队的领导核心，那么 1935 年到 1939 年中，我们的工作就会变得很难开展。”举个例子，凡尔赛和约中有条款规定，德国的军官必须从三万四千人削减为四千，可是德国突破了这个要命的规定，使用各种奸计来破坏它。协约国的军事管制委员会为此做出了各种努力，依然没有阻止德国一步步地实行计划，重建陆军。拉本瑙这样写道：“我们的参谋部遭到敌人强烈的反对，他们得到了自已国内各个党派的支持，试图消灭我们的参谋部。协约国管制委员会站在自己的立场上，企图在几年中，让高级参谋的培训变得非常低级。他们使用的方法很正确，我们参谋部根本无法成立。他们曾经用非常直接的方式，试图了解参谋是如何训练军官的。不过，我们保守了秘密，没有让他们知道任何关于体制或者是讲授课程的内容。赛克特一直坚守着秘密，因为他知道如果参谋部被解散，是很难再次建立起来的。……参谋部的实质部分被保留了下来，仅仅是形式上遭到了破坏……”其实，参谋部的军官及其助手们可达数千人之多，他们全都在柏林，伪装成了建设部、研究部、文化部的工作人员。这些人在对过去和未来进行着深入的研究。

拉本瑙还有一段文字能清楚地说明问题：“如果不是赛克特，德国的参谋部今天（1940 年）就不能存在，因为只有经过几代人的努力，才能建立起这样的组织。即使军官们都是头脑聪明的人物，又非常努力，短时间内也不可能建立起参谋部。概念连续的意图，就是为了在现实的考验下，能够掌握住领导权力，唯有这个方式才能实现目标。没有几十年的努力，这种集体的能力是无法培养起来的。要是将军们在仅有十万人组成的军队中，变成了适合小型部队的小气派的人物，也不会建立这样非常宏伟的理论体系。除了训练参谋部之外，还要训练出部分高级将领，为此，还必须提倡大规模的体操锻炼和军事体育。”这部分被训练的人员在考虑问题的时候，已经能够从军事角度出发了。

赛克特认为，凭个人经验总结而来的，有可能是错误的理论，这种情况一定要避免。对上次战争总结出的教训完全经过了研究，在系统而透彻的研究后，还拟定和编制了新的原则和教程。所有现行的操典都是新编写的。这么做的目的不是单单考虑到那十万人的部队情况，而且是为了整个德意志帝国的军事武装力量。这些操典是公开的，但是为了避免被协约国看出来，采用了特别的印刷字体。不公开的操典，仅供内部专用。所有的兵种必须配合得非常紧密，这是他们执行中强调的重点。那些主要的兵种之间必须在战术上紧密地配合，例如步兵、摩托化部队①和炮兵之间。所有的机关枪部队、迫击炮部队、冲锋枪部队、陆军航空部队、反坦克部队等兵种也必须紧密配合。德国的那些军事指挥官们如果没有这种理论，在 1939 年和 1940 年的战争中，根本不可能取得战术上的成功。1924 年，德国的陆军已经悄悄地在增长了，且突破了十万人的限制，赛克特认识到了这一点。为他写传记的拉本瑙说："还不到十年，成果已经显现出来了。"1925 年，赛克特建成了德国陆军，为此已经一把年纪的陆军元帅马肯森进行了祝贺，还不无恰当地把他比作了沙恩霍斯特。在耶拿战役结束后，法国占领了德国，那几年中，沙恩霍斯特曾经悄悄把普鲁士军队组织起来，用来对抗拿破仑。"战火一直在燃烧，多年没有停止，能使德国军力持续下去的因素并没有被协约国的管制政策所消灭。"

1926 年夏天，在赛克特的领导下，进行了一次大规模的军事演习，参加者为各部队的指挥官、参谋和通信部队。在没有军队的情况下，那些战争的艺术和如何指挥一支正规部队的技术问题，被那些将军、军事指挥官、参谋部的军官所掌握。只要时机一到，德国凭借这些人员，就能把军队提升到以前的水平。

几年来，那些尚没有加入编制的士兵，始终在进行短期的、规模不大的集训。人们把那些不合法的士兵，叫作"黑兵"。从 1925 年起，国防部负责领导那些不合法士兵，国家出经费，用来维持其存在。参

① 摩托化部队，是指作战时徒步，但靠搭乘摩托或汽车等车辆机动的部队。——译注

谋部的计划是，1925 年扩充军队和改进军队，突破条约的束缚，现有的步兵师是七个，这是合法的，计划先增加两倍，再增加到三倍。赛克特最终想实现六十三个师的计划。自从 1926 年以来，普鲁士的社会民主党反对计划成为唯一的阻碍。社会民主党于 1932 年被迫下台。因此到 1933 年 4 月，十万人军队的编制被打破了。不过早在此前，单从实力上看，已经稳稳地超过了这个限制。

在洛迦诺之后，因为人们普遍怀有善意和希望的感情，所以英国和法国政府采取了一个决定。针对一个尚可挽救的问题，英国的决定如下：将协约国管制委员会取消，经国际联盟同意，可以采用一个调查方案，只要任何一个国家提出调查申请，都必须进行调查。据称，洛迦诺条约可以附加这条补充条款。不过这个决定没有得到实施。福煦元帅在报告中这样说道：目前德国解除武装已见成效，但综合考虑，一个国家人口达六千五百万，怎么可能永久性地保持解除武装的状态呢？因此必须采取各种防御手段。可在人们已经知道德国正悄悄地破坏凡尔赛和约的情况下，协约国的管制委员会还是于 1927 年撤出了德国。当时德国用不明显的方式搞破坏，他们正在制定书面计划，打算让德国再一次成为一个军事大国。他们有童子军、士官组织、青年和退伍军人组成的数量庞大的志愿组织，仅仅是缺少武器装备而已。可从另一方面看，无论是海军或陆军，只要有大规模的行动，是不可能不被察觉的。如果德国实行全民征兵制，或者建立空军，或者建造军舰，都是超出凡尔赛和约的行为，那等于公开违背了德国应该承担的义务。若是那样，德国所在的国际联盟，在任何时候都可以提出此事。

更难于做出的是关于空军方面的规定。凡尔赛和约中明确规定，德国不能建立空军，因此德国空军于 1920 年 5 月正式解散。赛克特在他的告别命令中明确地说：德国空军的精神依然还在，希望能再次建立起空军部队。他尽其所能地鼓励这种做法。他的第一步是把富有经验的空军军官组织起来，在德国国防部成立一个特殊的团体。此举是秘密完成的，没有被协约国委员会发现。对自己国家的政府，这个行动也是保密的。空军团队成立以后不断壮大，几乎充斥在国防部门的各个办事、监督机构。一些空军成了陆军的干部，另一些也被转移到陆军的各个单位之中。赛克特指派一位颇有经验的战时军官，在民航部担任部长。在他的管理之下，民用航空可以配合军事航空的需要。民用航空部、民用航空公司、陆军和海军中由空军伪装起来的单位，这些地方很多担任职务的人员都是曾经的空军军官，他们并不懂得行业航空的相关内容。

早在 1924 年以前，德国的各个地方都建成了飞机场，并且有民用飞机制造厂体系；在人员上，也有飞行技术成熟的飞行员，且有教练教授消极防空技术。为了鼓励更多的德国男女具备“航空精神”，德国还举办颇具规模的商业航空飞行表演，在全国范围内建立滑翔小组。赛克特还蒙混过了很多其他的规则，在民用航空人员方面也不例外，虽然纸面上是遵守规则的，但是获准的人数已经突破了严格的限制。德国运输部悄悄地帮助了赛克特。协约国在 1926 年的情绪支配下，感觉到对德国的行为抑制得有些过分，这让德国人的民族自豪感受到了伤害。战胜国还认为，只要禁止德国建立自己的空军，德国也确实没有越过这条约束的界限，就没有什么可担忧的，可他们不知道那条约束界限并不是清晰的，而是模糊不清的。

德国在海军方面也同样使用了掩盖的手段。在凡尔赛合约中规定，德国海军只能保留一小部分，兵力的上限为一万五千人。德国找到了种种借口，使不断增加的人员超过了规定的上限。各个民政机关中，都秘密地潜伏着海军组织。按照条约，赫尔戈兰沿海要塞必须拆除，可不久这里又建起了新的工事。德国还私下建造潜水艇，潜水艇官兵是在其他国家接受训练的。德国想恢复德皇时代的海军，并期望海上势力终有一天能恢复，并获得从前的地位，为此他们把能做的努力都做了。

具有举足轻重作用的其他事情也同样获得了巨大进展。1919 年，拉特瑙先生还在担任建设部部长，那时起，他就开始大规模的重建德国军事工业。他在实际工作中对将军们这样说道：“当然，你们的武器确实被他们毁掉了，不过那些东西即使留到下次开战，也无法使用，因为那不过是一堆废物。下次战争中使用的武器将是全新的。使用新武器、放弃旧武器的部队，将占有绝对的优势。”

在协约国对德国实行管制的几年中，德国的参谋人员即使听到了这样的话，仍旧花费了很大的努力，为保护原有的武器不被销毁而斗争。他们竭尽所能地想尽一切办法，让协约国委员会无法知晓他们的行动。他们隐瞒、阻挠委员会的监察，组织严密地、行动秘密地开展工作。最初，德国警察还监管此类行为，没过多久就跟着一起积集武器了。为了掩人耳目，他们打着民间团体的旗号，成立了一个组织专门保管武器和设备。这个组织发展到1926年，已经成为全国性的组织，代表和保存军事装备的仓库分布在德国全境。此外，他们使用非常巧妙的办法，将那些生产军用品的机器保管起来。原来用于军事生产和可以改装成军事生产的车床，都被保留了下来，用于民用生产，不过商业生产的需要远远低于这些机器的数量。凡尔赛和约中规定为战争而建设的德国兵工厂都必须关闭，可是德国并没有照办。

这个规划非常全面，并且被实施。依据该规划，德国将来自美国和英国的建设贷款，全都用在了开办新工厂和很多旧工厂上。他们早有计划，这些工厂都能快速地转为军工厂。他们周密而全面的计划内容，甚至可以写成好几本书。1922年，反犹太的新纳粹秘密团体暗杀了拉特瑙先生。他们对这个犹太人恨得咬牙切齿，即使他是德国最忠诚的仆人也不能幸免。1929年，布吕宁取得了政权，他怀着热情和审慎的态度，继续开展这项工作。胜利者拥有一大批已经过时的军事装备，并以为这样就可以保证自己的安全，可他们不知道在德国生产新武器的能力正在逐年增长。

* * *

1919年，英国对未来做了一个假设：“在今后的十年当中，不列颠帝国不会发生大规模的战争，更用不着派出远征军。”为此，当时的英国内阁这样决定：各个军事部门在做预算的时候，都要根据假设，积极加入经济节约运动。我于1924年担任英国财政部大臣，为此，我提出申请，这个规定应由帝国国防委员会重新加以审查，但是却没人提出修改该规定。陆军部于1927年提出建议，仅从陆军方面考虑，1919年的决议应该延长，十年的时间期限应该从现在算起。帝国的国防委员会和内阁通过了这条建议。这个问题在1928年7月5日再次被提出来加以讨论，我的态度是接受这个建议。我提议：“针对‘十年之内无大战’这个假定，帝国国防委员会需每年进行审查。各个军事部门的预算应以此假定为基础，并随着时间的推移而进行考量。”这样所有的军事部门和自治政府就有了选择的余地，只要他们认为时机合适，就可以根据情况将问题提出来。

有人对此有不同意见，说：“军事部门如果接受这个原则就会产生错觉，以为从此以后就可以平安无事了，进而会变得疏忽研究工作，目光短浅的见识也会泛滥。财政支出部门因牵涉其中，受到的影响尤甚。”但是，一直持续到1929年，我感觉还是有希望维持世界和平的。当时我离开财政部，觉得暂时还不需要做新的决定。但这些事实并不能说明我错了。和平一直持续到1939年秋天。整个世界局势动荡，能维持十年的和平已经相当不容易。“十年内无大战”的时间计算，还在一天天延续，直到1932年，仍以此计算时间。麦克唐纳政府于同年3月23日做了取消该假设的决定。

协约国在这段时间内还具备足够的权利和力量，用来监督德国。只要德国有重整军队的动作，他们就能发现。只要法国、英国和意大利联合起来，向德国提出严格的要求，强迫它按照和平条约去做，德国不得不服从。当我们回忆从前，想到从 1930 年到 1938 年间的那些事情，不难发现我们曾经拥有过那么多时间。到 1934 年为止，我们还有机会阻止德国重整军备，若是真的那么做了，我们就不需要动用任何军事力量。我们缺乏的从来就不是时间。

第四章　阿道夫·希特勒

失明的下士——从寒门走出来的领袖——慕尼黑在 1923 年发生暴乱——《我的奋斗》——希特勒的事情——德国陆军和希特勒——施莱歇的诡计——经济危机的打击——总理布吕宁——君主立宪政体——势均力敌——施莱歇的打扰——布吕宁的倒台

1918 年 10 月，英国袭击了科明附近的地区，一个德国的下士被芥子气熏了，导致两只眼睛看不见东西，被诊断为暂时性失明。这个下士住进了波美拉尼亚医院，就在此时，德国各地正在溃败，四处都发生了革命。他的父亲是奥地利海关一个低级税官。他在青年时代的梦想是成为一名伟大的艺术家，但是维也纳的艺术学院大门并没有向他敞开，因此他只能在维也纳过着清苦的生活。后来，他到了慕尼黑，经常去做临时工，有时候做粉刷房屋的油漆工。在生活方面，他极度缺乏物质。他一直认为自己是个天才，世界让他受尽了苦楚，心里埋藏着巨大的不平和委屈。他认为自己之所没有成就，完全是外界的原因。他遭遇了种种不幸，并没有促使他走上共产主义的道路，相反，他选择了体面的另一条路。他带着一种对德国、日耳曼民族的狂热，抱着一种病态的种族忠诚的观念，在战争爆发的时候，怀着一腔热情参了军。此后的四年中，他在西线的一个巴伐利亚军团中服兵役。这就是早年的阿道夫 · 希特勒。

1918 年冬天，希特勒在医院中度过，那时他无依无靠、双目失明，他总结自己的失败，认为跟整个日耳曼民族的苦难不无关系。这个团传令兵每每想到让人吃惊的战败，法律和秩序的崩溃，法国成为了战胜国，内心极度地痛苦。他的伤势渐渐痊愈，却一脸的憔悴，身体虚弱。就这样，他竟然产生了一种不寻常的精神力量，那不可预估的力量可以决定人类的生死命运。他用常理来分析德国的失败，觉得本不该如此，他认为其中一定是出现了巨大诡计，一定是发生了邪恶的通敌事件。这个小兵情绪压抑，他独自一人冥思苦想，凭他自身的经验，非常局限地考虑问题，想知道德国战争失败的灾难是怎样发生的。此前，他在维也纳逗留的时候，曾经接触过极端的国家人民党小组成员，他从那些人的口中听过犹太族，这个种族从事各种罪恶的、破坏性的活动，简直是北欧日耳曼民族的敌人和剥削者。他的仇恨难以平复，因为他心里有因爱国而产生的愤慨，有对富人和上层人的嫉妒。

这个无人问津的小卒出院了。离开医院后，他的军服还是穿在身上，因为他就像小学生一样认为穿军服是骄傲的事情。当他的双眼从揭开的纱布下面睁开时，他看到的都是战败后的悲惨景象。的确，战败后的混乱局面确实很恐怖。他的周围都是失望和暴虐的气氛，还能看到红色革命正在行动。大街上，装甲车左右横冲，不是开枪射击那些慌张逃避的路人，就是散发传单。那些跟他一同当兵的人带着红袖标，招摇过市，嘴里疯狂地喊着口号。这些人反对他在这个地球上所热爱的所有事物。似乎是刚从睡梦中醒来一样，所有的一切都变得清晰了。德国被一些人捅了一刀，并把它摁在了地上，这些人就是：犹太人、在战场后方发国难财的人、跟敌人串通搞阴谋的人，还有布尔什维克人，他们最可恨，因为他们通过犹太知识分子大搞国际阴谋。他看到自己的责任就在眼前，德国正在经历瘟疫，他要做的是为德国复仇，拯救德国，这个民族本来的命运是做主人，他要带领这个民族找回本该有的命运。

他所在的团里，军官们都感到害怕，因为部下有一种带有煽动性的革命热忱。他们同时也感到很高兴，因为毕竟他们中间出现了一个人，看上去这个人知道局势的根本。希特勒下士仍然愿意在军中服役，并当上了“政治教官”，其实做的工作跟特务差不多。他有了这层身份的掩盖后，就收集了一些情报，都是关于叛变和造反阴谋计划的内容。这位下士，在1919年9月参加了一次德国工人党的集会，会议是在慕尼黑的一个地下酒馆里召开的。他在这次集会中，第一次听到人们的言论是反对犹太人、反对投机分子、反对德国的“十一月罪犯”[①]，这些罪犯是要使德国陷入深渊的祸首。他发现这和他所想的非常一致。9月16日，他加入了工人党。不久以后，为了跟他在军队的工作相适应，他开始从事该党的宣传工作。1920年2月，在慕尼黑，德国工人党召开了一次大会，希特勒为党纲草拟了二十五个条款，他控制了整个大会。希特勒在此时，已经成为了一个政治人物。从此，他开始了救国运动。这一年的四月间，他离开了部队，复原了。此后，他的全部精力都用来扩大该党。到第二年的年中，党内此前的领袖，都被他一个个清理掉了。他的热情和天赋赢得了同伴的喜爱，他们甘愿接受他的独裁统治，因此他成了他们的“领袖”。《人民观察家报》经营不善，因此他把它收购，并做成了该党的核心报。

很快，共产主义者就发现了自己的敌人，并搅乱希特勒的集会。于是在1921年底，希特勒花了几天的时间组建了冲锋队，这是他第一次组织自己的武装力量。到目前为止，他的活动还局限在巴伐利亚地区。战后的德国人民，在这几年中一直生活得悲惨而艰辛，因此他的声音成了一种新福音，帝国各地的人都跑来倾听他。1923年，德国举国上下都为法国占领鲁尔一事而愤怒和激动，因此，使现在改名为国家社会主义党的党员人数暴涨。德国马克崩溃了，这个国家的中产阶级因此破产了。他们中的很多人之所以加入这个新政党，是因为他们已经陷入了绝望的境地。他们心里满是仇恨和复仇心理，他们疯狂地爱着自己的国家，为自己所经历的苦难，在寻找慰藉。

一开始，希特勒就明确地表示，必须把政治权利夺过来，为此必

---

① 1918年11月德国爆发的一次革命。——译注

须向因战败而诞生的魏玛共和国政府进攻，必须激烈地打击和反对它。1923 年 11 月，一些坚定的党员开始追随这位“领袖”，其中不乏杰出的人才，他们是戈林、罗森堡、赫斯、罗姆。这些活动家认为目前正是夺取巴伐利亚政府的好机会。在军中颇有威望的鲁登道夫将军，凭借自己的能力为此次行动助威，在这次发动叛乱的队伍中，他冲在最前面。人们在战前常说：“德国，禁止一切革命行动，因此，德国永远不会发生革命。”在此次事件发生时，慕尼黑再次将这句格言搬了出来。警察开了枪，但是他们有意让子弹避开鲁登道夫的身体。于是，这位将军一直迈着大步向前，进入了警察队伍中间，警察们还向他敬礼。被打死的示威者大约二十人，希特勒也在肇事场所摔了一跤。之后，他就同其他领导者一起逃走了。1924 年 4 月，希特勒获刑，被判四年监禁。

德国政府稳住了局势，肇事者也被德国法院判了刑。国内各地的人民都认为政府是在替外国人做事，残害自己的同胞弟兄，德国最忠诚的儿女被当成了牺牲品。于是希特勒被减刑了，从四年改为了十三个月，被囚禁在兰茨贝格监狱。他在这段时间里，写了《我的奋斗》一书的大纲。他要把自己的政治理论著作献给在暴动中死去的人。当他掌握政权之后，这本书成了协约国的政治领导者最应该研究的书。书中明确地写了德国的复兴计划、该党的宣传方式、国家社会主义的定义、同马克思主义作斗争的纲领、德国理应站在世界最高的位置上等方面的问题。这是一本宣传战争和信仰的书，可以说是一本新的“古兰经”。虽然该书的内容杂乱、夸张、冗长，但是他们的党的使命却包含在内。

《我的奋斗》这本书的主题并不复杂，主要意思是：人类是战斗的动物，因此国家就是战斗者组成的集体，是一个战斗的单元。所有有生命的个体，都要战斗，否则就等于停止追求生存，那是自取灭亡的表现。同理，一个国家或者民族，若是停止了战斗，注定走向灭亡。一个种族战斗力的强弱，要看它有多么纯粹，为此，清除外来的污染是势在必行的。犹太民族散布在世界的各个角落，因而必然具备国际主义，并坚持和平主义。和平主义在生存竞争中奉行种族投降主义，因此犹太民族是罪孽深重、不可容忍的。每个国家都必须令群众国家主义化，这是国家首要的职责。对个人来说，最重要的不是智力水平，而是意志和信心。即使是再多只配服从命令的人，其价值也抵不过一个具有领导能力的人。想要让种族生存下去，就必须依靠暴力的保护，因此，军事手段是不可替代的。每个种族都必须战斗，委曲求全的民族必然会越来越弱，直至消亡。若是日耳曼民族能够更早地团结一致，那么它已经在统治全世界了。一个民族遭受了失败，若是此后它能够重建信心，那么还能得救。重要的是教育自己的军队，让他们知道自己必须具备所向披靡的能力。为了达到重新振兴日耳曼民族的目的，必须让人们相信，想要重获自由，只有依靠军事力量才可以实现。从根本上看，贵族的政治原则大体上都很正确。理性主义完全不适用。教育的最终目标是让德国人通过较少的训练，就能成为军人。世界需要狂热的、歇斯底里的热情，这样才有推动历史的力量，没有它，历史上就根本不可能有骤然的巨大变化。资产阶级倡导和平和秩序，但他们的这两种美德没有任何用处。世界现在正在发生一场伟大的巨变，我们的种族需要新的日耳曼国家的支持，让我们时刻准备迎接全世界最伟大的战斗，因为这是最后的决斗。

在外交方面，任何手段都可以使用。外交担负着让一个民族生存和繁荣的任务，绝不是让这个民族英勇地倒下去。德国可能的盟国是英国和意大利。那些民主党人和马克思主义所统治的和平主义国家是软弱的，没有哪个国家会同他们结为盟友。要是德国不能保证自己的生存，其他国家也不会帮助它生存下去。德国若想拿回那些失去的省份，向上帝祈祷，或向国际联盟恳求是不可能起作用的，德国只能用武力去夺取。德国从前跟所有的敌人同时作战，以后绝不可以这样做。德国应当找出危险性最大的敌人，然后集中兵力，攻打它。德国在外交方面也不能太重感情。若是单纯为了感情而向法国进攻就太蠢了。整个欧洲的领土都是德国的需求。战前，德国实行殖民政策，这是不对的，这种做法不能持续下去。德国扩张领土的目标是向俄国和波罗的海拓展。俄国的苏维埃主义的目标跟国际犹太主义不谋而合，因此，联合俄国向西欧发动战争等于犯罪。

希特勒政策的全部“精髓”就是这些。

他的斗争一直没有间断，这使他逐渐成为全国的知名人物，可是战胜国并没有注意到他，各战胜国的麻烦和党派之间的斗争正困扰着他们。国家社会主义党就是后来的“纳粹党”，经过长时间的努力之后，该党成为了一个不容忽视的力量，因为在德国的生活中，他们已经把德国的人民、军队、国家机器、出于某种原因而害怕共产主义的工业家都牢牢地攥在自己的手里。1924 年底，希特勒被释放了。他走出监狱的时候说，重新组织他的运动恐怕要花费五年之久。

* * *

魏玛宪法中规定，国会由选举产生，每四年选举一次。人们希望在这个规定下，能让德国民众拥有一种权利，即对国会完全的彻底控制权。然而实际得到的结果恰好相反，德国的生活因此而陷入了这样一种境地：不断地被政治刺激产生狂热情绪，不断地进行选举。因此关于希特勒和他的主义的发展就留下了非常精准的记录。1928 年，他占有国会的二十八个席位；1930 年，他的席位上升至一百零七个；1932 年为二百三十个。此时的德国机构中，到处都有国家社会主义党的特务，并且整个机构都在他的纪律约束中。犹太人在很多地方被欺负、恐吓和暴打，这种事情变得越来越多。

在本书中，那些复杂的恐怖的事情，关于他们的激情和恶毒，不必做太多叙述，关于他们逐渐的发展，也没有必要一一赘述。洛迦诺公约像是昙花一样短暂，很快就暗淡了。人们以为正在恢复繁荣景象，其实那都是美国提供的大量贷款作用。德国的总统兴登堡得到了众人的爱戴，他是伟大的、威严的，他的外长施特雷泽曼先生和沉稳、体面的德国人民对他的爱戴和拥护是自始至终的，直到他临死的时候都都是如此。但是各种各样的势力，在这个狂热的国家中也不能起作用。德国的魏玛政府不能给国家提供安全感。这个国家渴望复仇和光荣，魏玛政府并不能给它带来满足感。

战后的几年中，其实是德国陆军参谋部掌握着国家的政治权利，并且它是国家长久性的管理机构，共和政府和民主体制虽然在战胜国的强迫下实行，带着耻辱感，因此只是徒有虚名罢了。在他们看来，兴登堡元帅不仅仅代表着权利，而且代表着他们的意志。可是兴登堡在 1930 年的时候，已经八十三岁了，他的智力和性格已经开始下滑。这个老人变得愈加固执、片面和专断。兴登堡在战争中被看作一个伟大的人，可现在德国的爱国者们却希望他早日进入天堂，这就是他们对他的敬意。兴登堡现在已经成了一个“木质的泰坦神[①]”了，从以上情况看不难确定这一点。将军们早就明白，这位上了年纪的领袖应该有个接班人了，他们应该物色一个合适的人选。国家社会主义党的运动发展迅猛，把他们物色新人的事情给阻碍了。1923 年，慕尼黑暴动失败。希特勒在此后发表了一个纲领，从法律角度看，非常符合魏玛共和国体制。不过与此同时，他也在计划和鼓励发展纳粹党的军事和半军事组织。其中一个是冲锋队，也就是“褐衫队”。此外，还有一个纪律严格的党卫队，这个组织开始很小，后来逐渐发展成规模很大的集团，人数很多且很活跃。军方对他们的活动和潜力都感到惴惴不安。

冲锋队的领导是罗姆，他跟希特勒一样是军人出身，而且他们曾经是战友。在战斗的那几年中，他和希特勒是朋友，并且是希特勒的亲信。罗姆胆识过人，非常有能力。他是冲锋队的总参谋长，个人野心非常之大，也是一个性格变态的人。他有种种劣迹，但是在夺取政权的这条充满危险而且艰辛的路上始终能同希特勒合作下去。布吕宁

① 希腊传说中的神族，传说该神族曾经统治全世界。——译注

抱怨说：原有的德国国家人民党的大多数组织都被冲锋队吸纳走了，其中不仅有自由同志会（也就是波罗的海和波兰同布尔什维克党作战的团体），还有钢盔团（这个团体是由国家人民党退伍军人组成的）。

陆军将领们对德国的潮流进行了深入的分析之后，明白了自己处于怎样的地位，并且确定自己已经不是德国的统治者了。他们和纳粹运动的立场是对立的，虽然双方都是要拯救德国，想要把德国从地狱中拉出来，为战败报仇雪恨，但是德国陆军代表的是德皇帝国成立起来的机构。德国的封建领主阶级和贵族阶级，地主和其他有钱的阶级，都是在德国陆军的保护之下。冲锋队说到底就是一个革命组织，是带着愤恨且暴躁的颠覆分子的反抗情绪的一群人，更是破产者毫无希望的斗争之下所催生出来的一场运动。他们和布尔什维克党存在严重的分歧，势如水火，他们谴责布尔什维克党。

陆军方面得出认知，如果同纳粹党战斗就等于把战败后的德国扯碎。1931 年和 1932 年，陆军高级将领取得了一致看法：虽然他们曾经反对过纳粹党，并且是按照德国人惯有的方式，严厉而坚定地反对过纳粹的内政主张，可为了国家和他们自己的利益，他们必须同纳粹党联合起来。从希特勒的角度看，他已经做好了准备，为了夺取政权的宝座，即使动用武力也在所不惜。可在他面前出现的竟然是那些曾经光辉而灿烂形象的德国领袖人物。他年青的时候，曾经对这些人怀有敬意和忠诚。如此一来，双方之间达成协议是水到渠成的事情，双方所需要的条件一个也不少。陆军将领们渐渐感受到纳粹的势力已经非常之大，兴登堡的德国元首的位置，看来只能由希特勒继任，他的势力足够大了。在希特勒看来，只有跟陆军中最坚实的力量结合，才能完成他复兴德国的梦想。此外，别无他法。这个交易一成功，德国陆军就开始劝说兴登堡，希望他能接受希特勒，把他当作德国未来的总理。希特勒也做出了保证，褐衫队必须受到限制，并接受陆军参谋部的管制，如果情况需要，可以取消该团队。希特勒凭这些条件，得到了德国统治势力的支持。他手握真正的行政管辖权，国家元首也首肯了他的继承权。这位步步高升的德国下士，已经上升到非常高的位置了。

除此之外，德国还有一些复杂的情况。有好几股势力想要得到陆军参谋部的支持，因为这是操纵国内各个派别势力的关键所在。施莱歇将军手里有也一股有时能发挥决定作用的势力，这个势力有些微妙。他是一些军事人物的政治顾问，非常谨慎他们且有潜在的实力。一方面各个党派对他充满怀疑，另一反面各党派也都认为他有能力，是个聪明机灵的政治活动家。他的学识远远超过了普通军人，而不仅仅局限于参谋部的军事操典。在他看来，早就该对纳粹运动进行控制和制止了，因为他看到了它的重要性。并且，他看到冲锋队用骇人的方式聚众闹事并且日益壮大，从这只私人军队看，他认为只要他那些在参谋部的同事采用的方法得当，运用好其中的一件利器，不但可能重振德国的雄威，还能让他自己的地位稳固下来。施莱歇就这样盘算着，他自 1931 年起跟纳粹冲锋队的参谋长罗姆接头，二人开始密谋策划。于是同时进行的有两件大事：一件事是希特勒和陆军参谋部进行了交易；另一件是施莱歇跟罗姆开始进行的阴谋行动。罗姆不但是希特勒的主要亲信，而且还可能成为希特勒最有力的对手。施莱歇同纳粹党内的革命有联系，特别是同罗姆一直在秘密接触，直到三年后，希特勒下令枪毙了他们两个。此后的政局就简单多了，对付其他人的办法也简单多了。

* * *

这时候，德国被经济危机影响。美国的债务越来越多，而且对德的贷款也非常不划算，因此，美国各个银行不肯追加对德贷款。这让德国深受影响，各地工厂接连倒闭，很多企业突然破产。而德国和平复兴的基础正是那些工厂和企业。德国在 1930 年冬季的失业人口增至二百三十万。此时，赔偿问题进入了新的阶段。此前的三年中，协约国的代表是美国总代办吉尔伯特先生，曾经接受德国赔付的巨额赔偿，包括给英国的赔偿（当时我经手了那些钱，转交给了美国国库）。这种方式自然不可能长期下去。早在 1929 年夏天，美国委员杨格先生曾在巴黎草拟、提议且要求商讨一个重要的计划。该计划是降低赔款标准，其中包括关于赔款的最后偿还期限，力求让德国国家银行和德国各铁路从协约国的控制之下解脱出来，撤销赔偿委员会，结算的任务由另外成立的国际银行办理。希特勒和他领导的国家社会主义运动同商业巨头胡根堡的利益集团结合在一起了。胡根堡基本上是个工商业利益集团的首脑，他性格残忍，是不久前突然崛起的一个人物。协约国提出的这个办法，虽然影响深远，而且宽容和灵活，但是遭到了他们的反对。他们发动了野蛮的运动，但是毫无用途。杨格计划被德国国会投票通过，是费了很大力气之后，才以二百二十四票对二百零六票通过的。此时的外交部长施特雷泽曼正处在病危中，在弥留之际，他办的最后一件事情是让协约国同意撤出莱茵兰的时间要大大提前，而不是按照凡尔赛和约规定的时间才撤出。

战胜国的巨大让步，并没有赢得德国人民的热情，他们的反映很冷淡。要是此事能提前一些，至少是在关系不那么紧张的情况下提出来，人们或许会认为这些让步是实现和解的方式，并因此而真正地向和平跨进一大步。可是现在的德国，人们面临着巨大的恐惧，那是时刻都在发生的、阴森恐怖的失业。德国马克贬值,中产阶级因此而破产，被迫走上了冒险的道路。施特雷泽曼在德国的政治地位深受国际经济压力的影响，已经被削弱。他遭到了来自希特勒领导的纳粹党的猛烈攻击，还有以胡根堡所率领的资本巨头的沉重打击，很快，他就败下阵来，倒台了。1930 年 3 月 28 日，布吕宁作为天主教中央党的领袖成了德国总理。

* * *

布吕宁是威斯特伐利亚的一位爱国天主教徒。他的梦想是政治上采用民主的形式，并以此重建昔日德国。拉特瑙先生在被暗害之前拟定了工业计划，目的是为了战争做准备。现在布吕宁继续实施他的计划。在日益严重的混乱局面中，布吕宁试图稳定财政状况。他提出了一些方案，比如在经济方面厉行节俭、文官人数削减、俸禄降低等，可这些政策并没有受到人们的欢迎。怨恨的情绪越来越强烈。敌对的国会被解散了，该工作又是由兴登堡总统支持，布吕宁主持的。布吕宁在 1930 年的选举中得到了多数票。此前国家主义派复苏，并一直在卑劣而激烈地活动。他号召德国旧的参与势力起来反对这种骚动。这是他做的最后一次努力，意图非常显然，他认为，必须想办法让兴登堡总统再次当选，才能实现自己的目标。布吕宁希望找到一个解决的方法，而且是明显的、新的方法。他认为德国若是想拥有安全、和平和荣耀，必须通过恢复帝制的方式，若是兴登堡再次当选了，那么他就要劝说这位上了年纪的元帅在最后担任总统的期间，成为摄政的角色，那样，在他去世的时候才能恢复帝制。他能劝说成功吗？德国目前的最高权力还处于真空状态，希特勒正要闯进来，若是他的策略能够成功，权力就不会落在希特勒手里。综合目前的形式，这个策略是正确无误的。可是布吕宁要怎样做，才能让德国走上这样的道路呢？保守派已经向希特勒倾斜，若是德皇威廉复辟而来，他们还可能心回意转吗。而那些社会民主党、公会的势力，可不想看到老德皇、皇太子再次登台。布吕宁想要的是英国式的立宪君主政体，绝不是想建设第二个帝国，最符合他理想要求的是能从德皇太子的儿子中挑选出一个合适的人，能成为立宪君主。

布吕宁在 1931 年 11 月秘密向兴登堡陈述了自己的计划，因为兴登堡才是决定胜败的关键。这位上了年纪的元帅非常震惊，用激烈的方式表示自己绝不同意。兴登堡说，他认为自己仅仅是德皇的委托人，如果采用了其他的办法解决问题，那么他的军人尊严就会扫地。他信奉的是君主制，在皇子中选一位皇帝的办法令他无法接受，皇位的宪法和法律体系绝对不容侵犯。再者德皇返回德国，并不能受到人民的欢迎，因此德国就只剩兴登堡自己了。说完这些，他就不再说话，看来他不可能让步了，他说：“我就在这待下去。”布吕宁与他进行了一番争论，或许他们激烈地争论了很久。布昌宁的理由是：虽然君主立宪政体跟正统的君主政体有相当的差距，但如果兴登堡不肯接受这个方法，那么纳粹的革命势力必然会实现独裁统治。然而，这样也没有使双方达成一致意见。可是，为了不让德国政治发生瞬间的坍塌，必须让兴登堡再次当选，无论他能否改变主意，这在布吕宁看来，都是势在必行之事。布吕宁计划的第一步是非常圆满的。1932 年，德国总统大选，在第二次投票时，兴登堡获得了多数选票，他的两个劲敌——希特勒和共产党的台尔曼被他击败了。现在的问题是处理国内的经济问题和协调与欧洲的关系。裁军会议正在日内瓦召开。希特勒在此时又掀起了一场喧闹的运动，用来反对德国来自凡尔赛和约的耻辱。

经过周密、仔细的考虑之后，布吕宁起草了一个长远计划，用来修改凡尔赛条约。1932 年 4 月，他到达日内瓦以后，意外地受到了特别款待。他同麦克唐纳、史汀生和诺曼 · 戴维斯进行了谈判，似乎可能达成共识。德法“军务均等”是这次谈判的前提，只是这个原则可以有多种解释，暂时还留有余地。真让人吃惊，头脑清晰的人怎么会在这样的前提下构建和平呢？关于此问题，后面的几章中还会写到。在这个关键问题上，胜利者若是做出让步，那么布吕宁可能因此而走出逆境，进而采取更高明的下一步骤，即取消赔款，这也是复兴欧洲的关键步骤。要是布吕宁的第二步能实行，他的解决办法会令他的个人地位大大提高，俨然是胜利者的模样。

美国无任所的大使诺曼 · 戴维斯先生，给法国总理塔迪厄打了电话，让他立即从巴黎赶往日内瓦。而塔迪厄此时却得到了另外一个消息，即此时施莱歇在法国疯狂地活动，并抢先一步对法国大使说，布吕宁很快就要倒台了，不要同他谈判。谁知道布吕宁为什么这么倒霉。也许塔迪厄此时也在担心处在“军备均等”的约束下，军事地位会受到影响。不管什么原因，塔迪厄并没去日内瓦，5 月 1 日布吕宁也回到了柏林。对空手而归的布吕宁来说，这简直是走上了绝境。德国正遭遇经济危机的巨大威胁,必须采取强硬甚至是极端的手段挽救。5月间，布吕宁整整努力拼搏了一个月。可是布吕宁政府已经民心尽失，想采取措施，也无回天之力了。此时的法国议会也是风云变幻，赫里欧取代了塔迪厄的位子。

法国的新总理宣布，日内瓦谈判中所形成的方案，将由他来接续。美国驻柏林大使接到指示，请德国总理立刻返回日内瓦，不能有片刻迟疑。5月30日凌晨，布吕宁接到了美国大使的电报，可施莱歇经过努力已经取得成功，兴登堡相信了他，布吕宁的总理一职被解除了。当吕宁在这同一天的早晨接到美国的电报（措辞不够谨慎，但是却满载希望的电报）邀请时，他知道自己已经无法改变什么了。中午，他为了避免被罢免职务，主动提出了辞职。到此，一个可能带领人民走上安宁和文明，并可能使德国与周边国家和睦相处的宪政政府结束了。如果布吕宁不是被施莱歇的阴谋所陷害，如果法国总理塔迪厄赴约，那么协约国向他提出的建议完全可能救了他。现在，由另一个政府的另一个人去讨论那些建议了。

第五章　蝗虫吃光了一切的年代[①]

1931—1935 年

麦克唐纳——鲍德温联合政府——印度解体了——整个德国进入了动荡期——兴登堡和希特勒——后补队员施莱歇惨败——希特勒总理——国会在 1933 年 2 月 27 日起火——希特勒在大选中获胜——新领袖——从质量上消减军力——德国的 1932 年——1933 年英国空军的预算——军备均等——“麦克唐纳计划”——“多亏了法国陆军”——希特勒从国际联盟退出——我宁静地生活在恰特韦尔庄园——那些聪明的伙伴们——马尔巴罗的古战场——保守党的观点——远东发生危机——日本侵华——谁的责任谁担当

英国政府从表面上看还是非常强大的，可实际上 1931 年大选产生的这届政府却是最弱的。麦克唐纳花费毕生心力所创立的工党竟然背叛了他，双方成了激烈的对立关系。名义上，他的政府是联合政府，可实际上保守党占有大多数。这样，身居首位的麦克唐纳先生反而清闲了。鲍德温先生只在乎实权，并不在乎职位，于是大权实际被幕后的他所操纵。约翰·西蒙爵士是自由党的一名领袖，他担任了外交大臣。

---

① 英斯基普爵士四年后接任国防协调大臣，他上任后称此前的一段时期为“被蝗虫吃光了一切的年代”。这是引用圣经的一个说法来形容当时的荒凉。——译注

内政部的主要工作有内维尔·张伯伦负责，并且没过多久，他就成了财政大臣，原财政大臣斯诺登先生卸任。工党没能解决金融危机的问题，因此在竞选中遭遇了责难和沉重的打击，乔治·兰斯伯里目前负责主要责任，他是一个极端和平主义者。自 1931 年 8 月至 1935 年 11 月间，也就是这个政府执政的四年间，整个欧洲大陆的形式已经发生了大逆转。

政府在新议会举行的第一次集会上，提出对印度政策进行信任投票。我针对此问题做了下面的修正动议：

> 是否必须按威斯敏斯特法令制定新的印度自治宪法，在这项政策中并没有对本院进行约束……并且议会的根本职责是维持印度帝国的和平、有序和妥善治理，因此，在此期间，有关印度的任何问题都不能影响议会的这一职责。

我发言的时间比较长，大约是半个小时，人们听得非常认真，可是无论说什么，人们对这个问题的态度也无法改变，就像后来有关国防的问题一样。我们的这条东方道路，不是最重要的，现在它要结束了，真是可怕。那几十万的人们，如此可怜，他们原本期待的是和平而公正地生活，可是现在却陷入了斗争之中。我非常直率的向议会中各党的议员们这样说道：

> 哪怕英国仅有一刻放松，印度教徒和穆斯林那由来已久的仇恨，就可能重新被点燃，并且一定比以前燃烧得更加剧烈，变得极度凶残，我们难以估量他们的仇恨。那些与印度终生为邻的人，一定也产生了这种情绪，老老幼幼都会被卷入其中，开始互相残杀。一百多年来，穆斯林和印度教徒之间的关系第一次开始恶化，因为他们认为英国即将不再统治印度，而且他们相信只要提出要求，英国就会从印度撤出。

在议会的休息室里，我们能召集到的、同下议院三个政党抗衡的仅有四十多个人而已。在走下坡路的时候，这是一个必须正视的不幸的里程碑。

* * *

整个德国都陷入了动荡不安的局面，大事一件接着一件地发生。

1932 年 5 月布吕宁内阁解散了，此后的一年内发生了很多事情。巴本和政治家施莱歇将军一直以来的愿望是，通过奸诈和诡计图谋德国政权，并以此控制德国。可是到现在为止，已经不可能再有这样的机会了。巴本在布吕宁之后，接任了德国总理的职位，他企图争取兴登堡的追随者和国内极端国家主义派，得到他们的支持。7 月 20 日，他采取了具有决定意义的一个步骤。社会党政府在普鲁士被轰下了台。巴本的敌对方正加紧活动，企图夺取政权。施莱歇的计划是这样的：希特勒的名气和势力正在日渐强盛，在这背后，那些阴暗的、隐藏的势力正是可以用来夺取政权的工具。他希望德国陆军能成为主人，希特勒运动成为它驯顺的仆人，并且让这二者完全陷入他自己的手中。自 1931 年，施莱歇开始同纳粹冲锋队的领导罗姆开始碰头，到第二年，施莱歇已经发展了同希特勒本人的正常关系。两个人都想掌握政权，他们的障碍就剩下巴本以及兴登堡对巴本的信任了。

1932 年，兴登堡总统秘密召希特勒到柏林。这是一次机会，希特勒可能因此向前迈进一步，只要他开口，可能会得到一个显赫的官位，毕竟这位领袖得到了一千三百万德国选民支持，他现在所处的境地，就跟向罗马进军前夕的墨索里尼所处的位置惊人的相似。可是巴本对意大利的历史没有兴趣，有兴登堡支持他，而且他本人也并不想辞职。年迈的元帅召见了希特勒之后，并没有产生什么好印象，他说：“这个人想当总理吗？我可以把邮政局长的位子给他，我的头像在邮票上，可以让他舔一舔。”希特勒在宫廷这个圈子里，势力根本比不上他的竞争者们。

德国的众多选民人心浮躁，完全迷失了方向，手足无措。1932 年 11 月，整个德国境内都进行选举，这是一年内的第五次了。在选举中，纳粹党失败了，席位有所缩减，从二百三十席减到了一百九十席。共产党在此次选举中赢得了非常重要的地位。希特勒的实力被削弱，没有了谈条件的能力，兴许施莱歇将军完全可以抛开他了。因为兴登堡的智囊团开始支持这位将军。11 月 17 日，巴本辞职了，施莱歇成了新总理。不过这位新总理不善于公开执政，仅适合搞黑幕操纵。他树敌众多，希特勒、巴本和德国国家人民党结队反对他。共产党此时一面在大街上同纳粹党人打架，一面为了反对政府开始罢工。因为这些情况，施莱歇的统治无法维持。巴本用个人力量开始对兴登堡施加影响，他鼓动兴登堡，给希特勒一个官职，这既是安抚也是摆脱，若是让希特勒承担些责任，岂不是更好的妙计？兴登堡最后勉强答应了。于是自 1933 年 1 月 30 日起，德国总理一职就落到了希特勒的手里。

这位新上任的总理，很快就会让那些想或者可能反对新秩序的人尝尝他的手段。2 月 2 日，德国共产党的所有集会和示威活动都被禁止。全国各地开始大搜查，检查共产党的秘密武装。1933 年 2 月 27 日的夜晚，进入行动的高潮阶段。国会大厦突然起火。褐衫队、黑山队和其他相关的组织都被派了出去。那一晚被捕的共产党多达四千人，其中包括共产党的中央委员。之所以这样做，完全是为了下次选举能挫败共产党。新政府铲除了这个最危险的敌人。戈培尔负责组织选举运动。此人非常有手段，而且非常富有积极的热情。

可是对希特勒来说，在德国仍然有许多反对势力，他们坚决甚至积极地反对他。选举的结果出来了，社会党得到了一百一十八席；共产党八十一席，很多痛苦迷茫的人投了他们的票；中央党七十三席；德国国家人民党得了五十二席，在巴本和胡根堡领导下的该党已经同希特勒成为了同盟；右派中心集团人数较少，得到了三十三席。纳粹党共有一千七百三十万票，二百八十八席。希特勒和其同盟，也就是德国国家人民党，在选举之后获得了操控国会的权利。希特勒用尽了各种阴谋诡计，才让德国的选民给了他多数票。若是在一般的文明国家里，这种政治情况下的数目庞大的少数派，会给国家带来严重的影响，他们本身也会受到很大的重视。可是在这个刚诞生的纳粹国家里，少数派感觉到自己已经没有任何权利了。

在波茨坦，腓特烈大帝陵墓紧挨着的驻军大教堂。1933年3月21日，希特勒就在这个教堂里召开了第三帝国的首次国会。德国陆军代表、冲锋队、党卫队的高级官员坐在教堂的中间，前者象征着德国一直延续至今的威力，后两者代表着复兴德国的新显贵。3月24日，一切反对派都被国会制服或者压倒。希特勒总理得到了所有紧急措施的权利，因为他以四百四十票对九十四票胜出。希特勒将任期四年，在决议案宣布的时刻，他冲着社会民主党的席次大喊："对我来说，你们再也没有用了。"

这次大选中，国家社会主义党的队伍在柏林的大街上举行了火炬游行，气氛非常热烈，队伍从他们的领袖面前走过，还行异教徒礼。外国人对这种长期的斗争是不会理解的，特别是对那些不知道战败的痛苦是什么滋味的人来说，就更难理解了。希特勒终于来了，他还带来了很多人。他在失败的深渊中呼喊，唤醒了欧洲人数最多的一个民族隐蔽而疯狂的愤怒，这个民族最有成就，但却不幸、矛盾和残忍。一个可怕的莫洛克神被希特勒唤来了，他充当了这个神的祭师，又成了他的化身。在我的叙述范围内，不包括那些让人难以理解的残忍和卑鄙下流的手段，也不包括以此为基础而组成的带着仇恨的残暴机构，更不包括他们完善这个机构所使用的手段。我在这里要向读者说明的是一个可怕的新事实。这个懵懂的新世界上的德国，由希特勒统治了，并且德国正在武装自己。

德国发生这些不幸的变化是重大的。此时的麦克唐纳·鲍德温政府被财政危机困扰，因此该政府得出的见解是：已经减少的军备继续无限期大力度削减和限制。他们完全没有因为欧洲已出现令人恐慌的前兆而警惕起来。

麦克唐纳和他的保守党、自由党的同僚们作为胜利者，非常热心于裁军一事。他们把军队缩减到凡尔赛和约中强迫战败国保留的数目。在国际联盟，他们曾经通过各种可行的方法，提出一连串的建议。法国目前的政治状态是不断更替，不过并无多大变化，但是它始终把陆军作为法国和所有盟国的生命线和中心，并坚持保留它。英国和美国一直攻击这种态度。报纸和公共舆论没有看到事实，而且这股反动势力又是那样强劲。

1932 年 5 月，当各党在下议院对裁军的美德大加赞赏的时候，外交大臣又提出了划分武器的新的界线，他要把武器分为应准予保持和应予废止两类，并称之为“品质上的裁军”。这种说法适足以暴露其荒谬而难以使议员信服。我说：

外交大臣对我们说，要把武器分为两类，一类是进攻型武器，一类是防御型武器，这是难于区分的。只要是我们能联想出来的武器，都是既可用于进攻，也可用于防卫的。侵略者可以用，无辜的被侵略者也可以用。据称外交大臣要把重炮、坦克和毒气归为进攻型，这些武器目的是让入侵者在进攻的过程中有较大的困难。可是，德国在 1914 年向法国大举进攻的时候，并没有使用这一类武器。重炮是进攻型武器之一，然而，完全可以在要塞位置设置防守用的重炮。即使把它放在那，也代表着和平和友善。假如把它放在战场上，那就立刻变成了罪恶、好战和残忍了，在文明人类看来，必定是应该禁止的。再来看看坦克，德国攻入法国之后，就开始挖掘深深的战壕，那些投身于解放法国领土的英法两国的战士，不到两年的时间，被击毙了一百五十万。德国人用机关枪来守住已经占领法国的阵地，发明坦克就是为了压制这股火力，实际上在驱赶侵略者的战斗中，坦克的确让很多人免于丧命。现在的情况是机关枪是德国占领法国十三个省时所使用的武器，现在被看作是防守用的善良的武器，而坦克在保护协约国许多人的生命之后，却被那些公正的人正直地批评和责骂……

我想比较正确的分类，应该禁止在使用时并没有明确目的武器。这些武器在战斗中会导致人员的伤亡，即使远离战场的人也会可能受影响，而那些人是普通的男人、女人、儿童等。依我看，在日内瓦的与会各国希望的谈判方向也应当是这样的……

最后，我第一次正式提出了警告：战争要来了。

我为德国和法国的军事实力旗鼓相当而感到遗憾。有些人认为他们之间相差无几，对德国来说才是公平的，因此这种做法是合乎道理的，可是他们小看了欧洲局势的严重性。对那些希望看到法国和德国军事实力相等的人，应该说一句话："难道你们希望发生战争？"可是我个人非常真诚地希望我的有生之年不会看到德法军备不相上下的一天，也不希望我的下一辈人看到那一天。这并不是说我对德国人民的伟大品质不够尊重和尊敬。我可以肯定地说，一旦如同我们讨论的那样——也就是只要德国的军事地位跟法国持平，那么危险的灾难就在我们眼前了。

1933 年 3 月，英国政府与在野的自由党和工党对局势的估量并没有清晰的认识，这一点从英国的空军预算可以看出来。我必须说话了（1933 年 3 月 14 日）：

我听到次官说，我们的空军实力仅居第五位，从明年开始才能实行十年计划。我听了这番话后深感遗憾。他宣称今年一年中空军部没有组建任何新单位，并且他为此感到骄傲，可我却为此感到担心。这种想法随着形势的发展显得越来越荒谬，我们应该按照忠告去做，在空军建设方面加强，必须将精力投入到这方面去。

* * *

在所谓的联合政府的领导下，英国舆论对防备德国的事情越来越放松。1931 年 7 月 21 日，法国在一条备忘录中做出了正确却毫无意义的指示：凡尔赛合约中规定，德国首先废除军备，此后，各国应相继进行广泛的裁军，这是出于一般保证的目的，但不是确定条约中的义务，当然更不是在任何情况和环境下都无论如何需要遵守的义务，不是强制性行为。德国在 1932 年参加了裁军会议，他们明确地提出了要求，其内容是将德国重整军备的权利限制予以取消。然而，英国的报纸竟然发出了有力的声援。《泰晤士报》把这件事情说成是“适时补救不公平的待遇”；《新政治家报》则说其是“这是无条件认可了各国平等”。这意味着拥有七千万人口的德国，应该得到重整军备的准许，以便于准备开战，而从刚结束的战争中艰难获胜的各国却没有任何理由反对这种情况。这是战胜国同战败国之间的平等，德国要同几乎比它人口少一半的法国之间的对等！

英国的表现给了德国人勇气，在德国人看来，这是民主和议会制的社会给北欧的民族造成了影响，让这些民族产生了一种软弱和顽固的颓废。希特勒领导的民族运动在背后支撑着德国，这让他们走上了目中无人的道路。他们的代表团夹着公文包在 7 月离开了裁军大会，此后胜利的协约国的主要政治任务却成了好言好语地把他们再请回来，继续参加会议。11 月，法国不断承受来自英国的重压，提出了“赫里欧”计划。该计划的主要内容是：所有欧洲国家国防军必须改编，人员改为短期服役制，人数上也要有限制。承认各国的地位确实在实力上不同等，不过有权利不接受这种不平等。既然已经承认了不平等的地位，那么从结果上来说或者从原则和实际上来说，都得接受它。这样一来，德国就能从协约国政府方面得到一种权利，即“保证各国在安全体制下的平等”。法国得到了一些如同幻觉的保证，并在这种情况下接受了这个毫无用处的计算公式。于是德国同意回到裁军大会，继续参会。这件事又得到了颂扬，被称为是不容忽视的和平胜利。

舆论界流行的言论推动了英国政府。1933 年 3 月 16 日，英国提出了“麦克唐纳计划”，这是用起草者和发起者名字命名的。其出发点是接受法国军队的短期服役制，并以此为出发点（当时规定的服役期限为八个月）对每个国家军队的人数进行了明确的规定。法国在一般情况下的编制为五十万人，现在要求减少到二十万人。德国则需要扩充，要跟法国的数字相等。此时德国的后备部队中还缺少大量受过训练的人，在没有经过历年征召一定数量的新兵入伍的情况下，想要达到这个数目还是很难的。可是，德国有热切的半武装志愿兵，数量达一百万以上。他们的新武器装备来自于工厂的改装或部分改装的武器。

早在第一次世界大战结束之际，法国和英国都保留了大量的重炮。德国按照和约的规定已经把部队的大炮炸毁了。麦克唐纳先生认为这显然是不平等的，对此他作出了弥补性的建议，把机动队大炮的口径做更改，将原来一百零五毫米的限定，改为四点二英寸，现有的重炮口径在六英寸以下的，可以保留下来，此后如果增设或更换，必须以四点二英寸为上限。因为在 1935 年之前，也就是针对新海军召开会议前，合约中对德国海军军备有限制，因此英国就有了保障。这样，英国的利益和法国就有些区别了。在协约规定的时间内，德国不能保留军用飞机，三个协约国的空军也要裁减，每个国家的飞机不得超过五百架。对此，我非常不满意，因为这是要令法国的军事力量被削弱，从而让法国和德国处于平等地位。1933 年 3 月 23 日，我在会议上发言：

现在迫使法国接受这个计划，我认为并不合适。我想法国也不会同意的。对于德国发生的所有事情和德国与周边国家的关系，我想法国一定非常关心。这几年我常说："感谢上帝，幸亏法国还有陆军部队。"在这个令人烦恼的月份里，我认为说这句话的人一定不在少数。当我们看到德国的形势后，当我们心情悲痛地看到这种尚武精神凶狠地制造出混乱的局面，看到少数派被凶残地对待，看到保证社会文明的条件被破坏，看到仅仅是为了种族主义，就迫害大批的人，我们为此不能不感到伤心。而这些事情发生在一个强大的国家——这个国家是全世界最富有天资和学识的国家，科学技术也极其发达的国家。因为到目前为止德国那些凶残的情绪正在极力地发泄，只是对他们自己人发泄，并没有向其他地方延伸。我们应该为此而感到庆幸。依我看，目前法国的军队要被迫减半，而德国增长一倍；法国的空军也被迫减半，而德国保持原有的水平。单从目前的形势考虑，这个提议会令法国政府感到不满意。计划中那些数字规定了陆军和空军的实力，事实上仅是规定了法国和意大利拥有飞机的最上限是相等的，但却没有规定德国的空军实力应该保持在什么样的水平。

这一年的4月，我又说了以下的话：

德国要求武器、海军和陆军的组织平等。我听说这样的话："一个大国，不能让它长久地处于如此卑微的境地，他们要拥有别人也有的东西。"我并不同意这样的说法。这种要求意味着危险。任何东西在生命中都不是永恒的。德国的仇恨和怨气还没有消失，不幸的是我们看到那种情绪还在它心里。现在让它拥有跟邻国相同的军事实力，此事如果成真，有一点可以确定：我们自己将很快就要面临爆发欧洲大战的危险。

……大战后，我们都曾听过一种说法，说因为德国成为一个议会民主制国家，我们的安全就获得了保障，但事情已经不是这样了。现在他们施行的是残酷的独裁制，是军国主义，是各种能挑起战斗的方式。他们在各个高等学校里已经开始宣扬决斗精神，这种情况一直会发展到教育部下令让每个小学都可以任意地使用鞭子才肯罢休，诸如此类的情况都是例证。好斗的凶狠表现是很多议员讨论的是如何迫害犹太人……

现在，我先把德国的话题放一放，说说法国。在欧洲，法国是唯一一个仅存的伟大的民主制国家，而且它的军事实力也是最强大的，我为此感到很高兴。几个国家和民族联合起来，都在法国的领导之下。比利时、南斯拉夫、罗马尼亚等国家组成的弯月形地带，在这个地带的小国都仰仗法国的保护，它们全都要依靠法国。如果法国的外交或者军事安全被英国或其他大国削弱，那么这些小国中的任何一个都会感到吃惊和不满。在它们看来，如果这个位于欧洲中部的地区被削弱，那么，它们只好服从那个条顿人组成的大国了。

如果这个事实被人们相信并认为是千真万确的，那令人难以理解的是，受人尊敬的先生们领导的政府，为什么会采用这种做法，而且舆论也是跟风一般地支持这种做法。这就像是身上盖着一层鸭绒被一样，令人喘不过气来。我在下议院说“感谢上帝，幸好法国还有陆军部队”，我还记得当时各方面议员的脸上呈现出反感和难堪的神色，好像我说的都是不合时宜一样。

法国表示在四年后才销毁重武器，他们坚定地站在这个立场上。对于修正方案，英国政府虽表示接受，却提出了条件，即法国必须在接下来要签订的文件中明确地规定他们必须销毁大炮。法国同意了这个要求。1932 年 10 月 14 日，一开始，约翰 · 西蒙爵士对德国态度的转变进行埋怨，不久之后，他就在裁军会议上，提出了这些建议，得到了出人意料的结果。希特勒此时担任德国的总理，事实上已经主宰了德国。权利一到手，他就开始发号施令。他要在整个德国的军事训练和工厂方面大踏步地前进。他认为自己的位置是相当牢固的，国会提出的那些如同堂吉诃德式般的建议根本不予理睬。他非常轻蔑地命令德国政府，退出国际联盟，同时也退出裁军会议。这就是“麦克唐纳计划”的全部遭遇。

* * *

英国政府愚蠢过度，法国政府软弱可欺。但在这种让人难过的时期，他们也提出了意见，反映了各自国会的要求，但实在让人惋惜。美国也将面临历史的拷问，美国人只关心自己的事情，注意力全在自由社会的各种利益、活动和事变中，对欧洲正在发生的巨大变化，他们认为这和自己没有任何关系，只是目瞪口呆地做个旁观者。美国官员数量多，而且又那么精明强干、训练有素，虽然对事情有各自的见解，但从根本上影响不了美国并无预见性的外交政策。对于欧洲的形势，美国在外交方面一向是漠不关心的态度。如果美国能用自己的影响力感染英法两国的政治家，就有可能令他们付出行动。国际联盟作为一个机构，虽然此前接连遭遇挫折，但是仍然具有自己的威严。希特勒即将发起新战争的危险，完全能够被它用国际法制裁掉。现在美国人只对局势紧张的现状表示稍稍有些遗憾，为此，他们要不了几年就要付出代价来自救了，只有付出新大陆的鲜血和金钱才能使他们自己免于一死。

我在七年后的图尔看到了法国所经受的苦难。那时候我的脑子里还对现在的事情记忆犹新。也正因如此，当他们提出单独达成和平协议的时候，我才只说些安慰的话，并作出保证。我履行了这些保证，这让现在的我感到愉快。

* * *

我在1931年初安排了一次旅行，到美国做一次范围广泛的演讲。到了纽约，在那里遭遇了一次严重事故，几乎丧命。12月13日，我乘车去拜访伯纳德·巴鲁克，结果在我下车时选择了错误的方向，从靠近马路的一侧下了车，我忽略了美国的行车道是靠右边，而欧洲是靠左边的习惯。在第五街，我没有注意到红色信号灯，一辆汽车突然撞倒了我。我在整整两个月的时间里都是残疾人。之后，我到巴哈马群岛的拿骚去休养，才渐渐能够缓缓地行走了。我在这种情况下走遍了美国，演讲达四十多次。白天的时候，我乘火车，这段时间用来睡觉；晚上面对很多听众，进行演讲。总之，那是一段艰苦的岁月，我认为自己生平最艰苦的时期就是那段时间了。这一年我的身体很虚弱，不过还是渐渐恢复了。

此时的英国国内，正不知不觉地走着下坡路。麦克唐纳先生提出了关于印度法案的主要原则，这在议会中得到了鲍德温先生的拥护和采纳。塞缪尔·霍尔爵士是刚上任的印度事务大臣，他把法案提交给了下议院。西蒙委员会的报告无人理会，并且没有进入议会的讨论环节。我和另外的保守党成立了一个团体，大约有七十人，我们的组织叫“保卫印度同盟”，并协商在未来的四年中，如果政府对印度的政策脱离了西蒙委员会的建议，我们就提出反对意见。我们采用的方式是在党的议会上提出问题，并坚持斗争。我们的意见一般只能站少数派的位置，有时候得到的支持较多，也有时候跟对方不相上下。工党是在野党，他们对印度问题持有的态度同裁军问题一样，采用了在议会中给政府投赞成票的做法。执政党和在野党，一个在左边，一个在右边，这件事情就像是一根纽带一样，把他们的各位领导人物联系起来。两个党头目的支持者人数都很多，他们连成了统一的团体，斥责我们是“顽固派”。希特勒上台后，德国整体都被纳粹党控制了，他们的武装力量以迅猛的速度发展起来。我和当时的英国政府及国内各党派之间的分歧由此而加大了。

在1931—1935年中个人生活还算是愉快的，除了经常为局势问题而焦躁外，我的生活来源靠写文章维持，由我进行口授而写成的文章卖给英国和美国的报纸，除此之外，在希特勒造成的阴霾还没有到来时，欧洲有十六个报纸媒体刊登过我的文章。我的生活不但要靠双手，还要靠一张嘴。在这期间，我断断续续的写完了《马尔巴罗传》。同时，我也在反复考虑欧洲的问题，还有希特勒重整军备的问题。大部分时间里，我都住在恰特韦尔庄园里，生活过得有滋有味。这里有两座小房子，还有我亲手筑起来的宽阔的菜园围墙。我还在这里建造了各种样式的假山、喷泉和游泳池。游泳池里的水是经过过滤才流进来的，因为阳光总是具有不确定性，所以池水还可以在阳光不好的情况下加热。这样，我的生活中没有一分钟是懒散的，当然也不会那么沉闷。我和我的家人，快乐平静地过着日子。

我在这几年中经常和林德曼见面，他和我是老朋友。目前他在牛津大学担任实验哲学教授。在第一次世界大战结束的时候，我跟他第一次见面。因为在战争时期，他进行了多次空中实验，这让他变得很出名。在飞行中，那种“螺旋下降”的情况会带来生命危险，因此只有胆量过人的飞行员才能做那样的实验，而林德曼就是其中之一。我们的接触在1932年以后变得更加频繁，他经常开着车，从牛津大学一路开到恰特韦尔与我见面。那时候，对于已经逐渐逼近的危险，我们经常讨论至深夜。这位被朋友们叫做“教授”的林德曼，后来成了我的顾问，在空防和各种需要统计的问题上成了我的主要帮手，在现代战争方面我需要听听他的意见。我们之间令人愉快的友谊，始终保持不变。

我还有一个真挚的好友——德斯蒙德·莫顿。陆军的黑格元帅在1917年挑选自己的幕僚时，在刚从战场走下来的青年军官中，德斯蒙德是炮兵中的精英，因此被推荐给了黑格元帅。在那年春季最紧张激烈的斗争中，法国阿拉斯前线的炮兵就是在他的指挥之下进行战斗的。

他得到过十字勋章的荣誉，还得到过一份特殊的荣耀，他的心脏被一颗子弹打穿，子弹没能取出来，但是他活得很好，很快乐。1917 年 7 月，我正担任军需大臣，为此我常常去前线访问。我是总司令的客人，而德斯蒙德 · 莫顿是总司令的亲信副官，为此他奉命陪我参观了前线的很多地方。在这种不免会有危险的旅途中或者在总司令的房子中，这位勇敢和出色的军官赢得了我的尊敬，我们也由此建立起良好的友谊。1919 年，我担任陆军和空军的大臣，于是我让他担任了情报处的要职。他在这个岗位工作了很多年。我们还是邻居，在恰特韦尔，我们之间相距仅有一英里远。麦克唐纳准许我们自由地交谈，我由此增长了很多见闻。从那时候起，直到战争赢得最后的胜利，他始终都是我最密切的顾问之一。

我和外交事务的中心人物拉尔弗 · 威格拉姆也是好朋友。他的地位不断提高，已经有资格对政策发表自己的意见了。在正式和非正式的接触中，他都有很大的自由处理的权利。他是个无所畏惧的人，但很招人喜欢，他的信念以渊博的知识作为根基，又在生活中将这些变成可运用的力量。我们的看法比较一致，都认为危险的日子正渐渐靠近我们。他的情报比我的更为切实可信，我们都有比较清楚地认识。我们的接近也正是由于这种一致的看法。他的小房子在北街，我们常常在那里聚会，他也常常同妻子到我在恰特韦尔的家中来。他来跟我谈话，同其他高级军官们一样，对我充满了信任。我对希特勒运动的看法，从这些事情中逐渐确定下来，并不断强化。我那时在德国、法国或者其他国家已经有了相当数量的联络情报，这样我可以为他提供很多消息，然后我们共同研究这些信息。

威格拉姆对政府的政策和事态的变化，从 1933 年后开始变得非常忧虑。他一再想辞职，即使上司对他越来越看重，并且他在外交部的影响也越来愈大的情况下，他依然还是想离开。他说话得体，充满力量，在重要事情上同他打过交道的很多人，都会对他的见解越来越看重。

* * *

我在这个小小的交际圈里，竟然能够保持多年的讨论。那些深刻的、明晰的讨论对我、我的国家，都具有重大的意义。我在这方面收集了大量的外国情报，并提供给他人。我和法国的几个部长有密切的联系，并且同法国的历任元首也交往甚密。伊恩·科尔文是《晨邮报》著名社论家的儿子，他在《新闻纪事报》担任驻柏林的记者。在德国，他深入到这个国家的政治中，同一些重要的人物有着密切的接触，那些人包括：接任要职的重要将军，一些看出德国将被希特勒运动带上绝路的品质高尚的显贵。我也接待了德国的几个上层人物，他们为了倾吐心中的苦闷和愤慨而来找我。他们当中的大多数人，在战争发生后被希特勒判处死刑。对空防方面的数据，我也通过其他方式进行了查证和提供。这样，我和很多内阁大臣一样，对情况非常熟悉。我经常向政府递交报告情况材料，其中包括各种渠道得来的，特别是从国外联系而得到的情况。我和各位大臣和很多高级官员，都保持着私人的、亲密而毫无芥蒂的联系。我常常对他们提出批评，但我们同志一般的精神始终没有中断。在后面，我会讲述他们把很多非常机密的文件给我看。根据我在政府担任高级官员以后长期积累的经验，我知道其中一些数据是国家的绝密文件。我的看法因此可以不依赖报纸上所传播的消息。不过那些目光敏锐的人，还是能从报纸上窥见很多问题。

* * *

我在威斯敏斯特会议上，提出了两个主题，其一是印度问题，其二是德国带来的威胁。在议会上，我经常发表的演说主题都是带有警告性的。虽然人们在听了这样的演说后，也会注意这些问题，但是两院的听众总是拥挤在一起，并且总是在迷惑中忐忑，而没有因此警惕起来，更没有行动起来。在德国的危险方面，我找到了一些可以合作的朋友，这同我对印度的问题的处理方式是一样的，只是有一点不同，那就是这些合作的朋友和“印度保卫同盟”的人员不尽相同。我的集团成员包括：罗伯特·霍恩爵士、奥斯汀·张伯伦爵士、爱德华·格里格爵士、布雷肯先生、温特顿勋爵、克罗夫特爵士等几个人。我们经常举行定期的聚会，把情报汇集起来讨论。大臣们对我们这个友好的团体比较重视，一来我们是他们各自的拥护者，二来我们的成员要么是他们的前同事，要么就是他们的上司。我们在议会中随时可以引起注意或者展开正式的争论。

* * *

我想用一种轻松的态度，来讲讲我个人的一件事情，请读者见谅，这有些跑题。

1932 年夏天，我为了写《马尔巴罗传》而去了一趟尼德兰和德国，因为书中主人公打仗的古战场就在这些地方。我们全家都去了，“教授”也跟同行。我们进行了一次非常愉快的旅行，沿着从尼德兰到多瑙河的一条著名行军路线行进，马尔巴罗在 1705 年就是沿着这里走过的。我们经过科布伦茨，并在那里渡过了莱茵河，一路上，经过许多美丽的地方和古代名城。当然我到每个地方时都要去打听希特勒运动的事情，我发现这也是德国人最重视的事情。我能时刻感觉到希特勒的存在。我们在贝伦海姆的原野上走了一天之后，乘车前往慕尼黑，在那里逗留了一个星期。

我们住在金纳旅馆时突然一个人前来造访，要拜访我们当中的某些人，这个人就是汉夫施滕格尔先生。他好像跟领袖们的关系非同一般，因为他的言谈中有很多关于领袖的事情。他给人的印象是精力十足，说一口流利的英语，非常健谈。我邀请他一同吃晚饭，他跟我们说希特勒的观点和活动等事情的时候，带有一种着了魔的神态。看上去他像是受了指派来接触我的，因为他给我一种在取悦于我的印象。餐罢，他走到钢琴边，一边弹奏，一边歌唱，他演奏了很多别致的曲子。我们都很享受，好像我喜欢的英国歌曲，他都知道。在应酬方面，他非常在行，我们当时已经知道他在领袖面前也是一个颇受宠爱的人。他建议我同希特勒见个面，而且这并不难办到，希特勒本人应该很愿意同我会面，并且他每天五点钟都会到旅馆来。

当时，我对希特勒并没有产生种族偏见，我只是听说了他的著作和一些理论，并不真正了解他这个人。对于那些在国家战败后，奋发图强的人，我都由衷地敬佩，即使是我的敌人也不例外。他当然有权利做一个爱国的德国人，只要他愿意，这有什么不可以的呢？我一贯主张英国、法国和德国之间要友好相处。我和汉夫施滕格尔谈话时，无意中问：“对犹太人，你们的领袖为什么那么残忍？我理解人们对那些作恶和反叛国家的犹太人的痛恨，我也能理解反对他们的那种想垄断任何方面的做法，可是如果单单从血统出发，就对他们进行压迫，这是什么道理？人们出生的时候可不能自己选择血统的啊。”想必他把这些话转述给了希特勒，因为第二天他又来我们这里的时候，非常严肃地说我同希特勒会面的事情是不可能的，希特勒在那天下午不会到旅馆来了。虽然我们在旅馆又待了几天，再也没有见到这位“普齐”先生（这是他的昵称）。希特勒和我见面的唯一机会就这样溜走了。后来希特勒掌握大权，曾经向我发出好几次邀请，但是我都拒绝了，因为形势已经发生了巨大的变化。

* * *

美国在这段时间里，一直被飞转急变的国内事务和经济危机吸引着注意力。德国的军事势力在逐步壮大，这引起了距离欧洲非常遥远的日本的注意。“小协约国”、一些巴尔干国家和斯堪的纳维亚国家越来越缺乏安全感。法国愈来愈感到焦虑，因为他们掌握了德国的大量资料，并了解了希特勒的活动。在我得知一些关于德国已经严重违背战后和约的情况时，法国已经对这些事情有了准确的记录，但是我问那些法国朋友，怎么不向国际联盟提出这些问题，敦请或者传唤德国前来作解释，让他们说明自己的行动目的，并说说到底都干了些什么，法国朋友的回答是：英国政府可不会对这种令人吃惊的举动表示赞成。这样一来，在鲍德温极大的政治势力支持下，麦克唐纳开始劝说法国裁军。英国还努力展开首先裁军的行动。德国则相反，军力方面迅速增强，距离它公开行动的日子越来越近了。

在这里不得不为保守党说几句话，否则就显得不够公道。从 1932 年以来，每次召开全国代表大会时，保守党的劳埃德勋爵和克罗夫特爵士等有名望的人都会提出议案，要求立即增加军备，以应对日益严重的国际形势，并且几乎每次都被全数通过。可是，那些在下议院的执政党的议会领袖们非常有效地控制了议会，在野的工党和三个政府党却对此视而不见，表现非常麻木。他们既没有被国内支持者的警告所动摇，也没有对时局的变化提供帮助，更没有被情报机构的证据所打动。在我们的历史中，这段时期的这种行为是造成不幸的原因之一。正是这样的时期，英国人从原本高贵的位置上一跌到底，所有的观念和目标都消失不见了，在面对外来危险的时候，已经变得畏畏缩缩，不敢前进，在敌人厉兵秣马之际，仍在空泛而迂腐地谈论那些毫无用处的话题。

各个政党的领袖们在这种黑暗的时期里，接受了各种卑鄙的感情，并纵容了它们。一个特别丢脸的决议在 1933 年的牛津大学俱乐部被通过了。这是在一个叫乔德的人怂恿下办到的，决议的内容是："无论是为国家还是为国王，本院都不会决定参加战斗。"在英国，这种小事可以一笑了之，可是在德国、俄国、意大利、日本等地，英国给人造成的感觉是已经失去当年的雄风，完全萎靡了。他们以这种看法为基础，开始进行谋划。这些傻孩子，在通过决议的时候，并不知道在未来将要爆发的战争中，只有两种结果，要么就是赢得胜利，要么就是壮烈牺牲。他们肩负着在战场上的责任，将要证明自己是英国有史以来最优秀的人。他们的长辈们已经无法再走上战场，无法为自己赎罪，得不到宽恕了。[①]

* * *

我们在 1933 年 11 月又展开了一次辩论。我对自己的主要论题展开了论述：

> 我们得到了消息，德国开始超过常规地大量购入废铁、镍和军用金属。关于德国，我们得知他们正在全国范围内掀起一股军国主义的浪潮。我们得知他们正在使用一种从人类进入文明以后就不再使用的嗜血理论，他们把这些理论向青年们灌输。我们在看到这些越来越猖獗的力量时，不应该忘记那个曾经强大的德国，不应忘记它曾与全世界为敌，并差点战胜全世界。那一次的战争中，他和全世界所战死的人的比例为 1:2.5。如果这些准备、理论和已经公开的主张，能够被人们所理解，那么德国的邻国的紧张和慌乱就同样应该被理解……

① 我想在这里讲一个故事。我在一次大会上受到邀请，他们让我做一次演说，那是在牛津大学俱乐部的牛津大学保守党协会的会议上。当时我没有答应，但是我同意用一个小时的时间来回答他们的提问。其中有人问："你认为上次战争的罪魁祸首是德国吗？"我做出了肯定的回答。这时候一个青年站起来，他是一位德国留学生，还获得了罗德斯奖学金。他说："这是对我祖国的侮辱，我必须离开了。"他说完这番话就迈着大步走出去了，人们还为他喝彩。我心想，这是个有骨气的青年。可是两年后，德国发现他有一部分犹太血统，因此德国不再给他任何机会了。——原注

*　*　*

欧洲的战胜国和战败国在军事实力方面出现了可怕的对比。在这种时刻，那些爱好和平和不喜欢侵略的国家之间，也发生了近似的情形，已经彻底失去了协调。那里的情况就是已经恶化的欧洲形势的影子。协约国和未来同盟国家领袖们的麻木造成了这种情况的发生。他们在思想上和行动上都失去了敏锐性。

日本在1929年到1931年间，也受到了经济危机的影响，跟世界其他地方比起来，日本受到的损害程度也不小。1914年至今，日本人口暴增，从五千万发展到七千万。冶金工厂原来只有五十家，现在已经发展到一百四十八家。日常生活开支不断上涨，稻米的产量却没有随之上涨，进口粮食的价格又太高。日本越来越需要进口原料和开辟国外市场。英国和另外四十个国家在经济不景气的时候，都感到应采用关税政策和限制政策，抵刹日本的货物。日本生产这些产品的劳动条件同美英两国有所不同，日本的棉织品和其他工业产品的主要输出市场是中国，而中国也是日本进口煤和铁的主要国家。因此，日本围绕这个主要目的制定政策时，必然要确保它对中国的控制。

日本在1931年9月，借口地方骚乱，将沈阳和南满铁路沿线的地区占领了。1932年1月，日本提出要求，让中国解除一切反日组织，中国政府表示拒绝。1月28日，日本在上海的租借地以北登陆。中国人虽然缺乏飞机、反坦克炮等现代武器，但仍然英勇抗敌。经过一个多月的抵抗之后，到了2月底，中国的损失已经相当惨重。他们不得不放弃吴淞口炮台，向内陆退了十二英里，并以此为新阵地。1932年，日本成立了满洲傀儡政权。一年后，日本兼并了热河省，并长驱直入，穿过没有防卫的地区，直抵长城。日本在远东的势力增强了，并且它的新海军在海上的地位也增强了，这时候发动侵略行为，并不是意料之外的事。

在美国，日本的暴行从一开始就激起了强烈的反对，可是对于孤立政策执行，美国采取的态度是含混不清的。如果美国加入了国际联盟，就必然会领导联盟内的各国对日本采取行动，在这种集体行动中，美国当然会成为国际联盟中占据主导地位的角色。英国也不想跟美国单独行动。他们一方面不想承担超出国际联盟的义务，另一方面也不想因反对日本而陷入一个漩涡。英国政府现在正伤脑筋，因为国内的财政问题非常严重，并且欧洲的局势一天比一天紧张。因此，欧洲各国均没有支持美国。美国在远东方面的立场并没有得到来自英国的巨大支持，这并不是英国的错。

中国加入了国际联盟，在还没有还清欠款的情况下向国际联盟开始呼吁，这是正义的。国际联盟于 1931 年 9 月 30 日发出呼吁，要求日本撤出在满洲的军队。12 月，派了调查团前去调查。该团的主席是名门望族后裔李顿勋爵。他在东方的经验很丰富，在孟加拉国当过省长，在印度担任过代理总督。调查团一致通过了一份调查报告，这份报告非常值得研究，在中日冲突方面具有重要价值。报告详细地说明了满洲事件的所有背景，不仅叙述仔细，而且结论也清楚明白。报告显示：日本参谋部人为策划了满洲傀儡国，并不是人们出于愿望而建立了这个国家。李顿勋爵和他的同事们在报告中分析了形势，并站在国际的立场上给出了具体的意见——满洲宣布自治权，但它仍属于中国，国际联盟对它予以保护。另外中日双方应该签订一个条约，全面地规定双方在满洲的权利。李顿勋爵的建议并没有得到国际联盟的采纳，但是他们的调查报告仍然具有价值。美国国务卿史汀生先生在看了报告后，这样写道："对报道所谈到的问题，它马上就成为了非常公正的权威，至今如此。"

国际联盟于 1933 年宣布，对满洲国不予承认。但国际联盟并没有对日本采取任何行动，更没有制裁它。1933 年 3 月 27 日，日本反而退出了国际联盟。上次大战中，德国和日本分属两个阵营，是敌对的关系，现在完全变了，形成了默契的关系。国际联盟在世界需要它拿出力量和行动的时候，在道义的权威方面却根本没有拿出任何有意义的支持。

* * *

在生死存亡的关头，我们必须认识到这一点：联合政府由大多数保守党执政，可无论是政府还是在野的工党和自由党的行为，都不能逃过历史的批判。他们没有对不愉快的事实加以重视，而沉浸于那些废话当中，就因为那些话更动听。他们只顾拉选票而取悦于人，却把国家的利益抛到了一边。他们真诚地爱好和平，可悲地是以为只要有足够的热情，就能实现和平。显然，联合政府中的两党的理解力不够敏锐。只要提起欧洲的问题，鲍德温先生就感到厌烦，对欧洲的情况，他更是一点也不知情。工党的和平主义情绪严重，他们的行为完全被支配了，而自由党人对那些不符合实际的想法非常热心。劳合·乔治在上次大战中成为伟大的领袖，而现在也没能坚持自己的事业，情况比这还要糟糕，任何事情都在两院得到了大多数的支持。英国的昏聩无能和萎靡颓废的样子就是上面所说的那样。虽然这不是要奸计、搞阴谋、故意而为，但这种行为也属于有罪，在世界即将变得恐怖和悲惨的时刻，明显起到了消极的作用。从人类历史角度来看，当时那种凄惨和恐怖的情况，已经达到了难以形容的境地。

第六章 局势越来越黑暗

1934 年

春天的警告——德国于 7 月 30 日进行了血腥的大清洗——裁军会议结束了——7 月 25 日多尔富斯博士被害——兴登堡死了——希特勒 8 月 2 日成为德国元首——意大利进退两难——10 月 9 日亚历山大国王和巴尔图在马赛遇害——赖伐尔于 11 月担任法国外交部长——意大利和埃塞俄比亚 12 月在瓦尔——瓦尔发生了冲突事件——1935 年 1 月 6 日法国和意大利签订协议——1935 年 1 月 13 日萨尔公民的投票

罗马对 1933 年希特勒成为总理一事并没有太大的反应。人们认为纳粹就是法西斯理论的翻版，只是更野蛮、更粗劣罢了。人人都知道大德意志企图占有奥地利和东南欧。墨索里尼对这个问题早有预见，知道意大利和新德国在这两个地区的矛盾是不可消除的。很快，他的预见得到了验证。

* * *

德国的希特勒想要占领奥地利的计划已经盘算很久了。在他写的《我的奋斗》一书中，第一页就这样写道："奥地利是日耳曼民族，必须回到伟大的日耳曼民族的祖国。"德国的纳粹政府从 1933 年 1 月获得了政权，从那时起，它就紧紧地盯着维也纳。墨索里尼已经开始公开声称在奥地利的利益，而希特勒的实力还不足以同墨索里尼抗衡。德国的军事力量还很薄弱。在这种情况下，进行地下活动或者向对方渗透都要谨慎小心。虽然这样，德国在开始的几个月就对奥地利施以压力：经常要求奥地利政府把一些纳粹党员安插在内阁和政府要职之中，这些奥地利的纳粹党是服从德国命令的，他们曾在德国巴伐利亚建立的奥地利兵团接受训练。奥地利共和国的日常生活已经完全被搅乱了，因为那些人在铁路沿线和旅行游览区中肆无忌惮地扔炸弹；在萨尔茨堡和因斯布鲁克上空，德国的飞机经常散发传单。多尔富斯是奥地利的现任国家总理，国内社会党的反对给他带来很大压力，来自国外的压力也不轻松，德国企图破坏奥地利的独立，试图用阴谋反对它。对于奥地利来说，危险并不止这一个。奥地利的社会党模仿德国的劣行，私自组建了一支武装，想用此办法改变投票的结果。1933 年，多尔富斯已经看到了这些危险，只能向法西斯的意大利求援，并且得到了支持的许诺。1933 年 8 月在里西奥尼，他和墨索里尼会面了。无论是从私人的角度，还是从政治方面的考虑，两个人都达成了深刻的一致。多尔富斯认为只要意大利能像保证的那样不干涉奥地利，那么他就有能力对付奥地利社会党人。

1934 年 1 月，墨索里尼的主要外事顾问访问了维也纳。他的姿态是警告德国。1 月 21 日，他公开发表了这样的声明：

奥地利在中欧的多瑙河盆地，虽然它的领土面积狭小，人口也不多，但人们都知道它是这个地区的心脏，它的地理位置非常重要。它有承担着几百年来的传统责任，又不能抛弃由于地理位置所带来的使命，因此，必须给它以独立自主以及和平态势方面的正常条件的保证。意大利长期以来在政治、经济方面的一贯立场，使他们的原则基础不会改变。

多尔富斯政府在三周后，向维也纳的社会党团体发动了进攻。“保卫祖国协会”是多尔富斯的政党组织，该组织的领导是费伊少校，他接到命令，要解除奥地利社会党人的武装队伍，可两者势均力敌，且都不是合法组织。在遭到对方的激烈反抗后，于2月12日在首都展开了激烈的巷战。社会党的武装力量仅抵抗了几个小时就被打败了。通过这件事情，多尔富斯跟意大利的关系更加密切。他与纳粹党进行斗争的决心也更坚决了，准备同对方的渗透和地下活动继续进行下一个回合的较量。不过，从另一方面看，那些失败的社会党人和共产党对他怀恨在心，并因此投靠了纳粹一方。奥地利的情形跟德国差不多，纳粹党在社会党和天主教相争时坐收渔翁之利。

* * *

英国政府在1934年的年中，依然有能力控制局势，而且用不着担心带来战争的危险。因为同法国的合作，可以随时进行。对德国，他们可以在国际联盟的支持下压制希特勒运动，况且希特勒运动在德国本身颇有争议。这样的大好局面，本来用不着打仗牺牲就可以做到的，然而这个机会悄悄地溜走了。德国在纳粹党的统治下，武装力量正逐渐强大。有些事情让人难以理解，在如此重要的一年快要结束时，鲍德温先生所支持的麦克唐纳先生的政治力量，还在针对法国裁军的事情继续工作着。为此，我在2月7日的议会上提出抗议，不过没有被接受。在这里我需要引用这部分内容：

假如法国的陆军被我们裁减到同德国相等的水平，那等于为德国争取了平等的地位。欧洲的情绪必然因此而受到影响。德国还会进一步要求说：“德国是一个拥有七千万人口的国家，你们怎么可以让这样一个大国没有海军？怎么可以让它没有海上最大的舰队？”如果事情如此，该怎么办呢？可能你们的想法是这样的：

“当然不同意。陆军是其他国家的事情，而海军会涉及英国的利益，我们必须说‘不’。”可到那时候，我们怎么才能有足够的理由说“不”呢？

战争的发生总是很突然。在我们生活的年代，曾经有这样一个时期：那时候人们对未来都感到焦虑，因为不知道会发生什么。我们今天就像那时候一样，对未来一点把握也没有。事情突然就发生了。多么可怕啊！战争的发生如同雷鸣般突然，根本无法阻止它。我提醒下议院，请把1914年发生的事情回顾一下，那时候的德法之间并没有争端，在7月的一个下午，德国大使乘车来到法国外交部，他问法国总理：“我们同俄国之间马上就要开战，我们是被迫宣战的。请问法国的立场是什么？”法国总理说他的内阁要求法国站在自己的利益上，只做符合此原则的事情。德国大使接着问：“你们同俄国有盟约吗？”法国总理说：“正是。”就在这样的几分钟，两个西方大国投入到了战争的双方，东方战场情况本来就很严重了，现在立刻又扩大了好几倍。有时候，中立声明是无效的。我们现在的情报显示，德国大使在那次会谈中已经得到了德国政府的授意。假如法国表示不会对盟友俄国伸出援手，并且不愿意在德国执意开战的情况下卷入战争，那么德国就要请法国交出两个要塞，即法国的图尔和凡尔登。这就是法国宣布中立的保证，以表明自己以后不会改主意……

在座的我们，要是没有适当的安全保证，可能突然就会在某个时间接待这样一位大使。他要求你必须做出回答，而且一定是让他感到满意的回答。一旦没有让他感到称心，用不了几个小时，伦敦就会被炸弹轰炸，建筑物在炮火和弥漫的烟雾中崩塌。我们在空防上的那些弱点，都会一一被揭露。我在战前经常听到人们指责自由党……现在，若是与我们愿望相反的事情发生了，当权者就应该面对更为严苛的指责。

现在的形式比过去危险得多，可是却不运用、不记得那些教训。那时候还没有空军的威胁，我们还有海军，而且英国的海军是最有保障的“盾牌”……可现在我们没有了。空中战争因为一个邪恶且该死的发明而发展起来，我们的地位已经从根本上改变了。二十年前我们都熟悉的那个岛国，已经不存在了。

我们不能再耽搁了，必须立刻在三个方面确定自己的决定：陆军方面必须像欧洲各国一样，把民用工厂迅速改变为军用工厂；我在海军方面，必须重新采用自由的设计，我们必须废除伦敦条约，因为它已经阻碍了我们建造自己需要的舰艇，阻止了美国建造一艘极大型的战舰而我们无法提出反对意见，因为已经有一个国家打破伦敦条约的规定，恢复了建造舰艇的权利，我们在这样的情况下就变得容易了；最后是空军，我们应该有一支实力雄厚的空军，无论是法国还是德国，我们都应该有与之较量的空军。政府在任何事情都不会遇到阻碍，因为上议院和下议院都是他们的人占绝对优势。只要政府能考虑国家的安危，提出建议，就用不着担心，因为全国上下都会支持它的。

* * *

此时，欧洲的希望出现了，各国有可能连成统一战线，共同对付德国。1934 年 2 月 17 日，针对奥地利的独立问题，英国、法国和意大利三国政府发表了联合声明。3 月 14 日，我在议会上再次表态：

我们不断要求法国削减它的军事力量，这是我们的外交中存在的最大危险。我们对他们进行了怎样的劝说？我们说：“削减你的实力吧。”我们总是给他们一种错觉，那就是让他们以为在裁军之后，我们就会在他们遇到危险的时候伸出援手相助。可是我们也帮不上忙，因为我们手里什么也没有，这种政策的危险简直难以想象。任何时候都有保持独立或者建立联盟的理由，可是我们要同这个大陆国家建立同盟，原本目的是为了让大陆国家和平相处，可是却令自己陷入大陆的纠纷之中，因此，没有理由削弱这个国家。这样做一点好处也没有，我们也不可能讨好其中的任何一方。

罗马有一句名言："拿好你的武器扩展疆域。"可我们奉行另外的格言："把你们的力量减弱，多承担义务吧。"并且还让你的朋友也减少军备。

* * *

意大利为兑现上面说到的格言在做最后的努力。3 月 17 日，意大利同奥地利、匈牙利之间签订了协议，也就是罗马议定书。其中规定，若是三国中的任何一个被侵略，就要进行会商。希特勒的力量越来越强，5 月 6 日，奥地利国内的恐怖活动愈演愈烈，总理多尔富斯马上写了一份报告给苏维奇，报告的内容是破坏事件的描述，此外还有一封伤感的时文，讲述了奥地利的商业和旅游业都被恐怖活动搞砸的事。

6 月 14 日，墨索里尼手里拿着该报告前往威尼斯，同希特勒进行首次会晤。德国总理从飞机上走下来的时候，身穿一件褐色胶质雨衣，戴着一顶汉堡式的帽子，然后站到了一队身穿显眼的法西斯制服的人面前。这支队伍是墨索里尼带来的，身材肥胖、满面油光的墨索里尼看到自己的贵宾后，悄悄对他的副官说："他那模样真让人讨厌。"这次会晤颇为奇怪，双方对对方的独裁制度进行了赞扬之后，只是交换了一些普通意见。墨索里尼对这位客人说的话、表现的性格显得不甚理解。他最后用几个字总结了这次见面留给他的印象："一个絮絮叨叨的和尚。"可他的确得到了一些保证，比如德国会减轻对多尔富斯的压力。会晤结束后，齐亚诺对记者说："你们看，以后什么事也不会发生了。"

德国的活动在会后不那么猖獗了，不过这是因为希特勒正忙于处理国内问题，而不是墨索里尼的功劳。

* * *

元首掌握了政权以后，同很多人产生了严重的分歧，而这些人曾经拥护他上台执政。比如罗姆所领导的褐衫队倾向于党内更具有革命性的力量。而一些老党员害怕希特勒上台后会被陆军、银行家和工业家出卖，例如对社会革命非常热衷的格利戈尔·施特拉塞就持有这种想法。但第一个过河拆桥的革命领导者可不会是希特勒。褐衫队（冲锋队）的一般成员认为因为在 1933 年 1 月取得了胜利，也就是说完全可以依照以前的共识，对犹太人和发国难财的人进行任意的抢掠，对那些有钱人和社会上占有利益的人，也同样可以随意进行抢掠。但目前却没有这样做，于是在党内关于领袖背叛的流言很快流传开来。在局势的推动下，总参谋长罗姆先生开始进行全方面的活动。褐衫队的人数在 1933 年 1 月为四十多万，到了 1934 年春天，已经有三百万人在他的领导之下。希特勒对这个庞大的组织感到恐惧，在新局势下，虽然该组织表示完全效忠于他，并且其中大部分人对他充满爱戴之情，可实际上他已经不能完全控制褐衫队了。以前他拥有的是私人武装，现在他有国家军队，他不想只保留其中的一个，而是想二者共有，这样他在必要的时候，可以用其中一个牵制另一个。因此，他现在要把罗姆处理掉，他对褐衫队的各位领袖宣称："我已经下定决心，任何试图打乱目前秩序的行为，都要严厉镇压。第二次革命的势头必然会引起混乱，因此我要用最严酷的力量反对它。国家权威已经明确，任何人胆敢反对，无论他的位置有多高，都不能逃过最严厉的处罚。"

希特勒虽然有怀疑，但是他仍不能相信那位领导慕尼黑暴动的同志怀有二心。此前的七年中，此人一直在褐衫队担任总参谋长之职。1933 年 11 月，罗姆在德国宣布党国合一的时候，进入了内阁。党国合一的另一个结果是褐衫队和德国陆军合并了。德国政治上最主要的问题是，全国的武装力量发展迅速，而统帅问题和德国武装力量的地位还没有解决好。1934年2月，艾登到柏林访问时同希特勒进行了会谈，希特勒同意在短时期内保证德国褐衫队的非军事性质。罗姆和陆军参谋长布洛姆堡将军原本就常常闹矛盾，现在罗姆开始担心他花费多年的精力才建立起了党军会成为牺牲品，尽管他的行为已经招致了警告，但是他仍然不管不顾地在4月18日提出了公开挑战：

> 我们不再进行国家革命，而是国家社会主义革命。在“社会主义”这个词的下面，应该加重点符号。我们的冲锋队是革命理念最忠诚的组织，是阻挡反动情绪的唯一屏障。褐衫队的战士们在第一天就宣誓了，他们会始终沿着革命的道路向前，在最终目标实现之前，他们不会改变。

罗姆在这次演说中没有说“希特勒万岁”，而在褐衫队这本是必须说的结束语。

布洛姆堡在4月和5月不断地向希特勒倾诉，说褐衫队非常猖獗。希特勒不得不做出选择，到底是选择为他立下汗马功劳的褐衫队，还是选择对他颇有微词的将军们？他决定选择那些将军。6月初，希特勒同罗姆的谈话进行了五个小时之久。这是最后一次努力，希望能让罗姆得到一些安慰，并妥协。可是这个心理变态的、狂热的野心家根本不会妥协。希特勒的梦想是实现对大德意志的神秘的、特殊的统治，而罗姆所热情期望的是人民军队的无产阶级共和国，他们之间的矛盾是不可调和的。

褐衫队中有些人受过高级训练，他们是组织的骨干力量，但为数不多，他们也叫党卫队，穿黑色的制服，后来叫黑衫队。最初建立这个组织的目的是保护元首个人的安全，并且负责秘密而特殊的工作。黑衫队的领袖是海因里希 · 希姆莱。希姆莱的出身是破产的家禽饲养场主。他预见到希特勒会选择德国陆军，并预见到罗姆不会放弃褐衫队，双方的矛盾已经到了一触即发的程度。于是他想办法让自己的黑衫队投靠了希特勒。另外，罗姆获得了较有实力的人的支持，比如党内的施特拉塞，他们看到自己激进的社会革命计划被放置一旁。德国陆军也有反动势力，前总理施莱歇一直心有余恨，因为1933年1月的耻辱，并且陆军将领们在选择兴登堡的继承人时没有选他。施莱歇以为罗姆和希特勒的冲突是自己的机会，他向法国驻柏林大使轻率地做出暗示，表示希特勒不久就会倒台。这是在布吕宁事件中角色的重演，只是情况可不像上次那样安全了。

到底是因为希特勒担心罗姆马上就会叛变，还是希特勒和将军们担心可能发生的事情，才在政权刚刚到手的时候就开始了大清洗运动呢。在这个问题上，德国进行了长时间的争论。这当然会被看作是一场阴谋，因为胜利者是希特勒，并且他获得了利益。其实褐衫队不可能成大气候，充其量给他们的运动带来威胁，况且他们并不是蓄意谋反。可是这二者之间，只要稍稍调整，就可以完成角色转换。不过事实是，他们那时候正在组织力量，可对方抢先一步并占了优势。

事情飞速发展，6月25日，德国陆军得到命令，必须待在军营，黑衫队领到了弹药。他们的对手褐衫队也接到了保持警戒的命令。经过希特勒的同意，罗姆决定6月30日在巴伐利亚湖的维塞召集褐衫队的全体高级领袖开会。希特勒在29日得到警告，局势已经非常严重。他乘飞机抵达戈德斯贝格，并同戈培尔见了面。戈培尔告诉他一个令人吃惊的消息：柏林马上就要发生叛乱。戈培尔说罗姆的副官恩斯特先生已经接到了命令，很快就会发动叛乱。听起来，这不像是真的，因为恩斯特此时在布莱梅，而且很快就要去做蜜月旅行而离开港口了。

这个半真半假的消息，让希特勒很快就做了决定。他把柏林的事情交给戈林主持，自己乘飞机赶往了慕尼黑，他决定亲自抓住主要的敌人。希特勒在这种充满危险的时候，显出一种让人感到害怕的性格。他在飞行的过程中，坐在飞机副驾驶的位置上，全身心地开始思考。6月30日凌晨4点钟，飞机抵达慕尼黑后，在一个机场降落了。与他同行的人有戈培尔，此外就是他的十多个私人护卫。他乘车到了慕尼黑的褐色大厦，召见当地冲锋队的领袖并逮捕了他们。6点钟他带着戈培尔和几个护卫，乘车前往维塞。

罗姆因为生病于1934年夏天在维塞养病。他的私人医生在这里有一栋小别墅，于是他就选择住在了这里。真是太糟糕了，马上就要举行起义了，而这里极本不适合做指挥所。别墅里没有哪个房间大到可以作为褐衫队领袖们开会的地方，电话也只有一部。从实际情况来看，这并不像是马上就发动起义的样子。要是罗姆和他的门徒们真的有那样的打算，只能说他们轻率得有些过分了。

元首的汽车在七点钟到达。在罗姆的别墅前停好后，希特勒没有带武器和随从，一个人直接从楼梯走进了罗姆的卧室。他们之间到底发生了什么？永远不会有人知道。罗姆完全没有想到会发生这些事情。毫无悬念，他和他的私人幕僚就这样被逮捕了。希特勒带着他的俘虏和随行人员乘车返回慕尼黑。他们在路上遇到一辆卡车，上面坐满了褐衫队的人，这些人是奉命去维塞为罗姆捧场开会的。希特勒下了车，带着足够的自信和威严召见了他们的指挥官，然后命令指挥官带着他的人返回，指挥官照办了。只差一个小时，局势就可能完全不同。无论是希特勒晚到一个小时，还是褐衫队的人早到一个小时，结果都会完全不同。

到了慕尼黑，罗姆和他的同伙被囚禁了。十年前，希特勒和罗姆也是被囚禁在这座监狱。处决于当天下午开始，罗姆在监狱里得到了一支发给他的手枪，可他并没有自己动手，于是有人打开监狱的门，在几分钟的时间里，一排子弹将他射穿。整个下午，慕尼黑都在进行枪决，轮岗的士兵断断续续地开枪，他们八个人一组，为了避免精神紧张，轮流射击。大约每隔十分钟，就会传出一阵枪声，几个小时之后才归于平静。

此时，戈林在柏林接到了希特勒的命令，要求在柏林也要采用同样的方式。不过在首都，遇害的人不仅是褐衫队的成员，施莱歇和他的妻子在家里被射杀，他的妻子还试图用身体掩护他。施特拉塞是被捕后遭到枪杀的。巴本本人不知为什么逃脱了，可他的私人秘书和亲信都没能幸免。柏林跟慕尼黑一样，执行枪决的声音响了整整一天。德国境内很多跟罗姆的阴谋没有关系的人，也在二十四小时之内消失了。其中一部分人遭遇私人报复，还有一部分人是因陈年的积怨送了命。例如，1923年镇压了巴伐利亚暴动的政府首长奥托·卡尔被害，他的尸体是在慕尼黑附近的森林里被发现的。各方面对这次清洗的统计不尽相同，但是人数大致可以确定在五千到七千人。

希特勒在这个被鲜血染红的下午乘飞机返回了柏林。仍在扩大的屠杀，现在可以命令它停下来了。一些党卫队（黑衫队）的队员在那天的夜晚枪决犯人时热情过度了，以致也被列在了处决名单上。枪声在7月1日凌晨一点钟停止了。希特勒于当天的傍晚在总理府的阳台上出现，柏林群众为他欢呼起来，很多百姓以为他已经被打死了。一些人说他看上去很憔悴，一些人说他的脸上有一种胜利者的神色，或许二者都对。他冷血而果断，以非常迅猛的行动挽救了自己的性命和目标，在那个“刀兵相见”的夜晚，他拯救了德国国家社会主义党的团结。从此，该党走上了危害全世界安全的道路。

在两周后，希特勒在对他保持忠诚爱戴的国会上发言，他的演说长达两个小时，非常有道理地为自己的行为做了辩护。从这篇演说可以看出，他清楚地了解德国人是怎么想的，而且他具有一流的辩论才能。在这次演说中，最精彩的内容是：

> 为什么一定要如此快速地行动，如同闪电一般迅速，那是因为这个时刻具有决定意义。我的身边只有几个人……我在几天前准备宽容地做出处理。可是现在，已经没有时间考虑宽大处理了。从古至今，对叛乱的处理都是用钢铁一般的法律予以镇压。要是有谁指责我，责问我怎么不对罪犯进行审判，怎么没有通过正规的法律程序。那我只能告诉他，现在我的肩膀上扛着的是德国人

民的命运，因此，在德国，我就是最高裁判者……我可不希望这个刚建立的新国家走上帝国那条老路。我下令枪决的人，在这次叛乱中，都是主要犯罪者。

然后是一连串的比喻，虽然还算生动，但是根本不沾边：

我下令烧光的是毒瘤，留下的是健康的肌体。这些毒瘤是我们国家的危害，正在毒害我们的生活源泉，并且毒害外部世界。

无论怎样解释，专横暴度的恶势力发起的这次屠杀行动，证明了德国的新元首能做出任何事情。当然，从中也能看出现在的德国已经同文明国家相去甚远了。正在崛起的这个国家是一个靠恐怖和屠杀而稳固自己独裁统治的。这是全世界的大事。残忍蛮横的反犹太运动正在毫无顾忌地掀起。这里正推行集中营制度，那些有不同政见的阶层和讨厌的人，都会被送进集中营。有一个细节令我印象深刻，德国重整军备的迹象已经十分清楚，它在我的眼里是恐怖的、无情的，阴森的色调闪耀刺眼的光线。

* * *

我们现在来说说下议院吧。日内瓦的裁军会议在 1934 年 6 月休会了，常设委员没有指出休会多久。7 月 13 日，我说：

我很高兴裁军会议已经成为历史的尘埃。把裁军当作和平来讨论是大错特错的。和平才是裁军的前提。然而，一些国家的关系在这几年中变得越来越紧张，彼此的敌意越来越强烈，恶意潜滋暗长。可是，人们在这些年不断地大谈特谈、发表演讲、举办宴会，可军备却在不断增加，而且是迅速增加。这是我们这个时代具有的特点。

现在很多国家都感觉自己陷入了极度的危险之中，可如果各国不再有这种感觉，欧洲则有可能进入安全的阶段，到那时候，军备的压力自然会变小，其负担也不必再那么沉重。到那时，和平年代的盛况就会呈现出来。这一类的建议，也会很容易被大多数人同意和接受。法国爱好和平、更不愿意走军国主义的道路，我当然希望我们的政府能够不再逼迫其削减军备。法国并没有接受各种多次向它提出的劝告，我很高兴他们始终坚持积极的意见。我们的反对党领袖（兰斯伯里）肯定会赞同那样的劝告。

像德国那样的国家，我们此生不只看到这一个。现在，我们必须想到，那个国家被两三个不要命的人控制了。那个国家有七千万人口，有高度发达的科学技术，有勇敢智慧且善良热情的人民。那个国家是需要考虑长远利益的君主制国家。君主制国家在做决定的时候因为顾虑较多而显得稳妥。那个国家没有大众舆论，他们的新闻都是无线电广播和被严格管制的报纸生产出来的。我们的政治跟它完全不同。要是你在那个国家，就不能轻易辞职转而支持反对派。你也不能辞去政府的职位，到普通议员的席位去找个位子坐。很可能的事情是：一个通知突然要你立马从你的高级职位上下来，然后你被请进警察署，之后，你所面对的可能是非常严厉的判决，这可比撤职可怕多了。

那些身处于这样位置的人，我看很容易就会受到蛊惑，做出比军事独裁还要恐怖的事来。虽然军事独裁有很多问题，可它仍然是以客观现实为基础，并进行仔细研究的。而那种独裁统治比军事独裁还要可怕，那些人在面临军事危机的时候，为了摆脱困扰很可能采取冒险的做法，给外国或全世界都造成无可弥补的伤痛和损失。

*　*　*

不久之后，这种冒险的首次诱惑来了。

1934年7月初，很多人走在巴伐利亚和奥地利之间的山路上。7月底，奥地利边防警察抓获一个德国信差。他随身带着很多文件，其中有一个秘密电码。从电码中得到一个情报，一场全面的暴动计划很快就要付诸实践了。组织发动政变的人是安东·林特伦，他当时是奥地利驻意大利的公使。25日清晨，可以明显地看出有发动政变的迹象，在危险警报的面前，多尔富斯和他的内阁成员却反应不够机敏。那天早上，纳粹党员在维也纳集合，等待命令。下午一点钟，武装分子的一队人马冲进了总理府，多尔富斯挨了两枪之后流血不止，只能等死，没有人去救他。广播电台被纳粹的另一队人马占领，他们宣称多尔富斯政府辞职了，接任的人是林特伦。

可多尔富斯内阁中的另一些人，却坚定有力地行动起来。米克拉斯总统正式发布命令，无论花费多大的代价，也要恢复正常秩序，并指认许施尼格博士掌管政权。奥地利的军警中，大部分人都支持政府。由少数人占领的总理府陷入了他们包围之中。奥地利兵团从德国的巴伐利亚越界入境。奥地利发生政变的消息很快就传到了墨索里尼的耳朵里，他立刻打电话给斯塔亨堡亲王，因为亲王领导着“保卫祖国协会”，并做出承诺，意大利一定会保护奥地利的独立权。同时，墨索里尼亚特意飞往威尼斯看望幸存的多尔富斯，并送上了衷心的慰问和同情。此时，意大利有三个师奉命抵达布伦纳山口。到此为止，希特勒知道自己不敌对手，就退缩了。德国驻维也纳的公使和其他与暴动有关的德国官员，一部分被召回国内，一部分被解除了官职。暴动就这样失败了。看来还要从长计议，重新部署。巴本逃过大清洗之后幸存下来，立刻被任命为德国驻维也纳的公使。他接到的命令是在工作上要运用巧妙的方法。

巴本来维也纳担任公使，很明显意图是，他肩负起了颠覆奥地利共和国的重任。他的任务不外乎两个：首先，鼓动奥地利的纳粹党展开地下活动，并且每个月向该党提供经费支持，额度为每月二十万马克；其次，对奥地利重要的政治人物，要么收买过来，要么将其搞垮。他刚接受命令的时候，丝毫也不掩饰，而且非常轻率地在驻维也纳的美国公使面前说出了自己的秘密。美国公使向国内发出了报告："巴本用最毫不在乎和最猖狂的态度向我宣称，德国理所当然应该占有从东南欧到土耳其边界的土地，这是天意。他本人有责任让德国对整个东南欧实行统治，这里的政治和经济都该由德国控制。他非常直接地说，他的第一步就是占领奥地利。他本人是一个很好的天主教徒，因此他打算利用这个名誉，在因尼茨尔红衣主教等奥地利人面前博得好感。德国政府对东南欧志在必得，不可阻挡。美国的政策是不可能实现的，这跟英法的做法没有什么区别。"

已经上了年纪的兴登堡元帅有几个月的时间因为年迈而糊涂了，在那些恐怖的日子里德国陆军让他成了傀儡，这真是悲剧，现在他去世了，德国的元首就是希特勒，而且总理的职务也由他担任着，德国的大权都在他一个人手上。他跟德国陆军的交易不但成交，而且稳定了下来，这都有赖于他的血腥大清洗。褐衫队也不得不屈服，他们只能声明自己是效忠元首的。褐衫队中的敌对势力都已经被清洗，从此就再也没有什么优势了，只有在举行仪式的时候，能在警卫队看见他们的身影。反之 ，黑衫队的势力却在逐渐壮大，因为纪律严明且可享受特权，因此人数越来越多。在希莱姆的领导下，黑衫队成了禁卫军，职责是保卫国家元首。它已经同陆军将领、军人等特权阶级平起平坐，军事实力十分雄厚。在警察秘密活动越来越多的时候，它也参与其中，成为一支政治部队。如果能经过选民的确认，希特勒的独裁就可以走向绝对化和彻底化的程度。看来只要事先安排选举，就能成功了。

*　　*　　*

法国和意大利的关系日益密切，这跟奥地利发生的事变不无关系。两国的参谋部开始有了联系，这同多尔富斯被暗杀带来的恐慌有着密切的关系。法国和意大利的关系重新调整，正是因为对奥地利受到威胁引起的恐慌。地中海和北非的均势当然也会受到影响，南欧的奥地利和意大利的关系也在发生变化。可是墨索里尼的目的不止一个，在欧洲方面，他想保住意大利的地位，用来遏制带来威胁的德国；在非洲，他还想实现帝国的扩张梦想。有一个好办法能带来明显的效果，那就是同英法连手对付德国。这样一来，在地中海和非洲，英法之间必然产生矛盾。可墨索里尼是这想的：英国、法国以前同意大利是同盟关系，现在为了共同的安全问题，是不是这两个国家将会接受意大利在非洲的扩张计划呢？对意大利来说，这怎么也算是一个能带来希望的办法了吧。

*　　*　　*

再来看看法国的情况，那里发生了斯达维斯基的丑闻，接着是二月革命。此后，以杜梅尔格先生为首的右翼政府解散了，新上任的总理是达拉第先生，他的外长是巴尔图先生。法国在洛迦诺公约签订之后，在东欧安全会议上更是为达成协议的事情感到焦急，俄国是小协约国警惕的对象，而俄国对西方资本主义国家也没有信任感，这个计划就被这种种原因阻碍了，根本不可能实现。1934 年 9 月，尽管情况如此，巴尔图还是决定做点什么。原本他打算订立一个东欧公约，让法国、波兰、俄国、捷克斯洛伐克和波罗的海国家都参与进来。这样俄国的东欧边界由法国来保证，德国的东部边界由俄国提供保证。这个公约遭到了波兰和德国的反对。不过 1934 年 9 月 18 日，俄国政府在巴尔图的努力下加入了国际联盟。这是非常重要的一步。精通外交事务方方面面的俄国政府代表李维诺夫先生非常善于利用国际联盟，他很快就靠着自己满嘴的仁义道德成为了一个很知名的人物。

在各个国家默认的情况下，德国渐渐强大了。法国希望能有力量对抗德国，因此希望在盟国中寻求一些力量。不幸的是，十月份发生了一件糟糕的事情。法国邀请南斯拉夫的亚历山大国王访问巴黎，以便推行巴尔干政策。亚历山大国王在马赛登陆，巴尔图前来迎接。他们和乔治将军同乘一辆车，沿途的人们手持两国的国旗和鲜花在街道两侧热情地欢迎客人。可是就像 1914 年在萨拉热窝一样，一个阴谋正在克罗地亚人和塞尔维亚人的社会底层的秘密房间内产生，在欧洲又出现了暗杀的计划。一群不顾生命安危的杀手已经做好了准备。另一方面，法国的保卫工作却做得不到位、不严密。在欢迎的人群中，突然冲出一个人来，跳上了汽车的脚踏处，对着国王和另外两个人连连开枪。车上的人都遭到了枪击。法国的骑兵截住了企图从后面逃走的凶手，并当场将其击毙。现场立刻陷入了混乱，亚历山大国王当场被打死，乔治将军和巴尔图先生从车里走下来，满身是血。将军脚步蹒跚，立刻被送到医院抢救。可是部长在混乱中进入人群，直到二十分钟后才有人前来照顾他，他到警察局长办公室去接受治疗的时候，还是自己爬楼梯上去的。医生为他止血，但他已经是七十二岁的高龄了，经此重伤，没过几个小时就死去了。法国的外交受到沉重的一击，本来这个政策在巴尔图的领导下已经取得了一些进展，可他一去世，外交部长的职位就由赖伐尔接任了。

赖伐尔的经历和结局都不怎么光彩，可是他却不缺乏魅力和魄力。他的目光犀利而敏锐，他认为法国必须避免发生战争，为此付出任何代价都是值得的。带着这个目的，他计划同德国和意大利的独裁者进行谈判。对德国和意大利的政策他并没有什么不满，可他对苏俄却不信任。在他看来，英国虽然是同盟国，却没什么实际用处，因此对英国的态度有时好，有时不好。此时的英国对法国的影响并不大。同意大利达成共识是赖伐尔的首要目的，他认为现在正是时机。对于德国潜在的危险性，法国政府从来没有防松过警惕，为了能争取到意大利，它做好了做出巨大让步的准备。赖伐尔先生于1935年1月到罗马访问，此行的目的是针对两国关系中的障碍进行磋商，旨在消除障碍并签订协议。两国一致在德国重整军备的问题上看法是一致的，都认为德国的做法是不合法的。他们达成一致，如果奥地利的独立受到了威胁，那么他们就进行会谈。两国就殖民地问题也达成了协议，对突尼斯的意籍居民，法国答应在行政方面做出让步；出让土地给意大利，主要是利比亚和索马里兰两地周边的一些土地；法国把吉布提－亚的斯亚贝巴铁路股份权百分之二十出让给意大利。此谈判的目的在于为英国、意大利、法国的正式谈判打下基础，旨在为警戒德国越来越大的威胁形成统一的联盟。但此后的几个月中，这一切都不可能实现了，因为意大利对埃塞俄比亚出兵了。

* * *

1934年12月，埃塞俄比亚和意大利两国的军队发生了冲突。在阿国和意大利的殖民地索马里兰的边界打了起来。此后意大利在全世界面前以此为借口，向埃塞俄比亚提出了要求。埃塞俄比亚的遭遇影响了在共同防范德国问题上达成一致意见，欧洲的这个计划破产了。

* * *

此时不得不说到一件事情。在凡尔赛合约中，有关原来属于德国的一小块领土——萨尔盆地——的规定，在十五年之后，这个蕴含着丰富的煤矿和拥有重要钢铁工厂的地方，应该由居民投票决定其归属。它是否能回归德国要看公民的意愿。1935年1月是原规定的投票日。投票的结果并没有什么疑问，因为居民中大部分人肯定会赞成归德国所有。此外，虽然名义上国际联盟管辖着萨尔地区，可实际上，德国的纳粹党却控制了这里。投票的结果相当于有了双重保险。巴尔图也已经意识到德国会取得萨尔的主权，可他还是认为有人会希望不要立刻就回归德国，一定有人投反对票。因此，他提出要求保护这部分人的人身安全。法国政策的态度后来发生了改变，因为巴尔图遇害了。1934 年 12 月 3 日，针对煤矿的问题，赖伐尔同德国人直接做了交易。他在此后的第三天发表公开声明，称不反对萨尔重新归德国所有。1935 年 1 月 13 日，在国际监督下开始了正式投票。为了监督投票过程，英国派出了一个旅的军队。萨尔这片土地在他国的包围之中，只有但泽在国际联盟的主权管辖范围内，除此之外，其他地方的居民绝大多数赞成这片土地重返德国，有百分之九十点三的人都投出了赞成票。这当然是大势所趋，可是国家社会主义党却把这当成了一次胜利，希特勒的名声也因此而提高，他的权威上又附加了一项荣誉，他成了德国人民意志的榜样。可是希特勒并没有觉得这是国际联盟讲究道义，更不觉得这有赖于国际联盟光明磊落的气节，他一点也不感恩，也丝毫没有变温和。他真正的想法是，协约国都是一群软弱可欺的家伙，现在更加证明了这一点。他集中所有的力气在做一件事，那就是扩大军备。

第七章　空中均势的丧失

1934—1935 年

德国的捷径——1933 年 10 月 25 日东富勒姆进行了大选——1934 年 2 月 7 日的争论——对空中均势问题，鲍德温先生做出了承诺——对扩充空军的建议，工党举行了不信任投票——自由党持反对意见——我于 1934 年 11 月 28 日发出正式警告——鲍德温先生左右为难——希特勒于 1935 年 3 月宣称德国实现了空中均势——麦克唐纳先生慌了——鲍德温先生于 5 月 22 日认错——工党和自由党是什么态度——空军部的态度——伦敦德里勋爵的空军大臣一职由菲利普·坎利夫－利斯特爵士继任

德国陆军能否在 1943 年之前重新建立起来，能否超过法国的规模，能否有齐备的武器装备和军工厂，对于这些，德国参谋部不能给出肯定的答案。除了德国的潜水艇外，德国的海军想在十二年或者十五年内恢复旧貌是不可能的。在重建过程中，海军和其他战备计划肯定会发生剧烈地冲突。可不幸的事情发生了，虽然文明还没有达到最高水平，但内燃机和飞行技术已经发明，一种新武器的突然出现，可以迅速地在各个国家打仗的过程中被应用。各个国家军事实力的对比情况也由此迅速发生变化。如果一个头号的大国，在人类发展的历程中，在科学和知识领域都做出了自己的贡献，那么它只需用四五年的功夫就可以建成一支空军，并完全可以强大到所向披靡的程度。如果事先就已经考虑好了，并且有所准备，那么这个时间还可以更短。

德国早就在谨慎且秘密地准备重建空军的事情。与重建陆军的计划一样，赛克特早在 1923 年就决定了德国战争机器的一部分就是空军。那时候，在陆军内部已经有了一个秘密而完整的空军框架，对外则称“没有空军”，外人很难发现这一点。的确，在最初的几年中确实没有被发现。空军的力量是各种军事力量中最难以估量的。民用航空的工厂和训练场所到底有多大军事价值，有多重要，根本无法估量，即使想用精确的语言来描述也是很难做到的。因为有很多方式可以用来掩盖和伪装，这样就可以逃避条约的束缚。希特勒只能在空军方面走近路，他可以先完成均势，再赶超英法两国。那么法国和英国的情况呢？

1933 年秋，英国已经在裁军方面展开了行动。可是无论它怎样身体力行，怎样劝谏他国，都毫无用处。工党和自由党主张和平主义，即使德国已经退出了国际联盟，他们还是按照原计划行事。两党坚持裁军，认为这是主张和平的做法。如果有谁发表了不同的看法，他们就称其为“战争犯”和“暴徒”。似乎有些不知真相的人对他们的态度很支持。10 月 25 日，在东弗雷姆举行了补缺选举，和平主义的情绪感染了选民，工党因此多获得了大概九千余票，而保守党流失了一万多票。威尔莫特先生顺利当选，在投票后，他说：“英国政府响应……英国人民的呼声，当即做出裁军的方案，给全世界做出和平的榜样。”工党领袖兰斯伯里这时发言说：“每个国家都应该裁军，军备应该削减到德国的水平。这是普遍裁军最应先做的事情。”鲍德温先生对此次会议的记忆非常清晰，三年后，他发表了一次重要演说，其中就提到了这件事。德国在 11 月举行了国会。希特勒不准许某些人参加竞选，在这种情况下，纳粹分子得到的票数高达百分之九十五。

英国人中的大部分被热切渴望和平的情绪弄迷糊了，因为他们并不了解情况或对实际情况有错误的认识。一些政治家或者政党敢于采用不同的政治路线，因此而招致了灾难，在政治上几乎是穷途末路。如果忽略了当时的这种情况而评论英国政治，就很难做出公正的评价。

那些政治家负有责任，但这不是在为他们进行辩护。那些不能造福国家的政党或者政治人物，还不如退休在家更好。在英国的历史上，如果哪个政府要求人民和议会做好防范措施，是从来没有被拒绝过的。那些恐吓胆小怕事的麦克唐纳－鲍德温政府的人，真不应该说话，他们让这个政府走上了一条错误的道路。

1934 年 3 月，英国的军事预算总数仅为两千万英镑，其中还包括成立四个空军中队的开支。按照该计划，空军第一线的实力应当从八百五十架飞机增加到八百九十架。这个计划的第一年开支为十三万英镑。

我就这个问题发表了看法：

各位当然相信，我们的空军实力仅居世界第五，这根本算不上有地位。与我们相邻的法国的实力是我们的两倍。德国正迅速地组建武装，而且没有受到任何阻碍。德国明显在破坏凡尔赛和约，却没有人对防止战争发生而提出建议。德国决心重振武装，而且正在积极行动，并已初见成效。虽然我了解得不够详细，但是事实是明摆着的，这些天生聪敏的人用自己的科学技术和工业，利用他们发起的“空中行动”，在短时间内就可能组建起一支强大的空军，他们行动如此迅速，足以建起能进攻、能防守的队伍。

我真害怕有这样一天：德国现在的掌权人掌握了一种手段，能致英国于死地。那样的话，我们的处境就太悲惨了，那些热爱行动自由和独立的人会感到痛苦，人民也会陷入危险之中。那些热爱和平的普通劳动者都会遭殃。我真害怕这一天的到来，但是这种日子可能很快就到了，可能是十二个月，也可能是十八个月。不过现在还不至于如此。我当然希望它不要来，我会为此祷告的，可事实上这种日子正在逼近。如果我们现在采取行动的话，还来得及，我们也应该这样做。我们需要作出行动，取得空中均势的地位。我们的国家在世界上所起到的作用决定了我们不能陷入被别国威胁的境地，我们希望拥有这样的地位……

战胜者和战败者的怨恨并没有消失，它依然存在。在欧洲，甚至全世界,侵略主义精神依然在某些国家盛行,这是前所未有的。洛迦诺会议的态势已经结束了，我们热切希望欧洲作为一个大家庭能和睦相处……

鲍德温有权利和责任采取行动，因为他手里有实权，因此我请求他这样做。他答复我说：

我们努力达成协议，但是如果这种努力没有成效，那么我保证在上面所提到的问题达不到均势的情况下，无论我们国家处于哪一届政府的领导，特别是本届联合政府，都会确保我们国家空军方面的实力，将胜过任何有能力攻击我国海岸的国家。

这个保证是非常郑重的，要是那时候能够主动采取大规模行动，就可以确保能实现这个保证了。

* * *

对于和约中禁止德国组建空军的条款，德国目前并没有公开破坏。但是德国的民用航空和滑翔事业发展迅猛，在这种情况下，德国已经成立的秘密和非法的空军就能飞快地被壮大起来。对俄国的布尔什维克和共产党的叫嚣，希特勒一边进行辱骂，一边悄悄向俄国运输武器。还有一点，从 1927 年起，苏联为德国航空的飞行员进行了培训，这当然是为了军事目的而培养的。德国和俄国的关系很有可能发生了多次变化，可德国陆军和苏俄红军之间的技术联系从来没有中断过。这是据 1932 年英国驻柏林大使馆的报告得出的结论。意大利的法西斯独裁者刚刚掌握了国家大权，就同苏联签订了贸易协议。现在纳粹德国也不例外，同领土广阔的苏维埃大国也建立了这种关系，那些意识形态上的公开矛盾，看来对它们之间的关系没有丝毫影响。

* * *

尽管情况已经到了这个地步，政府在 1934 年 7 月 20 日还是提出了加强皇家空军力量的提案，不过其内容不够充实，而且时间上也太迟了。该提案指出要在五年之内增加四十一个中队或增加八百二十架飞机。可是此时的工党受到自由党的支持，并且在下议院进行了不信任投票。

空军扩建的建议被这个动议终止了：

> 英王陛下的政府并没有打算在国际上承担新任务，为了国家的安全，也不必扩充军备。国际裁军是大势所趋，不能因英国而受到影响，否则可能激活军备竞赛的浪费或者鼓励危险的存在。

艾德礼先生反对加强空军力量的做法，因此选择了支持反对党，他以反对党的名义说："我们认为没有必要扩充空军的实力……我们不认为扩充皇家空军对世界和平能起到积极的作用，对于空军均势的提议，我们也表示反对。"这个不信任动议受到了自由党的支持，不过他们也有自己的看法，并提出了自己的提议：

> 考虑到目前世界各国有展开军备竞赛的势头，本院感到非常担忧。根据经验来看，军备竞赛会带来战争的威胁。本院认为英国扩充军备的提议不能通过，除非裁军会议失去意义或者有确实的理由。本院也不同意空军军备上的额外预算，因为那两千万英镑并不符合条件。

自由党领袖塞缪尔爵士是这样说的："德国现在是什么情况？现在我们的空军实力不能应付它带来的威胁吗？从我看到和听到的来看，情况并不是这样。"危险已经相当严重了，因为这两个人是两个政党的负责人，他们发言都是经过深入而成熟的思考，只要我们还记得这些，就应该知道情况有多么危险了。这段时间是正在谋划的阶段，如果那时候我们能尽最大的努力来保证空军独立行动能力，或许还是有可能成功的。如果英国和法国的空军同德国空军保持均势的话，只要两国的实力相加就超过德国一倍。或许我们不需要出动一兵一卒，希特勒那尚处于萌芽状态的暴力梦想就会破灭。可是什么都来不及了，一切都晚了。对于工党和自由党的领导人，我们当然不能怀疑他们的真心实意，可是他们的错误却是不争的事实。在历史面前，他们负有重大的责任。工党在此后的几年中，非常令人惊奇地不断称自己曾经做出过明显的预见。他们居然声称是自己的反对党没有为保卫国家安全而提前做好防范。

* * *

我的这次发言是为政府做辩护的，这样在敦促扩充军备方面就有了很好的条件。在我发言的时候，保守党让人感到意外，他们非常友好地听我陈述。

因为英王陛下政府的性质和政府主要权利人一直以来的态度，或许令人们认为反对党当然会以相当的信任和重视来考虑加强国防力量的建议。在我看来，还没有哪个政府像现在这样一心期待和平。在大战期间，我们的首相曾经显示出巨大的勇气，也曾采用极端的行为，他的信念我们可以从中有所了解。他对和平主义事业坚信不疑，并且为此必然会付出巨大的努力。人们在想起那位枢密院长的时候，不免会想起一句"请赐我们这个时代以和平"

的话来。这句话就是我们祈祷时常说的话。可能人们早就这样想：那些大臣们如果感到扩充军备是自己的责任，他们就应该站出来，为了公众的安全稍稍扩充军备，也应该说服反对党，让那些拒绝扩充军备的人知道这个时期的态势并不安稳，他们也应该知道政府是保护人民，让人民免于受难的。

看看政府是怎样为自己辩护的！他们用其他人可能很难做到的委婉的口气提出议案，从第一次讨论开始，他们只要开口说话，就面带谦卑的神色。他们说，我们提出的这个要求多小啊，我们自己都能感觉到。他们对我们作保证，声称只要日内瓦的裁军大会能有成果，我们的提议就可以随时失效。他们还对我们出了另一个保证，说他们正在采取的方式事实上仅仅关系到集体的利益，他们的出发点绝对是在伟大的原则指导之下的——尽管这在那些见识不深的人看来，他们只是国防观念不同罢了。虽然他们进行了辩解，并且在做法上也非常委婉，可是反对党却一点也不接受，毫不重视地驳回了他们的提议。他们得到的唯一回答就是将在今晚用不信任议案的方式进行表决。这就是他们得到的安慰。以我之见，同某些舆论进行调节的好时机已经快错过了，这个论题很快就没有意义了。我们眼前出现了这样的势头，就是建立舆论专政。国家的安全和稳定在这种专政的持续中会受到威胁。我们国家富裕，却不够坚固，容易遭受掠夺，没有哪个国家像我们这样容易引来攻击，我们的国家也是最懂得回敬侵略者的……我们国家的首都就像是一头被捆绑起来的肥硕而珍稀的母牛容易引来野兽一样,早就成为了其他国家的进攻目标。在以往或者在其他国家，这是从来没有发生过的情况。

请让我们记住：如果我们软弱，受害的不仅是我们自己，整个欧洲都会跟着遭殃。

我又针对德国的空军实力已经同英国相差无几而展开了论述。

首先，我必须指出德国的情况，他们破坏了和约，已经建立了空军。德国空军的实力已经相当于我国空军实力的三分之二。其次，德国正在对该空军进行扩充，他们的费用除了巨额的军费预算之外，还有来自公民的捐款。德国在各地强迫捐款，而且这种做法已经持续很久了。即使我们的议案能够得到实施，到1935年底，德国空军将会同我们的国防空军实力相当，不仅是数量上相差无几，效率上也不会比我们差太多。

我要说的第三点是：如果我们坚持自己的计划，而德国不断壮大空军力量，到了1936年，说不定哪一天，德国的实力就会超过我们。第四，德国一旦超过我们，我们就再也别想赶上它，这是最让人感到不安的一点。如果我所说的这些能得到认同，那也该理解下议院各位议员的担忧了。我还要说明一下，我们不能单纯考虑德国空军装备力量的问题，还要考虑到德国制度的性质——独裁统治。如果在未来的几年中，无论哪一天，我们的政府不得不承认德国空军实力超过了我们，那么他们就得负责任。在我看来他们没有为国家担负起必要的责任。

最后，我说：

我们大多数人对纳粹德国政府的行径从来都是直言不讳，这同反对党是一样的。可我对面的自由党、工党对德国政府的批评则更为严苛。他们的各大报纸都联合成了统一战线，共同进行批评，如果在批评的严厉程度方面做个比较的话，当数它们最厉害。对这些批评，德国那些掌权的人早就恨之入骨了。如果我们迫使我们的盟友裁军，那我们就失去了同盟。我们要同强大的国家斗争，却没有完成自己布防的任务，这是多么危险的事情，很有可能会出现悲惨的结局。其实他们是在使用一贯的手段，让我们为他们投票，而我们自己却被推向了危险的边缘。如果我们给他们投反对票，我们就有可能走上一条对国家安全有利的大道，这绝对胜过他们给我们指明的道路。

可想而知，绝大多数的反对票被工党的不信任议案否决了。如果把这些问题拿出来向全国人民展开呼吁，我相信全国人民会支持国家施行必要的安全手段。

*　　*　　*

在我们从安全走向垂死边缘的漫漫长路上，我们不得不重提那些里程碑一样的事件。回忆从前，我们不得不为曾经拥有那么多的时间而感到惊讶。英国在1933年或1934年，完全有可能建立起强大的空军，那样就可以牵制希特勒的行为，能对他们的野心和暴力有所遏制。我们整整拥有过五年的时间，之后就不得不面对非比寻常的考验了。尽管如此，我们若是能够采用审慎的态度，并用尽全力来做事，也同样可能避免面对那样的考验。英国和法国可以利用各自空军的优势，然后请国际联盟出面，其他欧洲国家也不会袖手旁观，必然成为它的坚强的后盾，形成团结的力量。国际联盟本可以凭借这次机会，让自己首次成为一个有威力的国际组织。

英国议会在1934年11月28日召开了冬季会议。我在答辩词上做了一些修改和纠正，这是代表几个朋友[①]做的。我说："我们的国防实力还比较弱，特别是空军方面。英王陛下忠诚的臣民并不能得到很好的安全保证，我们的和平和自由会遭到威胁。"议会里坐满了想听我发言的人。我把各种理由都做了申诉，强调指出我们和全世界都在面临着巨大的威胁。我用已经确认的事实做了论述。

---

① 修正案署名如下：丘吉尔先生、霍恩爵士、艾默里先生、格斯特上尉、温特顿勋爵、布思比先生。——原注

第一，我可以断定德国已经建立了一支空军。这就意味着德国已经有了战斗飞机中队、必需的地勤部队、必要的物资准备、经过训练的人员。只要德国发出命令，一支完整的空军中队就可以集结起来，成为公开的事实。这支非法的空军用不了多久，就能赶上我们的空军实力。第二，德国若是在此后的一年当中，不加速地持续执行它目前的计划，而我们也在目前的基础上不减速地执行我们的计划，再把七月中向议会提出的扩军计划推迟到一年之后，那么德国实力就会赶上我们，甚至略微超过我们。第三，假如双方的计划都不改变，也就是说完全按照既定的方式来实施计划，再过一年——从现在算起的两年后，也就是 1936 年年底，德国的空军将是我们的一点五倍，再过一年，它的空军实力就是我们的两倍。这些结果是在我刚刚假设的那样，德国不加快速度，我们也不减缓速度的条件下，就会发生这样的事情。

鲍德温先生立刻根据他的空军部顾问提供的情报，针对我刚刚说的这个问题进行了反驳：

这不是真的，德国的势力不会很快就赶上我们。就此，我曾经拿出德国的所有战斗力数据，是全部的而不仅仅是一线的战斗力。我也提出了我们的第一线战斗力数据，而且后面提到我们在后备力量上的可用资源还有很多。就算是用德国的空军力量同英国现在就可以使用的皇家空军力量作对比，情况也差不多。此时的德国正在积极努力地制造军事飞机，但德国现在的真正实力还不如我们在欧洲实力的一半。假如德国按照它现在的空军计划行动，并不加速，我们也根据目前的计划速度行事，且把 7 月向议会提出的计划也按照步骤实施，然后考虑明年的形式变化，我们同德国的实力绝对不会相等，并且我们也不会比德国弱。我们估计，仅从欧洲范围内考虑，我们的实力会比他们高出一半左右。如果让我预计两年后的情形，丘吉尔先生认为在 1937 年会发生的事情，在我看来他的数字太过夸张了，因为根据我的调查研究，完全不是这样。

* * *

大部分人在听了这位首相透彻的保证后由惶恐转为心安了。这就是事实，很多批评者都感到无话可说。我那些实实在在的说明，就这样被权威否决了，人们找到了一种表象的踏实感。这样的事情也算正常，可是我的心里却不服气。我想鲍德温先生得到的数据并不真实，他的顾问并没有告诉他真相。无论如何，都是因为他没有接触真相。

* * *

冬天那几个月过去得很快。第二年的春天，我才找到重新提出这个问题的机会。我非常详细地把这件事情告诉了他。

丘吉尔先生致鲍德温先生　　　　1935 年 3 月 17 日

在星期二讨论空军预算问题的时候，我建议针对去年 11 月的问题再做一次讨论。我会竭尽全力说明德国空军力量的数字，对您所提出的英德在不同时期的实力对比情况进行阐述。我将会提供当时的、现在的，以及每个财政年度和日历年度的 1935 年年底等日期的数据。我认为，德国的空军实力已经跟我们持平了，或许已经在我们之上了。并且，我认为，如果到 1935 年年底或者 1935 年年初，我们的计划没有做任何变动，德国的实力就会在我们之上，会比我们高出百分之五十之多。您将看到的结果同您去年 11 月所说的恰恰相反，不是我们高于德国百分之五十，而是德国高于我们。并且1934年，您做出过保证，“我们英国的实力会超过那些有能力进攻我们的海岸线的任何国家”。我会尽力用我手里的资料证明您的保证并未实现，而且这一点很快就会被事实证明。

我想这样对您来说会比较方便，因此，我还是采用上次的做法，把我大致的做法事先通知您。如果我的看法能被政府的发言人驳倒，证明事实完全相反，我会感到非常高兴的。

3月19日，提交空军军费的预算交给了下议院。对我去年11月发出的言论，我会再次重申，再一次挑战鲍德温先生的那个保证。空军部次官用他的回复显出了他的自信。3月底，艾登先生和外交大臣访问德国，同希特勒先生做了会谈。这次谈话很重要，已经备案了。希特勒亲口说出德国的空军力量已经赶上了英国。政府将在4月3日公布实情。5月初，首相发表了一篇文章，该文章刊登在他自己的《新闻通讯》上，他在文章中指出德国正在重建军备，非常危险。他的措词同我在1932年常用的语言有些相近，他用了一个词——“埋伏”，我由此可以揣测到他内心的焦灼感。确实，我们掉进了敌人的埋伏圈。这次辩论的主要领导人就是麦克唐纳先生，他指出德国已经公开宣称要破坏凡尔赛和约，德国的海军要打破凡尔赛和约规定，还要不顾和约的约束制造潜水艇。此后，他又提及空军的问题：

在去年11月，我们曾经就此问题展开过争论。当时根据对德国空军力量的估计，我们提出了空军预算。政府的代表枢密院长先生作出了保证，无论德国的空军实力如何，我们英国都不会落后于它，本政府和空军部门非常了解，若是我们做不到这一点，就会陷入极大的危险之中，那样的后果是难以承受的。4月3日，下院获悉：外交大臣和掌玺大臣在三月底出访德国时，德国总理声称自己的空军力量已经赶上了英国。无需在空军实力的问题上过多地考虑，这足以说明问题：德国空军的迅速发展，完全出乎本院去年对它的估计。这是一个严峻的事实，必须引起政府和空军部的注意。

接着是我发言，我说：

我们直到现在也没有采取任何行动，可我们需要使用相应的对策。政府已经提出扩充军队的建议。政府对当前的严峻形势必须有所作为，顶住那些向错误发起的进攻，他们的动机会被人们误解。必然会有人指责政府，说他们是战争暴徒，对他们进行诋毁。国内很多势力都会起来攻击他们。他们无疑会承受最强有力、人数最多的、声音响亮的谩骂。人们会问：怎么不为我们争取安全的保障？怎么不果断地为空军扩充追加预算呢？尽管英王陛下的政府必将面对最严厉的责问和最嚣张的辱骂，但至少他们能感受到自己应该承担什么样的责任了。这一结果是令人高兴的。

我在下议院发言的时候，虽然在场的人都在仔细倾听，可是我却心生绝望：对我们国家的安全和危险的问题，我的看法始终是坚定的，同时我也感到无奈，因为我竟不能让议会和人民相信我发出的警告。我拿出自己的证据，想让他们相信我，可他们还是不相信，他们更没有采取什么措施。在我的一生中，这是最大的痛苦。然后我继续发言：

我的心意已经不是语言所能表达的。我想起了圣约翰大臣。1708 年他曾经故意把政府的机密泄露出去，告诉下议院的人们，早在一年前的夏季就已经注定阿尔曼扎战役会失败。下议院通过投票决定派出两万九千人的部队，可事实上抵达西班牙的士兵才八千人而已。政府于一个月后得到了事实的印证，他说的是对的。有记载表明人们整整沉默了半个小时，这期间没有任何议员想说话，他们也不能对这件令人震惊的事情进行评论。那不过是件小事罢了，如果我们现在将要处理的情形与其做比较，你就会觉得它不过是一次政策上的小事件。因为那次的战争中，西班牙对英国所造成的危险还不至于要命……

在外交政策方面，今晚本院空前地一致。法国和意大利，以及所有主张和平的国家，无论大国还是小国，只要它们对国际联盟的权威能予以承认，并乐意接受国际联盟的制裁，都是英国所必须争取到的力量，一定要同他们共进退。我的意见是：可以同其合作。这个政策和修订和约之间并不矛盾，我们的目的是为了安全。在我们研究如何对和约进行修订之前，所有有礼有节的国家都应该团结起来，共同御敌。在这个严肃的集合起来的团队中间，我们必须同友邦进行合作，并将各种防卫能力都提高到一定的程度。为了我们能继续和平的生活，让我们从可怕的谬误之中清醒过来共同行动。对形势的错误估计，蒙蔽了我们的认识，要是这个警告仍然不能使我们清醒过来，迟早有一天会为此送命。

我记得一位并不出名的作者写了一首诗，用来纪念火车失事的事故。这是我此前在《笨拙》这本漫画杂志上看到的。那时我八九岁，还在布赖顿上学，我非常喜欢那本漫画图册。

这轰隆隆的火车归谁驾驭？
轮子嘎嘎地响着，钩子紧紧地拽着，
疯狂地冲向了转弯的刀口；
司机困倦了，他听不见，
在夜色中信号灯毫无意义地闪耀着，
因为这辆火车啊，它被死神驾驭着。

不过我在发言中可没有念这几句诗。

* * *

鲍德温先生终于在5月22日做了自我检讨，这可是一件很有名的大事。此处，我必须引用他的原文：

先来谈谈关于德国飞机数字的事情。去年11月，我们讨论过此事。我从那时候起，从来没有怀疑过那些数字是错误的信息，我一直以为那些数字就是实际情况。我犯了错误，对未来的形势作出了错误的估计。是的，这完全是我的错。在这方面，我们完全上当了……

我现在想重新说明一下，对我们现在正在做的事情，还不至于使我们过于惊慌，也没有理由慌乱。根据现在的局势，我谨慎地声明，若是我们所采取的行动方针不能被政府所接受，那么我宁可离开政府。在此，我只想说明一点，现在许多报纸和口头批评都针对空军部，指责他们没有完善的建军计划，没有用更快的速度行动起来，他们应该承担各种各样的责任，等等。无论针对什么责任的批评，我们都十分愿意接受，这就是我要说的。这个责任不应该由某一位大臣来承担，而是整个政府的问题。我们政府当中的所有人，都负有责任，我们都应该受到批评。

这个让人闻所未闻的自我检讨报告结束后，我以为它会起到决定性的作用。无论如何各党的代表也要组成一个专门的委员会调查我们的安全问题，然后提出报告。可下议院却毫无反应。工党和自由党也非常消极，态度也不明确，这大概跟他们在九个月前的做法有关，毕竟当时政府用极其和缓的步骤想要扩充空军，而他们则提出并支持用不信任议案的方式予以应对。对鲍德温先生承认错误和揭露的事实，工党和自由党的发言人毫无防备，可他们也不打算对这个巨大的变奏曲给以配合，因此对原有的演讲词未作修改。艾德礼先生说：

我们这个政党不支持裁军政策……关于集体安全，我们主张通过国际联盟的力量来实现，反对用武力来推行政策。因此我们支持共同安全，支持裁军的做法……。为了集体安全着想，我们国家愿意做出自己的贡献。为此我们需要有所准备。我们的目标是削减军备，直到国家的所有军备完全取消。到那时候，国际联盟会负责领导一支国际警察队伍。

他这个宏伟的计划不是一下子就能完成的，可他并没有说出在没有完成之前该怎么做。他也不同意国防问题白皮书，因为那上面说考虑到美国的情况，我们有必要壮大海军；再考虑到美国、日本、俄国的情况，我们就不得不壮大空军等说法。他说："那些讨论是针对过去的态势，现在不同了，根据集体安全体制，完全不适用。"对德国重整军备带来的巨大威胁，他也承认，可他却说："不能单靠我们一个国家发展武装力量来抵御任何一个国家的武装，当然单靠法国也是不可能的，只有国际联盟才是可靠的力量，因为那是所有忠诚的会员国组成的联合体。我们要做的是让敢于发动侵略战争的国家认识到：它的对手不是几个单打独斗的国家，而是国际化的、齐心协力的大军。"我们只有一个办法，那就是在国际联盟的领导之下，把各国的空军力量组织成一个有实力的队伍。对政府提出的方案，他和他的政党投了反对票。

自由党的代表是辛克莱爵士，他代表自己的政党提出要求，请政府重新召集一个经济会议"能令德国在国际友好的氛围中同我们在文化事业上实现积极合作，让我们两国人民的生活水平有所提高……请政府尽可能详细地做出一份废除空军并管理民用航空的议案。若是议案被否定，那么就要明确而恰当地指出责任归谁。"

他接着说，虽然政府的主要目的是让我们尽力削减军备，可

> 出于另一个方面考虑，如果哪个国家没有加入国际联盟，却拥有西欧最强大的空军或者最有实力的陆军，在此基础上还在快速地膨胀，我们也决不能坐视不理。……只要我们有确凿的证据证明必须在国防方面采取必要的措施，自由党此时也会全力以赴地拥护……所以，我可不赞成这种说法：加强国防同我们对集体安全制度所承担的义务相冲突，因为在该制度下我们就得放弃那些在集体安全方面不得不承担的义务。

接着，他对“从别人死亡这样的事情上赚取什么好处”的问题进行了详细的论述。这中间他引用了教育大臣哈利法克斯勋爵的一句话，那是最近发表的一篇演说中的一段话：“英国人民始终很重视为战争制造武器的事情，并认为这样的事情绝对不可以交给那些不太负责任的人，因为这是非常严肃和重要的事情。”他还认为，扩建空军军备的责任应该由国家工厂承担。自由党很早就开始讨厌那些私人军工厂，当然工党也是如此，在他们看来这种现象是令人难以忍受的。这种事情倒是可供说笑的话题。现在单靠国有工厂是不可能的，大家都认可的扩充空军的计划责任要更大。国内的私人工厂，大部分都需要立刻进行改进，才能有足够的能力适应目前的生产需要。反对派承认当前的情况危险，也知道潜藏的事实比这还要严重，可是在演说中对此没有表示任何态度。鲍德温先生开诚布公的演说感动了政府的大多数人。所有的资料都在他的手里，可是在重大问题，特别是在本该由他负责的事情上犯了错误。他很坦诚地承认了错误，对责难也愿意接受，于是他的罪责就被认为可以免除了。因为这位大臣对自己的错误毫不掩饰，一概承认，于是人们中间涌起了一种不同寻常的热情。保守党的议员对我感到愤怒，因为我令他们的领袖难堪。他们的领袖坚强而坦诚，因此他令自己免于责难，可惜的是，他的祖国却不能因他而走出困境。

* * *

我同伦敦德里勋爵是亲戚，童年时代就是好朋友。他是名人之后，拿破仑时期有名的卡斯尔雷是他的先辈。他对祖国非常忠诚和热爱。联合政府成立之后，空军大臣的职位一直由他担任。他在任的这几年，国家事务深受上面说过的那些事情的影响，空军部也足所受影响的部门之一。这几年，他在裁军和削减开支的情况下，同空军部的同僚总是想尽办法争取更多的军费，要知道现在掌管财政的大臣可是一位严肃而专横的人物。1934 年夏天，他们感到雀跃和欢欣，因为一个增加四十一个空军中队的计划在内阁通过了。可是英国的政治却不那么稳定，经常瞬息万变，英国外交大臣从柏林带回希特勒宣称的消息后，整个内阁都在为德国空军实力已经赶上英国而感到惊讶，接着就陷入了无边的忧愁之中。现在，大多数人已经相信了新局势，鲍德温先生去年 11 月发表了反驳我的意见，现在他要为此承担责任。我们的空军被赶超了，这完全出乎内阁的料想，他们用一贯的做法，转过头来用审视的眼光看着相关的部门和该部门的负责人。

财政部的规定已经打开了缺口，空军部还不知道自己将要得到一笔意外的预算。只要空军部提出要求，就能得到更多的费用，可是他们却没有提。对希特勒所说的空军实力，他们完全没有当做一回事。伦敦德里代表空军部发言时，竟然这样说道："西蒙和艾登在柏林看到德国只有一个空军中队可以作战。他们从训练编制中发现，德国希望在当月组建成十五到二十个中队的任务。"[①]这其中的唯一问题是军事专用语。因为标准有所不同，当然很难对空军进行区别。对"可作战的军事单位""第一线空军"的解释并不能确定。对于空军部的行为现在要进行解释，当然是由他们的部长代表该部门做认真仔细的申诉，

① 伦敦德里著:《命运的翅膀》，1943 年，第 128 页。——原注

结果大众无法接受他们，而刚刚提高了警惕的政府也跟他们不一致。鲍德温先生在11月回复我的话时所用的依据正是曾经从空军部专家和官员那里接到的报告。他们希望能对那些数据和预测做出已经完全没有必要的辩解，从政治上来说这种行为已经毫无意义。很明显，他们的专家和官员都上当受骗了。这样他们也让自己的领袖没能看到真相。德国隐藏已久的空军终于露面了，而且至少是跟我们实力相当的空军。

此前的几年中，伦敦德里一直都在努力争取更多的经费。现在情况变了，他的要求突然显得太少了，他在自己的书中说这是一件奇怪的事情，而且不乏痛苦。另外因为他的政治观点让他不能继续担任空军部长职务了。目前，我们空军部的问题已经上升到了非常严峻的程度，远远超过了我国一般性的国家事务。在这样的情形下，人们都感到应该从下议院的议员中选一位空军部长。同年年底，麦克唐纳首相辞职了。此后，为了实施扩大空军势力的新政，坎利夫－利斯特爵士接任了空军部长一职。他此前担任殖民地事务大臣，伦敦德里勋爵勉强担任起了上议院议长的职责，并且兼任掌玺大臣。可是鲍德温先生在大选之后，把他的这两个职位都给撤了。在他担任空军部负责人期间，主持设计和制造的两种战斗机，即著名的“旋风”和“喷火”，这两种飞机的原型于1935年11月和1936年进行了试飞。伦敦德里本来可以用这两件事情为自己辩解，可是他却没有在申辩时提及此事。他所承担的责任并非完全是他一个人的错误。在有力的形势和新气象的影响之下，刚上任的空军部长很快就下了命令，大量生产这两种战斗机，并做好一定的储备。跟他的前任比起来，坎利夫－利斯特的政治势力更为强大，他的机会非常好，并且接到的任务也令人充满斗志。在英国空军方面，他运用的力量相当大，不仅令英国的空军政策有所进步，也令空军的组织更加严密。1932年到1934年中，内阁失去了很多时间，经过他的努力，这些都得到了弥补。可是他却犯了另一个错误，而后果非常严重，这个错误导致他在几年之后不得不离开自己的职位。1935年他从下议院进入了上议院，因此他不能继续担任空军大臣的职务了。

我们终于要面对最大的灾难了：希特勒已经赶上了英国的空军水平。此时，希特勒想保持自己在空中的优势是很容易的，只要能全力发展工厂和培训学校就可以了，况且他还能持续不断地进行完善。英国的伦敦从此被巨大的、难以估计的空中威胁笼罩。当我们做决定的时候，就不可不考虑到这件事情，因为它是实实在在的事实。而且，英国或者说是现在的英国政府再也没有希望超过它了。政府和空军部在英国皇家空军的效率上确实很高，可是已经不能扭转时局，空中均势的保证再也不可能实现了。德国空军在没有取得均势的时候飞速发展，此后的速度依然没有减缓。德国人为此花费了巨大的力量，目的就是达到这种均势，并在外交上运用这种优势。希特勒能不断地发动侵略战争所依靠的也正是这些。

希特勒的侵略计划已经做好了，并且很快就会不断地付出行动。英国政府在此后的四年中付出了巨大了的辛劳。我们在空军的质量上领先，可在数量上却一直落后。我们没能追赶上对手，战争发动之后，我们才知道英国的空军数量仅为德国的一半。

第八章　挑战和反响

1935 年

希特勒于 1935 年 3 月 16 日下达征兵令——法国于 3 月 16 日实行为期两年的兵役制度——西蒙爵士和艾登先生于 3 月 24 日出访柏林——斯特雷扎会议 ——5 月 2 日法国和苏联签订条约——6 月 7 日鲍德温先生成为英国首相——霍尔爵士担任英国外交大臣——国际联盟任命艾登先生为事务大臣——英德签订海军协定——面临的危险——给欧洲带来极深的影响——外交大臣的辩护——德国陆军的壮大——法国和德国的兵源

希特勒从事了几年的地下活动，在隐蔽的条件下悄悄做准备，如今再也用不着如此了。他感觉到自己可以公开了，因为他的势力已经可以迎接这样的挑战。德国于 1935 年 3 月 9 日宣布成立空军部队，紧接着，德国陆军于 16 日宣布了征兵制度，随后，德国又陆续颁布了一些政策来辅助前两个决定。这绝不是他们行动的开始，而是早有准备的动作。对于必然发生的事情，法国把详细情报早就递交了政府，同日，法国也宣布把兵役制度延长，这一举动比德国早了几个钟头。3 月 16 日成了一个重要的日子。在凡尔赛和平条约下成立的国际联盟遭到了冒犯，因为德国公开行动已经正式表明了这一点。德国此前也有破坏条约的行为，但总是找借口、偷偷摸摸或者找个由头之类的，那时候找借口是这样做并不难的。那时候战胜国因本国的政治而忙碌，并且对和平的渴望已经让他们不那么清醒，这样一来就用不着公开违反和破坏和约了。可是到了今天，已经变得简单直接而且暴力了。由于意大利对埃塞俄比亚提出了威吓性的要求，几乎在同一天，受到威胁的埃塞俄比亚政府向国际联盟求救，表示对意大利的行为强烈不满。以上就是西蒙爵士和掌玺大臣艾登访问德国的背景。3 月 24 日，二人到柏林访问。法国认为英国此时出访德国的行为欠考虑。一年前在麦克唐纳的主导下，法国被迫削减军备，如今这些不再是法国的问题，它已经把兵役制从一年延长到了两年。当时的舆论普遍认为这一工作相当有难度。共产党和社会党都会反对此事。莱昂 · 勃鲁姆先生说“对希特勒的侵略，法国工人将会挺身反抗”，这时候亲苏党派一片沸腾，多列士则用这样的话回应：“想把工人们拖进战争，用来保卫所谓的民主和反对法西斯主义。我们绝不答应！”

美国对欧洲发生的一切不屑一顾，它打定主意此后绝不沾染欧洲的事务，再也不给自己找麻烦，它只是怀着美好的愿望，希望人人都过得很好。可是法国、英国和意大利都认为有必要谴责希特勒的行为，因为他竟然公开挑战和约，可这几个国家之间也存在一些认识上的差距。于是，国际联盟在斯特雷扎召开了一次会议，与会国都是上次大战中的主要协约国，它们针对该问题在会上进行了讨论。

* * *

艾登先生尽心竭力地研究对外事务问题，这是他在十年中从事的主要工作。第一次世界大战时他十八岁，他走出伊顿公学在第六十来福枪旅服了四年的兵役，参加了多次浴血战斗，屡立战功，获得了军事十字勋章，因此成为了副旅长。1925 年他是下议院的一名议员。之后，进入了鲍德温先生第二次执政时期，在此期间他成为了外交大臣奥斯汀 · 张伯伦的秘书，主要负责政务工作。1931 年，在麦克唐纳－鲍德温的联合政府统治时期，他为新任外交大臣西蒙爵士工作，担任外交部次官。虽然次官的职责并不稳定，是责任还是有限的。他不是内阁的成员，可他要负责的事情是协助领导把内阁决定的政策执行下去。他不能参加内阁的会议，若不是事情糟糕到他本人的良心受到冲击，或他的荣誉受损的地步，他就不会对外交政策提出反对意见，更不会进行公开的辩论或辞职。

艾登先生在这些年来对国外的事情颇为了解，他积累了广博的见识。外交部的活动和思想承担着重大的责任，艾登对此也颇为了解。西蒙爵士在1935年所采取的对外事务的做法，并没有得到太多的赞同，反对党和保守党中具有影响力的人物都没有支持他。此后人们开始注意到艾登先生，他的知识和超群天赋帮他赢得了人们的重视。在1934年年底，艾登先生成为掌玺大臣之后，内阁希望他同外交部联系，这种联系虽不正式，但却非常密切，他能受邀同旧日的上司西蒙爵士前往德国柏林，也正是这个原因。之前，我提到这次访问带来一个重要的消息：希特勒认为德国空军已经同英国实力相当。艾登先生在此后奉命前往莫斯科访问俄国。他在那里同斯大林有了联系，几年后，这种联系又会开始。这对双方都有利。从莫斯科返回的途中，遇到了猛烈的、持续性的强大风暴，他乘坐的飞机以高难度的飞行降落。这时的他几乎失去了知觉，医生建议他不能同西蒙一起参加斯特雷扎会议了。此后的几个月中，他都在生病。首相在这样的情况下决定亲自参加会议，他同外交大臣一同前往。可是此时，首相的健康水平也在下降，他的智力和视力正在渐弱。在这次异常重要的会议上，英国的势力不够强大，法国派出的是佛朗丹和赖伐尔，意大利参会代表是墨索里尼和苏维奇。

在会议上，人们认为和约是庄严的、绝对不容破坏的，那毕竟是牺牲了好几百万人才得以订立的条约。可是英国的代表团却不同，他们最初就表明了态度，对破坏和约的行为不予理睬，也不会对那种行为进行制裁。这让会议陷入了一种空谈的境地。最后，大会取得了一致意见，并通过了决议，那就是：绝不容许单方面破坏和约，对于已经暴露出来的情况，由国际联盟的行政院进行公布。会议进行到第二天时，墨索里尼先生在下午对这一行动极力支持，他用直白的语言发表了公开声明，反对侵略他国的行为。最后的宣言是这样的：

> 三个国家一致反对危害欧洲和平的行为，对于单方面破坏和约的举动将采取种种可行的方法，为了这一目的，三国会同心协力地合作行动。

墨索里尼是意大利的独裁统治者，他在发言中把“欧洲和平”说得非常重，在说出“欧洲”一词之后，还停顿了一下，并做了个引人关注的姿势。由于他的强调，英国外交部的代表立刻注意到了“欧洲”这个词语，之后他们仔细聆听了这位独裁者的话。他们当然知道墨索里尼的意图：一方面他愿意跟英法站在同一条战线，共同阻止德国扩建军队；另一方面，他日后打算对非洲的埃塞俄比亚发动战争，为此他要给自己留些余地。这个问题要不要指出来呢？英国外交部的官员于当晚做了讨论。他们在取得墨索里尼的支持，一致反对德国的事情上没有异议，可是如果此时警告墨索里尼不可以对埃塞俄比亚进行侵略战争，那么就会惹恼他。这个问题就这样被一带而过了，没有人提起过。墨索里尼则认为他的声明已经得到了协约国的认可，在他攻打埃塞俄比亚的问题上，协约国不会干预。从他的角度考虑，这是有理由的。法国对此问题也没有提出疑问。会议结束了。

接下来是国际联盟的审查。德国普遍实行征兵制是违反凡尔赛和约的，国际联盟的行政院对此在 4 月 15 日到 17 日这几天中进行了审查。阿根廷共和国、英国、智利、澳大利亚、墨西哥、捷克斯洛伐克、葡萄牙、西班牙、意大利、丹麦、法国、波兰、土耳其和苏联，均派出代表参加了行政院的会议。对于反对“单方”撕毁和约的准则，与会国家进行了投票，大家一致同意该准则。之后，这个问题提交给了国际联盟，供大会讨论。斯堪的纳维亚半岛上的瑞典、挪威、丹麦三国也表示赞同。共有十九个国家正式提出了抗议，可是其中没有任何一个国家或者国家集团把使用武力作为最后的行动方针。这次决定等于无意义的空谈。

* * *

巴尔图坚决要同俄国交好。可赖伐尔跟他不同，并没有同苏联亲近的打算，但是现在的情况下，法国迫于形势，非常有必要这么做。3月份，两年的兵役制虽然投票通过，但不是以绝大多数的赞成票通过的，为此，那些对法国的命运非常关心的人，当然认为有必要争取全国范围内的支持。一些法国人能起到至关重要的作用，可是他们却亲近于苏联。大多数的法国人渴望1895年的旧联盟，他们希望能有相似的同盟。5月2日，法国和苏联签订了条约。条约非常含糊地做出了规定：两个国家中的任何一方在遭受侵略的情况下，都要互相帮助。

赖伐尔先生出访莫斯科，进行为期三天的访问，目的就是能对法国的政治有所帮助。在莫斯科，斯大林欢迎了他。他们的会谈进了相当长的时间，会谈的部分内容并没有公开，在这里倒是可以说说。斯大林和莫洛托夫最想了解的必然是法国的军事力量。他们想知道在西线，法国到底有多少个师，服役几年。讨论过这些问题之后，赖伐尔说："您能否尝试鼓励苏联的宗教和天主教徒？我和教皇的关系可能因此而更好。"斯大林说："噢！教皇有几个师？"不过我就不知道赖伐尔是怎么回答的了。当然，他可以把那些在游行中未必看得见的几个军团说一说。苏联一贯的方针是提要求，可赖伐尔却没有令法国承担什么责任的想法。不过他还是让斯大林发表了声明。5月15日，斯大林公开宣称赞同法国的政策，为了保证国家的安全，法国保有所需的兵力是正确的。法国的共产党听到这样的话，立刻改变了立场，对国防计划和延长为两年的兵役制表示了极大的热情。法国和苏联缔结的条约虽然是保证欧洲安全的一方面，可是它并没有做出明确的规定，假如其中一方被德国侵略，那么另一方的责任并不明确，因此它不具有约束力，效力当然也微乎其微。在此意义上说，法国和苏联之间的联合是不真实的。此后，法国的外交部长在回国的途中，前往波兰的克拉科夫参加了毕苏斯基元帅的葬礼，并在那里逗留了一些时候。他在那里同戈林亲切会晤，进行了友好谈话。德国把赖伐尔对苏联的厌恶和怀疑立刻就转告给了莫斯科。

麦克唐纳先生的健康状况越来越差，能力也渐衰。他已经不能继续担任首相一职。保守党对他始终没有热情，因为他信仰社会主义，以及他在政治和战争期间的言论和行为，对他早就有意见。后来的几年，由于同情，他们的关系才略有好转。工党最痛恨的人就是他，这当然不是无缘无故的。可以说，工党的创建也有他的功劳，可是工党却指责他的“背叛”，否则工党不会这么快就衰弱下来。政府的人数如此庞大，他却只得到了七名工党的支持。他的裁军政策彻底失败了，那曾是他花费了巨大的个人力量来实现的措施。他也没有能力为即将到来的大选而奋斗了。在这种情况下，他和鲍德温先生互调了位置，6 月 7 日宣布，鲍德温第三次成为了首相。这真让人感到惊讶。此时，外交大臣的职位也换人了。在印度事务方面，霍尔爵士一直兢兢业业，印度法案通过后，他的荣誉倍增，现在他要接受更重要的责任了。一段时间以来，霍尔的外交政策一直受到猛烈的攻击，那些攻击者一部分是同政府有密切关系的人，这些人属于有实力的保守党，现在他转而到内政部工作，他对此也比较熟悉。霍尔爵士担任了外交大臣的职位。鲍德温先生此时使用了一种新颖的方式来保证目前的利益。艾登先生已经康复了，他声誉也越来越高。他有权利审阅文件，也可以向部员委派任务。鲍德温先生只有两个目的，他首先重视我国在日内瓦的事务和国际联盟，其次就是同强大的国际联盟舆论保持一致。大约过了一个月，我得到机会可以对我自己提议的“设立两个地位相等的外交大臣”进行评论，于是我借机请议员们注意这样做会产生的不利方面：

我很高兴，昨天听首相说可以做个短期的实验。我想这恐怕不能维持多久，而且未来也可能完全不使用这样的方式。……我们大体的思路是派单独的人负责外交事务，我们需要他全面掌握所有的方面——整体思想、每个因素、每件事情，议会所同意的每件事情都需要他的服务。无论外交大臣由谁来担任，无论他是谁，在部里都必须拥有外交部的最高权力。在这个重要的部门，任何人都要服从并且只能服从于他的命令。在战时，我记得我们针对统一指挥权的问题进行过讨论。当时劳合·乔治先生这样说："不是一个将军比另一个将军好，而是一个将军比两个将军好。"现在是特别困难的阶段，强大有力的内阁就必须无理由地每天同外交大臣在一起，首相也必须保证随时能召见他的下属。目前时局动荡不安，问题错综复杂而且严重，我想这种混乱的局面会因为设有两个领导而出现双重的任务，从而使局面更加复杂和繁乱。

不幸的是这些话都应验了。

* * *

这时候，人和事都很复杂，英国政府却举动惊人。这件令人吃惊事情的起因多少因海军部而起。让海陆空三军的任何军人来处理政治，都是相当危险的。因为政治领域的标准跟他们所熟悉的那些标准是完全不同的。可是，他们做事，毕竟是遵照内阁的意图和海军大臣的指派，因为现在能担任这个这个职责的只有他们了。海军部也有非常强烈的赞成声音。英国和德国的海军部谈判已经进行了一些日子，他们讨论的是两国海军的比例问题。在凡尔赛和约中，规定德国只能拥有六艘吨位在六千以下的轻型巡洋舰，军舰不能超过六艘，排水吨位在一万吨左右。英国海军发现了一个问题，德国正在建造“沙恩霍斯特”号和“格奈森诺”号，这是两艘轻型战舰，吨位远在和约的规定之上，规格也超标了。事实上，这两艘轻型战列巡洋舰重量高达两万六千吨，可以说是最高级别的商船驱逐舰了。

至少在两年前，也就是 1933 年，这种毫无顾忌的欺骗行为就已经在破坏和约，很可能那时候就开始计划或者实施了。海军部在这种情形之下，居然以为在英德的海军之间还有必要签订协议。英国政府没有同法国或者国际联盟商议，就直接这样做了。一方面英国在向国际联盟发出呼吁，请各个会员国反对希特勒的行为，因为他破坏了和约中的军事规定；另一方面又把凡尔赛和约的海军条款抛弃，暗中与德国海军进行谈判。

英德海军达成协议，约定德国海军必须低于英国海军的三分之一。英国海军部对此非常满意，他们还记得战前英德海军的比例是十六比十，那时候他们就感到很满意。于是海军部本着这个目标，轻信了德国表面做出的承诺，德国因此得到了建造潜水艇的许可，可是在和约中明明规定了德国不可以拥有潜水艇。协议中规定了德国建造潜水艇的标准，可以达到英国潜水艇实力的十分之六，并且德国在特殊情况下，可以拥有同英国持平的实力。德国要为此做出承诺，即保证不用潜水艇袭击商船。如果是这样，德国要潜水艇有什么用呢？显然，如果对协议中的其他条款尊重的话，只要军舰方面能符合协议，在海战中单靠潜水艇是难有优势的。

因为协议中所规定的可以拥有英国三分之一的舰队，所以德国能实施自己的计划，他们可以造舰艇了。即使他们全力以赴地赶造，也只能在十年之后才能达到这个数量。现在的问题是协定相当于对德国海军的扩建毫无约束，他们可以让造船厂用全力赶造船舰。此前德国打算建造的数量其实远远低于协约的限度，现在的要求等于没有。德国既要建造军舰，又要建造坦克，因钢板紧缺，才减缓了建造军舰的速度。按照规定，德国可以建造两艘航空母舰、五艘主力舰、二十一艘巡洋舰、六十四艘驱逐舰。战争爆发以后，德国实际上才建成或者将要建成的数量还不及我们答应的半数。那时候，他们有两艘主力舰、十一艘巡洋舰和二十五艘驱逐舰，航空母舰一艘也没能建成。若是他们把建造战列舰的资源全部或者部分用于建造巡洋舰和驱逐舰，那么在开战的时候，也就是 1939 年或者 1940 年，德国将占有更大的优势。现在我们都知道希特勒曾对海军上将雷德尔讲的那些话，他说在 1944 年或者 1945 年之前，德国应该尚未对英宣战。由此可以看出，德国在海军扩建方面的计划是长远的。唯有潜水艇的数目达到协议中所规定的十分之六，数目达到后他们就会立刻改为遵循规定上限为百分之百的要求。开战时，他们已经拥有了五十七艘潜水艇。德国并不受华盛顿海军协定的限制，更因为其没有参与伦敦会议，又少了一层约束，因此在战列舰的设计上有了便利的条件，当时英法美的战列舰不得超过三万五千吨，而他们所建造的“俾斯麦”号和“提尔皮茨”号的排水量已经在四万五千吨之上，只要建成，就是全球海洋上最强有力的军舰了。

在外交上，希特勒以此协议为便利条件，企图让协约国发生分裂。他毫不费力地让其中的一个国家原谅了德国破坏凡尔赛和约的行为。他同英国达成了协议，因此在这个标准下可以自由地重新武装军事力量。对国际联盟来说，公布协议就是一个创伤。法国同英国闹得很不愉快，他们指责英国私自同意德国建造潜水艇。他们说的当然有道理，因为他们自身的利益受到了损害。对此，墨索里尼得出的结论是英国对盟友不够忠诚，只顾自己的海军利益，对德国也尽力忍让，根本不考虑盟友的利益，毕竟德国陆军的扩充已经危及到了友邦的安全。英国的态度不仅自私而且抛弃了道义，这等于让墨索里尼受到了鼓励，使他继续进行入侵埃塞俄比亚的图谋。两周之前，斯堪的纳维亚半岛各国还理直气壮地对德国表示抗议，反对希特勒命令在陆军实行征兵制，而现在，他们看到英国竟然暗中同德国签署了协定，同意德国建立海军。要知道即使德国的海军仅被许可达到英国的三分之一，可在波罗的海，这样的实力也足以称王称霸了。

德国提出要同英国一同废除潜水艇，为了这个建议，英国大臣都没少费力气。德国人当然知道为该建议附加一个条件：其他各国都要表示同意才可以。可有谁不知道其他国家是根本不会答应的。德国这样做是最保险的，因为他们表示同意的前提是，他们知道其他国家不会同意。德国同意限制潜水艇的使用，对商船不可以进行非人道的攻击。可是谁能保证德国会遵守？德国一旦拥有了庞大的潜水艇队伍，那么在英国封锁的时候，怎么可能在妇女和儿童挨饿的情况下会不使用他们的武器？以我的看法，相信了德国就"彻底地上当了"。

这个协定对裁军不仅起不到推动作用，还有可能激起建造新舰艇的浪潮。要是协定生效，全世界都会争着建造战舰。法国的旧舰都需要重新改装，只有新建成的才可以使用。意大利也不可避免地受影响。再看看英国，我们可以相信德国的海军只能是我国的三分之一，可是从海军部的角度看，我们的海军必须是德国的三倍才行。虽然为时已晚，但是我们还是可以非常有道理地打造我们的舰队。可是那些政治家们做什么呢？

1935 年 6 月 21 日，海军大臣博尔顿·艾尔斯－蒙塞尔爵士在议会宣布了这个协定。只要有机会，我就对这个协定进行攻击，在 7 月，分别于 11 日和 22 日做了发言：

以我之见，英国采取的单独行动，对和平事业并不会产生积极的作用。首先，它令德国的舰队吨位与日俱增，这样它必然能在波罗的海称霸；之后，能起到防止欧洲大战的条件之一很快就不见了。从地中海方面考虑，我们所面临的困难变得更大了。法国为了能与德国一较高低，势必会对军舰进行改造，以便适应现代化的需要。意大利也不会甘心落后，那么各国大规模建造军舰的形势不可避免。我们也不例外，必须对我们的舰队进行重建，否则我们在地中海的地位就会不保。最糟糕的是，在世界的另一边，我们的地位也就受到影响。我说的另一边是中国和远东地区。这样，日本就不劳而获了！这就是后果。海军大臣可能会说“面对现实”。假如计划实现了，我们的舰队就要有相当一部分驻留在北海，我们在远东的形式就不妙了，远东形式的改变对英国、美国和中国都会有不利影响……

我感到遗憾的是，我们让德国重建海军的事情没有同欧洲的盟国商议。很多国家跟我们一样，对德国日渐壮大的军事力量忧心忡忡，可是我们却没有同这些国家一起行动。我们并不确切地知道德国在哪些军备上进行了扩充。他们建造了超乎我们想象的强大的军舰，我们及我们的海军都是现在才知道，而此前竟一点也不知情。在空军方面，我们也看到了他们的作为。假如我们能掌握德国在本年度的财政开支，我想我们会感到震惊，德国在全国扩军方面的巨额开支是超乎本院和全国估计的。国内的各个地方，都在利用巨额的款项进行积极备战。这个日耳曼民族组成的强大帝国已经成了军火库。他们很快就会行动起来。

* * *

国内和欧洲传来各种批评。霍尔爵士成为外交大臣后为回复这些批评，于 1935 年 7 月 11 日，在第一次演说中做了相反的论证。在这里，有必要转述一下：

英德海军之间的协定并非私下的交易，如果在英国看来对其他国家海军不利，我们是不可能订立协定的。我们认为这对全面的协定不但不形成障碍，反而能起到积极促进的作用，否则我们绝对不会签订它。按照惯例，海军的裁军问题总是单独处理，而不是陆军、空军裁军的问题一起决定。根据我的了解，各国的海军问题都是根据自己国家的意图进行处理的。

抛开法律的因素，我们的主要目的是和平，英国政府一贯都是如此。英国有十足的理由签订这样的协定。我们海军专家的意见是，这个协定对英国来说有利于不列颠帝国的安全。在大战前，人们曾经对德国海军的军备竞赛无比地愤恨，我们在这里获得一个难得的机会来平复人们的这种情绪。在这里提一句，德国政府在讨论中发表了一个声明，这是很重要的一点，他们说将不会用潜水艇对商船进行毫无道理的攻击，我们知道这也是令战争变得可怕的一个主要原因。第三，能够达成协议，我们认为这是一个很好的机会。从海军的角度来看，这个协定对法国或者其他国家都是有利的……法国的舰队同我们国家的舰队实力相当，因此法国同德国比较起来，他们的舰队就可以比德国高出百分之四十三，可在战前,德国则高于法国百分之三十之多……因此,我可以确信，如果冷静地看待这样的结果时，世界上大多数主张和平和主张限制军备的国家，都会认为在目前的形势下，英国采取的做法是明智的，也是唯一可行的。

不过，这些事情直接导致的结果是，在未来的五六年中，德国有权利扩充军备。

* * *

1935 年 3 月 16 日，德国陆军开始实行征兵制度。对于凡尔赛和约来说，这是从根本上的破坏。德国在陆军方面进行扩充和改编，不仅仅局限于使用技术方面的方法。对于一个国社党国家的陆军而言，需要明确所有的职能，并把这些形成规定。1935 年 5 月 21 日的法律其目的就是针对扩充秘密训练的专门人才制定，毕竟他们是骨干力量，象征着整个德国的武装力量。德国陆军改称为国防军。国家最高领导人元首直接统领军队。所有的士兵必须向希特勒宣誓。现在元首对德国陆军有直接领导权。人民的主要义务就是服兵役。德国陆军需要承担责任，对全国人民进行教育和永久地统一。第二条法律是这样规定的："国防军是一所学校，是军事教育的基地，也是德国人民的军事武装力量。"

这些规定体现了希特勒在《我的奋斗》一书中的内容，他的想法正式地合法地实施了。原文的内容是：

> 国家社会主义国家绝对不可以在未来重蹈覆辙。军队不该承担不属于它的或者不应该属于它的责任。德国的军队不是带有民族性的学校，在德国，它应该成为促进人们之间相互了解和调节的学校。无论什么原因导致的国家分裂，军队都担负着统一国家的责任。对于德国青年来说，军队应引领他们放眼于整个德国，而不是仅狭隘地看到乡土地区。青年的心里不能仅有家乡的疆土，而是应该涵盖整个祖国的疆土。青年的职责就是保卫祖国。

本着这样的指导思想，德国法律对德国军区进行了重新划分，新的陆军编制分三个司令部军区。柏林、卡塞尔和德累斯顿各设一个司令部辖区，此后又分为了十个，后来又被分为十二个。每个军区设有一个军，含三个师的兵力。德国计划组建装甲师，这是新种部队。没过多久，德国就组织起了三个装甲师。

德国兵役的问题已经做好了详细的计划。新的政权把组织青年当成了一项重要任务。德国少年首先参加希特勒青年团，年满十八岁后，只要自愿，就可以加入冲锋队两年。1935 年 6 月 26 日的法律规定，每个年满二十岁的德国男性都要参加劳动营，这是强制性的义务。国家要求青年必须做六个月的劳动服务：建造兵营、修建道路、填埋沼泽地，等等。这样，青年的身体和精神都可以更适应服兵役，这才是德国公民的最高义务。劳动营里没有阶级划分，更能促进德国人民的团结。军队中主要强调两点：第一是纪律，第二是国家领土完整。

重大任务开始执行了，主要是训练新兵和增加干部的数量，这些都是依据赛克特的建军主张实施的。1935 年 10 月 15 日，希特勒令德国参谋学院恢复教学，这是又一次公开破坏凡尔赛和约的规定。在开学典礼上，希特勒亲临现场，三军将领也到场了。如果德国的军队是个金字塔，参谋学院就是塔尖，劳动营就是金字塔的底部。1935 年 11 月 7 日，第一批青年入伍，他们多数都是 1914 年出生的。这次入伍的青年有五十九万六千人，他们将会接受战争技术的培训。这样一来，德国陆军的数字显示，德国的精兵已经有七十万人之多。

国家新军需要军事装备，因此训练工作展开后，新的问题是筹集军款，发展工业，以便提供军备。德国经济的独裁者实际上是沙赫特博士，这是秘密任命的。他最开始的任务就是进行高端实验。现在出现了两个难题，首先是军官团需要扩大，其次炮兵、工兵、通信兵等特种兵需要组织起来。1935 年 10 月，此时军团已经有十个。第二年，军团又增加了两个。1937 年 10 月，军团再增加一个。武装力量将警察组织也囊括进来。

显而易见，由于世界大战期间人口出生率低，1914 年出生的青年第一批入伍以后，未来的几年中，每年入伍的新兵数量越来越少。德国和法国都存在这个问题。1936 年，德国出于对这个问题的考虑，将服兵役的期限延长为两年。1915 年，德国出生的男子大约为四十六万四千人，加上上一年入伍的延期士兵，德国在 1936 年正式接受军事训练的士兵有一百五十一万一千人。此外，纳粹党组织起来的劳动营为半军事化，并没有计算在内。如果不算后备军，法国在这一年有六十二万三千士兵，其中法国本土有四十万零七千人。

一般的会计师都能非常精确地对德国和法国的人数做出计算。这可以反映出很多问题。

下面的表格是法国和德国在 1914 年到 1920 年出生，且在 1934 年到 1940 年应召入伍的男子人数对比：

出生年	德国	法国
1914	596,000 人	279,000 人
1915	464,000 人	184,000 人
1916	351,000 人	165,000 人
1917	314,000 人	171,000 人
1918	326,000 人	197,000 人
1919	485,000 人	218,000 人
1920	636,000 人	360,000 人
	3,172,000 人	1,574,000 人

时间一年年过去了，这些数字逐年成为事实。它是一个危险的警告。1935 年，法国的陆军和数量以及后备军并未达到应有的力量和数量。法国的盟国虽然也很强，但是情况也跟它相似。这个时候，如果我们想利用国际联盟的权威做出一个决议尚且不难，这样做或许能阻止事情的进一步恶化。我们可以请德国参加日内瓦会议，让它全面解释它的行为，之后协约国成立联合调查团，前往德国调查它组建军队、扩充军备等破坏和约的情形。如果德国不肯合作，我们就将莱茵河的桥头堡占领，迫使它同意遵守和约。这样的话，可能不会发生暴力反击或者流血的冲突。那样的话，第二次世界大战至少可以延迟开战。法国和英国的政府及参谋人员，对事情的大概情况已经有所了解。可是法国政府的政党醉心于玩弄政治，政权频繁更迭。英国则是另一种情况，人们一致倾向于安于现状，毫不警惕，这也是同样危险的。英法都没有果断的行动，更没有有力的举措，虽然根据条约规定他们有权利采取这类行动。顶着盟国的巨大压力，法国没有接受全部的裁军要求。法国政府和英国的胆识不够，对于赛克特此前所说的“德国军事力量的复活”，都没有做出有力的抵抗措施。

第九章　空中和海上的问题

1935—1939 年

在技术问题上有个小插曲——德国说谎的作用——同鲍德温先生和首相会面——陆地和空中——鲍德温先生发出邀请——空中防御委员会——一般性原则——我们取得的工作进展——雷达在进步——无线电和沃森·瓦特教授——蒂泽德的汇报——海岸上布置的雷达网络——空军元帅道丁的电话网络——“齐伯林伯爵”号于 1939 年春飞临我国东岸——区分敌我的装备——1939 年我到马特雷斯汉视察——我和海军部的交流——海军的空中部队——建造新的战舰——大炮的孔径——舷炮齐射时产生的后坐力——炮塔有多少——1936 年 8 月 1 日我给霍尔爵士的信——海军部的主张——四联装炮塔——结果不太好——访问波特兰港：“潜艇探测器”

我们现在需要讲讲技术方面的事情，这对我们将来的安全会产生重要影响。为了讲起来比较全面，从现在到开战的四年时间都会在这一章中集中叙述。

在空军方面我们失去均势，希特勒的野蛮欺骗就更容易得逞了。要是我们行动的及时，在德国破坏和约的时候，建立起一个比德国强一倍或者一半的空军，那么未来就能掌握在我们的手中。在那样危机四伏的日子里，我们若是能有同德国实力相当的空军（这当然不具有侵略性），国防问题也不会如此困难。要是那样，我们就有了一个更广阔的平台，在外交方面也可以有更多的便利，还可以进一步壮大空军势力。可是我们已经失去了空军的均势。我们为空中均势做的所有一切都没能成功。飞机在上一次大战中起到了至关重要的作用，到了现在，人们把飞机当成了非常有力的军事力量，仿佛它具有某种魔力。大臣们必须考虑到，若是德国独裁者同英国开战，那么在伦敦会发生多么可怕的情景，屠杀、死亡都是不可避免的。想到这种情况的，当然不只是英国，其他国家也会受其影响。我们的这种考虑对于政策的制定有很大的意义，其带来的结果对整个世界都有深远影响。

1934 年夏，林德曼先生给《泰晤士报》写了一封信，他说在防空研究的科学成果可能会起到关键性作用。这一年的八月，我们提醒政府主要官员注意这一点，也促使空军部的官员关注这些。我们在 9 月份从戛纳前往埃克斯累班，并同鲍德温先生进行了愉快的交流，得知他对此事非常关注。我们提出要求，请高级机构负责对此调查研究。回到伦敦后，这件事暂时无法进行了，因为空军部的经费困难。1935 年初，由科学家在空军部组成了一个委员会，他们的任务是研究未来的发展。我记得鲍德温先生根据空军部的意见于 1933 年发表了一个演说，人们对这次演说印象很深，他说空中防御几乎是无法做到的，“防线根本拦不住轰炸机。”因此我们对空军部成立的委员会不再抱有希望。我们认为空军部不应该再担负这个责任，而是应该交给帝国国防委员会。这样，委员会就由国内最有力量的政治家负责，也就是政府的各位首长将监督和管理它的活动，这样必需的经费就能解决，不会没有保障。奥斯汀 · 张伯伦爵士此时跟我们保持一致，对此问题我们一直向大臣们提出建议。

麦克唐纳先生在 2 月召见了我们。趁此机会，我们向他提起了这件事。我们之间在原则是上一致的，我把这个问题的和平意义讲了一下，首相非常同意我的看法。我说空袭会让平民突然遭受灾难，如果能排除这种计划，将会让全世界的恐惧和担忧都减轻。麦克唐纳先生此时的视力已经非常差了，他用迷茫的眼神看向窗外的皇宫广场，向我们做出了保证。他说自己已经计划采取强硬的态度，应对空军部的阻碍。空军部对来自上级部门或者外部的干预感到非常厌烦，所以在一段时间内，什么也没做成功。因此，我于 1935 年 6 月 7 日，在下议院把该问题指了出来。我说：

这个问题是有范畴的，虽然从它的性质考虑属于科学领域。可是它需要使我们能从地面防空部队控制天空，这就涉及发明、发现和使用新的方法，让我们能在地面控制天空。当然必须能在地面对那些高高在上的飞机进行控制或者支配。……凭我的经验，科学当然能提供帮助，只要军事领导和政治人员能把需要描述清楚就可以。在搜捕潜水艇的问题上，人们开始也认为是困难的，可是现在已经发明了解决这个问题的方法，就是把潜水艇窒息于水面之下。击落空中入侵的敌机当然不会比这个问题更难。在技术上，很多问题曾经被认为是不可能的，可是上次大战中却被应用了。在战争来临的时候，非常需要我们有耐心和决心，由于需求急迫，人们的智力也会被激发，科学当然能适应人类的需求……

唯独到了二十世纪，人们才开始接受和追逐一种想法，就是为了逼迫敌国投降，而卑鄙地采用恐吓没有武器的平民、杀害妇女和儿童的手段。这不仅仅是某一个国家要面对的问题。要是发明了地面装置，能轻易就击落轰炸机，任何一个国家都会安全的。在距离下一次战争灾难越来越近的日子里，每个国家都能因此而感觉更安全，那种让人焦虑难耐的害怕和担忧也会减轻许多……我们担心大城市里的居民被攻击，就这点来说，全世界中英国最容易受到伤害。我们担心船舶修造厂和各种设备受到攻击，我们的国防力量中的主力就是我们的舰队，不能因此被摧毁和破坏。所以这个问题不仅对消除全世界的担忧有益，而且能对于消除战争最糟糕的原因也有益。对英国来说，我们也可以使我们这个岛国恢复从前的安全。因此，对于这个问题，我们的国家和政府首脑应该反复地、仔细地加以考虑，充分利用英国的科学研究，并运用我国所能承担得起的一切资源来支持这个工作。

第二天内阁发生了变动，在上一章我们提到过，首相由鲍德温先生担任。伦敦德里勋爵离开了空军大臣的职位，改由坎利夫·利斯特爵士（不久之后就成了斯温登勋爵）担任。一个月之后的一个下午，我在下议院的吸烟室里，鲍德温先生过来，他坐在我身旁对我说："我有一个建议。希望你能加入到新成立的帝国国防委员会的防空委员会，我和坎利夫·利斯特都是这样想的。"我表明我对空军战备是有不同看法的，因此我必须拥有行动的自由。他说："当然了。你当然有绝对的自由，只要替委员会保守需要保守的秘密就可以了。"

我要求把林德曼也纳入到技术小组来，因为我需要他。几天以后，首相写来一封信函：

1935年7月8日

我很高兴你同汉基见过面了。我想你的来信中表达了你愿意加入委员会的工作中来的意图。

我很高兴。我相信在这个至关重要的研究中，你能发挥自己的能力，提供有价值的帮助。

你当然可以拥有空气一般的自由(目前的情况下可以这样说)，对于政策、计划和所有空军的普遍问题，可以随时提出讨论。

我邀请您，并不是让你以后不能随意发言，而是对你表示多年同事的友好。

在后来的四年中，我可以参加那些会议了。我也因此对至关重要的防空工作有了细致的了解。在这几年中，我和林德曼经常讨论得非常深入，由此形成了我自己的一些观点。上任以后，我第一时间就开始拟定备忘录，这份为委员会写的备忘录中包含非官方的资料。那些资料是我和林德曼研究和讨论过的问题，我自己的军事理解所得出的想法和知识也纳入进去。其中针对1935年7月的情况，我提出了一些看法，正是由此这个文件才引起了注意。那时候，人们还没有想到无线电可以用于为轰炸机导航，所以训练大量的飞行员就面临着困难。人们当时还普遍认为如果夜间需要大量飞机飞行，就要有领航的几架轰炸机长机。在英国还没有陷入的生命危机这四年里，在新的研究方面取得了很大的进展。轰炸机有了无线电导航，能很容易找到轰炸的对象，这样，技术上就发生了重大变化。从此，我在备忘录中提到的那些东西就被更有用的方式替代了。我在职的时候，做了很多实验，其中有一部分实验并不是很成功。

1935年7月23日

我以谦恭的态度提出了这份备忘录，因为开会的时间临近，我写得很仓促，但仍希望对于我们一致的目标能有所帮助。

一般在战术上和技术上能起到作用的事情，势必也会有反作用。因此空军到底需要什么样的设备，必须告知科学家们。用于作战的飞机必须设计得符合要求，才能使我们的计划顺利实施。

根据现在的情况，我们可以设想英国、法国和比利时结成联盟，德国向我们发起进攻，我们必须提前做出这样的设想。

如果战争爆发了，首要的问题是发动大陆盟国的军队参战，预计需要两周可完成此项工作。如果机械化和摩托化的部队入侵，势必会影响和妨碍这一工作的开展。对于军队如何集结和布防的问题，德国、法国的参谋部也都会集中考虑此事。战斗打响的最初，谁也不想明显落后于对方。我们希望德国还没有做好准备，他们的海军实力还很弱，在波罗的海尚不能称霸，他们的重炮威力也还不够大，毕竟在这样的战争中海军和陆军能起到关键作用。想要建立起海军、造出重炮、训练官兵，几个月内是根本不可能完成的，至少要花费几年的时间。

鲁尔是德国军火工业的主要基地，可对方很容易就能轰炸这里。德国肯定已经考虑到很多军事应用的物资即将无法正常供应（如铜、钨、钴、钒、汽油、橡胶、羊毛等）。它还必须在波罗的海取得制海权，否则它的钢铁供应也会不足。它当然知道以自己现在的能力，尚不具备发动长期战争的力量，它要把这些困难一一克服，因此正在积极努力。德国的一些工厂已经从边境迁往内地，正在生产合成汽油，囤积储备物资，赶造人造橡胶。以此情况看，德国在1937年或者1938年之前，发动战争的可能性很小，因为海陆空同时作战的战争要打好几年，并且从目前看，德国几乎不可能有盟国。

英法两国在这样的战争中的任务，首先是破坏敌方的交通，比如炸毁铁路、公路、桥梁（莱茵河上的、公路和铁路上的），还要最大限度地破坏他们的弹药库和驻扎地；其次是炸毁那些能侦查到的军工厂。如果我们集中兵力对这些目标进行攻击，毫无疑问，只要军事行动开始了，敌方也会因此用同样的方式打击我们，若是不如此，那么法国的军事行动就会畅通无阻，在大规模的陆地作战中占领上风。德国空军原本的任务是对英国和法国的平民进行恐怖空袭。如果遇到上面这种情况，力量就会被分散而显得不足。

即使情况大致如此，但是我们还要做充分的考虑。在海陆空三军联合作战的时候，德国不免要使用袭击城市的战术，像伦敦这样的城市难免会遭到袭击，我们的政府和人民难免在抗击的意志上经受考验。另外，同我们的生命息息相关的造船厂和伦敦港会成为重要的进攻目标。如果我们做比较坏的打算，不难想到德国方面会考虑用猛烈的空袭，可能几个月或者几周的时间就会迫使一个国家投降。德国人的思想深受恐怖心理战术的影响，不过我们不讨论他们的想法是否正确的问题。如果德国政府确有此意，在盟国动员和准备进攻期间，动用空军袭击大城市，屠杀平民，逼迫一个国家求和。那么德国在作战初期肯定毫不犹豫地使用空袭战术。如果在英国和法国之间出现隔离带，那么英国必然在这种攻击之下付出巨大的代价。英国进行反击的主要方式只有两个，一个是空袭报复，一个是海军封锁，可是封锁以后，要经历相当长的时间才能看到效果。

如果我们能防止或者减轻对城市的空袭，用“恐怖心理”击垮我们的可能性就不太大了（这不过是一种假设）。战争是否能成功，很大程度上要依赖海军和陆军。我们对空战越是小心防范，越是能实现对单纯的空战进行遏制的目的。

* * *

我还提出了一些观点。不要忘记，当时是1935年，到能使用雷达侦察飞机的方法时，这中间还有四年多的时间。

* * *

我们在委员会的工作是秘密的，我和政府的关系也不是公开的。我对政府其他部门的攻击和批评并没有停止，可以说仍是相当猛烈的。英国有经验的政治家们对此早就习惯了，假如两个人政见上有严重的分歧，那么对于个人的友谊则一点也不受妨碍。然而科学家并不是这样，他们有强烈的嫉妒心。1937年，林德曼教授和技术小组的科学家有了分歧，而且很严重。我和林德曼教授来往密切，他的同事对此感到不满意；我把他的见解向委员会提出，他的同事也感到不满意。他们认为自己的集体意见应该并且只能由蒂泽德爵士（帝国科学技术学院院长）向委员会提出和说明。就这样，林德曼被请退了。他拿出一些事实以供我讨论使用，这非常有益。这本是我们共同参加这项工作的基础。

现在他走了，考虑到大局的利益，并征求他的同意，我继续在委员会工作。后面会写到我于 1938 年又让他复职了。

* * *

英国、美国、德国、法国等国家，在 30 年代有相当多的人想到利用无线电波探测金属目标（飞机）是有可能的。这就是后来我们所说的雷达。那时候我们叫它无线电测向器（R.D.F.）。它可以让人不用眼睛和耳朵等感官而是利用反射回来的电波侦察靠近的敌机。这也是它的主要用途。空中有一层可以反射电波的电离层，大约距离地面有七十英里高。有了它，电波在太空中才不会消失。无线电通讯也是由于它的存在才能实现。这几年中，英国的科学家，特别是阿普尔顿教授一直在对这项技术进行研究，他们把短促的脉冲波发射到空中后，再接收它的返回波。

科学家沃森 · 瓦特教授在政府从事研究工作，1935 年 2 月，他首次向技术小组说明，用射电波来侦察敌机是可行的。他提出进行试验的建议得到了小组的重视。人们当时的普遍观点是，需要五年的时间才能研究出侦察有限距离内(五十英里)飞机的技术。1935 年 7 月 5 日，防空委员会举办了第四次会议。我第一次参加该会议。在会上，蒂泽德做了报告，专门讲述无线电定位的问题。最初级的实验已经完成，可以得出的结论是：有必要进行下一步实验。军事部门的相关单位接受了制定计划的任务，于是又一个专门机构产生了。在多佛 - 奥尔福德纳斯地区将建设一些相关的试验站。另外用雷达侦察船只也是可能的，这也要进行探索。

到 1936 年 3 月，在南部海岸线已经建好了试验站，且已经装备好，具体实验只能在秋季进行。建筑情况在夏季的进展十分缓慢，电波也被敌方干扰。空军部在 1937 年 7 月提出了计划，防空研究委员会同意投入一百万镑以上的费用，用于 1939 年年底之前建设试验站，计划在怀特岛到提兹河之间设立二十个站。这期间，实验并没有停止，依然在对飞入内地上空的敌机进行侦察研究。年底的时候，我们已经能侦察到在一万米高空飞行的敌机，不过范围在三十五英里内才能检测到。在侦察船只方面的研究也有进展，实验证明在九英里内可以侦察到船只的位置。在近洋舰队已经有两艘装备了监察飞机的设施。实验仍在继续，这些实验分别在高射炮射击指挥、探照灯定向、飞机测距方面都取得了进展。到了 1938 年 12 月，计划的二十个新站中有十四个已经装有临时设备。三十英里内的舰艇方位是能够测定的。

1939 年的海岸线已经建成了雷达网，这是空军部用比较长的无线电波（十米）建成，如果海面上空六十英里内有飞机飞过，我们是能够发现的。战斗机司令部的空军中将道丁先生主导建立了电话网络。这个复杂而且精密的装备能把所有的雷达站联系在一起，阿克斯布里奇设有中央指挥站，能观察飞机的行动。大地图上可以做出标示，这样我们自己的飞机在战斗就可以得到有效的指挥。“敌我识别装备”设计成功，我们可以通过它来区分我方的飞机和敌人的飞机。后来这种长电波无线电站在侦察海面低飞的飞机时不能发挥作用，因此又增设了一组无线电站。后来补充的就叫“低空侦察连锁站”，它发出的电波很短，只有一米半长，主要用来侦测近距离的飞机。敌方的飞机只要进入内地，我们就可以用皇家观测兵来侦察它了。观测兵只要用眼睛和耳朵就能观察到，用电话交换机连接起来以后，效果就明显了。我们在不列颠空战的早期主要就是依靠这些。可仅仅能观测海上的敌机远远不够。我们虽然可以在十五到二十分钟得到警报，但是我们还要想办法追击在我国领土上空飞行的敌机，这样我们就需要飞机导航。为了实现这个目标，我们又建了“地面截击导航站”（G.C.I.）。在开战的时候，我们仅仅完成了初步的设计。

*　*　*

德国人也忙得不可开交。1939年春，从英国东岸飞来了“齐柏林伯爵”号飞船。德国空军的通讯兵司令马蒂尼将军想侦察英国是否有雷达侦察设备，他在飞船上装有特殊的接收器，但效果不好没能成功。如果上面装的接受器接受效率更高的话，德国人就会发现我们有雷达，因为“齐柏林”号会接受到我们的信号，显示我们的雷达站在工作。我们观察了它的活动，猜到了它的目的。若是德国接收了我们的雷达脉冲波，也不会令人吃惊，他们的雷达技术已经很先进。他们造的雷达系统在技术上效能很高，有些方面比我们强。不过有一点会令他们感到惊讶，那就是我们的规模很大，新发明已经在实际中应用了，并且联合起来构成了一个统一的防空系统。可以说我们在这方面领先于任何国家。英国的设备并不领先，但是实际效用很大。1939年7月11日，防空委员会研究会举行了最后一次会议。那时候我们在朴次茅斯到斯科帕湾之间建成了二十个雷达站。我们可以监测到五十至一百二十英里范围内的飞机在一万英尺的空中飞行。我们已经开始制造效果很好的反干扰器，还有一种简便的敌我识别器也投产了。我们还研制出了一种实验装置，把它装在飞机上，就可以为追击敌机导航了，我们已经试用了这个装置。在空中侦察船只位置的实验装置的重量和体积都比较大，无法在飞机上使用，于是我们把它交给了海军部门，看是否能装置在船只上使用。

*　*　*

有件事情需要讲一下。1939年6月，空军大臣请蒂泽德爵士带我去视察东海岸的各种设施，我们乘坐一架极其简易的飞机飞了一天。我把视察的结果报告给了空军大臣。下面就是我的印象，从这里，我看到了我们开展的雷达工程的概况。

丘吉尔先生致金斯利·伍德爵士

……在蒂泽德的陪伴下，我视察了马特雷斯汉和波德塞。这次视察让人备受鼓舞，我感觉很有趣。我想把我的想法说出来，也许有些帮助。

我们的这些无线电测向站至关重要，最好加以掩护。我最初想用比较少的资金建立伪装站，数量在两倍到三倍之间。不过我考虑了一下，觉得烟幕更为合适……

这个新装置虽然精妙，但也有一个弱点。当敌人的飞机越过海岸线后，就进入了无线电测向站所不能检测的地带，那时候就只能依靠观测兵了。虽然我听闻观测兵也很有效，可这种情况就好比从二十世纪中叶突然回到了旧石器时代。我们不得不承认，我们迫切需要用无线电测向器追踪进入内陆的敌机。不过还要过一段时间才能让无线电测向站转过头来，观察内陆的上空，而且这只有在战场混乱不堪、非常拥挤的情况下才有可能……

无线电测向器的进步，对海军非常有帮助，特别是它的测距功能。在海上，无论能见度是什么水平，都能攻击敌人。如果1914年，当德国的战列巡洋舰进攻斯卡巴勒和哈特尔普尔时，我们能在大雾中看到敌人，那么战斗的结果将完全不同。可是海军部对这样的实验并不感兴趣，这令我费解。蒂泽德也表明若是能见度不成为干扰，无论夜晚还是白天都能准确地发射鱼雷是非常重要的，这对驱逐舰和潜水艇都很有意义。我以前一直以为这件重大的事情早就开始了，因为我们非常需要做到这一点。

对于海军来说，分清敌我也具有重要价值。识别信号的方式带有危险性，也应该被新方法取代。我想海军对此非常清楚。

最后，我要为已经取得的进展向你道贺。我们这个岛国已经因此向最大的安全前进了一步。可惜我们的时间太短了，而且我们需要做的远远不仅于此。

1940年秋冬，我们用鲜为人知的一些设施，击退了德国对大不列颠发起的进攻，在下一卷，我将要说明这些。无可置疑的是，空军部和防空研究委员会在这次反击中起到了决定性的作用，它们在斯温登勋爵和他的接班人带领下，令我们的作战飞机具有了这种难得的加强措施。我在1940年担起了主要责任，当我们依赖空军取胜的时候，由于我曾根据最详尽的官方和技术资料进行了长达四年的深入研究，让我这个非军事人员也可以透彻地了解空战的方方面面。对于技术方面的问题，我虽然从来没有掌握，但是这门学问对我的帮助非常大。我了解棋盘上的每颗棋子，当有人跟我谈起的时候，我能完全理解，也知道如何运用它们。

* * *

这几年中，我跟海军部也有密切的、经常性的联系。1936年夏，霍尔爵士接任了海军大臣一职。他同意海军官员们和我自由地探讨海军部的各种事务。我对海军的事情非常有兴趣，当然不能不好好利用这种条件。1914年，我在贝蒂认识了查特菲尔德，现在他在海军担任第一海务大臣的海军上将，1936年，我和他就海军问题开始通信。负责军舰建造和设计的第三海务大臣兼海军军需署署长亨德森上将，也是我多年来的好朋友。1912年，我是海军大臣，他是我们海军中最出色的炮火专家。那时候承包人向战列舰提供炮架，在接收的时候需要试炮，我经常跑去看，也非常欣赏他的工作。在这两位官员担任高职位的时候，虽然同我常常意见不合，但是对我却很信任。我虽然经常对他们做了的和没做的工作提出批评意见，但是我们的私交一直很好，没有因为工作的不满或者批评而受影响。空军部和海军部发生了激烈的争论，因为海军航空兵到底归它们的哪一方产生了分歧。我同意海军部的建议，我的意见在会议上曾经提出过。于是，我收到了第一海务大臣的来信，他向我表示感谢，并在信中提出了海军政策的所有问题。托马斯·英斯基普爵士到恰特韦尔来看我，他说在这个问题上双方的意见都有道理，他问我的看法怎样，于是我为他拟出了一个备忘录。后来英王陛下政府将这个备忘录不加修改地采纳了。①

*　　*　　*

终于，政府决定再次建造战列舰。此时我对战列舰的设计问题尤其重视。1911 年到 1915 年间，这时候的皇家海军，每一艘主力舰都是在我主持海军部期间建造和设计的。第一次世界大战以后，仅建造了“纳尔逊”号和“罗德尼”号。而我第一次在海军部担任海军大臣的时候就重建海军，这个问题在《世界危机》中，我详细地讲述了整个过程，也讲述了设计快速战列舰“伊丽莎白女王”号的经过。我使费希尔勋爵的奇思妙想和才能得到了很大限度的发挥。对于军舰的建造，我从许多海军专家那里得到了很多知识，并把这些知识转变成自己的思想加以运用。现在，我的见解非常坚定。

建造战列舰的规划方案内阁已经通过。我得知此消息后的第一反应是：我们的新战舰需要装备三个炮塔，每个炮塔上装三门大炮，大炮的口径应为十六英寸。条约上有限制，排水量的上限为三万五千吨。只有英国才会坚守这个严格的规定。我和霍尔爵士进行了几次商讨，听到一些不能使我信服的议论。在下议院，我提出一个关于舷炮齐射时产生的后坐力问题：把装有十四英寸口径的大炮和十六英寸口径的大炮的军舰进行对比。他们给我提供了以下数字，让我参考：

军舰上装备九门十四英寸口径舷炮，齐射的后坐力为六点

① 参见附录 (2)。——原注

三八吨。

军舰上装备九门十六英寸口径舷炮，齐射的后坐力为九点五五吨。

这个数字是根据美国人准备在他们的新主力舰上装载的十六英寸口径炮模拟得出的，并不是我们的“纳尔逊”号已经装载的十六英寸口径炮的数据。

我感到十六英寸炮的舷炮的优势是显而易见的。为此，我给霍尔爵士写了一封信：

爵士：　　1936年8月1日

我很荣幸您能重视我的建议。其中的道理是无需深入考虑的。已经搁置很久的有争议的问题，我也无法进行解释。当前仅有英国再次受到条约的限制，其中的困难可想而知，可是我深信我们能建造装有三座十六英寸口径炮的三联装炮塔，这样火力要更猛烈得多。我们可以造一艘三万五千吨的军舰，这样比装十四英寸口径炮的优势要大。那些海军人员，甚至每个人都会发现它的存在，象征着海军强大的实力。不要忘了德国人的情况，他们在大炮的每一英寸中取得的实用效果都比我们大：德国炮塔发射得比我们更远，打得也更准确。巨大的打击力，让舷炮齐射后产生的后坐力也越大。十六英寸口径所发射的炮弹威力也更大，爆炸力远在十四英寸口径炮弹之上。若是能打穿装甲，则可以花些力气在研究爆炸力上，这是非常有意义的。还有关于炮塔的数量方面的问题。若是三座炮塔比四座炮塔的威力更大，那么假设四座炮塔中的每一座是两千吨，就显然太浪费了。若是采用三座炮塔的设计，舰面甲板上的空地就会更大，可用来装备高射炮群，另外也可以装备更厚的装甲，这样就能抵御更强的炮火和鱼雷了。我相信，若是您向部下要一份十六英寸的军舰设计说明图，则会了解到十六英寸炮舰的布局远远胜过十四英寸炮舰，他们当然会向您说明这一点。争论也是不可避免的，人们会在控制射击和炮弹散射等问题上有不同意见，这些方面我是门外汉，可是我认为要想取得更好的射击效果，可以采用四发炮弹或者五发炮弹轮流齐射的设计。

如果我是您，我绝不会同意采用十四英寸的设计。我们的海军坚持建造两艘十四英寸炮的舰艇，而日本和美国则不然，他们坚定地把军舰建成十六英寸炮的，我们的海军犯了大错误。我认为如果推后半年时间，就可以省去一些建造的时间，毕竟用每艘七百万的代价建造的战舰不可能是最强的战列舰。那样做的后果会相当严重。老费希尔常说:“我们英国的海军是世界上最强的。”

我们只能把他的话当作一种预言。我此前曾针对所有的事情进行了考虑，否则我不会向您冒昧地提出建议。我会完全遵照您的指示同查特菲尔德谈话的。

对于我提出的建议，海军大臣当然不会反对，我们一直用通信的方式联络，我和霍尔爵士、第一海务大臣都谈过几次话。霍尔爵士于1937年彻底离开了海军部。他走之前，给了我海军参谋部的两份备忘录，关于战列舰和巡洋舰的各一份。1936年，英国政府批准建造新的战列舰。华盛顿条约签订之后，因为目前英国经济的原因，在排水量和大炮口径方面都主张缩减，所以现在对于十四英寸口径炮和不得超过三万五千吨排水量的问题都还在考虑范围之内。我们还不知道别的国家以后会不会打破条约建造违约的战舰,就开始设计“英王乔治五世”号战列舰了。直到1936年5月，这艘军舰的炮塔才开始定造，若是再有所延迟，到1937年4月以后定造，那么我们在1941年是不能有五艘军舰的，而是只能建成两艘。那时候，若是其他国家已经超过了华盛顿条约限制，我们还可以建造1938年设计好的战舰，也就是1942年建成的军舰就可以采用更大的吨位和口径了。如果迫不得已，我们必须建造前后对称的十六英寸口径炮舰，“英王乔治五世”号原本在结构上的坚固性和其他优点也不得不放弃，那么排水量就能提高一大截。结果我们建成的军舰在巴拿马运河无法通过，我们军舰的造价增加了，船坞也要扩大。我的建议得到了海军部的支持，认为四座炮塔共十门十四英寸口径炮的军舰比三座炮塔共九门十六英寸口径炮的军舰要差。此后，他们设计战列舰时都采用只有三座“多管炮塔”的设计。

这份报告又长又厚，我们对它做了研究。之后，我意识到在第一批的五艘战列舰中必须加入更大口径的炮，此事不可以再耽搁。可是已经决定的事情无法更改。不过我还是为准备工作提出了建议，我认为更大口径的炮和炮塔要提前设计出来，所需的工具和设备也要提前准备好，这样需要改装更大口径的炮时，炮厂才能顺利工作，为此即使花费巨大的代价也是值得的。

我并不知道，在我和海军部针对战列舰的设计问题进行研究讨论的时候，他们已经设计好了十四英寸口径炮的四联装炮塔即总共十二门炮的图纸。要是我知道情况是这样，肯定会另做打算。我对“多管炮塔”这个词产生了误解。在四座炮塔的军舰上，我看到了很多缺点，不过三座四联装炮塔可以避免其中的大部分缺点。虽然在杀伤力方面，十二门十四英寸口径炮比不过九门十六英寸口径炮，可是在金属重量上面已经具有了很大的优越性。可海军的这个方针带来的结果却糟透了。十四英寸口径炮的四联装炮塔是新设计的，在设计上花了不少时间，并且刚刚开始工作，海军部就决定作出改变。原来在船前面设计的三座炮塔改为双联装炮塔，需要重新设计的各种复杂的机械配件高达两三千件。“英王乔治五世”号和“威尔斯亲王”号的竣工日期不得不向后延迟，比计划时间晚了一年。我先前认为新舰在舷炮齐射时，产生的后坐力不如十六英寸口径炮，现在因为新舰采用的是十门炮的设计，因此我的看法就更显正确了。美国人这时候已经能在三座有三联装十六英寸口径炮的炮塔上装置三万五千吨的船了。法国人使用十五英寸口径炮，他们在两座四联装炮塔上装八门炮。德国人也用十五英寸口径炮，他们一人一个样，对条约的限制毫不在意。“俾斯麦”号的排水量在四万五千吨之上，可以说各方面都具备了优越的条件。可是我们远远落后了，原本打算建造五艘战列舰，但这个计划不但晚了好几年，而且最终还淘汰了十六英寸口径的设想，采用了十四英寸口径。我们建造的每艘舰艇都花费了五年的功夫，建成的几艘军舰的火力都没有达到应有的程度。

* * *

1938 年 6 月 15 日，我在第一海务大臣的带领下参观了“潜艇探测器”。它可以发出声波，然后声波进入水中，遇到钢铁的阻碍时就会反射回声波，可以用来侦察水下的潜艇。用它所发出的回声波，可以十分准确地测出潜水艇的所在位置。这种新事物在第一次世界大战后刚刚开始出现。

在旗舰上，我们度过了一个夜晚。那天夜里我和海军总司令福布斯爵士进行了深入的探讨。第二天上午我们在反潜艇学校度过，这里的人给我们做了将近四个小时的报告，其叙述非常详细，让我对反潜艇有了全面的了解。接着，我们登上驱逐舰出海。他们在下午和晚上为我们做了很有趣的演示。在附近的海域散布着几艘潜水艇，我在一艘装有“潜艇探测器”的驱逐舰舰桥上站着，在半英里外，另一艘驱逐舰与我们的舰船保持着联系。我观看和倾听了整个过程。海军部兢兢业业、潜心研究才取得这样的成果，这是海军部神奇的宝物。我以前常常对他的做法提出批评，可现在对他们所取得的成绩，我做出了最好的评价。一时间，我连大海是多么宽阔都忘记了。二十年来，我们在雇佣和训练大量技术纯熟的官兵方面没有进行太多资金投入，我们没有研究，当然就没有什么成果。尽管这看起来是小事，可是当我们同德国潜艇较量的时候，事实证明问题有多么严重。我们除了打败仗之外，没有其他选择的余地了。

我给查特菲尔德写信，在信中我说了这样的话：

你请我参观过的那些事情，常常浮现在我的脑海，我深信海军部和掌管海军部的人会受到国家的感谢，我也相信他们多年来始终在忠诚地付出。

我一直以为“潜艇探测器”做出的指引模糊而不清晰。没想到，它的指示竟然如此清晰，我更难想到潜水艇竟然会上当受骗。这种方法真是令人称奇，它的成就是非凡的。

“潜艇探测器”虽然不能直接歼灭潜水艇，可它提供了征服潜水艇的条件。

第十章　制裁意大利

1935 年

再次经历沉重打击——回忆阿杜瓦之战[1]——谨慎时期——在外交部的谈话——为和平投票——地中海的英国海军力量——霍尔爵士在日内瓦发表的演说和英国海军的调整——在卡尔顿俱乐部的发言——墨索里尼入侵埃塞俄比亚——英国的反应十分激烈——兰斯伯里先生辞职，不再担任议会工党领袖的职务——假制裁——鲍德温先生为和平之决定——保守党召开的会议——鲍德温为选举做准备——他的绝大多数——霍尔－赖伐尔协定——会议的动乱——我在国外——欧洲受到墨索里尼侵占埃塞俄比亚的影响

世界的和平再受重创。先是英国丧失了空中均势，接着意大利和德国形成了联盟。两件事情相加，希特勒又可以向邪恶的方向前进一大步了。在维护奥国的独立方面，墨索里尼曾经出了不小的力气，中欧和东南欧因此受益匪浅，可是现在他却选择了另一条路——走向了敌人的阵营。纳粹德国有了盟国，不再孤独了。第一次世界大战中的协约国，现在同德国站在了一条战线上，和平的天平倾斜了。这一变

---

① 1896 年 3 月 1 日，在埃塞俄比亚的阿杜瓦，意大利和埃塞俄比亚发生了激战，意大利被彻底打败，埃塞俄比亚保卫了自己的独立。——译注

化让我心里产生了恐慌。

墨索里尼对埃塞俄比亚野心重重，按照二十世纪的伦理观来看，这是完全不合理的，在黑暗的年代，才会出现这种野心，那时的白人以为自己有权利征服黄种人、棕种人、红种人和黑人，他们用强大的武器征服这些人。这种罪行在以前的野蛮时期，是人们没有能力或者没有胆量去犯的。而现在，我们进入了文明时代，人们很久以前就存在了的残暴和罪恶行为，是不可原谅的。有一点很让人费解，在1932年，正是在意大利的坚持下，埃塞俄比亚才加入国际联盟，当时英国还站在反对立场。那时候，英国认为，埃塞俄比亚的性质同国际联盟的会员资格相差太远，况且那是一片荒蛮之地，暴君在那里实行专政统治，奴隶制盛行，周围的部落经常同他们开战。可是意大利坚持让埃塞俄比亚加入国际联盟，让它享受国际联盟所有的权利，并且国际联盟还要为它提供安全保障。在埃塞俄比亚的问题上，我们不难看出一切善良的人对世界政府组织的希冀是否能成为现实。

意大利独裁者的目标并不单纯在于扩张领土，他想靠威望来维持统治和安全。四十年前，意大利战败受辱。那时的意大利军队惨败，被打得落花流水，不是被俘就是被歼。全世界都嘲笑他们的溃败，意大利人对此怀恨在心。英国人经过多年的奋斗，才洗去了喀土穆和马祖巴的战败带来的耻辱，这是意大利看在眼里的事实，意大利人想报阿杜瓦战败的仇恨，他们希望像法国人收复洛林和阿尔萨斯一样痛快。墨索里尼本人希望稳固个人权利，可是他并不想冒险或者花费巨大的代价，他认为只能通过清洗几十年来的耻辱，才能提高意大利在欧洲的威望。同时，如果能将埃塞俄比亚纳入新的意大利帝国的版图，个人威望和统治都很稳妥了。除此之外，别无他法，可这些想法不但不正确，而且显得非常卑鄙。不过出于明智的考虑，对他国的想法总要有了解，甚至应该把这些记录在案。

我已经明显地感觉到德国重整军备带来的斗争正日益严峻，这种趋势迅速而猛烈地来到了我们的面前。这种时候，我可一点也不想看到意大利跟我们疏远，甚至跟我们的敌人亲近起来。如果国际联盟的会员国对另一个会员国发动战争，却没有受到来自国际联盟的阻碍，那么国际联盟这个各国集合起来的力量必然被彻底破坏。德国复兴产生的力量和令人恐怖的希特勒的危险，只能通过国际联盟的力量来制约。如果能维护好国际联盟的尊严，那么好处总比意大利所能提供的要多。若是国际联盟打算同会员国联合起来，共同压制墨索里尼的政策，那么我们就有责任真诚地为其服务。无论从哪个角度考虑，英国都没有义务牵头这样做。英国必须考虑到德国重整军备对自己造成的不利影响，空中均势已经失去了，相应的弱点已显现出来。法国的军事地位也是英国不得不考虑的问题。如果英国担任领导角色，就决不能姑息这种行为，因为这样对国际联盟没有好处，对英国的危害更大。这一点是相当明显的。为了维护欧洲的法律和安定，如果有必要同墨索里尼领导的意大利决裂，我们绝不客气。如果能把力量联合起来，我们仍然具有强大的优势，如果小独裁者被打倒了，我们就能借联合的力量发挥作用，进一步打倒大独裁者。由此我们可以防止德国发动第二次战争。

在本章的叙述中，我的这些感慨都是序曲。

* * *

墨索里尼在斯特雷扎会议后，侵占埃塞俄比亚的企图和部署都在加强。英国对意大利征服他国的行为当然是反对的，从英国的舆论就能看出来。在我们当中，有人认为希特勒是人类和平的危害者，当具有一流实力的意大利转而投向德国时，这些人都非常不安。在一次宴会上，我记得罗伯特·范西塔特爵士和达夫·库珀先生都认为是这样，库珀先生还是一位次官，人们在这次宴会上已经非常明确地认定欧洲均势已经被这种糟糕的转变改变了。大家的意见是由我们当中的几个人去面见墨索里尼，向他表明态度，英国绝对不会对他发动战争一事置之不理，而是会采取必要措施。这件事并未继续，当然，即使去了也不见得有效果。墨索里尼和希特勒对英国的看法是一致的，他们以为英国现在是个胆小怕事、毫无斗志的老太太，现在的英国也就是能说说吓唬人的话，根本没有能力发动战争。劳埃德勋爵跟墨索里尼的关系不错。1933 年牛津大学学生发表乔德决议，表明拒绝“为国王和祖国而战 ”，劳埃德勋爵发现，墨索里尼对这件事情的记忆非常深刻。

* * *

我在 7 月 11 日的会议上将自己的担忧表达了出来：

似乎我们给人这样一种印象：在反对意大利对埃塞俄比亚入侵的问题上，我们领导着欧洲的舆论导向，我们仿佛成了一只挂着铃铛的羊或者是一位向导，在前面带路。我听说有人建议英国单方面行动，不过外交大臣亲口告诉我说不是这样的，由此我才不再担忧。我们要承担责任，但是只有各个国家都认可了我们的义务以后，我们才能进一步行动。我们的力量还不足以强大到为世界立法或者做世界的发言人。我们不能逃避责任。在这种问题上，我们也不能做超出我们职责的事情，尤其是针对目前的问题更应如此……就在当前，英国和意大利的友谊被乌云所笼罩了。依我看，虽然每个人都希望这片乌云尽早消失，可它不会轻易散去。我们两个国家之间的交情由来已久，但是我们应当牢牢记住一件事情：在上个世纪，我们同意大利结成三国同盟时，意大利提出一个要求，在同盟的义务条约中，必须写明无论何种情况下，都不能导致意大利和英国之间发生武力冲突。

*　*　*

外交大臣在 8 月份请我和反对党领袖分别到外交部同他会面。政府将那些经过协商的事情都公布于众了。霍尔爵士同我谈到意大利对埃塞俄比亚的问题时说，此事造成的焦虑情绪越来越严重。他也询问了我的意见，问我该如何反对意大利的行动。我想先对外交部的两位大臣领导下的内部见解和个人态度有所了解之后再回答他，于是我问艾登如何看待这件事。霍尔说："我请他过来。"没过几分钟，艾登满脸和气，带着微笑来了，我们开始了愉快地对话。我表明了自己的想法，让外交大臣可以拿出动员法国的力量来动员国际联盟反对意大利，我还说外交大臣不能给法国施加压力，因为法国和意大利之间有军事协定，而且法国对德国怀有仇恨。在这种情况下，我认为法国也不会走得太远。我还提到了意大利在勃伦纳山口的驻军和法国南部没有布防的边线，也谈到了其他地方的军事情况。

在正常情况下我向大臣们提出建议的时候，都是本着不提倡英国带头，也不要贸然前行的原则。因为我深知，德国现在已经非常可怕，而我们国家的力量已经显得很弱了。

*　*　*

有人在 1935 年举行了一次投票，这是为集体安全和国际联盟盟约进行的投票，其目的是为拥护二者。国际联盟协会对此表示赞同，可是发起人多数属于工党和自由党，这些人同在一个组织里。他们的提出了以下问题：

和平投票

一、英国该不该加入国际联盟组织?

二、你支持通过国际协定的方式进行全面裁军吗?

三、你支持通过国际协定的方式废除各个陆军部队、海军部队和航空部队吗?

四、你支持通过国际协定的方式制止军火制造商和贩卖商的私人牟利交易吗?

五、当一个国家向他国发起坚定的侵略战争时，你支持用联合的强制手段（非军事的或经济的等等手段和在必要时采用的军事手段）阻止它的行为吗?

投票的结果在6月27号产生：作出肯定回答且署名的人为一千一百多万。各部大臣们开始对和平投票有些误解，毕竟它的名称不能确切地表示其目的。裁减军备和对抗侵略显然是两个对立的主题，可是却放在一起谈了。相当一部分人误以为这是和平运动的一个形式，可事实完全相反。在命题的第五点，清楚地表示了勇敢而正面的政策，全国人民必然会支持和拥护现在就实行该政策。这个问题一提出来，就得到了塞希尔勋爵和国际联盟协会领袖们的赞成，不久之后发生的事情证明了他们不仅有为事业而战的意愿，而且有决心拥护国际联盟所提倡的一切不得不采取的行动。他们在后来的几个月里对事态的估计发生了很大改变。我在这一整年之中，竭尽全力让他们和我站在同一立场上，主张使用“国际协定和武力并举”的政策。

* * *

意大利的运兵船在整个夏季都忙于穿过苏伊士运河。埃塞俄比亚东部边境上聚集了大量的军队和军需物资。在外交部谈话之后，发生了一件令我感到非常意外的事情。内阁在8月24日作出了一个决定，并宣布了英国要履行的义务，即遵守条约和国际盟约。这样一来，地中海就变得紧张了。外交部的大臣近期向我咨询意见，我想先请他向我说明此时的海军形势。

丘吉尔先生致霍尔爵士　　　　　　　　　　1935年8月25日

我想你必然会小心翼翼地防止重大错误，不会让外交工作抢先于海军部署工作。1914年，我们就注意到这个问题了：我们的舰队在什么位置？它们现在是什么情况？实力是否非常强大？在短时间内,能不能快速而全面地集结起来？它们的安全情况怎样？事前它们是否接到了警戒通知？你千万要牢记，你所施加的极大压力针对的是一个什么都干得出来且什么都不怕的独裁者，他可能会把我方想得非常卑劣。在两周后的某个时间，他可能会以为你有某种阴谋，我们目前的内阁完全无法准确地判断他。也许就在你同他探讨如何明智地制定精确的规定时，他已经采取了残暴的行动。在他的面前，最好不要摆放具有诱惑力的东西。

我从报纸中得知地中海舰队正从马耳他赶往勒旺岛。如果考虑到舰队的安全，从马耳他撤出是对的，据我所知马耳他完全没有防空设备。地中海舰队以亚历山大港为基地，根据我们所能掌握的数据显示，该舰队远不及意大利海军的实力。意大利的实力比我们高一倍还多，现代化的潜水艇更是远远高于我们的水平。因此我认为现在必须向海军部了解情况，让海军部把在勒旺岛的情况讲清楚，我们很有可能在此地惨遭失败。它有能力自卫以保全自己吗？如果是调动大西洋舰队和本土的舰队去支持它，至少要航行三千英里，很有可能在舰队开往它那里的途中，情况已经发生了各种变化。我们确定，也不得不确定，海军部的这种部署是否经过了细心的考虑。我希望你能得到他们合理的、令人满意的解释。

我在前不久听说了一个计划。据说意大利如果开战，他们的海军就会从地中海前往直布罗陀海峡和红海，然后死死守住这里。这样看，地中海舰队可以把开往勒旺岛作为行动的一个步骤。若是此话不假，我希望我们的海军能做出周密的计划。假设我们同意大利开战，而我军放弃了地中海，墨索里尼就可以在埃及一举登陆并占领苏伊士运河，我们是没有能力阻挡他登陆的，只有法国有能力阻止他。可是在这种情况下，我们又不能确定法国是否会出兵。我和乔治·劳埃德先生的看法在目前取得了一致。他认为目前的情况非常危险，我应该写这封信给你。我的目的不是得到您的详细解释，我只想你能得到海军部部署的合理解释。

8 月 27 日，外交大臣的答复到了：

请你放心，您提出的每个问题我们都正在或者已经认真地商讨了。我们对您提到的各种危险情况都做出了考虑。我们会尽力保持审慎的姿态，绝不马虎。我希望您能把您的建议或者忠告统统告诉我。您和其他人一样，对这种危急的形势是了解的，你在政府部门的局外人中，对于我们的国防情况也是了解的。

* * *

国际联盟事务大臣艾登先生同外交大臣几乎是平起平坐，他到日内瓦已经有几周时间。这期间，他在那里发起了一个国联大会。会议的目的是假如意大利对埃塞俄比亚发动进攻，将采取何种方式“制裁”意大利。艾登把埃塞俄比亚的问题当成了重点，其他问题都不看重，这是受了他所承担的职责和职务的影响。他们讨论的“制裁”事实上就是物资供应，他们要在经济财政供应上切断对意大利的援助，并把援助对象改为埃塞俄比亚。就意大利的情况看，如果开战必然依靠外援，它所需的物资必须连续不断地得到供给。毫无疑问，意大利会在这种制裁下受到威胁。这个会议被艾登支配着，因为他的热情和发言，以及他的原则都是非常有影响力的。外交大臣霍尔爵士于9月11日到了日内瓦。他在会议上也做了讲话：

> 我要再次强调指出，我们的政府支持国际联盟，我们的人民非常关心集体安全问题。在英国，国际联盟的盟约已经深入人心，人民特别希望在国际事务方面能体现法治的精神。英国业已声明，它将严格遵守国际联盟的规定，而不是严格遵守其他的特殊规定。国际联盟的义务是明确和鲜明的。国际联盟会大力支持维护盟约完整的行为，也会全力主张集体反对所有无理由的挑衅和入侵的行为。我们英国将永远同国际联盟保持统一战线。

德国的问题使我感到万分焦虑，可是我国处理此事的结果却不能令我满意。我清楚地记得在里维埃拉的阳光下读这篇演说时的感受。每个人都因这篇演说而激动，美国也为它轰动，英国那些主张正义和实力并存的各种力量也因此走上了联合的道路。怎么说这也是一种政策。可是演说者不知道他的手里掌握着如此巨大的力量，如果他知道，并且释放出来，那么现在他可能已经成了全世界的领袖。

有英国的海军做后盾，这个声明显得如此有力。在以往，那些能对人类的进步和自由产生巨大力量的很多事业都具有强大的力量，国际联盟依靠国际警察的力量在外交和经济上实施种种压力或者进行劝说。这是它唯一一次拥有永久性的武器——国际警察。发表演说的第二天是 9 月 12 日，几艘军舰开往了直布罗陀海峡，其中有两艘战列巡洋舰“胡德”号和“威望”号，还有一支驱逐舰和第二巡洋舰队。

各方力量都认为英国的行为是为了实现自己的言论，国内支持这一政策和行动的力量非常强大。人们不无道理地相信，英国海军部当然是经过缜密地思考和策划才向地中海开进几艘军舰，目的是确保完成任务，不然英国不会说那样的话，更不会派出军舰。

我在九月底参加了卡尔顿俱乐部的活动。那是一个颇具影响力的正统派组织，我在那里发表了警告墨索里尼的演说。我确定他会知道我的演说内容。我说：

> 既没有制海权，又违背全世界和平的愿望，对两千英里外人迹罕至的海岸出兵无疑是一意孤行的行为。意大利二十五万优秀士兵组成的军队很可能在这种情况下，发动一系列的进攻性战斗，对另一个民族进行武力攻击。四千年来，无数的征服者认为没有必要占领那块土地。这是千百年来从未有过的置国家前途于不顾的冒险行为。①

奥斯汀·张伯伦写来一封信，他赞同我在演说中表达的内容。我给他的回信是这样写的：

> 1935 年 10 月 1 日
>
> 我很高兴您赞同我在埃塞俄比亚问题上所采用的方式。可是我却为这个问题烦恼。我们只有付出巨大的代价才能击垮意大利，这是非常恐怖的事情。既然我们在这些年来一直请求法国和意大利达成谅解，现在我们又逼迫法国在我们和意大利之间选择一方，这件事情真是太奇怪了！在我们领导世界的事情上，我认为我们

① 参见附录（1），我和格兰迪伯爵的谈话。——原注

不该使用如此激烈的手段。既然我们在这件事情上的反对态度如此强烈，那么在两个月前就应采取向墨索里尼发出警告的做法。如果想明智地处理这个问题，就应当在刚进入夏季的时候增强地中海舰队的力量，令他感到问题很严重。现在他会怎么做？我预计假如他对埃塞俄比亚展开进攻，人们的情绪就会变得十分高涨。

* * *

英国海军调动得有些迟了。墨索里尼对此完全不屑一顾，在10月份毅然发动意大利军队攻打埃塞俄比亚。10日，各个主权国在国际联盟大会上以五十对一的比例通过了一项决议：集体对意大利采取行动，并成立十八人委员会。这是和平解决此事的一个行动步骤。墨索里尼在这种形势下发表了声明，他的措辞十分犀利，没有用“意大利将用战争反抗制裁”的说法，而是说“对于制裁，意大利将采用纪律、节俭和牺牲的方式”。并且，他隐含了这样的意思：对那些强加于他的“制裁”，是无论如何也不能忍受的。假如他的事业受到阻碍，他会同任何阻碍他的力量作战。他说：“五十个国家！五十个国家！只是一个国家在带头！”这种形势之下，再有几周的时间，英国就会解散议会，根据宪法进行大选。

* * *

英国工党内部发生了动乱，原因是多方面的，其中包括：埃塞俄比亚遭到侵略，人们痛恨法西斯主义，国际联盟的制裁政策。包括大名鼎鼎的欧内斯特·贝文先生在内的工会方面的人，看起来并不是追求和平的人。工资劳动者很坚强，他们对惩罚意大利独裁者发动战争一事有强烈的愿望，为此他们做出了一致地表达。他们要求对独裁者进行决定性制裁，有必要的话英国将派出舰队。在集会上，他们义愤填膺且激烈粗鲁地发表演说。贝文先生有一次发出了抱怨："我实在厌烦透用马车拉着兰斯伯里的良心在会议间跑来跑去。"议会中很多工党成员都带有职工大会那样的情绪。从更广阔的环境看，国际联盟协会的各位领导们非常一致，他们认为对国际联盟的宗旨必须坚定地维护。和平投票的第五条问题已经发生了，这里有需要服从的一些原则，也就是即使是终身奉行人道主义的人，也要上阵杀人或者赴死。兰斯伯里先生于10月8日辞去了议会工党领袖一职。他的接任者是战功显赫的艾德礼少校。

*　*　*

英国的全国人民都在觉醒，可是鲍德温先生的看法和态度却不太一样。我在大选后的几个月才了解到"制裁"所依据的原则。首相说制裁就要发生战争，可他又不想再打仗，而他也不放弃制裁的方法。这三件事情看起来是不可调和的。国际联盟委员会得到了英国的指导，又承受着赖伐尔的压力，担负着制裁方案的制定责任。在这种情况下，该委员会仍旧想把能引发战争的所有条件都剔除。对意大利实施禁运，草拟出的禁运项目是洋洋洒洒的一大张清单。禁运的大量商品中有些是军用物资。但是不能禁运汽油，因为大家都知道如果汽油被列为禁运品，那么就意味着战争，所以用来维持攻占埃塞俄比亚所必需的汽油被源源不断地运到了意大利。美国没有加入国际联盟，并且它的态度和善而不明确。美国是全世界主要的石油供应国。况且，要是中断对意大利的石油供应，也应该停止向德国运输汽油。铝矿是严格向意大利运输的，可这是意大利国内唯一能自给自足的金属，几种矿产中唯独铝矿超过了意大利国内所需。铁矿和废铁一事对意大利也没能造成多大影响。为了维护公众正义，严禁向意大利输入废铁和铝矿，可是钢板和生铁却畅通无阻，因此意大利并没有受到多大的影响，因为它的冶金工业只能利用少量的废铁和铁矿。在这种制裁下推出的重大措施并没有起多大的作用，根本不可能令侵略国陷入瘫痪状态，而只是半真半假的制裁，侵略国完全能承受。名目繁多的措施反而刺激了意大利的斗争精神。所以说，国际联盟是在不阻碍意大利入侵的原则下，对埃塞俄比亚进行了援助行动。公众在英国大选的时候并不了解这些真相。人民对制裁政策真心诚意地支持，他们认为这是最可靠的办法，能令意大利停止侵略。

英王陛下政府根本没有打算出动自己的舰队。此时流言四起，说意大利的轰炸机队以坚决的求死之心俯冲到我们的军舰甲板上，我们的军舰被炸成了碎片。英国驻亚历山大港的舰队已经得到了加强。只要舰队摆开架势，意大利的运输船就必须从苏伊士运河撤出。那样的话向意大利海军宣战就是不可避免的了。据说，我们的实力抵抗不了敌人。最初我就提出了这个疑问，可是别人说不必担心。但是现在看，我们的战列舰都是陈旧的，高射炮缺乏弹药，并且没有飞机的掩护。可是又有消息说，海军司令的舰队实力不够海战之用，这让海军司令很恼火。这样看来英王陛下政府心意已决，并且是对采取的方式和方法进行了严密的研究之后，才第一次做出决定反对意大利侵略的。

从现在的见识看，如果那时候我们坚决反对的话，那么意大利通往埃塞俄比亚的道路就可以被截断。这样，如果发生海战，我们也有很大的胜算。我从来不主张英国单独行动，可是现在这条路已经走了那么远，为了避免严重的后果，已经不能回头。另外，如果英国政府强硬起来，墨索里尼也是不敢轻举妄动的。他遭到了几乎全世界的反对。如果他敢于向英国宣战，那么他的统治就危险了。地中海之战如果打响，那么他就要面临决定性的考验。意大利怎么可能如此迎接战斗呢？毕竟意大利只能在现代化轻巡洋舰方面显出优势，英国海军的规模是它的四倍。虽然它的军队号称是百万大军，可是庞大的数目都是由新兵组成的，根本不能打仗。我们的空军虽然编制不大，但是在数量和质量上都优于意大利。若是开战，意大利就会被封锁。意大利派往埃塞俄比亚的陆军就会面临着缺乏弹药和给养的问题。那时候，德国也无法向它提供可靠的帮助。世界上如果真有这样的机会，只需冒一个很小的风险，就能为了正大光明的目的给敌方一个致命的打击，那么就不是现在这样了。英国政府的胆量跟当时的形势完全脱离了，他们为此做出的解释只能是自己对和平过于热爱了。虚张声势的墨索里尼竟然得逞了。一个非常重要的人，在旁观了这样的事实之后，得出了重要的结论。希特勒早就想拓展德国的疆域，途径就是战争，依他看来，大不列颠已经衰败了，虽然后来英国也发愤图强，可是太迟了。对于和平和防范希特勒来说为时太晚。还有一个旁观者在寻找机会，它就是日本。

* * *

英国此时有两件对立的事情同时进行，一个是为了应付当前的迫切问题，必须使国家走向团结；另一个是各个政党在大选中不断冲突。鲍德温先生和他的同党们在这种情况下受益了。在大选的宣言中，政府这样写道："英国的外交政策仍然保持不变。以国际联盟为基础，防止战争，建立世界和平，才能保证英国人民的根本利益。人民就是为了这样的目的才建立起了国际联盟，因此我们必须借助这个工具达到以上的目的。英国会坚持不懈地用我们的力量，提高国际联盟的功能，维护国际联盟的威望。在意大利和埃塞俄比亚发生不幸争端的情况下，英国将保持一贯政策不动摇。"

工党内部此时出现了严重分歧。贝文先生积极活动，工党的大多数群众都开始支持他。正式管理工党的领导人为了让每个人都不失望，却提出了完全对立的两个路线。第一，对于意大利独裁者，他们要坚决采取反对行动；第二，他们对重整军备的政策进行谴责。这样，艾德礼先生于 10 月 22 日在下议院发言："我们的制裁必须有实际意义，要付诸行之有效的行动。我们对经济制裁和国际联盟的体制都坚决拥护。"在这次发言中，他还说了这样的话："我们不认为囤积大量的武器能使我们安全。这种时候，我们不相信国防这类东西有效。我们的看法是不应当囤积武器，而是应该削减军备。”在进行大选的时候，竞争双方当然没有什么引以为傲的事情。政府的外交政策得到了越来越多的支持，首相本人当然也认识到了这一点。无论怎样，他已下定决心，避免卷入战争。我算是一个局外人，不过依我看，他最急于得到的是更多的支持，在规模不大的基础上重整军备。

* * *

英国保守党的大会在伯恩默思举行，当天墨索里尼对埃塞俄比亚发起进攻，对阿杜瓦展开了轰炸。我们所有能看到当前的形势的人，在大选之前都团结在一起了。

一项决议得到了我们所有人的支持。决议如下：

(1) 对帝国存在严重缺陷的国防必须加以纠正，我们的工业首先要得到改造，在必要的时候，必须能快速转为国防工业。

(2) 我们必须做出新的努力，如果有哪个国家的攻击能力可以到达英国的海岸，我们的空军实力必须与该国水平相当。

(3) 为保证人民的粮食和生活必需品的供应，也为了维护大不列颠领土的完整，我们必须加强皇家海军，重建英国舰队。

我在这几年感到做政府官员已经做够了，不想再做官了。政府对印度的政策是我始终反对的，而印度法案的通过也正是在这几年。看来我不愿做官已经没有什么障碍了。当德国的威胁越来越严重的时候，我又很想在英国的军事机构中谋得一个职位。对于即将发生的事情，我有非常敏锐的判断。欧洲的独裁者很快就会发出挑战，终日惶恐的法国和胆小的、渴望和平的英国都面临着威胁。我深切地同情工党改变了态度。这个时候正是建立上下一心的英国政府的机会。人人都知道海军部有空位，假如保守党能获胜，我当然希望进入海军部谋得一个职位。我也很清楚，鲍德温先生的几个主要同僚可不希望我进入政府部门。我是一种政策的代表，无论我是否在政府任职，都会不遗余力地贯彻它。他们若是能将我排斥在政府之外，当然会感到满意了。但这取决于他们能否取得多数的支持。

* * *

首相在大选中强调指出必须重整军备。他的主要发言都集中在英国海军方面，重点指出海军状况中的缺陷。既然他的目标是现在这个样子，把制裁和重整军备都提上了纲领，那就必须做另外一件事情，即他需要安抚英国那些以和平为职业的人们。这样他才能令这些人在他谈到海军的需要时不至于产生恐慌。10 月 1 日，距离投票日期还有两周，在伦敦市政厅的会堂，他对和平协会发表了讲话，在演说中说道："未来不会有庞大的军队，我可以向你们做出保证。"这句承诺真是令人称奇，要知道他承诺的背景是，英国政府已经掌握了德国大力备战的情况下。这样首相得到了两派人的支持，一派人希望英国能有所准备，在未来能防御敌人；另一派人以和平的美德为标准，主张尽可能的保护和平。两派人都投了他的票。

* * *

我在埃平选区中发起了论战，主要讨论两个问题，一个是重整军备的必要性，一个是制裁的严格性和有效性。我通常都是拥护政府的，尽管对政府的做法我不断提出批评意见，这也让我在保守党内惹得很多人不高兴，可我还是以多数票获选。在宣布投票结果的时候，我认为自己应当保持立场，这是毋庸置疑的。我说："根据我以往发表的每一次演说，在你们的投票中，我感到你们希望我能从一个议员的角度出发，运用我的个人判断，依照英国议会最尊贵的传统，将自己的知识和经验综合起来，无所顾忌地说出我的看法。”鲍德温先生在大选中获胜了。其他政党获得的所有票数之和也比不让鲍德温先生的得票，要相差二百四十七票之多。鲍德温先生任职五年后，获得的个人权利比大战后的任何一位首相都要大。对于国内政治，他运用熟练的计谋，幸运地应付了所有问题。凭借他的威望，在英国得到了广泛的尊敬，这令他在信任投票中再次获胜。在印度和防务疏忽的问题上，有些人反对过他，现在那些人显得愚蠢而可笑。人们为这届政府欢呼雀跃，可它却是缺点和错误非常之多的一届，这在英国历史上是从未有过的。它是不祥的。但是债务总要偿还，新的下院为了偿还这笔债务总共花费了十年的时间。

* * *

人们传言我会在政府中担任海军大臣的职务。鲍德温在大选胜出之后，急急忙忙地通过总部宣称并不会邀请我加入政府。在大选的前几天，他向和平主义者们借了债，现在就用这个宣称偿还了他欠和平主义者们的债务。我没有受到政府的邀请，这事在当时的报纸上被说成了一个笑话。被讥笑之后，现在看看，我真是太幸运了。有几个长着翅膀的隐形的天使在我的头顶上保佑我呢！另有开心的事情会让我感到宽慰，在议会开会之前，我带着画盒去旅行了，我要去个温暖的地方。

* * *

鲍德温刚赢得了大选就发生了一件事情，这令他感到非常为难。我们还是先打乱时间顺序，把这件事情讲一讲为好。鲍德温的外交大臣霍尔爵士在少有的溜冰假日去了瑞士。路过巴黎的时候，他同法国外交部长赖伐尔先生进行了会面和交谈。12 月 9 日的时候他们签订了霍尔－赖伐尔协定。这件事情是非常出名的，不妨去看看它的背景。

英国民众的情绪非常高涨，因为他们认为英国政府正在领导国际联盟做一件事，那就是反抗墨索里尼侵犯埃塞俄比亚。可是，大臣们在选举刚结束的时候，意识到未来将要执政五年，那些麻烦的事情就不由自主地影响了他们，鲍德温先生曾经说“绝对不会发生战争”“绝对不会有大量的军备”，这样的话就是起因。鲍德温先生是一位出色的党务经理人，他大选前声称将要领导全世界反抗侵略，赢得了选票，当选后，他又竭尽全力主张维护和平，要不惜一切代价达到这一目的。

除此之外，外交部又出现了一个巨大而强烈的冲击。希特勒这个祸患始终被范西塔特勋爵盯得死死的。我和他在这方面是一致的。英国政府现在已经逼得墨索里尼转向了敌方阵营，德国终于有了伙伴。欧洲共有四个强国，以前力量的对比是三比一，现在成了二比二。法国看到我国事务变得越来越糟糕，感到焦虑万分。1 月中，法国政府同意大利签订了协定，紧跟着两国又签署了军事协定。可以预计的是，法国在签订这个条约后，可以从法意边界上调走十八个师，并且可以把这些部队调到法德边界上去。在赖伐尔同意大利的谈判中，他向墨索里尼非常明确地说，对于侵略埃塞俄比亚的任何可能发生事情，法国绝对不会自找麻烦地去干预。他使用的是直接的表态不是暗示。法国如果想同英国大臣们争论，是完全有理由的。第一，英国在这几年中始终强调他们要削减陆军，而陆军是法国的生命；第二，英国主张通过国际联盟反对墨索里尼，这一主张受到普遍的赞同，并帮助他们赢得了大选，选举在民主国家是重大事件；第三，我们曾经缔结了一个海军协定，还被认为是对我们英国有利的，这被说成了：如果不考虑潜艇战的话，英国在海上已经可以放心了，因为英国已经很安全了。

法国的战线情况如何呢？对于德国与日俱增的军力而言，法国又该怎样进行部署呢？如果开战的话，英国在最初的六个月中所能派出的军队仅有两个师，而且也还需要很多保守的条件，的确，他们无法多说什么。现在英国的情绪充满了斗争精神，道德和对全世界的热情燃烧起来了，英国正以“一个国家领导五十个国家”的形势与意大利结下难以共存的仇恨。法国的烦恼令它自己感到忧虑，如果不是愚蠢到极点，谁也不会不考虑这种形势。如果英国想拥有在欧洲的领导权，那么就要使用自己的海军封锁苏伊士运河，并战胜意大利，才有可能实现。可它的举动却完全相反，无论怎样，英国都不会为埃塞俄比亚战斗的。秉正的鲍德温先生在选举中赢得了多数票，他在可靠的保守党中赢得了多数。他能继续执政五年了。他表现得慷慨激昂，却又主张绝对不打仗！不战争！因此，英国反对墨索里尼的情绪突然强烈地爆发后，法国清楚地意识到决不能因此而疏远意大利。并且，当意大利海军在地中海挑战时，英国屈服了，若是法国受到德国的侵犯，英国最多也就派出两个师的兵力。这样一来，我们就完全能理解赖伐尔此时的打算了。

12 月份出现了关于新说法的讨论。人们在私下议论墨索里尼，说他在巨大的制裁压力下，又承受着以“一个国家带领五十个国家”的威胁，因此在埃塞俄比亚的问题上想要妥协。意大利如果对埃塞俄比亚使用毒气战，当然会取得很好的战果，可国家的声誉绝对不会提高。埃塞俄比亚人虽然节节败退，但听说他们并不打算出让大片的土地，也不会做出巨大的让步。怎样才能恢复和平呢？除非满足意大利的要求，使埃塞俄比亚帝国让出五分之一的领土。外交大臣途径巴黎适逢范西塔特也在此地，因此他也参与了这件事。千万不要以为他已经忘记了来自德国的威胁而做出错误的判断，他对此可是牢记于心。他希望英国同法国能建立强有力的联盟，以便对付这个主要的危险。同时他可不想使意大利成为自己的敌人，而是要让它成为背后的朋友。

可是英国人民的圣战热情不断高涨，英国是世界上唯一一个为了主义或者宗旨而战斗的国家。英国深深地感觉到在这种冲突中根本不可能获得任何有益的东西。鲍德温先生在日内瓦反对墨索里尼，因此英国的地位被抬得非常高，他们已经渐行渐远了。他们只能坚持走下去，才能在历史中获得救赎。如果他们不能拿出实际行动来证明自己的言论和态度，还不如采用美国的办法，只看看发生了什么，绝不插手任何事情。他们的计划不是用来付诸于行动的，而是交给大家讨论的，他们向千百万人发出呼吁。那些原本不关心政治的人手里没有武器，现在他们用压倒一切的呼声高喊：“是的，我们必须反对邪恶的进攻，给我们武器，我们现在就要去打仗！”新组成的下院朝气蓬勃，在未来的十年中，它必须以这种姿态才能面对所有的问题。当大选的结果令他们感到兴奋的时候，却传来了令人震惊的消息：霍尔爵士和赖伐尔先生在埃塞俄比亚的问题上已经达成了协议。鲍德温先生的政治生涯差点因此走到尽头。整个国家和议会的根本被动摇了。鲍德温先生一夜之间从巅峰滑落，原来他是全国公认的最高领袖，现在遭到了人们的鄙夷和讥嘲。在议会中，鲍德温先生这些日子的处境非常可怜。外交事务如此令人讨厌，他却从来不知道公众竟然会为此而费心。他们还想要什么？难道一个拥有多数的保守党外加不开战，还不能令他们满意？因为富于经验的领航者已经感觉到了风暴，并计算出了它的力量究竟有多大。霍尔－赖伐尔计划在12月9日被内阁批准了。该计划主张埃塞俄比亚的领土由意大利和埃塞俄比亚帝国共分。这个计划的全文于13日被提交到了国际联盟。18日，霍尔－赖伐尔计划被内阁抛弃，随后，霍尔辞职。19日，展开了辩论。鲍德温先生发言说：

我感觉到这个计划走得太远了。我对人们所表达的感情并不感到意外。可意外的是，对那些我称其为良知和荣誉的基础东西，我们的人民却如此一往情深。在遇到这种情形的时候，我知道我们国家人民内心深处的情感已经被激发出来了，他们的灵魂被击打出了声响，使他们说出了自己的意见。当我回头审视所有的事情时，我认为……我们的人民不会支持这些建议。它已经不能作为谈判的条件了。显然，这些建议现在已经完完全全地结束了，没有一丝喘息的机会。本政府绝对不会再次启用它。如果有什么风暴的话，我会按照我认为正确的方式处理，我宁可迎接挑战，要么被击垮，要么毫发无伤。如果我在承受风暴时，自检到我曾经犯了什么错误或者有不明智之举，我会向它低头的。

这个申辩被下院接受以后，危机结束了。艾登先生从日内瓦回来以后，被首相召见。他赶到唐宁街10号同首相讨论霍尔辞职后的事态。艾登先生立刻建议外交大臣这个职位可以邀请奥斯汀·张伯伦爵士。他还说如果需要的话，他愿意服从这位领袖、为其效劳。鲍德温先生的回答是，他本人也曾做过这样的考虑，可他认为奥斯汀爵士并不适合外交部大臣的职位，他已经告知奥斯汀爵士本人了。这可能是考虑到了奥斯汀爵士的健康状况的缘故。12月22日，外交大臣由艾登先生担任了。

* * *

在这个令人激动的一周中，我和我的妻子在西班牙的巴塞罗那度假，我的几个最好的朋友给我的建议是，现在不要回国。他们认为我此时若是卷进这场激烈的斗争，那就等于自己找麻烦。我们在巴塞罗那住进一个舒适的旅馆里，西班牙左派常常在此聚会，就在我们中午和晚上吃饭的餐厅里。在那个考究的餐厅里，常常能看到一些脸上带着热情的青年穿着黑色的衣服聚集在一起，他们的双眼闪闪发亮，在一起探讨千百万人民不久就要因此丧生了的西班牙的政治现状，现在回忆起那时候，我反而认为自己应该回到英国。如果那时候我在英国，或许能令反政府的各个势力做出决定，并使他们站在一个立场上，这样鲍德温的统治就可以结束了，或许奥斯汀·张伯伦爵士现在已经领导人们组建了新政府。可我的朋友们却吵吵嚷嚷地说："你最好躲开点，要是人们看到你回来了，就会断定你要挑战政府。"虽然我并不爱听这样的话，并且这也算不上是奉承我，可是我也必须承认我对事情并没有什么帮助。此后，我就一直待在巴塞罗那，放松地在阳光下画油画。后来林德曼来了，我们就待在一起，同乘一艘非常漂亮的汽船在西班牙东岸航行，并在丹吉尔上岸。我在这里遇到了罗瑟米尔勋爵，还有一群快活的人。他对我说劳合·乔治先生在气候非常好的马拉喀什，然后我们就乘车赶过去了。我也在人人都喜爱的摩洛哥绘画，快乐地忘记了回家。1 月 20 日，英王乔治五世离世，我才回到英国。

* * *

埃塞俄比亚的抵抗无效，意大利打败它之后，吞并了整个国家。这给德国的舆论带来影响，其后果是无法改变的，此前，德国的一些人对墨索里尼的政策和行动完全不赞成，可是此时他们也对意大利在战争中的表现惊叹了。意大利在这次战争中表现出了行动迅速、效率极高、作战无情的风格。导致德国人普遍认为大不列颠已经完全衰弱了，而意大利对它的仇恨也是不会消失的，斯特雷扎阵线已经被它损坏，世界已不再尊敬它。德国则同它相反，实力和声誉都在逐步提高。一位英国驻巴伐利亚的代表这样写道："这里的人讲到英国时的语调令我印象深刻，那是一种轻贱的语气……这是令人担忧的事情，德国此后在同英国谈判的时候态度会是强硬的，无论是关于西欧的问题还是欧洲及欧洲以外的问题上，都将如此。"

1936 年 5 月 16 日，《慕尼黑新闻》上有一篇文章，其中有几段寓意深刻：

> 英国人喜欢舒适的生活，比我们德国人的标准要高一些。英国人并不是不能坚持付出努力，当他们的个人和国家安全不受影响的情况下，他们会尽力逃避付出努力。他们凭着已经拥有的生产水平和财富，使自己同我们有了区别，在大约一个世纪的时间

里，他们的资本是自动累积起来的……他们在大战的开始显得很犹豫，不过那种惊人的毅力终于表现了出来。大战后，无论身在世界哪个角落的英国先生们的意见都是一致的，认为英国应该休息一下了。他们的武装全面解除了，人民在生活中比他们的陆军和海军表现得还坚决。它的海军本来相当于两个大国之和，现在它情愿放弃这些，而同美国保持在一个水平……陆军和空军又怎样了呢？……英国需要钱来建立陆地和空中的防卫力量，当然光有钱还不够，还需要有人。帝国的国防需要他们国民的生命。英国的新空军计划需要一万一千人，结果还差七千人。另外，小规模的正规军也很缺人，估计差一个师的人。英国有为业余军人设立的类似于安息日圣经学校一样的组织，可以算是地方军，人数也有欠缺，完全达不到规定的人数。因此，这部分力量在战斗中是不会发挥效用的。鲍德温在前不久表示，他会继续采用募兵制，而不会采用征兵制。

欧洲或者说整个世界都被旋风撼动了。犹豫不决的态度根本不能在这种情况下获得成功，必然被这场旋风所侵害。英国的大多数人是从政党的角度考虑问题。极少数的人才为国家考虑，他们对政府的犹豫不决和暧昧态度表示气愤，在帝国不知不觉中陷入危险时，他们要求政府担负起责任来。英国政府说局势会逐步改善，还说想恢复均势只要做出微小的调整和仔细周到的策略就足够了，英国民众对此都表示同意……

埃塞俄比亚现在不可逆转地属于意大利了，一点都不剩，永远地属于意大利了。日内瓦和伦敦在这种情况下，都毫不怀疑地认为想要把意大利从埃塞俄比亚赶走，唯有运用特殊的力量。不过我们却看不到使用这种力量的勇气和权利，至少目前看不到。

这些话句句属实。英王陛下政府曾经说要维护世界和平的伟大事业，那是轻率的举动，他们曾经毫不羞愧地说要带领五十个国家行动，但鲍德温先生看到现实的残酷就退缩了。他们在很长的时间里，并不是根据欧洲的形势决定采用的措施，而是为了在舆论上争取有力量的势力而制定政策。欧洲的均势被他们打破了，因为意大利跟英国疏远了，并且他们也没能帮到埃塞俄比亚。国际联盟也因他们而输了，虽然这个国际机构在打击下之下仍然存在，但是已经伤痕累累了。

第十一章　希特勒开始行动了

1936年

英国的新气象——希特勒可以行动了——法苏协定已被获准——凡尔赛和约和洛迦诺公约及莱茵兰——希特勒于3月7日重占莱茵兰——拿不定主意的法国——弗朗丹到伦敦访问——英国主张和平主义——弗朗丹和鲍德温先生——威格拉姆担心的事情——希特勒的胜利和证明——英国国防协调大臣——英斯基普爵士做出选择——是福还是祸——我对国联的期待——艾登认为应该和法国进行参谋会谈——德国在莱茵兰地区建立警戒——在议会上，我提出了警告——战后布利特先生揭露了一些秘密——希特勒在7月11日对奥地利做出保证

我于1936年1月末回国，此时的英国感受到一种新气象。墨索里尼征服了埃塞俄比亚以及在战争他所表现出的残暴，霍尔－赖伐尔谈判受挫，国际联盟惨败，“集体安全”丧失保障，工党和自由党因这许许多多的事情改变了态度。在七个月前，参加“和平投票”的一千一百万人也因此改变了态度，那些善良的心意和并没有任何影响的舆论都改变了。这些势力现在都开始认真地思考问题，即进行反法西斯和纳粹暴政的战争问题。不再有人认为动用武力是不合法的念头，千百万和平的拥护者，还有曾经把和平主义当作骄傲的很多人，都渐渐认识到这是一个能起到实际作用的手段。不过，他们还是有原则的，他们认为只有国际联盟批准和提倡此事，才可以动用武力。对于重整军备的措施，两个反对党还是继续持反对态度，不过在一定程度上也取得了一致意见。英国政府若是此时能顺应大势，那么它当然能够带领着整个实现了团结的民族，在同仇敌忾的气势下，推动整个战备工作的前进。

可是政府依然紧紧守着他们的中庸之道，为了过太平日子，而仅采取了一些不够彻底的办法。我很纳闷，国内的精神彼此之间越来越一致，为什么他们却不肯加以利用。他们本可以利用这些，那样不但可以提高自己的地位，而且可以将国家权力扩大。鲍德温先生却全无此意，看来他已经衰老了。他现在没有什么可担忧的，是因为在大选中他获得了数目庞大的多数票，而且掌握在他手中的保守党又非常安静。

* * *

德国的希特勒开始重整军备，协约国或者其他国家又没有极力阻挠，看来第二次世界大战的发生是一种必然。凭实力进行斗争的日子越是往后拖，我们想在第一阶段遏制希特勒的斗争就越是艰苦，到了第二阶段，想要赢得胜利不但要经历令人恐怖的考验，希望也变得渺茫了。德国在 1935 年夏天开始征兵，破坏了凡尔赛和约。英国不但对此保持沉默，还同德国建立了一个协定，同意德国建立海军部队，只要德国愿意就可以建造同英国水平相当的潜水艇。纳粹德国的空军经秘密和非法的努力，建立起来了。1935 年春，德国公开宣称自己的空军实力同英国一样。经过长期隐蔽的准备之后，德国开始极力赶制军械。两年过去，在欧洲这个拥有七千万人口的民族，具备有组织的战斗力、战斗精神和高效率，现在它同英国、整个欧洲、人们眼中遥远的美国成敌对双方。这个民族渴望复兴他们的荣誉。他们现在的政权是军事的、社会的和政党的，只要他们稍有停歇，他们的政权就会赶着他们向前。

现在，希特勒可以随便进攻了。欧洲有两个自由的民主国家，在希特勒采取一系列行动的时候，两者均未进行有效的抵制。美国在这方面，只有需要深思远虑的总统关注此事，人们是后来才逐渐发现这些情况的。1935年的和平努力，虽然有赢得胜利的希望，可现在却完全失败了。墨索里尼打败了埃塞俄比亚，这是对国际联盟和英国的反抗，他赢了。英国招致了意大利的憎恨。意大利疏远了英国，转而去亲近希特勒了，柏林－罗马的轴心业已确定。从现在的情况可以看出，已经没有什么希望防止战争了，即使用近似战争的手段试探以求推迟开战的时间，也没有多大希望。英法两国现在只能静待挑战的那一刻，当然这期间要尽力做好迎接战争的准备。

或许“集体安全”尚有时间建立，但是集体安全需要一个基础，需要各国具有明确的决心，即准备使用武力来捍卫国际联盟的决定。各个民主国家和它们的附属国，就目前的实力来说绝对胜过独裁国家，而且就潜力来看也是如此，可是从地位上看，它们和敌方相比，已经比十二个月前降低了一半以上。善良被懒惰和懦弱所控制，邪恶却带着武装和坚定，无论怎么看，善良也不具有优势。如果千百万的普通百姓被裹挟进全面的战争当中，无论如何也不能找借口说是由对和平的热爱造成的。大会是善意的，也是懦弱的，因此人们对它的欢呼很快就消失了。人们的投票也很快就失效。巨大的灾难很快就来了。

* * *

1935年，西方国家就东欧洛伽诺公约进行讨论，而德国却拒绝并破坏各国的努力。新的德国现在宣称自己反对布尔什维克，他们的堡垒绝不会与苏联在一个阵地上。希特勒于12月18日在柏林对波兰大使说：“坚决不同意西方国家与苏俄合作！”带着这种心情，希特勒对法国和莫斯科直接达成协议的做法极力阻挠和破坏。法国和苏联的协议是在五月份签订的，但是任何一方都未经批准。对于德国来说，阻止条约的批准是其主要任务。柏林方面向赖伐尔发出了警告，声称法国若是批准该协定，那么德国将不会再同法国有任何接触。后来，很明显赖伐尔表示不想坚持批准条约，不过事实上他未能施加个人影响。

新上任的法国外长弗朗丹先生于1936年1月来到伦敦，前来参加乔治五世的葬礼。他一到伦敦，就在唐宁街与鲍德温先生、艾登先生共进晚餐。他们谈到若是德国破坏洛迦诺公约，那么英法将以怎样的姿态应对，因为法国政府这时候正打算批准法苏条约。弗朗丹正式征询了法国参谋部和内阁的意见。根据他的记录，2月间，他在日内瓦通知艾登先生：若是德国破坏条约的话，法国的武装军队将交由国联指挥。同时他也提出了要求，希望英国能够提供援助，也就是遵照洛迦诺公约的条款行动。

法国国会于2月28日批准了《法苏条约》，法国第二天派驻柏林大使前去拜访德国政府，他想知道如果法德之间举行一次达成谅解的一般谈判，应具备什么前提条件。希特勒回复说要考虑几天。德国的外交部长纽赖特先生于3月7日上午十点发出邀请，他请英、法、比、意各国大使来到威廉街，然后宣布了以下建议：签订为期二十五年的公约，莱茵河两岸设立非军事地带，为限制空军签订条约，同东西方的邻国也要进行谈判，并与其签订互不侵犯条约。

* * *

根据凡尔赛和约的第42、43、44条，成立了莱茵兰地区的“非军事带”。在这个区域，德国不能驻扎任何军队，也不能把这里当成军事演习的场所，更不能将军事动员的任何装备存放在这里。这些条款曾经是双方自由谈判的结果，是洛迦诺公约中的内容。在这个条约为保证德比和德法之间边界的永久性，缔约了个别地和集体地。根据公约的第二条，德国、法国和比利时都要确保不越过这些边界，不通过这些地方侵略或者攻击他国。若是有谁违背了凡尔赛和约的第42、43条，则不但是破坏条约，而且是“无故的侵略行为”。如果他国在非军事区内聚集军队，则被侵犯的缔约国可以要求立刻采取行动。首先应该向国际联盟提出这种破坏行动，之后经国际联盟确定情况属实后，由国联建议缔约国向受害国家提供军事援助。

* * *

同一天，也就是1936年3月7日中午，希特勒提出二十五年公约的两个小时之后，他又在国会宣布了另一件事：准备重新占领莱茵兰。话音未落，德国部队已经穿过了边界，进驻该区。德国部队进入这里重要的城镇，到处都在欢迎他们的到来，可是他们也充满了担忧，害怕协约国采取行动。同时，希特勒为了迷惑英美的舆论，声称这次占领仅为象征意义的行动。驻伦敦的德国大使向艾登先生提交了一些建议，内容就是这一天早上在柏林向各个洛迦诺公约缔约国陈述的内容。这些同样的建议能让那些容易上当的两个大西洋国家感到心安。德国大使得到了艾登先生严肃的回复。我们现在当然知道希特勒使用了阴谋，他提出的和解协议就是阴谋的一部分，这样，他的违法行为就可以被掩饰了。这些违约的行为对希特勒来说非常重要，他的威望和计划的第二步都因此而获益。

在战争中用武力给德国规定的条约义务，现在就这样被破坏了。在和平时期各方自愿达成的洛迦诺公约也被破坏了。协约国本来出于友好提前几年撤出莱茵兰地区，现在也被希特勒利用了。这个消息在全世界范围内引起了轰动。法国政府的总理萨罗和外长弗朗丹慷慨激愤地谴责德国，并向盟国和国际联盟发起呼吁。此时的法国得到了一些国家的支持，都是协约国中的小国家，它们是捷克斯洛伐克、罗马尼亚、南斯拉夫。波兰和波罗的海的国家也同法国连接成了一个体系。法国尤其要向英国恳请援助，他们有权提出这样的要求，因为英国曾经提出保证要保障法国边界和抵御德国的侵略，也曾经向法国施加压力，令其提早撤出莱茵兰。要是世界上真有破坏条约的行为，那德国必然就是这样的行为，它破坏了两个公约——凡尔赛公约和洛迦诺公约。这时候的缔约各国同样要履行条约义务。

*　*　*

这些都是对法国的冲击。对法国来说，这不是好兆头。萨罗和弗朗丹想马上在全国范围内发起动员，只要他们能做到，肯定不会犹豫。如果他们那样做了，其他国家也只能跟上他们的脚步。法国正在经历一个性命攸关的时刻。可是如果英国没有同意，仿佛他们就无法行动一样。不过这种说法也不能令这种做法得到谅解。在法国面临生死攸关的问题时，若是法国政府能够承担起责任，就应该早下决心相信条约的义务。目前这个时期，情况变化迅速，法国政府的人员不断变化，各个部长借用英国的和平主义来为自己申辩，他们也主张和平主义。确实，英国从来没有激励他们去反抗德国的侵略行为，而是相反，若是他们的行动说得上是犹豫不决的，那么英国则以盟友的身份毫不迟疑地用各种方法劝阻他们。伦敦和巴黎在周日这一天不断地用电话联系，谈话的情绪非常激动。英国给法国的劝告是等待，直到英法都进行了充分的考虑之后，才能共同行动。这是一个很好的退避理由！

伦敦的非政府人员对此的反应也并不积极。劳合·乔治匆忙发表言论称："以我之见，因为希特勒在之前受到了刺激，他最大的罪过可不是撕毁条约。"接着，他又说："我认为我们的头脑应该保持冷静。"他所说的刺激，无非是说协约国方面裁军的力度尚浅。斯诺登勋爵则希望希特勒能够遵守由他自己提出的和平建议，他说人们此前对希特勒提出的和平建议不予理会，但是这次和平建议应该引起重视，不可再次忽视。英国舆论的错误之处可以从这种言语中表现出来，说这样的话未必是荣耀的，英国内阁始终都想用最小的代价来行动，现在它认为最简便的途径是催促法国，令其向国际联盟发出呼吁。

*　　*　　*

法国内部的分歧相当大，主要情况是政治家指望着军队，希望军队向希特勒发出警告，将军们则同对手德国一样，认为应该镇定、拖延和忍耐。此时德国的最高军事当局和希特勒之间也发生了矛盾冲突。当然，这是我们现在才知道的事情。如果那时候法国政府发动陆军的一百个师，用这个当时大家误认为是欧洲最强劲的陆军说话，那么德国参谋部必然令希特勒撤出进驻的部队。这样就会抑制希特勒的妄想，他的统治也会受到致命的一击。我们必须注意到，此时单凭法国的力量，即使没有外来的增援，也能从莱茵兰地区把德军赶出去。要是法国行动了，再引入洛迦诺公约，英国就必须伸手相助。可是法国却瘫痪了，始终没有行动起来，机会就这样失去了。本来用不着展开大规模的战争就可以将希特勒的野心扼杀，可在英国的鼓动下，法国政府的做法相反，他们把责任推给了国际联盟，可是一年前国联在制裁德国时的失败，加上英德海军的协定，现在的国联早就威风扫地了。

艾登先生于 3 月 9 日前往巴黎，同行的人还有哈利法克斯勋爵和拉尔弗 · 威格拉姆。本来打算在巴黎召开国际联盟会议，可没过多久艾登就派威格拉姆去了法国，邀请弗朗丹到伦敦来。国际联盟的会议最后在英国召开，法国因此得到了英国强有力的支持。这个使命可不是一个忠诚的官员所喜爱的。3 月 11 日，他返回伦敦，很快，他就来见我，向我陈述了全部的情况。弗朗丹到达伦敦时是深夜。周四早上八点半左右，他来到我住的地方，当时我住在莫佩思大厦。我从他的谈话中得知，他要求英国政府同法国一起出动海陆空三军。他已经得到了“小协约国”和其他国家的支持。他把收到的各国的答复列成了一张长长的清单，并念给我听。上次战争中形成的协约国，现在无疑仍具有强大的实力。只要他们付诸行动，就能够赢得胜利。虽然我们当时并不知道希特勒和他的将军们之间发生了矛盾，可是我们这边的实力是强大的，当时我没有权利帮他实施这个计划，私人行动又是帮不上什么忙的。但我还是祝愿我的贵宾能够成功，即使是到了公开敌对的程度，也一定会完全胜利。我答应他，只要我能做到的，必然会帮忙。那天晚上，我请我的主要同事与弗朗丹一起吃晚饭，让他们听听他的建议。

张伯伦先生此时在政府中具有强大的力量，他担任着财政大臣一职。他的传记作者——基斯·法伊林是位能干的先生，他引用了张伯伦先生日记中的一段话："3 月 12 日，我和弗朗丹进行了交谈。我们重点指出，如果采用制裁的手段，无论是什么性质的，舆论都不会支持我们。他说若是我们形成坚强的阵营，德国不会开战，而是会退却。对于希特勒这样一个疯子般的独裁者，我们认为这种估计可能有误。"弗朗丹提出至少应该对其施行经济制裁，这时候张伯伦回应了他。张伯伦提议在谈判的时候建立一支国际军队，在互助条约方面，他表示同意。他还声明，若是用一块殖民地就能换取和平的话，他也会好好考虑的。

这时候，以《泰晤士报》和《每日先驱报》为首的英国大部分报纸也做出表示，它们相信希特勒是真心诚意地提出互不侵犯建议的。可是，奥斯汀·张伯伦大人在剑桥大学发表了演说，他表达的认识完全相反。威格拉姆认为自己有责任让弗朗丹接触到英国的财政人物、新闻界人士、政府官员、洛西恩勋爵等，他认为自己所能想到的人都应包括在内。在威格拉姆家中，弗朗丹无论遇见谁，都会这样说："现在，全世界，特别是那些小国家的目光都集中在英国身上。英国若是现在愿意付诸行动，整个欧洲都会服从于它。你们应该拿出一个办法来，整个世界都会听从你们。你们可以阻止战争，但是这是最后的机会。要是你们不能现在就阻止德国，就什么都完了。那样，从地理方面考虑，法国也不能在保护捷克斯洛伐克。要是你们放弃洛迦诺公约，德国重整军备的时候，你们只能眼睁睁地看着。法国是没有能力做什么的。若是今天你们放弃用武力阻止德国，战争将是不可避免的，即使你们暂时同德国交好也无济于事。以我个人之见，法国和德国之见是不可能成为朋友的，德国和法国的关系永远都那么紧张。不过，若你们置洛迦诺公约于不顾，我们的政策就会做出调整。我们已经没有其他办法了。”这些话带着勇气，若是将这些变为行动，肯定是掷地有声的。

洛西恩勋爵则表达了英国普遍的见解，他说：“他们仅仅是进了法国的后花园而已。”

* * *

我听说情况不好并和威格拉姆先生进行了一次谈话之后，我劝弗朗丹先生回国前，见一见鲍德温先生。在唐宁街，他们会晤了。首相对弗朗丹先生非常客气和礼貌，他说对于外国的事物，他本人不太了解，但是对于英国人民的感情，他倒是了如指掌——英国人民最渴望的是和平。弗朗丹先生在他后来的书中描述了这一段，记录了他当时的回答。他回答鲍德温先生说，唯一能确保和平的举措就是趁目前祸害未扩大，尚有机会及时制止希特勒的侵略行为。法国既不想使英国卷入战争，也不是请英国给以实在的帮助。这种行动可以被称为单纯的警察行动，它自己就可以做。法国已经得到了情报，德国对前往莱茵兰的部队下达了命令，让他们遇到抵抗就撤出去。弗朗丹强调指出，法国只是向盟国提出能自由行动的要求。这段话并无可信性，因为根据洛迦诺公约的规定，法国有权采用合法行动，英国是不能进行阻止的。英国首相一再强调英国的立场，就是不能冒着被卷入战争的危险。鲍德温先生询问法国政府有什么计划，但是却没有得到清楚的回答。根据弗朗丹的描写，鲍德温先生在这时候说：“或许你说得对，可假如你们的警察行动有百分之一的可能引发战争，我也无权令英国参战。”他稍稍停顿了一些，又说：“英国的状态现在不处于备战中。”这些话至今未被证实。弗朗丹先生返回法国的时候确定了几点：第一，英国若是不表现出坚强的意志力，那么内部四分五裂的状态是不可能走向团结的；第二，英国不会采取任何行动，就连行动的欲望也没有。他由此得出了一个可悲的认识，认为法国唯一能指望的就是妥协，德国的侵略欲望越来越强，问题只能这样解决。

即使这样，无论他后来有什么失误之处，我都要根据这些日子里所看到的弗朗丹的态度帮助他。在后来的几年中，我认为我有责任尽力帮助他。1943 年至 1944 年冬天，戴高乐政府在阿尔及利亚逮捕了他，那时我用我的权利保全他。我也曾为这件事请求罗斯福总统的帮助。战后，弗朗丹要接受法庭的审判。在非洲战争中，我的儿子伦道夫曾与弗朗丹多次接触，因此被传去做证人。他的辩护和我为弗朗丹写的辩护信应该都起到了作用，法庭宣判的结果是弗朗丹无罪。软弱不是叛国，即使它会带来灾难。不过，法国政府的责任是无论如何都不能推卸的。若是彭加勒或者克雷孟梭还在，鲍德温先生当然根本不可能有自由选择的机会。

* * *

德国破坏了凡尔赛和约和洛迦诺公约，英法两国妥协了，这样希特勒就占领了莱茵兰。这对威格拉姆是致命一击。他的夫人在后来给我的信中说："威格拉姆在法国代表团走后回到家中。他坐在房间的角落里，那是他从来没有坐过的地方。他向我说道：'战争肯定要发生了，并且这一定是一场有史以来最为恐怖的战争。我想我不会看到了，可你能看到。看吧，炸弹就要在这栋小房子上爆炸了。'我听到这些以后，感到很害怕，他又说：'我在这么多年中做的工作，没有起到任何作用，我没有什么成功之处。在这个形势危急的时刻，我无法令英国人民有清晰的认识，也许我不够坚强，没有法子让他们理解这些。可温斯顿·丘吉尔先生一直都理解，他很坚强，我相信他会坚持奋斗到最后一刻的。'"

我的朋友承受了这个打击，并且再也没有从中恢复过来。这件事情在他看来太严重了。当然，若是一个人对自己的职责是坚定不移的，并且能始终为之奋斗，即使风险越来越大，也会甘冒危险死而后生。威格拉姆的理解力是那样深，而他天性又如此多愁善感，结果他的反应有些超出正常范围。在 1936 年 12 月，他不幸与世长辞。对于英国的外交部来说，他的逝世是不可挽回的损失。英国的命运因此受到了影响，陷入了可悲的境地。

* * *

希特勒成功地占领了莱茵兰。这时他同将领们的会晤完全可以证明他们的担心都是多余的，并且他能证明自己在判断或者“直觉”方面的能力绝对在普通将士之上。将士们对他现在是俯首帖耳了。这些人毕竟都是怀有善意的德国人。他们看到自己的国家在欧洲飞快地重获地位，再看到此前的敌国现在变得驯良和分裂，他们心里自然感到高兴。希特勒在德国最高权力的中心，他的威望和声誉必然因这场演出而大大提高。他本人也必然从中受到鼓励，并作出更多的行动。他对全世界说：“德国在领土方面的野心得到了彻底的满足。”

法国现在有两种浓厚的矛盾心理，一方面是对战争的恐惧，另一方面因躲避了战争而找到一种轻松感。英国报纸思想单纯，上面有些用来安慰单纯的英国人的话：“从根本上说，德国不过是收回了原属于它的领土而已。比如说约克郡，我们早在十年或者十五年前就从版图上失去了那片土地，可是我们又有什么感觉呢？”没有人思考德国在未来若是入侵法国，现在他们已经将开战的地点向前挪动了一百英里。人们也没有感到担忧，法国在这件事上的表现已经向欧洲的各个“小协约国”证明自己不想打仗，即使它想打仗，英国也会劝阻它的。希特勒在德国统治的威力因这次演出而增大了。相反，那些曾经试图约束他的爱国将领则显得愚蠢和可笑，他们的爱国心受到了屈辱的伤害。

*　*　*

我后来才得知在这段紧张的时期内发生的一些事情。那时候的高级官员们开始商讨我的个人前途了。不断有压力向首相袭来，他最后决定成立一个国防协调部，这个新部不是国防部。对此，内维尔·张伯伦的传记作者作过一些记录。奥斯汀·张伯伦在政府有很大的影响力，他是曾经这样考虑，也这样说过：政府将丘吉尔排斥在外是个“很大的错误”。霍尔爵士此时已经痊愈了。他回来后，很多人希望他能官复原职，这是考虑到他在霍尔－赖伐尔协定带来的紧张中十分顺从地接受了免职。首相认为最好是由内维尔·张伯伦担任这个新官职，而财政大臣则由奥斯汀·张伯伦担任。据内维尔·张伯伦的估计，不久之后他就能接任鲍德温的首相职位，因此他不同意这个建议。法伊林先生这样写道：“对于霍尔即将复职一事，保守党可能不会同意。若是丘吉尔担任新部门的负责人，那么自由党和中间派的人可能会感到忧心，因为他们以丘吉尔不加入政府来保证反军国主义的路线。负责对党的意志做一般解释的人的意见也因此会遭到了反对。还有，若是鲍德温先生退下来，那么由谁来接任的问题，岂不是又要引起一番争抢？”我们得知，在这些重大而复杂的事情上，大约用了整整一个月来进行谨慎的考虑。这些正在进行的事情，我当然是知道的。3月9日，我在辩论中，特别注意对政府政策的批评，严厉程度一点也没有减弱，但我是出于善意。我的这次演说得到了大家的认可，他们说很成功。我很愿意接受新部门的职位，可是我对新部门的成立和权利感到不满。我认为我的知识和阅历在这里得不到发挥。据法伊林说，我的任命受到了不利影响，显然，3月7日德国兵进入了莱茵兰，希特勒当然不会希望我担任这个职位，这可是具有决定性意义的。鲍德温先生于9日选定了托马斯·英斯基普爵士，让他担任新职。他本是一位出色的律师。最为有益的是人们并不了解他，而且他也不懂军事。报纸和群众对首相的决定感到非常惊讶。对我而言，这是又一次，也是最后一次把我推到了政府的大门外。我确实为此受到了沉重的一击，因为我无法加入我们的国防工作。

在这种纷繁复杂、接踵而至的讨论中我平心静气、小心翼翼，在以往的这些讨论和辩论中，我经常表现得非常突出。我的感情需要克制，我的态度要表现得超脱、镇定和公正。有一个简单的办法，也是最有效的原则，那就是我在进行自我克制的时候始终不忘国家安全问题。为了稳定自己的情绪，并且让自己的精神专注，我写了一个历史大纲。从凡尔赛和约签订到目前发生的所有大事都包含在内。第一章我已经写好了，其中部分内容可以直接引入本书，用不着修改。可是，后来的事情比较多，而且我一直保持着在恰特韦尔那样快乐的日常写作，因此我的计划进行得非常缓慢。1936 年底，我还在用心写《英语民族史》。在战争爆发前，我的这本书写完了，只待出版。在写一本大书的时候，因为内容充实，就仿佛身边有一位朋友和伴侣的陪伴，从他身上可以经常得到快乐和慰藉。只要有他在，就可以将人带入一个全新的境地，也让人的心中拓展出一个新鲜的、广阔的兴趣领域。

鲍德温先生当然可以将自己的权利用到极致，他有足够的理由去对付一个曾经接连无情地批判他的人。鲍德温先生是可以这样做的，以他超常的机敏和警惕，并作为一个党务的领导者，对党内的大多数始终有所牵挂。他力求在换届选举期间让日子太平和安宁。我是一个搅得人人不安的人物，他当然不需要我的帮忙。他确定已经在政治上给了我致命的一击，连我都感觉到他似乎真的做到了。行动的结果总是出人意料，无论行动是聪明还是蠢笨，也无论动机是恶意还是善良，结果都很难说。可若是失去这种难以预料的、多种多样的不确定性，人生这出戏就会变得平淡乏味。此时我和鲍德温先生是一样的，我们都不知道他其实给了我一个极大的帮助。在后来的三年中，内阁不断出现妥协和失职的问题，恰恰鲍德温先生让我远离了这些。假如我成为政府的一名大臣，那么开战后，国防工作中的不到位之处，我不可避免地要被证明需要承担直接的责任了。

那时候，我遇到的事情看起来对我不利，可是结果却是我的幸运，这不是第一次了，当然也不会是最后一次。

* * *

我的希望还是没有改变。我希望法国能向国联申诉，这样就能组成对德国的一种国际压力，国联的决议就能实施下去。

（我写于1936年3月13日）法国向国际法庭已经提起诉讼了。它请法庭伸张正义。若是国际法庭判法国胜诉又拿不出令法国满意的办法，那么这就证明了国际联盟的盟约是一纸空文。国际联盟根本不能保证集体安全这回事。一方受到了侵害，却没有合法的措施进行纠正，国际法和国际联合本是给未来带来希望的一整套理论，现在却无效了，真是丢人。它很快就被取代，一种各国结盟和国家集团的制度会出现，所依赖的保证会被武力所替代。从另一个角度考虑，若是国际联盟能实施法令，对一个世界上最强的侵略国之一采取措施，那么国际联盟的威望就会变得非常高。此后，人们都会承认国联是最高的权力机构，对各民族之间的争端可以进行约束和解决。我们一直追寻的理想或许可能要实现了。现在就是一个机会。

可这也是冒险行动！任何人都不应不考虑这一点。危险系数怎样才能降低呢？一个最简单的方法就在眼前，我们可以为了支持国际法而组成一股势力，在公义和实力上能具有压倒一切势力的水平。若是双方的实力相差无几，那么几周内就会爆发大战。一旦开战，就无法预计谁会被卷进战争，该怎样打，怎样结束。可若是国际联盟拥有高于侵略者四五倍的实力，那么就出现了和平友好地解决问题的最好机会。因此，包括大国和小国在内的所有国家都应该贡献自己的力量，履行国际联盟的盟约。

国际联盟在这个为难的时刻，能依靠谁的力量呢？它的判决有执法官和警官去施行吗？它是孤掌难鸣的吗？那些没有一点决心或者那些喜欢说风凉话的门徒在高谈阔论的时候，它会沦为一个空洞的笑话吗？世界的命运真是奇怪，国际联盟从来没有指挥过具有压倒一切势力的力量。现在世界警察就在它的身边，各个大国在日内瓦集会，正准备接受命令。这些国家为了自己的利益和职责，一定要站出来维护国际法律，只要有需要，就必然贯彻实施下去。机会就在眼前，却转瞬即逝。我们到底是走向新时代，还是沉迷于过去的旧时代？到底怎样，就看现在的决定了。

与我和我的几个保守党朋友合作的几个自由党和工党人士，对上面这种说法是相当认可的。那些担心国家安全的保守党、工会主义者、自由党人和在一年前参加和平投票的和平分子，或许能因此联合起来。英王陛下政府可以通过国际联盟断然采取坚定的行动。若能如此，英国政府必然能领导英国民族，为避免战火而勇敢地做最后的尝试。

* * *

一直到 3 月 26 日才举行辩论，讨论德国重占莱茵兰的事情。这期间，有一部分时间是国际联盟行政院在伦敦举行的会议占用了。会议得出的结论是：希特勒所指责的法苏协定应由德国提交给海牙军事法庭，德国不得在谈判期间向莱茵兰增兵。若是德国拒绝接受最后一条，英国和意大利两国将采取必要的行动，一切行动遵照洛迦诺公约中所规定的义务进行。可是意大利的承诺几乎没有任何意义，因为墨索里尼和希特勒早就来往密切。德国现在也感觉自己已经是强有力的，对于约束莱茵兰的兵力问题，完全可以极力拒绝所有的限制条件。艾登先生因此坚决认为英国、法国和比利时三国应举行参谋会议，以便做些准备，这样在未来有必要的情况下，需要根据洛迦诺公约进行联合行动，现在就全当是事先研究。这位年轻的大臣做了演讲，以他的胆识赢得了议院的众多喝彩声。我和奥斯汀·张伯伦勋爵都发表了长篇演说，为的是支持他。可是内阁却没有什么热情，弄得艾登想请求批准召开参谋会议也有困难了。一般来说，举行这种会议都是秘密和非正式的，谈不上外交筹码的问题。到目前为止，谈判和抗议已经进行三周了，却只得到了一个结果，就是要举行参谋会议。希特勒撕毁条约和驻兵莱茵兰的问题仅得到了协约国一个这样的反应。

在演说中，我说道：

> 当我们回顾五年来的外交政策时，总是不开心的，这五年是多事之秋。我绝不是要责怪我们的政府应对这期间发生的世界性坏事承担责任……可我们确实能感受到人类的命运发生了变化，它变得暗淡和令人惊讶了。此前，从未有过在短短几年中就出现如此巨大变化的情况。五年前，人们都感到非常太平，大家都认为有望实现和平的愿望，期待未来的某一天，全世界是一片正义和安宁，到那时候科技成果将为人类的一切阶层所享用。五年前，人们说起某个谈论战争的人，都会将他们看作傻子和罪犯，人们几乎会把他们看作疯子……
>
> 侵犯莱茵兰的事情是非常严重的。法国、比利时和荷兰都因此而受到威胁。我感到非常担忧，因为国务大臣说德国在谈判中拒绝停止建筑防御工事。据我猜测，用不了多久，那里就会建成他们的一道防御战线。当他们有了这道防御战线后，欧洲的局势就会受到严重影响，这道防线对于德国来说，就是位于大门后的一道屏障，而德国却可以从另一道大门向东和南自由地冲出来。

对于德国在莱茵兰建筑防线的后果严重性，英国和美国是后来才意识到的，一开始它们并无认识。4月6日，我再次提出此问题，当时政府要求对外交政策做信任投票。我说：

希特勒在莱茵兰驻兵，已经破坏了各个条约。现在，希特勒的军队不但在那里，还将永远在那里。从这些事实中可以看出，纳粹政权在德国国内和周边国家获得了新的威望。可事实不仅如此，在莱茵兰地区，德国现在正在布置防线，这当然需要一些时间才能完成。我们先是听说德国最初建筑的仅仅是一般性的野战工事，现在，有人得知德国可以在野战工事的基础上，加强和完善它，而且预计要建成完美如兴登堡防线一般的工事。到那时候，这道防线就是钢筋水泥做成的堡垒，有地下室、野战工事和永久性的防御工事，在知情人看来，仅仅是严重程度不同罢了。这是铲除第一块草皮后，就可以一直进行下去的工程，最后总能建成一道非常完美齐全的防线。

在德国和法国接壤的所有边境线上，都将尽快地建成最坚固的防御战线。我对此确信不疑。也许是三个月，也许是四个月，或许是半年，一道异常坚固的防线就会出现，这是必然的。这件事将在外交和策略上产生什么影响？……法国边境上有了这样一道堡垒防线，德国就可以因此而少用兵力，那么它的主力就可以转向荷兰和比利时了……我们可以看看东线的情况，东线会因莱茵兰设防而有更直接的变化。虽然这对我们来说没有构成直接的威胁，可是其危险却随时能发生。在防御工事完成后，整个中欧地区的形势都会因日益完备的工程而有所变化。波罗的海各国、捷克斯洛伐克、波兰，当然也不能不说南斯拉夫、奥地利、罗马尼亚等国家，所有这些国家在浩大的军事工程竣工后，都会承受必然的影响。

我在这篇警告中的每句话，很快就被逐一证明了。

* * *

德国先是占领莱茵兰，然后修建了对法国的防御工事，随后就把奥地利纳入了它的帝国。这是再明显不过的了。1934 年 7 月，事情的开端就是暗杀。在下一章将会讲到奥地利总理多尔富斯遭遇暗杀的情况。1936 年 5 月 18 日，发生了一些我们后来才知道的事情。那天，德国外交部长纽赖特对美国驻莫斯科大使布利特先生坦诚地说，德国政府的策略是先解决了莱茵兰的事情，否则不会在外交上采取任何积极的行动。他还解释说，德国会首先将法国和比利时边界线上的国防线修好，在此期间，奥地利境内纳粹党人的暴动不但得不到德国政府的支持，还会受到它的打击。他们对捷克斯洛伐克的策略是互不干涉。他说："只要我国的防御工事竣工，法国就不能再进入我们国家了，中欧国家会认识到这一点的。到那时，那些国家的外交政策上会产生不同的看法，因为正在兴起一个新的集团。"纽赖特对布利特先生接着说，奥地利的青年们已经逐步加入了纳粹，奥国迟早被纳粹所统治，只是早一天或者晚一天的问题而已。关键在于将法国边境的防线建好，否则德国若是同意大利发生冲突，法国可能会越过边境进攻德国。

希特勒于 1936 年 5 月 21 日在德国国会发表了演说。他说："德国不想干预奥地利的内政，也不希望吞并奥地利，更不想同奥地利合并为一个国家。"希特勒同奥地利政府于 1936 年 7 月 11 日签订条约，德国将不会使用任何手段来干涉奥地利内政，对于奥地利的国家社会主义运动也不会积极参与。这个承诺还没过五天，德国就向奥地利的国社党传达了秘密指示，令其加速扩张他们的活动。希特勒同时命令德国参谋部拟定攻占奥地利的军事计划，只等时机到了就开始行动。

第十二章　重整军备过程中的空档期和西班牙

1936—1937年

英国的外交政策——新产生的霸主——国际联盟——时隔两年——我于1936年6月6日对供应机构问题做了备忘录——西班牙发生内乱——不干预政策——签订反共产国际公约——鲍德温先生的演讲十分“坦诚”——武力和国联盟约双重手段——在艾伯特会堂举行集会——英王爱德华八世逊位——富有智慧的鲍德温先生——英王乔治六世登基——英王给我写了信——鲍德温退休了——张伯伦先生上任，成为首相——内阁的变化——鲍德温与张伯伦的比较——我和里宾特洛甫进行了一次谈话

我将在这一章中说明英国在欧洲政策的原则。很多年来我始终遵照该原则，未来也不会变。1936年底，我应保守党外交委员会的邀请，做了一次秘密演说。这是我对这些政策原则最好的说明了。

“四百年来，英国的对外政策始终是反对大陆出现强大的霸权国家，反对带有侵略性质的国家，尤其反对这些国家占领低地国家。在这四个世纪的历史中，人、事、环境和形势发生了很多变化，可是这个目标从没有变过。这可以在全人类的、所有国家的、人民的历史中算作一件突出的大事情。此外，英国无论面对什么情况，都能选择艰难困苦的道路。英国同西班牙的菲利普二世斗争。威廉三世和马尔巴罗带领人们反对过路易十四，反对过拿破仑，反对过德国的威廉二世。

若是那时候的英国能够加入较强大的一方，不费吹灰之力就可以分得胜利的果实，而且这确实具有强大的诱惑力。可是我们还是选择走较为艰苦的道路，我们加入不那么强大的一方，用联合起来的力量挫败和打退大路上的军事霸主，无论它是谁，也不管它统治的是哪个国家。我们就这样保住了欧洲的自由，欧洲的勃勃生机和富裕在变换的社会成长。我们国家在经历了四次极为重要的战争后，声誉与日俱增，终于以一个不断扩大的帝国姿态立足于当今世界。低地国家的独立得到了保护。这是英国在优良传统下的自然而然的行为。我们的思想至今仍以此为积淀。我们的祖先践行的标准是正义、智慧、勇气和审慎，我还没发现有什么东西曾经改变或者削减我们的传统。有什么令他们的结论变得不再可靠了吗？这我也没有听说。在军事、经济、政治、科学方面，也没有什么事情让我们觉得不如他们。在这条道路上，并没有什么令我们感到不能前进。这个命题具有非常重要的意义，我提到它，是因为我认为若是能接受这个命题，其他所有问题都变得轻而易举了。

“对英国的政策，需要注意一点，无论是哪个国家试图在欧洲称霸，我们都要一视同仁。问题的关键不在于到底是西班牙，还是法兰西王国或法兰西帝国，是德意志帝国还是希特勒政权。这个政策与国家的政治形态或者由谁统治都没有关系。唯一与该政策有关的是：谁是最强大的、最有支配力的暴君。我们没有必要害怕有人说我们同法国亲近，更不用担心有人说我们反对德国。若是出现相反的情况，我们也会亲近德国，反对法国。我们正在遵照的是国际政策的规律，而它不是一种偶然，也不是根据主观愿望决定的亲疏远近，更不是想或者不想等感情因素决定的随机行为。

“如此，我们就要回答一个问题。现在，在欧洲，哪个国家是最强大的，并试图用残暴和恐怖手段称霸呢？目前的一年中，或者在1937年的上半年中，最强大的是法国的陆军，可是它并不令人感到恐惧。我们都了解，法国可不希望有人来打扰它，法国的陆军仅仅是为了自卫而已。我也了解，法国人是最希望和平的，只是邻国让它感到恐惧。他们坚定勇敢，爱好和平，可是他们的境地让他们感到焦灼。法国采用自由议会制，是一个自由的国家。

“再来看看德国，他对其他国家并不感到害怕。德国正在扩充军备，这在德国历史上可谓规模空前。这个国家被一小股力量领导着，这些人是沾沾自喜的亡命徒。这种专制统治下的德国，经济越来越困难，一种不满的情绪正在扩大。不久，德国就必须做出抉择，到底是承受财政经济的崩溃、内乱，还是主动发起战争。这次战争的唯一目的或者说是德国取胜后的唯一结果，就是欧洲全部都会在德意志的纳粹统治下。因此我认为，现在发生的事情正是之前发生过的。要想让我们的国家得救，就必须同欧洲的一切力量联合起来，共同阻碍、约束和万不得已时打败德国的霸权主义。请相信我，若是我们曾经帮助西班牙、路易十四、拿破仑、德皇威廉二世，那么他们得胜之后，就会来侵略我们，我们只能落得贫穷、卑贱的结果。我们高尚的责任应当是维护不列颠帝国的延续和发展，要让我们的岛国变得伟大。我们不能被幻想中的理想世界而欺骗走上邪路，那样，他国糟糕的统治就会抢占我们的国土，我们的命运也就掌握在他们的手中了。

“国际联盟是个普遍的概念，也是一个非常重要的机构。在现阶段，它成了一个重要因素。国际联盟出自于英国的观念。我们此前所有方法和行动都同国际联盟非常协调。另外，它符合普遍的是非观。我们的和平观念向来都是遵照压制侵略国为主要目标，它与这些也是一致的。我们奉行法治，在各国之间和各国的内部应当是自由的。此前，我们的缔造者们是光荣、伟大和文明的，他们不是出于其他企图，而正是为了这个目的才坚持战斗。他们历尽艰险，才赢得了胜利。英国人民的理想是珍贵的，他们期望的是实行国际法的法制，国际争端都要根据法律和正义来耐心探讨，以求得解决。英国的民主政治受了这些理想的很大影响，因此我们不能低估这个理想的作用。几个世纪以来，这些种子在劳动人民的心中已经扎根，或许人们还没有注意到这一点。

人民心中的这种理想已经牢牢地生根，就同人民坚定地热爱自由一样。对这样的理想，我们不能忽视，我们岛国的精华和素养就在于此。因此，我们完全用不着怀疑，我们最好的方式就是加强和支持国际联盟。以此，我们也可将其作为维护人类的伟大事业好方法——我们一直认为我们的利益与全人类相关。

“我第三个命题的内容如下：首先，对未来的霸权主义者和具有侵略倾向的国家，我们必须坚决反对；其次，现在的德国必然要成为那样的国家，它在纳粹的统治下，军备强大，发展迅速；第三，为了能在未来控制侵略者，我们应该令我们国内保持团结，国际联盟应该用最有效的方式让很多国家团结起来。我冒昧地，但是不无尊敬地提出这几个论点，请你们参考。其他问题都可以由此做出推断。

“发现和提出某几种普遍的规律相对容易些，运用它们才是有难度的。我们必须在最开始就重视与法国的联合。这样的准备并非要我们站到德国敌对的一方去，我们的责任仍然包括缓和同德国的关系，这对我们的利益来说很重要。针对法国的问题，我们要实现联合并不难，法国也是议会制的民主国家，这跟我们是一样的；法国反对战争，也跟我们一样；他们在国防工作方面也有诸多阻碍，我们也是如此。因此，我们在国防方面同法国建立联盟，这件事应该被看作一件根本上的大事，我们必须如此。今天，形势严峻，危险邻近，其他任何事情都应该排到这件事情之后。有些人建立起了明确的理论体系，而且对此形成了深刻的信仰。这在处理变幻莫测以及意料之外的事情时将会具有更大的优势，完全不是那些目光短浅、仅凭一般见识做事、易冲动的人所能企及的。前进的方向如何确定才是最重要的事情。我个人主张国际联盟建立自己的武装，以英法两国为中心，尽可能多地争取一些国家加入，共同反对潜在的侵略国家。我们全力行动起来吧，建立一个伟大的国际组织！或许我们的能力不足以做到这一点，又或许由于某个国家犯了错误或者不够坚强，让我们无法建立起这样的组织，那么我们也应该保证一点：英国和法国就应当坚定地合作，互相帮助，因为我们是欧洲仅存的自由国家，这样我们才能有充分的期望去应付任何风暴，才能切合实际地返回到安全地带。”

我们今天讨论的问题如果做些更改，或许仍然适用。例如：英法联盟这方面再加上美国，国际联盟改为联合国，把欧洲扩展为全世界，把不列颠海峡改为大西洋。

* * *

1936年3月，希特勒抢占了莱茵兰地区，1938年3月又兼并了奥地利，这中间仅仅两年而已。在我的预测中，时间则更短一些，不过事情的发展顺序与我的预料完全相同，只是中间连续发生了两次灾难，这样才延长了时间。德国在此期间仍然充分利用所有时间，莱茵兰的防线仍在建设，“西墙”的建设也没有停止。德国马不停蹄地建起了一道巨大的永久性或者半永久性的防线。完备的征兵制度已经在德国陆军中开始实行，且他们的主力军团是由极度热情的志愿兵所组成的。每个月，德国的陆军人数都在增加，并且组织方面也越来越成熟，素质上也在提高。德国的空军同英国空军相比，不但保持着优势，而且越来越高于英国。德国的兵工厂正在加班加点地制造。德国的工业完全变成了兵工业，机车整夜地转，铁锤不断地敲打，昼夜不息。德国的每一个人都被变成了战争机器的一部分。1936年秋天，希特勒在德国开始实行一个以四年为期的经济计划，他的目的是在开战后尽可能地实现自我供给。在国外，他建立起了“强大的联盟”，这是他在《我的奋斗》中提到一种德国的外交政策。希特勒同墨索里尼达成共识，建立了罗马－柏林轴心国。

1936年中期以前，希特勒破坏条约，实施侵略政策。这时候他所依靠的不是德国的实力，而是靠着美国旁观者的态度、英法两国的胆小怕事和不合作。他从最初就知道自己是无法抵御对方全力反抗的，因此他的任何一个行动都有所防范。他最大的赌博就是抢占莱茵兰并在该地区建立防御工事，结果他成功了。这是因为他的对手太犹豫、完全不敢应战的结果。1938年，他已经不再用虚张声势吓唬人了，他的第二个步骤开始实施。他的侵略性行为有了武力的支持，他的武力很可能是具有优势的。英国和法国的政府意识到了这种令人恐怖的变化，可什么都来不及了。

*　*　*

我对我们的备战工作非常关注，时刻都在观察着。我和国防协调大臣英斯基普爵士的关系非常好，在私下，我向他提供了很多帮助。1936年6月6日，我根据他的请求，写了一个主张建立供应部的备忘录。参看附录（3）。大约过了三年，也就是1939年，政府还没有建立起供应部，没有付出有效的行动，对我国的军工业也没有准备采取应急措施。

*　*　*

1936年7月底，西班牙发生了谋划已久的军事暴动。此前，西班牙的议会政府已经变得颓废，共产主义或无政府主义的革命运动日益活跃，终于催生了叛变。列宁亲手制做了共产主义教义和教材，他强调共产党人应对任何左派运动给以支持；对所有力量不够强大的宪政派、激进派和社会主义者们组成的政府，共产党都要给以支持。共产党要帮助他们建立马克思主义的国家。事实上，西班牙的事情同俄国克伦斯基时代发生的事情如出一辙，只不过在军队方面略有不同，西班牙没有发生对外战争，军事上实力保存完好、非常团结。与共产党的阴谋同时存在的还有一个隐秘的军事叛变阴谋，这两股势力的行动都是隐秘的、不合法的。西班牙的各个阶层不得不考虑西班牙的未来该走向哪里。

此时的共产党对颓废的议会政府做了干涉，本来正常的社会秩序受到了影响。两股势力都开始搞暗杀。共产主义在这方面非常积极，他们在大街上或者床上逮住自己的政敌，就直接处死。这种暗杀活动在马德里及周边随处可见。暗杀的高峰就是索特洛被暗杀。索特洛是保守派的领导者，其地位如同1914年世界大战前的英国政治人物卡森爵士一样。陆军将领在得知这一罪行后，仿佛得到了行动的信号。一个月以前，佛朗哥将军写信给西班牙陆军部长，信中他明确指出，西班牙政府若是在日常生活中无法保证正常的法律制度的视线，陆军就要出面干预。西班牙的军事首长们此前曾经发表过多次宣言。佛朗哥在圣胡尔霍将军遭遇空难后，就发动了叛乱，陆军军队和普通士兵都很支持他，在教会中，大多数的右派和中间派都很支持他，只有黑袍教派是个特例，对他并不支持，好几个重要省份立刻就在他的领导之下了。一些西班牙的水兵杀死了自己的长官，加入了某些组织，很快该组织加入了共产主义。文明的政府倒台以后，共产党掌握了政权，此后他们就按自己的方式行事了，内战残忍地拉开了序幕。共产党掌握了政权后，就用相应的手段处理了自己的政敌和富人们，佛朗哥一方的人则用更大的声势来还击。西班牙人用惊人的勇气慷慨就义，两股势力都有很多人被处死。在托莱多的阿尔卡扎军事学院得到了军校学生的保护，他们坚强地投入到了激烈的战斗中。此时，佛朗哥的军队从南向北直逼而来，在共产党人的村庄里展开了复仇行动，他们终于得救了。这段历史是值得史学家们研究的。

在这种冲突之中，我保持中立的态度。对于共产主义，我可不赞同，假如我那时是个西班牙人。我的家人和朋友都会遭到杀害，我怎么可能支持他们呢？而且我的确感觉到英国政府自己的事情那么多，对于西班牙的事情根本无暇顾及。法国主张不参与的态度，双方在得不到外援的情况下可以坚持打下去，对此方式，英国、意大利、德国和苏联都表示赞同。如此，西班牙的新极端革命派政府手里有金条，却没法用正常手段购买军火。在1861年到1865年的美国内战时，我们就承认他们在打仗，这才是比较正常的说法，如果按照这个方式，就该承认西班牙国内的两派在打仗。所有大国在这种时候都应该采取不参与的态度。英国对这个协议完全遵守。可是苏联、意大利和德国违约了。苏联支持一方，德国支持另一方，在这场斗争中它们煽风点火。德国尤其恶劣，他们用空军轰炸了小城镇格尔尼卡，在不设防的地方进行了骇人的空袭实验。

法国的勃鲁姆先生于六月份组成了新政府，代替了萨罗内阁。这个政府承受着压力，下议院的共产主义支持者们希望用军事物资对西班牙政府给以支持。空军部长科特先生原本对法国空军的力量并不关心，却在法国空军已经衰败的情况下，提议用飞机等军事装备支援西班牙共和国军队。这些情况的转变，让我心中无法平静。1936 年 7 月 31 日，我给德国大使科尔宾先生写了一封信：

> 我一直主张维持之前的做法，可是我遇到了困难，而且是严重的困难。德国提出了建议，主张各个反共产主义的国家组成联盟。法国若是将飞机等武器装备用来支持马德里政府，且德国支持的是参战的另一方，由此我可肯定地说，此间占有优势的力量就会倾向于德国和意大利，法国就会被疏远。请你不要介意我说这样的话，这只不过是我个人的看法罢了。我可不希望人们说德国、英国和意大利在搞联合，共同反对欧洲的共产主义，那就太糟糕了。
>
> 我相信唯一能保证安全的办法是，严格执行中立的政策，反对任何破坏中立的行为。内战如果在未来的某个时间僵持不下，国际联盟或许可以出面干预，尽早结束恐怖行动，可是即使如此，我想也未必能实现。

* * *

这里应该记录一件事情。德国和日本政府商定了反共产国际的公约，1936年11月25日，德国将各个国家驻柏林的大使召集到它的外交部，纽赖特先生宣布了公约的细节内容。该协定旨在用国际联合行动，反对共产国际在缔约国境内或境外的活动。

* * *

1936年的一整年中，全国和议会都在紧张之中。英国的防空更是令人焦虑。首相于11月12日在议会的答辩中展开辩论，对鲍德温先生未能实现他所作出的保证一事，我提出了严厉的指责。他曾经作出保证："英国任何一届政府，特别是本届联合政府，将保证英国空军方面的实力，使我国空军力量在任何一个能攻击到我们海岸线的国家之上。"我说："政府非但自己没有下决心，而且也没有令首相下定决心。他们始终在奇怪的矛盾中沉沦，徘徊在下决心和不下决心之间，一会儿想做决定，一会儿又不想做，不断犹豫和动摇，使尽了全部的力气却一事无成。我们的时间就这样一个月又一个月、一年又一年地消耗掉了。英国重要的伟大的时光都被蝗虫啃食光了。"

鲍德温先生回答了我。他在一次非常精彩的演讲中说：

> 我将用最诚实的态度对本院说……从1933年起，我和丘吉尔先生就开始有了分歧。1931年—1932年，反对党一直不愿意承认我们处于经济危机之中。另外还有其他原因。我提醒本院注意，我曾经在不同场合的多次发言中提出民主原则，并竭力维护它。我说在民主制度下比独裁制度下要落后两年。我确信自己说的是正确的，在该问题方面确实如此。我的个人看法用非同一般的坦诚向本院公布。我想你们还记得，那正是日内瓦会议在举行裁军会议的时候。你们当然也不会忘记，那时情绪正烈的和平主义，胜过战后的任何时期。你们当然也还记得，弗雷姆在1933年的选举中，以七千票的差距让联合政府失掉了一个议席，其原因正是

和平主义，而非其他……我的处境并不好，因为我领导一个大党。在弗雷姆选举中所涌现的情绪，那时在全国开始蔓延。我曾经问自己，此后的一年到两年中，这种情绪能在什么条件下改变，转而关注国家应在重整军备上放权呢？若是那时候，我到人民中去说，德国开始重整军备了，我们也必须这样做。我们这个和平民主的国家，能否在这种号召下联合起来，谁又能说得准呢？在我看来，我们的选举可能不会为别的事情失败，但是为此事一定会失败。

这真是太坦白了，让人感到惊讶。他的动机赤裸裸地被揭露了，连体面都弃之不顾。身为首相，竟然承认自己担心选举失败而抛弃了国家安全的考虑。在我们的议会中，这可是从来没有过的事情。鲍德温先生的动机当然不会糟糕到仅仅为了做官而已。1936 年，他确实想要退休了。他真正的动机在于对工党的担忧。若是工党当权，他担心比自己做的事情还要少。工党发出反对国防的所有声明和投票都是有记录的，以供查询，鲍德温先生并不能以此作为辩解，这是站不住脚的，这也同英国人民的精神不大融合。去年，他天真地承认了自己对空军均势的错误估计，可这一次却不能获得上次那样的成功了。整个议会都轰动了。这确实给人们留下了非常糟糕的印象。此时的鲍德温先生身体非常虚弱，要不是另有一件意外的事情插进来，对他的打击将是致命的。

* * *

此时的英国，每个政党之中都有人预感到了前方的危险，因此他们取得了一致意见，并要求采取措施来维护英国的安全和自由。可是我们国家面临着两种威胁，一方面集权主义带来冲击，另一方面英国政府安于现状。我们的方式是将英国的武装迅速并大规模地重新装备起来，并且我们完全承认国际联盟的权威，并运用它的力量。我们把这个政策称之为“武力和国际联盟并用政策”。我们都看不起鲍德温先生在下院的演讲。在艾伯特的会堂里，我们的运动到达了巅峰。12 月 3 日，各个政党的很多领导都聚集于此，其中包括强大的保守党右翼分子，他们深信国家正在危难之际，还有领导国际联盟投票的人们和以阿齐博尔德 · 辛克莱爵士为首的自由党人。我们当时意识到自己的观点还是受了重视，我们的优势开始变得明显。可是这个时候英王陛下要同他心爱的女人成婚，其他事情就被这件事情挤到后面去了。随后就是逊位危机。

在我致答谢词，对表决致谢的时候，人们高喊“英王万岁”，接着人们长时间地呼喊起来。当时，我只表达了我个人的观点：

> 今晚，我们的心头还被一件大事占据着。我们将在几分钟后齐唱“上帝保佑英王”。我将以我最衷心的热忱歌唱，这会是我一生中最富有热情地唱这首歌。我希望我们做出的决定不是匆忙的，我祈求我们的决定不是难以挽回的。他们的意志将接受时间和舆论的考验，我希望人们所珍视的唯一的人格，会同他所深爱的人民在一起。我希望议会能根据宪法在这些重要问题上发挥它的功能。这是英国和英帝国第一次表达自己的意见，我们的国王一定会首肯的，对此我深信不疑。英国人民对身居王位的人也会表示宽容的。

此后的事情就不必详解了，不过是短暂而激烈的争论罢了。我认识爱德华八世的时候，他还是个孩子。1910 年，在一次隆重的集会上，我以内政大臣的身份为他宣读诏书，那时他被封为卡那封城的威尔斯亲王。我认为，对于他，我有责任付出最高的忠诚。我在那年夏天对未来发生的事情已经有了预感，可是我从没打扰他，也没有写信给他。现在他请首相与我谈话，他很苦恼。鲍德温先生正式同意之后，我接到了通知，并迅速赶往贝尔维德堡晋见国王去了。我同他一直保持联系，直到他逊位为止。我从来没有后悔自己曾努力请求国王和公众忍耐，希望他们做决定时不要仓促。确实，我没有其他办法了，唯有如此。

（首相确实证明了自己对英国人民的情感洞察非常细致准确。）他对全国人民的强烈意志做了明确的表达。对于逊位的问题，他处理得非常讨巧。在两周之内，他从深渊之中又重攀峰顶。对暴怒的下院，我有好几次都是孤军奋战地提出反对意见。在行动上，我并没有被不恰当的敌对情绪所控制，可是好几次我都无法让人们听到我的声音。在“武力与国际联盟并用政策”的号召下，我曾把各种势力聚集在一起，我认为我就是发动这些力量的人，可现在全都瓦解了。在舆论上，我也受到沉重的打击。人们对我的普遍看法是政治生涯即将终结。可事情真是神奇，下议院曾经把我看成是仇敌，可是它竟在接受我的指引，在那么漫长和艰辛的战争年代一直给我最大的支持，直到最后战胜了每个敌人！这说明，唯一安全和明智的做法，就是在做决定和付出行动的时候，要依照良心的引导。

一个国王登基，另一个国王逊位。1937 年 5 月底，在英国和整个英帝国，人们心中充斥的事情唯有对新国王的效忠盛典和仪式，到处都是庄重和盛大的活动。对于公众来说，国外发生的事情连同我们的国防事业都不再吸引人。我们的岛国仿佛不属于欧洲，而是欧洲几万英里的一个地方。1937 年 5 月 18 日，新王陛下给我发来一封亲笔信。我得到允许可以在此书中使用它。

亲爱的丘吉尔先生：

感谢你给我写来一封亲切的信。我知道你自始至终对我亲爱的哥哥都是效忠的，至今未变。他于 12 月离开我们，此后出现了各种难以解决的问题，对你所表示的同情和理解，我深受感动，用我的笔墨是难于表达的。我身为国君，担负着重任，必须操心分劳。基于此认识，你来信表示的祝福，让我深受鼓舞。在我们国家，你是一个伟大的政治家，对于国家，你忠心服务，希望各国都能以英国和英帝国现在的善意和期望为楷模。

请相信我，

你真诚的

乔治（国王、皇帝）

1937年5月18日

于伯克郡，温莎，大花园，皇宫

对此，我始终不能忘记，那时候我的地位尽失，却得到了这样宽容的对待。

* * *

鲍德温先生于1937年5月28日退休了。这时候乔治六世已经登基。鲍德温先生获得了伯爵爵位和嘉德勋章，这是他应得的，毕竟他长时间以来都是政府官员。对于权利，他向来小心争取和保存，很少利用。现在他放弃了大权。他在热烈的氛围中退下来，人们对他心怀感激和崇敬。首相一职由谁来担任，已经毫无悬念。财政大臣内维尔·张伯伦是最有能力的大臣，并且他此前一直担任政府的主要工作。他有超群的才能，又出身于名门世家。一年前在伯明翰，我曾经用莎士比亚的一句话来形容他，说他是“肩负着国家重任的驮马”，他说我恭维他，但是他接受了这个说法。我并不指望他会对我发出邀请，毕竟我们在对待目前的重大事情上有严重的分歧，合作是不明智的。不过在我看来，一个生机勃勃的、富有才能的人掌握大权是令人高兴的事情。在他担任财政大臣期间，他提出财政上的建议，征收少量的国防税，保守党同意，可反对党不同意，因此引发了矛盾。我在他刚上任的时候，发表一篇演说重新讨论这个问题，我希望这样做能让他体面地摆脱焦灼的境地。我和他在公事和私交方面，一直都是冷淡的客气和随意。

张伯伦先生对内阁仅做了细微的调整。此前，他同库珀先生存在意见分歧，那是因为陆军部的问题。可是如今他却让库珀先生担任了重要的职务——海军大臣。库珀先生为此感到非常意外。早些年，库珀先生在外交部担任过职务。显然首相还不了解这位新上任的海军大臣对欧洲形势是什么看法。为了实施海军计划，海军部的霍尔爵士刚刚拿到了大额的军费，让我感到意外的是此时他竟然愿意离开海军部。霍尔爵士转而担任了内政大臣。看来霍尔爵士发现了将来会成为热门的题目，也就是在从普遍的人道主义出发来对监狱进行改革。他本人对改革监狱非常有感情，而且伊丽莎白·弗赖跟他的家庭有关系。

* * *

在这里，不妨由我来将鲍德温和张伯伦两位首相比较一下。我认识他们很久了，并且我曾经做过他们的下属或者将成为其下属。鲍德温非常聪明，又具备超强的理解力，但是对于细致的行政工作却不够细致。对于国外的形势和军事方面的情况，他也不够了解。对于欧洲，他知道得不多，而且他对此也缺乏兴趣。可是对英国的政党政治，鲍德温先生却有深刻的理解，我们这个岛国的民族很多优点和缺点全都能在他的身上找到影子。他领导着保守党，并以领导者的身份参加了五次大选，其中三次当选。他善于等待，能保持冷静，看着事态的发展，即使是不利的批评下也能忍耐。他有个最为突出的长处，能让事态朝着有利于他的方向发展，并且他是个非常果断的人。在我看来，他跟历史人物罗伯特·沃波尔爵士非常相似。现在，十八世纪出现的腐败已经不见了，而他们两个人在英国执政的时间都很长。

内维尔·张伯伦先生固执，但非常自信，也是个精明强干的人。他跟鲍德温的不同之处在于对欧洲局势的了解，对于整个世界的局势也都非常了解。现在，我们所拥有的不再是含混不清的直觉，也不再固执，而是他深信不疑的政策内的精细和锋利的效率。在军事开支方面，无论是在他担任首相或是财政大臣期间，都进行严格的控制。他担任首相时，一切应急措施都会遭到反对。对于目前国内政界的人物，他都有非常精准的判断，并觉得自己完全可以应付这些人。他心中有一个愿望，渴望自己能缔造和平，从而作为一个伟大人物被历史记载。为了实现这个愿望，他准备坚持奋斗到底。他完全抛弃了实际情况，让他的国家跟着冒险也在所不惜。可是他被出乎自己预料的强大洪流裹挟了，在他不肯退缩的情况下，又遇到了完全无法抗衡的漩涡。我在大战开始的几年中，认为自己同鲍德温先生共事也许会比张伯伦先生要容易些。当然这是我自己的看法。可是他们都不愿意与我共事，从来都是形势所迫，不得已的情况下才同我打交道。

* * *

1937 年的一天，我同德国驻英大使里宾特洛甫先生见了一面。那时候，我每隔两周就发表一篇文章，我在其中的一篇文章中指出人们对他演说的一些内容有误解。我跟他在公共场合见过面，现在他问我是否能去拜访他并跟他谈一谈。在德国大使馆楼上的一个大房间里，他接待了我，我们大约谈了两个小时。里宾特洛甫对我非常客气，我们谈论了整个欧洲的大局，其中有一部分是军备和政策方面的。他在言谈之间表达的主要意图是希望能同英格兰（当时欧洲大陆的人习惯这样称呼我们）保持友好关系。他说他本可以做德国的外交部长，可是他向希特勒提出了请求，希望自己能到伦敦工作，可以为英德之间能达成协定，并为英德联盟做详细解说。德国会尊重不列颠帝国的伟大，并维护英国的广阔领土。还有一件不太重要的事情，他们可能想拿回原属于德国的殖民地。德国最渴望的是在它向东扩展领土时，英国不会参与。德国的人口越来越多，它必须为此拓展地盘，它的目标是吞并波兰，占领但泽走廊地区。未来，对于德国来说，考虑到生存，就不能缺少白俄罗斯和乌克兰。他们向不列颠帝国提出的请求是不要进行干涉。大使先生几次将我带到墙上的大地图下，向我说明自己的计划。

我听了他的话之后，毫不犹豫地用肯定的语气回答了他，我说不列颠政府不会让德国任意妄为的。确实，我们和希特勒一样，对共产主义没有好感，英国同苏联的关系并不友好，可是他也应该知道，即使法国毫发未伤，但是英国对欧洲大陆的命运也不会漠视，更不会眼看着德国在东欧和中欧地区称霸。我站在地图前说这番话，里宾特洛甫突然从地图边转身走开了，他说道："如果那样，只好打仗了，没有其他办法。元首心意已决，我们是不可阻挡的。"接着我们都返回了座位上坐下来。那时候我虽然有点名声，却不过是个一般的议员。我认为，那时候我应这样回答大使先生——事实上我清楚记得我就是这样说的："谈到战争，你当然指的是全面开战啦。请你不要小觑英国的实力。外人可能并不了解我们这个奇怪国家的思想，不要单纯地以为现在的执政政府就代表了英国。当英国人民面对着伟大的事业时，不列颠民族和政府会做出你无法预料的举措。"我重复说道："不要小看英国，它是智慧的。如果我们不得不再进行一次大战，英国会同上次大战中一样，再次带领整个世界向你们还击。"此时，大使情绪激动，他站起来说："噢！也许英格兰是智慧的，可是这次它是不可能带领全世界来抗击德国了。"之后，我们换了轻松的话题，后来发生的事情就不值一提了。在我脑海中，这件事始终记忆深刻。当时，我把此事向外交部做了汇报。在这里，我想也可以写出来。后来，征服者对里宾特洛甫的一生做了审判，他却将这次谈话扭曲了，还让我去做证人。假如我真的去了，那么我能说的话也只有上面那些内容。

第十三章　德国开始武装了

1936—1938年

“整体的战略目标”——德国的军费开支——单独调查——保守党代表团于1936年7月28日与首相会面——对此我发表声明——一般的结论——我担心的事情——我们在1936年11月23日举行第二次集会——斯温登勋爵于1938年5月12日离开空军部——议院的争论——林德曼又进入了防空研究委员会——我和达拉第先生的联络——法国在1938年对德国空军的估算——我在1938年6月对德国陆军的估算——达拉第认为我的估算正确——法国空军的衰弱——岛国人民毫不在意

如果能抓住具有决定性的重点，那么对事情的解决一定非常有益。在战争中、对外政策上以及诸如此类的其他方面，可供选择的办法有吸引人的，也有令人讨厌的，关键在于抓住重点。美国的军事思想家发明了一个叫做“整体战略目标”的东西。可我的军官首次听说这个名词的时候，唯一的感觉是可笑。但是后来人们还是接受了它，因为它所涵盖的智慧越来越清楚并表现出来。显然它是一条普遍原理，其他大事都处于从属的位置。这个普遍原理若是没有得到应用，那么行动就会带来混乱，就是白费力气，事情可能因此越来越差。

从我个人的角度出发，在我尚未听闻这个被提出来的名称时，我做事就已经遵照这个原则了。从1914年到1918年，我在战争中所看到的和感受到的德国是可怕的。现在，它又拥有了全部的军力，各个协约国勉强胜利后，只能呆呆地看着它，一点办法也没有，每每想到这些，我就无法平静。因此，只要我有机会就会不断地用各种方式提出我们要为战争做准备，我以自己对下议院和几个大臣的影响来进行劝说，我还不断地征求伙伴和盟国，因为不久的将来我们就要为了共同的事业和目标奋斗了。有一次，我在恰特韦尔庄园接待了一位客人，他在政府做保密工作。那天阳光温暖，水池的水温很好，我们在游泳池里游泳。我们只谈论了未来将发生的战争。可这位客人不能彻底相信战争会发生。临走，我送他到门口，突然他情绪激动地转身对我说："德国人为了扩充军备每年支出十亿英镑啊。"我那时候意识到，应该把这个事实告诉英国的议会和民众。于是，我开始研究德国的财政问题。德国此时每年做财政预算，并且还会公布出来。但要想从他们那一堆数字得知实际情况，还是相当困难的。1936 年 4 月，我的调查工作通过两个渠道进行。首先我通过两个来英国政治避难的德国人获取信息，他们都是精明能干的人，并且对目标非常坚定。他们知道从德国的预算数字中怎样看出详细情况，也知道马克的价值，等等。我还向施特拉克斯切爵士请教，他是我的朋友，我问他是否能查明真相。在一家叫做"联合公司"的商行里，他担任主管人，这家公司资金雄厚，员工都非常干练和忠诚。为了研究这个问题，这家伦敦公司的精英们花了几周时间。不久他们做了一份报告，内容精确而详实，他们可以确定德国的军费支出应该是十亿英镑。并且，那两位德国的政治避难者也得出了相同的结论，他们所采用的是完全不同的另一种独立的推断方式。按照 1936 年的币值，的确是十亿英镑。

我得到了两套数据，这样我就可以提出我自己的观点了。辩论开始的前一天，我在议院休息室同现任财政大臣内维尔·张伯伦先生攀谈起来。我告诉他，明天我要向他提问，德国每年的军费开支到底是不是十亿英镑。我希望他能正面地回答我，若是他否认，我希望他拿出证据。张伯伦回答我说："我不否认，若是你提出此事，我会证实它。"

我必须写出我说的话：

德国公布的官方数字显示，从1933年3月到1935年6月，主要账目开支情况如下：1933年为大约五十亿马克；1934年大约为八十亿马克，1935年大约一百一十亿马克。总和为二百四十亿马克，折合为二十亿英镑。三年来，数字从五、八上升到十一，从数字看，可以很准确地为您提供一些信息，能让你看出军火生产充分发展中所常有的支出累加现象。

我还特意向财政大臣进行了质问：

他对德国直接和间接的工资是否有所了解，在建造的战略性公路如果也包括在内，1935年度或许可达八亿英镑，这种开支的比例，在本年度仍在保持。

张伯伦先生回答说：政府没有得到德国官方的数据，不过政府也掌握了一些情报。据此，我不能说我尊敬的朋友把哪一年的数据搞错了，当然他自己也必定认为都是正确的，不过其中必然带有猜测的成分。

我把十亿英镑改为八亿，为了是掩护我的秘密情报，而且也是为了稳妥起见。

* * *

我想把英国和德国的军备对比弄得清楚明白，因此用了几种方法来寻求结果。在一次秘密会议上，我请求对此进行争论却遭到拒绝，理由是这可能引起“不必要的虚惊”。我没有得到几个人的支持。报界不会欢迎任何秘密会议。到了1936年7月20日，我向首相提出，枢密院的顾问官和几个人组成了代表团，他们想把自己所知道的真实情况告诉他，问他什么时候能接见这些人。索尔兹伯里勋爵也提出请求，想让上议院组成代表团去见首相。首相同意见面。我也向艾德礼先生和辛克莱爵士提出了请求，可是工党和自由党不愿意派代表参会。7月28日，在下议院的首相办公室，鲍德温先生、英斯基普爵士、哈利法克斯勋爵接见了我们。和我同去的还有几位保守党议员和无党派的知名人士。奥斯汀·张伯伦先生为我们介绍了一下。

代表团

下院	上院
奥斯汀·张伯伦爵士	索尔兹伯里侯爵
丘吉尔先生	菲查伦子爵
罗伯特·霍恩爵士	特伦查德子爵
艾默里先生	劳埃德勋爵
约翰·吉尔摩爵士	米尔恩勋爵
格斯特上尉	
罗杰·凯斯海军上将	
温特顿伯爵	
亨利·克罗夫特爵士	
爱德华·格里格爵士	
沃尔默子爵	
穆尔－布拉巴宗中校	
休·奥尼尔爵士	

这件事情非常重要，在我看来，它是英国政治生活中从未发生过的事情。一群非常出色的人完全为了国家大事，绝无私心。他们代表保守党的意见，这是不容忽视的。若反对党的工党或者自由党的领袖

也前来参加会议，政治形势恐怕就要变得更加紧张，就能形成一种迫使政府采取行动的力量了。晋见首相为期两天，每天开会三到四个小时。我常说鲍德温先生善于倾听，他确实非常认真地带着兴趣倾听我们的话。帝国国防委员会的参谋人员也同他一起来参会了。我在会议的第一天发言，进行了长达一个小时零十五分钟的阐述，我分析了当时的形式，其中部分内容在附录（4）中可见。

结尾时我说道：

第一，对我国来说，现在是最危险和紧迫的历史时刻。第二，我们唯有与法兰西共和国联手，才能有希望解决我们面临的问题，此外，没有其他任何办法了。若是英国舰队和法国陆军联合起来，两国的空军也联合起来，在法国边界后方上空做些飞行活动，英国和法国所能显示出的所有力量都包括在内，这样我们就组成了一种可以使我们摆脱困境的力量。这力量可以震慑敌人。当然，这是最好的愿望而已。仔细说来，我们还必须加强自己的力量，为此我们需要排除一切困难。我们不大可能排除所有的危险。我们的力量要全部放在重要的事情上，让其他事情略微放松些……谈到更具体的意见，我们必须首先扩充空军的力量。即使花费再大的代价，也要把我们优秀的年轻人训练成飞行员。我们必须鼓励他们，从各个角度用各种方法诱使他们那么做。在飞机的制造方面，我们必须加速和简化过程，并且用最大的规模来生产。我们应该同美国或者其他国家签订合同，尽力购买制造飞机的原材料和设备。我们的处境是危险的，我们的国家面临着前所未有的危险。即使在潜艇战最激烈的时候，也不及现在危险。

可我心里充满了忧虑，时光不待人。若是我们长期对国防问题都漠不关心，未来的强敌会阻止我们，让我们无法完成这件事情。

* * *

我们感到非常失望，因为财政大臣没有到场。鲍德温先生的健康状况愈加不好，大家都看得出来他很快就要退休了。谁来继承他的职位，人们很清楚。可是事情不凑巧，内维尔·张伯伦正在度假，这是他理应享受的假期，因而没有参加会议，保守党议员陈述的事实没能令他听到。整个代表团中有他的哥哥，还有他很多重要的朋友。对于我们提出的重要意见，大臣们看起来是认真的，可是到了1936年11月23日，议会休会，这时鲍德温先邀请我们全体去听报告，这是一份对全局作出认真考虑后的报告。英斯基普爵士做的报告坦诚而且漂亮，对于英国所面临的局势，他没有掩饰任何一丝一毫。可他实际所表达的意思却是说，我们的估计，特别是我的发言，对未来未免担忧过度了。他说政府正在尽力（他们确实在这样做）挽回局面，可就目前来看，政府没有必要采用应急措施。若是采用应急措施，我们的工业将被搅乱，形成一片恐慌，各种缺陷都会显现出来。在这种条件下，已经在尽可能做那些能做的事情了。奥斯汀·张伯伦针对这些话，把我们的一般见解说了出来，我们仍然感到担忧，因为这不是能令我们感到满意的答复。于是我们起身告辞了。

1936年底，我认为当前形势已经无法弥补了，然而只要我们为此坚持奋斗，无论怎样都能完成更多事情，即使我们的这些努力不能影响到希特勒，可对德国的影响仍能起到巨大的作用。现在最严峻的事情是德国空军力量已经超过了我们，整个军火生产线也在我们之上。即使我国陆军需求并不大，加之法国和法国的陆军、空军也可以帮助我们，可我们仍然落后于德国。在军事力量上，我们没有能力赶超希特勒，空中均势一去不返了。德国在欧洲拥有最强有力的空军和陆军，谁也阻止不了这些事情的发生。我们要想改变境遇，只能采用不同寻常、超出常规的做法，但是我们改变不了最根本的东西。

政府对这些充满担忧的结论并没有加以严肃的反对。在他们的对外政策方面，这必然是有影响的。在慕尼黑危机前和危急中，张伯伦先生已经成为首相。这些结论要得到充分考虑，在能对他在这期间做出的决定有个正确评价。那时候，我不是官员，只是普通一员。我尽力给政府以激励，希望政府能付出热情，付出超常的努力，为战争做好准备，我并不害怕在全世界范围内引起恐慌。在我努力的过程中，我尽力把情况说得更不堪。我们落后两年，我着重指出这一点。然而我在 1938 年 10 月又提出同希特勒开战，看上去我前后矛盾了。可是我还是认为这是我应该做的，我必须催促政府。可到了 1938 年，我们很快会明白：若是我们此时对希特勒开战，将比在 1939 年被动迎接战争具有优势。后面还有关于这个问题的详细说明。

* * *

我在前面已经说过，鲍德温之后就任首相的是内维尔·张伯伦先生。我们该讲讲 1938 年的情况了。空军大臣斯温登勋爵是位非常聪明强干的人物，他在内阁早就具有强大的势力，资金和便利对他都不成问题。到了五月份，人们对英国的防空担忧逐渐增长，终于到达了顶峰。在空军的扩建和改革方面，斯温登勋爵虽然做了很多有意义的事情，可效果却不是立竿见影的。政府所有政策在各个方面的魄力都表现不足，紧急措施也不够。我还在忙着对我们的空军扩建计划做研究，支持我的人越来越多了。斯温登此时办了一件错事，他接受了爵位进入了上议院，而空军部的辩护都是下议院的事情，因此他不能继续为自己和他所领导的空军部辩护了。惊慌和不满情绪日益高涨，政府前排席位上选出的发言人根本不能平息这种情绪。在一次糟糕的辩论之后，空军大臣必须在下议院担任议员就成了公认的合理的事情。

5 月 12 日上午，我和科学家、政治家、政府官员们在防空委员会忙着研究技术问题。就在这时，空军大臣接到让他去唐宁街的通知。

他让我们接着讨论，自己单独离开了。但他再也没回来，因为他被张伯伦先生撤职了。

接着，25日举行了辩论，过程非常激烈，我试图为这位被撤职的大臣辩护，将他的能力和付出与一般意义上人们对政府的不满区分开：

政府几次声明的信用被最近发生的事情影响了。下院和首相本人在英国空军形势的问题上遭到了欺骗。看得出，他是彻头彻尾地被骗了。三月份，他发表了声明，其中他谈到了我们的军备问题：

“英国此时建立的势力是庞大的，几乎让人感到震惊，对全世界的舆论来说，它具有镇定和维稳的作用。”

我经常警告下议院。英国的空军计划已经落在他国之后了，可是对斯温登勋爵，我从来不带有攻击性。对他，我认为是不该进行责备的，当然他不是唯一应受到责问的人。那些被迫离职的大臣身上，具备某些平时没人发现的美德，而批评政府的人会发现他们的这种优点。在三个月前，我说：“我们不能不公正地把我们的不足当成是大臣的失职，我们不能让斯温登勋爵承担罪责。他是个非常有能力的人，他的心思都在工作上，为了能扩充我们的空军实力，他已经尽了最大的努力。若是时间上并不那么紧迫，更没有其他方面的情况做比较，他所取得的成绩，可以说是非常优秀的……”现在，我想我可以在此处引用这句话。

从德国公开重整军备开始计算，有五年的时间了。政府未能兑现自己的承诺，这个严重的责任该由那些领导和统治我们国家的人来承担。我绝对不会加入对斯温登勋爵的诘难队伍。今天首相称赞了他，我为此感到欣慰。我们应该对他报以同情。此前，首相对他曾经是信任的，而且两人建立了友谊，在议会中，他也曾拥有多数的支持，可是现在却被迫辞职，我认为这是不合适的，因为英国空军的扩建任务正在进行中。我们在几个月以后，可能就会拥有很多新生产出来的飞机。对他来说这段时间是不幸的，可是却还是要他对这段时间的记录负责任。前几天，我读了伟大的马尔巴罗公爵的一封信。他有一句话是这样说的："战事最焦灼的时刻换主帅，这是要命的做法。"

我把国防问题重新提出来：

我们公开宣称扩军，现在已经是第三个年头了。假如事事顺利，那么许许多多的缺点是从哪里来的呢？比如，警卫队在操练的时候该用机关枪，为什么却用手旗？我们本土的防卫队那么小，怎么就不能与正规军一同武装起来呢？对于英国的工业而言，要办到这些并不难。英国的工业同德国相比，除了军火方面之外，其他工业领域都具有更大的灵活性，产量也更高。

陆军大臣在前不久被问到高射炮的情况，他回答说，我们在上次战争中用的是三英寸口径的炮，那些旧式炮都已经改装成现代化的了。我们的新式炮（有好几种新炮）正在生产，会比"预定计划"提前生产出来。可是我们的计划是什么？假如我们计划每月制造六门炮，或者八门、十门、二十门等类似的数量，当然不难完成，而且是轻轻松松就能提前完成的。可我们需要的是这样的计划吗？我在一年前曾经向下议院指出德国的情况，他们所公布的高射炮情况如下：机动炮兵为三十个团，一个炮兵团包括十二个中队，大炮为一千二百至一千三百门，另外还有固定炮，数量在三千到四千之间。德国的炮不是 1915 年制造的那些炮，而是 1933 年以后制造的。

德国在这些方面所取得的巨大进步，难道对下议院来说仍旧不能形成认识吗？我们不是大陆国家，因此用不着多么强大的陆军，可是在空军力量上应该与它们相等。我们仍然处于容易受攻击的地位，或者情况更糟。我们的政府在计算高射炮时用的是百位数,而德国现在已经用千位数来计算他们所拥有的高射炮了……

对于空军、陆军、海军的军械供给问题，我们总是将它们的生产分开考虑，而实际上它们在技工、原材料、工厂、机器和设备技术的供应和分配上的问题是具有共同性的。想要对这个问题进行全面调配并符合经济的原则，就要由一个集中的机构来处理和控制。可我们目前的效率却很低下，层层机构带来的结果就是巨大的浪费。英国的飞机制造业已经成熟，为什么却需要生产工人九万人之多，而德国的生产工人有十一万，可是英国的产量仅为德国的三分之一到二分之一之间，这是为什么？这件事情难道还算正常吗？真是不敢相信，我们现在仍不能生产更多的飞机。如果有十八个月的时间，即使仅有一张办公桌、一块空地，只要我们有钱和工人，就应该能生产出许多飞机。鲍德温先生决定将空军扩充三倍的承诺，距今已经是第三十四个月了。

* * *

我仍旧在防空委员会工作，因为新任空军大臣金斯利 · 伍德爵士请我留在那里。目前，天空已经变得黑暗多了。我想我们需要林德曼的帮助和建议，在技术上的一些问题，我希望能得到他的见解。于是我写信给他，说明需要他的帮助，否则事情可能会停滞。在我的积极努力下，林德曼被安排在主要的委员会任职，我和他又开始合作了。

* * *

我与法国总理和主要部长在法国没有签定停战协定（1940 年 6 月）之前，一直相互信任，无论在和平时期还是在战时，即使这些职位上的人经常变动，从我个人的角度或者身为政府首脑的角度，都是如此。我想把自己估计的德国扩军情况和法国的估计进行核对，我非常想知道德国的扩军情况如何。于是，我给自己所熟悉的达拉第先生写信。

丘吉尔先生致达拉第先生　　　　　　　　　　1938 年 5 月 3 日

在德国空军实力水平的问题上，你的前任勃鲁姆先生和弗朗丹先生曾经给了我很大的帮助，我非常感谢他们，尤其是在近几年对德国空中力量的估算方面帮助最大。若是您能将你们当前的看法告诉我，那我就更感谢你了。我有一些在目前被证明为是可靠的资料，但是我希望从不同的渠道获取更多资料，这样我就可以进行对比和审核了。

你在英国的访问获得了很大的成功，我为此感到高兴。我希望英法两国的参谋协商会议能持续举办下去。我向我们的大臣尽力说明有必要继续开会的益处。

1938 年 5 月 11 日，达拉第先生给我回信了。他在信中附上了一份文件，内容有十七页之多。这份文件经过了“法国空军参谋部深入地研究”。我将这份重要文件拿给英国的相关部门看，他们进行了仔细的研究。之后，他们说：“英国空军参谋部依照英国的情报得出的独立结论，同这份材料的主体是一致的。”对德国空军实力的估算，法国比英国略高些。我在六月初得到了很多有权威的看法，于是，我又给达拉第先生写了一封信。

丘吉尔先生致达拉第先生　　　　　　　　　　1938 年 6 月 6 日

你的情报十分珍贵，我已经从法国大使馆武官处收到了资料，非常感谢。为了我们共有的利益，我一定小心谨慎地利用这个情报，请你放心。

对当前德国空军实力的估算，跟我个人的看法是一致的。不过我还有这样的看法：德国工厂制造的飞机数量比估计的还要多。数据显示的仅仅是德国供应军队的军用飞机数量，其中不包括出口的飞机，也不包括供给佛朗哥将军的飞机。1939年4月1日，德国空军可能拥有的空军中队为三百个；1940年4月1日，德国空军中队可能为四百个。

我想根据英国资料做出的估计和我对德国陆军的估计进行核实。于是，我还说了如下内容：

我有一份短小的摘要，冒昧地随信附上。这是我收集到的一些情报。我从各个方面取得德国陆军目前和未来的情况。若是我的这个资料跟你们的大致相近，我想我会感到非常方便。若是你们发现我有什么错误，请用铅笔把数学写出来。

摘要

截止到6月1日，德国陆军共有三十六个正规师，四个装甲师。这些都是人员齐备的。正在扩充的是非装甲部队，这种部队发展非常迅速，计划将扩大三倍，现在已经完成计划的三分之二。目前有七十多个炮兵师，不过看得出来装备还不齐备。所有的陆军都缺乏军官。到了1938年10月1日，我们估计德国陆军将超过五十六个师，再加上四个装甲师，德国的六十个师将全部装备并编制完毕。此外，除了这些，德国还有接受训练的后备军，人数大约同三十六个师相当，骨干人员也已经配备在编制中了。如果给他们配备军械、轻武器和少量的大炮，他们就能成为现役军人中标准不太高的那部分力量。奥地利的兵力还没有计算在内。奥地利的兵力预计可有十二个师的人数，只是没有武装，可德国军火工业的库房随时可以向他们供应武器。还有些不在编制内的士兵和组织，例如：边防军和民防队等。他们也是没有武器装备的。

达拉第先生于 1938 年 6 月 18 日给我回信：

得知我在 6 月 16 日给你的信中的材料与你的相符，这令我很高兴。

6 月 6 日，你的来信中附带一个摘要，其中是德国陆军的情况，这与我所知道的是一致的。特别指出一点，德国可用于作战的三十六个正规师中，已经摩托化的有四个师，即将完成摩托化的有两个师。

在战后，我们从德国资料中取得了材料，根据这些来看，我们在 1938 年夏天所得到的德国陆军情况的摘要非常准确。这份私人收集得来的资料准确程度让人感到惊讶。这也证明了我的斗争是有充分的情报作为依据的——此前我一直在为英国军队的扩充而进行长期的连贯的斗争。

* * *

我在书中几次谈到法国空军。法国的空军曾有一段时间是我们的两倍，那时候还不允许德国有空军。到 1933 年，法国空军力量在欧洲是不可小觑的力量。可在希特勒取得政权的同年，法国对空军失去了兴趣，不再支持空军。他们想节约开支，在工厂生产方面的能力开始变弱，也不再设计新的现代化飞机。法国使用的工作制度为每周四十个小时，而德国在以战争的紧张状态工作，二者的产量当然无法相比。对于英国空军均势的丧失，在前面做了详细说明，这些情况同法国的情况基本发生在相同的时间。事实上，西方各个协约国只要认为空军对自己有利，就可以建立必需的空军，可是这一重要战略装备却被忽略了。另一方面的德国，虽然按照条约规定不能拥有空军，可是它却将自己的空军用于外交方面，最后再作为发动进攻的前头部队。

1936年后的几年中，法国“人民战线”政府做出了让法国海军和陆军完成作战准备的很多举措，可是偏偏在空军上没有进行应有的努力。在这本书的附录（5）中，有一个图解，虽然它令人觉得尴尬，可它说明了法国空军力量在变弱，而德国空军在上升的事实，这两件事情正好在1935年有个交叉。到了1938年2月，法国空军部长由居伊·拉尚布尔先生担任后，法国空军才开始按照强劲的计划一步步发展起来。可是此时到大战爆发仅有十八个月的时间了。德国陆军年年增长，而且越来越成熟，法国当然无法阻止，就这样德国陆军渐渐赶上了法国。我既不能对盟友之国的内阁成员分担责任，也不能对他们进行责问，可是法国如果想找出罪人，倒是可以在这方面做一些研究。

* * *

整个英国和刚选出的议会现在精神振奋起来了，因为他们先是感觉到了来自德国的威胁，随后又感到德意联合的危险在渐渐逼近。现在，他们同意采取一切步骤，而且几乎是盼望的心态。可是如果两年前就采用这些做法的话，他们就不会有那么多难题了。他们态度虽然变了，可是反对他们的人的权利却在扩大，他们的任务的紧迫和艰难程度也变重了。很多人说，德国成功占据了莱茵兰，我们想要阻止希特勒，唯有开战了。后世的几代人或许都会这样说。可我们本来可以多做些准备工作，那样我们的危险就会降低很多，可没有发生的事情，是难以定论的。

第十四章　外交大臣艾登先生和他的辞职

首相与外交大臣——艾登与张伯伦先生——范西塔特爵士——在西班牙问题上我和外交大臣的接触——尼翁会议——英国的通讯——我们的成功——首相和外交大臣意见不合——哈利法克斯勋爵前往德国访问希特勒——首相做了回答——我回绝了邀请——艾登感到自己被孤立了——罗斯福总统提出了建议——首相的回答——遭拒的美国总统非常失望——张伯伦的失职——艾登与张伯伦因罗马谈判而分道扬镳——恰特韦尔的不眠之夜

外交大臣在英国内阁的地位非常特殊，人们对他特别尊敬，因为他们的责任重大而且高尚。内阁或者内阁中的主要成员通常会在他执行某任务的时候进行审察，他肩负着让他们了解事情进展的责任。他要按照习惯和通例将自己在公事方面的电报、驻外大使的报告、他同驻外大使的谈话记录、他同外交使节和重要人物的谈话记录等在内阁同僚之间传阅。无论怎样，我在内阁的时候，事情的确如此。首相的这种审核权要特别地加以保护，对外政策的主要方针由首相亲自把握，或者他通过内阁进行把握，无论如何也不能对他保密。如果首相不支持外交大臣，他就没法顺利开展自己的工作。为了让事情进展顺利，首相和外交大臣就要在根本原则和看法上保持一致，在很多方面都应如此，比如脾气相投才可以。若是首相非常关心外交事务，那么他们两个人的合作就更加重要了。

鲍德温担任首相的时候，艾登是外交大臣。鲍德温先生渴望过上和平而宁静的生活，对于外交政策方面并不积极参与。而张伯伦首相则不然，政府的各个部都是他想强力控制的对象。在外交问题上，张伯伦坚持自己的见解，上任后，他立刻声明自己有权同外国大使讨论外交方面的事宜。因此，他担任首相后，外交大臣的地位发生了一种明显而奇妙的变化。

此外，两人的精神和观点存在深刻的分歧，只是最开始没有表现出来而已。首相认为英国应同欧洲的两个独裁者建立友好的关系。他还认为最好能向这两个人妥协，千万不能得罪他们。

艾登在日内瓦曾经赢得了声誉，因为他成功号召各国联合起来反对一个独裁者，若那时他有权按照自己的意志决定行动，那么他可能用接近战争的手段来对独裁者进行制裁，或许他还会采用其他手段。艾登对英法条约非常忠诚。最近，他正坚决主张英国和法国举行参谋会议，他希望英国同苏联建立密切的关系。对于希特勒的威胁和危险，他也有所认识，对于我国的军备和外交，他因其中的弱点而感到忧虑。我和他在观点上非常接近，只不过他担负着政府官员的职责，这一点与我不同。我在最开始就看出：若是世界局势逐步恶化，内阁中的两个重要人物就要发生分歧。

另外，哈利法克斯勋爵是首相的一位同僚，他对首相的外交观点非常赞同。自 1922 年起，我和哈利法克斯就建立了长久的亲密的关系，那时候的首相还是劳合 · 乔治先生，他在我们的殖民部担任次官。我们在政治观点上有分歧，可是两个人之间的关系却丝毫不受影响。我们因为印度总督在任时期的政策发生了严重的和长时间的争论。我确信自己对他非常了解，但是有一条深深的沟壑横亘于我和他之间，我对此有深刻的认识。在他和艾登之间，我也感觉到同样有一条深深的沟壑或者像沟壑的东西。总之，当初张伯伦先生组阁时，若是明智一些，就该请哈利法克斯为外交大臣，而艾登则应该到海军部或者陆军部去担任职务。那样将更为妥当，这样一来首相能有一个跟自己观点一致的人在外交部了。艾登和张伯伦合作的形式非常不妙，而且越来越糟糕。

* * *

在许许多多让人担心焦虑的年头中，直到此时，外交部的首席官员都是范西塔特爵士。他和霍尔－赖伐尔条约的关系让人感到意外，这样，新任外交大臣艾登先生和其他很多政界人物对他的看法因此而受了影响。此时，首相的主要工业顾问威尔逊爵士越来越受信赖，几乎任何事情首相都会同他商议，即使有的事情不属于他的业务领域。首相认为范西塔特反对德国，事实上也确实如此。德国的威胁越来越大，这对他来说，是比其他任何人都清楚地认识或者预见到的。他是最想为了应对德国的威胁，而将其他事情都服从此目标的人。外交大臣觉得同外交官卡多根爵士一起工作非常称心和顺利。卡多根很有工作能力，也非常富有名望。在1937年底，范西塔特预感到自己要换工作岗位了。1938年1月1日，他被任命为政府的首席外交顾问。这可是个特殊的职位，在外界看来，这个新名称的职位带有升职的色彩。虽然看起来是升迁了，可是实际上，外交部的所有责任都不在他身上。他原有的办公室仍归他使用，只是外交部的电文和该部的详细建议都会先送到外交大臣处，之后再交由他阅览。范西塔特不想在巴黎担任大使的职位，很长一段时间，他都在这种脱离一般实际的位置上工作。

* * *

从1937年夏天到年底的这段时期里，首相和外交大臣的分歧扩大，在目标和方式上，他们有很大的不同。1938年，艾登辞职，这是一系列有逻辑的事件导致的。

最开始的分歧在于英国和德意之间的关系上。张伯伦打算在两个独裁者面前低声下气地乞求。1937年7月，他请意大利大使到唐宁街，也就是请大使格兰迪伯爵到他的首相府邸。艾登先生知道他们要见面，可他自己却没去。在张伯伦的谈话中表达了自己想同意大利改善关系的意图。格兰迪伯爵建议说，最好是首相先写一封信给墨索里尼，先从个人呼吁做起,这样对局面有益。张伯伦先生坐下来,在这次会谈中,他真的写了一封这样的信。张伯伦没有把这封信给外交部的外交大臣过目，虽然外交大臣距离首相官邸也只有几步之遥。这封信并没有带来明显的效果。意大利加大了对西班牙干涉的力度，因此两国的关系越来越糟糕。

张伯伦先生认为自己带着一种使命，不仅是他个人的，也是特殊的使命——他认为务必与德国和意大利的独裁者建立友好联系。他自认为有能力建立起这样的关系。张伯伦承认意大利征服了埃塞俄比亚，想以此作为同墨索里尼解决两国全部纠纷的条件，并准备在殖民地方面向德国让步，这样以便于争取希特勒。与此同时，他还用非常明显的方式表达了自己的想法，他说自己不想考虑英国军备的改善事宜，还说自己也不会同法国的参谋部密切合作，政治方面的合作也不考虑。艾登先生的想法则相反，他确信若是想同意大利之间达成谅解，那么就要与全面地解决地中海问题相联系，毕竟西班牙问题也包含在其中。同时，他还认为在这些事情之前，英国首先要同法国在此事上达成深刻的谅解。我们是否承认意大利在埃塞俄比亚的地位，可以在对全面解决这些问题的方案谈判中当作一个重要的底牌，用来谈条件。外交大臣认为，这个条件在没有开始谈判的时候就被去掉了，因为表现出一副急于谈判的神态实在是不够明智。

时至 1937 年夏天，他们之间的分歧更严重了。张伯伦先生认为自己同德国和意大利谈判的努力被外交部所阻碍。艾登先生则认为现在英国的军备正是非常衰弱的阶段，而他首先设法同独裁者接近时表现得太迫不及待了。实话实说，他们见解中的严重分歧有心理因素，也有实际问题。

* * *

虽然我同政府之间的分歧非常多，可是对于外交大臣，我却怀着深深的同情。以我之见，他在政府中是勇敢而坚强的人物。他过去在担任外交大臣政务秘书期间和后来担任次官的时候，也做过很多委曲求全的事情。这是我此前和现在都攻击过的事情。可是我确信他的本意并没有什么错误，而且问题的根结已经为他所掌握了。另一方面，外交部每次举办宴会的时候，他都会邀请我，我们之间通过书信来往。这样并没有什么不当之处。外交大臣若是按照长期以来的惯例，都会同当下的重要人员保持联系，以便对国际问题展开广泛的探讨。艾登先生也是照规矩办事而已。

我在1937年8月7日写了一封信给他：

我们的想法被西班牙问题打断了。我认为目前最要紧的事，是让勃鲁姆持中立，跟我们一致。假如德国对叛军继续支持，政府方面也可以得到苏联的钱，我们的中立态度还要保持下去。如果法国帮助一方反对叛军，那么德国或者跟德国亲近的分子们就获得了机会。我在《旗帜晚报》上发表了一篇文章，若是你有空，不妨看看。

我在那篇文章中是这样写的：

两方发正争端，肯定是双方各有对错的原因。在西班牙，无产阶级为一方，他们贫穷落后，怀着热情，要求推翻国家政权和教会，取消私有财产，建立共产主义的政权。另一方的势力由宗教的、爱国的和资产阶级的力量组成，在很多省份，他们赢得了农民的支持，陆军领导靠他们建立军事独裁制度，用来恢复秩序。

双方都怀有决死的心态，他们对对方进行残忍无情的屠杀，仇恨令人却步，局面无可挽回。双方的利益和信仰完全不同，大有水火不容之势。在这种形势之下，战胜者无论为哪一方，失败一方的积极分子都会遭到惨绝人寰的杀害。此后开始的将是一段长期的专制统治。

我和艾登在 1937 年秋季取得了一致看法。虽然我们在途径上有所不同，但在反对轴心国干涉西班牙内战方面的意见并无差距。要是他能坚定地采取行动，我在下议院也会支持他，即使是小规模的行动，我也会那样做。他在内阁同首相及一些高级同僚们发生了摩擦。我相信要是他没有被约束的话，一定会付出果断的行动。八月底，我们在戛纳多次见面。一天，我在戛纳通往尼斯的路上请他和劳合·乔治吃饭。在饭店里，我们的谈话涉及很多问题，包括西班牙的冲突、经常毫无信用的墨索里尼、西班牙内战受到的干涉，等等。当然，我们最后谈到的是最黑暗的事情——德国的势力越来越大了。那时候，我认为我们三个人的意见是完全相同的。当然了，外交大臣对他的首长和同僚的关系有深深的避讳。我们在谈话中也没有涉及这个敏感的方面。他的态度自然是最正确的。我可以非常肯定地说，虽然他身处这个至关重要的位置上，可他一点也不开心。

* * *

在不久之后，地中海方面的局势变得紧张了。这次危机中，艾登用坚决而巧妙的手腕做了处理。此事得到了解决。我们主张的路线没有错，这是此次解决问题的过程可以证明的。事情是这样，一队商船被击沉了，是所谓的西班牙潜水艇所为。可是实际上这些潜水艇是意大利的，而非西班牙的。这绝对是海盗的做法，一点错也没有。因此，知道这件事情的人立刻行动起来。9 月 10 日，在尼翁，地中海各国召开了会议，范西塔特和第一海务大臣查特菲尔德勋爵陪同外交大臣一同出席了这次会议。

丘吉尔先生致艾登先生　　　　　　　　　　1937年9月9日

你在上一封信中说希望在去日内瓦开会前，来看望我和劳合·乔治先生。我们今天见了面，现在将我们的看法告知你，便于你了解。

目前是敦促意大利的时候了，应该令它遵守自己的国际义务。在地中海，已经有潜水艇做出海盗一般的行径。对于船员们的生命安全，他们完全弃之不顾，很多国家的商船被击沉了。必须制止这些残暴的行径。为了这一目的，地中海的各个国家应该达成协议，在规定的商运航线上，他们不应让自己的潜水艇进入。英国和法国的海军应该负责搜索这些航线上的潜水艇。侦察器上一旦发现潜水艇，即可认定为海盗，必须进行跟踪和击沉。对于意大利，我们用最客气的方式邀请它，若是它不参加会议。我们就直接告诉它："我们决定了，就这样做。"

与此同时，因为我们不能放弃同意大利友好合作的希望，因此法国应该发表声明，若是意大利不肯加入这个协定，法国就将自己同西班牙之间的比利牛斯山边境开放，任何武器都可以自由地进入西班牙。意大利此时就要面对现实，一方面地中海上有海盗行径的潜水艇将被清理干净；另一方面若是它不肯加入该协定，那么法国开放边境的举措对意大利一点好处也没有。我们认为这是极为重要的一点。墨索里尼要面对的是地中海各国联合起来的压力，还要面对由于固执所带来的巨大危险，这种敦促意大利加入协定的方式或许会发生作用，毕竟若是它不同意，对它一点好处也没有。我们要让它知道法国和英国是说到做到的，绝不是戏言。

依情况看，德国在这一年没有发动大战的意图。若是想要同意大利在将来能建立友好的关系，那么现在就要解决一些问题了。墨索里尼认为他的恐吓和敲诈能令自己获得一切，在他看来我们只会说几句空话之后就退步。这是我们现在遇到的危险。现在应该为了欧洲的和平和利益建起一条坚强的阵线。若是你认为这种努力是可行的，那么我们可以保证，无论情况怎样变化，在全国和下议院我们都会支持你。

从我个人的角度看，你在莱茵兰的非军事化被破坏后，坚持要同法国参谋部进行商谈，那时是紧要关头，现在也同样是紧要关头。勇敢的道路才能获得安全。这封信可供您作为私用，也可以在公开场合使用，只要你认为对英国的和平和利益是有用的就可以了。

又：我曾经把这封信给劳合·乔治读了，对于信中的内容，他表示完全认可。

尼翁会议虽然短暂，却很成功，成立英法联合巡逻舰队的事情在会上通过了，这样就可以防止潜水艇为非作歹。舰队接受的命令是非常明确的，只要他们遇到潜水艇，就要击沉它。最后，意大利同意了这个协定，虽然态度勉强，可海上的残暴行为不会再发生了。

艾登先生致丘吉尔先生　　　　　　　　1937年9月14日

现在，或许您已经看到在尼翁会议上我们使用的方针了。您在信中建议的一部分和我们的方针是吻合的。我希望您也认为会议的结果是令人满意的，从我的角度看是这样的。有些重要的事实其实是这样的，在会议中，我们强调了英国和法国的合作是有益的，在欧洲的事务方面，西欧的两个民主国家仍具有决定性作用。我们同法国合作草拟的计划最终得到了认可。我必须承认我们同法国合作是最好的选择。我们对他们准备提供与海军合作的范围感到惊讶。说句公道话，若是他们的空军援助也计算进去，英国和法国的力量就各为百分之五十了。

我也得承认我们在会议上只取得了一个成就，那就是解决了西班牙的问题。但是我们在各国中的威望却因此而大大提升。目前，我们迫切地希望提高自己的威望。令人满意的还有地中海附近的许多小国家。土耳其友善地领导它们，可以说是相当坦诚的，因此这些小国的表现非常令人满意。当查特菲尔德同人们接触的时候，可以说每次都是非常成功的。我认为尼翁会议之所以成功，正是因为它精简的缘故。这在我们恢复地图上的位置方面是非常有意义的。希望您也认为是这样。

在这次会议上，至少法国人和我们都受到了鼓励，只要我们协同一致，就能面对艰巨的任务。

丘吉尔先生致艾登先生　　1937 年 9 月 20 日

非常感谢你在如此繁忙的情况下给我写信。这是一次重大的成就，我该向你道贺。让坏人在严厉有效的措施下变得服帖，而且没有引起战争的危险，真是难得的好事情。下院对议会取得的成果也会感到满意的，我相信这一点。

得知张伯伦先生始终支持着你，这令我很高兴，因为一些广泛流行的报纸说他在背后牵制你。你已经得到了有利条件，我希望你能坚定地保持住。墨索里尼是个只懂得强势兵力的人。他在地中海问题的表现就是如此，我们将法国根据地利用到地中海以后，那里的海军形势就完全改观了。意大利必然不会与英法两国的联合力量相对抗，因为那力量是有力的。因此我所期待的是，能让墨索里尼自己想办法摆脱他的外交困境，那都是他自己所犯的错误所致。墨索里尼本应尽力避免地中海形成目前的局势。可我们怀着无可辩驳的目的联合起来，一致反对他，才构建了这样的形势。墨索里尼现在是自作自受。英法两国已经在海军方面开始合作了。我们认为这种合作应继续延伸，海军和空军方面的设备应该能够互相利用。未来在巴利阿里群岛会用得着，在那里可用此来防止发生纷争。在地中海地区，意大利的布防还会持续。他们反对英国，这对我们的帝国来说，是未来一定要反击的巨大危险。我们的布防若是变成永久性的，那么危险的系数就会降低很多。

伯纳德·巴鲁克来电说，他正将自己同美国总统的谈话（比我们的伦敦谈话晚一些）经过写出来。我确信，总统先生在我们的谈话中受到了影响，才会对独裁国家的言论表示反对的。在关税和通货方面，我也确信必然已经开始进行研究了。

艾登先生致丘吉尔先生　　1937 年 9 月 25 日

感谢你在 9 月 20 日给我写的来信。对于尼翁会议，你说的那些激励的语言也让我对你加倍感激。对尼翁会议的形势，你得出的结论是这样的：“让坏人在严厉有效的措施下变得服帖，而且没有引起战争的危险，真是难得的好事情。”对当前的局势，我认为完全可以从这个结论中看出来。墨索里尼太失察了，这是他必然要面对的惩罚。英法两国的驱逐舰有八十艘，而且还有非常强悍的飞机大队在海上巡逻，欧洲的舆论会对此怀有深刻记忆，这是毫无疑问的。我也收到一些报告，从中可以看出德国对这个事实也很重视。我们在今年秋季不得不在相当大的程度上采取防守的策略。在这样的时间和形势下，我们可以用这种办法来保全英国和法国的地位，为此，我和德尔博斯都感到长长出了一口气。我们面前的困难还有很多。在军事上，我所希望的远比现有的要强大。不过，我们的地位在尼翁会议上已经有了改观。我们也因此争取了更多的时间。

我非常同意你的意见，你很重视我们在地中海问题上形成的英法合作。从整体看，与赖伐尔执政时期的表现相比，法国的态度已经发生了根本性的变化。法国海军参谋部在这次事件中的确尽心尽力地实施了援助，在联合舰队方面，他们做出了重要贡献。我确信我们的海军部也会对此有深刻印象的。另外，你还提到的一点也非常有价值，即你说两国在基地方面的相互利用对彼此都有好处的方面。无论意大利以何种形式参加了这个协议，对局势的根本情况也不会产生影响。

英法联合的力量在尼翁会议上得到了证明，虽然它只是偶然才发生的事件。若是我们表现出信心，且不排除使用武力的可能，那么对独裁者一样有影响，无论在心理上还是政策上的影响都是强烈的。我们还不敢说在目前阶段使用这样的手段必然能阻止战争，可是我们可以说它至少可以让战争推迟。事实上，无论“绥靖政策”为何种形式，都是对侵略行为的鼓励，是独裁者对自己本国人民权利的加强。当西方民主国家果断地表示出任何形式的反对时，就会令局势非常紧张。1937 年，这种规律全部被表现出来，不过在这之后的局面和形势，又完全不同了。

*　　*　　*

1937 年 10 月初，外交部召开宴会款待南斯拉夫的总理斯托亚丁诺维奇，我也应邀参加了。我们在用餐完毕后到处走了走，顺便进行了谈话。我正同艾登先生闲聊，哈利法克斯勋爵很兴奋地走了过来，他说戈林邀请他去德国打猎，他很希望能通过这次机会同希特勒能见面。他说这件事情已经同首相谈过了，首相对此事也表示赞同，因此，他就接受了打猎的邀请。我对此事的印象是，当艾登听闻此事时有些惊诧和沮丧，不过愉快的气氛把这些情况掩盖住了。于是哈利法克斯访问德国去了，出访的身份是“打猎的老手”。纳粹的报纸称他为“哈拉里法克斯”勋爵，并表示欢迎他的到访。欧洲大陆的人在打猎的时候常常呼喊着：“哈拉里！”他在接受了几次打猎的款待后，终于获得了邀请。他被邀请前往贝希特斯加登，在那里他们将同德国元首进行一次非正式的会面。会面并不顺利。他们彼此难于了解对方，简直很难想到还有比他们更困难的情况了。其中一个是贵族，出身于约克郡高派教会，热爱和平，他在英国传统的生活中成长起来，习惯了笑意迎人，他一直生活在与人为善的环境中，在战争中他是个不错的军官。而见面的另一方却出身贫寒，且是个十足的恶棍，内心因为受了国家战败的刺激而满是仇恨，一心想要复仇，疯狂地想让全世界都被日耳曼民族所主宰。这次会谈根本没有任何收获，除了瞎说之外，就是不知所措。

* * *

在这里或许可以说说另一件事情：里宾特洛甫曾经两次邀请我去访问希特勒。很久之前，也就是 1907 年和 1909 年，我曾经两度被德皇邀请前去参观德国的演习，那时候我是殖民地事务的次官，并且还是牛津义勇骑兵队少校。然而现在的情况彻底变了，双方正在发生激烈的斗争，我在斗争中有自己的立场。若是英国能给我授权的话，我当然愿意同希特勒见面，可我绝不同意以个人身份去会晤，我可不想因此而令我的国家处于劣势地位。因为我要是对独裁者的东道主表示同意，就要对他说谎话，要是我表示反对他，他必然会很生气，也会因此而被认为破坏英德之间的关系。于是，这两次邀请我都没有答应，而是拒绝或顺其自然地推掉了。那些在这几年中对德国元首进行过访问的人，要么陷入了为难的境地，要么就是让自己遭殃了。其中受到最严重欺骗的人莫过于劳合·乔治了。

他描述自己同希特勒谈话时，显得那么令人高兴，可现在读一读这段记叙，让人不自觉地想发笑。毫无疑问，希特勒有一种令人迷惑的特质，访客自然会对他产生一种错误的有力量和威望的印象，若是不能与他有平起平坐的地位，还是不要同他接触为妙。

艾登对我们军备的缓慢扩充速度感到越来越焦虑了，这时正是十一月份。他在11日同首相见了面，想表示自己的担忧，可张伯伦听了一会儿就听不下去了。张伯伦劝他说："回去吧，吃一片阿司匹林好了。"哈利法克斯从柏林返回了英国。他报告说，希特勒在同他的谈话中表示德国和英国只有一件事情需要落实，那就是殖民地方面的事情。他相信德国人并不急于进行和平谈判，目前也根本没有这样的想法。他得出了消极的结论，自己的态度处于被动的状态。

1938年2月，在内阁之中，外交大臣感到自己已经处于被孤立的境地了，首相得到了强大的支持，这些力量反对他和他的观点。外交部的政策被内阁的一大批重要成员认为太过危险，甚至觉得这是挑衅。另一方面，一些年轻的阁员倒是非常想了解他的观点，可是，后来这些人中的一部分对他的观点并不满意，他们认为艾登对他们有所保留。不过艾登并没有成立小集团组织的意图，他不想因为这个原因反对领袖。他从参谋长那里也得不到帮助，他们确实也劝他谨慎小心，对他说局势具有危险性。他们不想和法国人接触，为的是避免承担超过我们能力范围内的责任。苏联党内大清洗以后，他们认为苏联的军事实力已经没有什么优势了。在面对我们的问题时，他们假定德国、意大利和日本三个国家都是我们的敌人，它们可能联合起来攻击我们，而我们却得不到任何国家的帮助。可能我们会要求利用法国的空军基地，可是最初的时候，我们连军队都派不出去。在内阁，连最谨小慎微的建议都被强烈反对。

* * *

最终的决裂是由另一个新产生的问题所致。1938年1月11日晚，华盛顿的驻美大使接待了来访的威尔斯先生，这位美国国务卿带来了一封密件，是罗斯福总统致张伯伦先生的。对于日益糟糕的国际形势，总统先生深感不安，他建议邀请一些政府代表来华盛顿，针对纠纷的根本原因进行讨论。他的意思是在采用这种方式之前，先同英王陛下的政府进行磋商，这样他就可以先了解英国对这个计划有什么想法。他特别强调，这个建议的问题和性质都暂时对其他国家政府保密。他希望英国政府要赶在 1 月 17 日前给他回复。他说只有英王陛下政府表示“诚挚的热忱相助和全方位的支持”之后，他才会向意大利、法国和德国政府提出这件事。这个做法是难于估计的重大行动。

这封绝密文件被英国大使林赛爵士交给了伦敦方面。他还附加了自己的建议，他说根据他的看法，总统确实是真诚地为了紧张的国际形势能有所缓解而进行努力的，英国为了与美国合作已经做出了两年的努力，若是现在不支持此事，那么前两年的奋斗就白费了，他诚恳地希望英国能接受该建议。这个电文在 12 日由外交部收到，当晚就抄送给了首相，此时首相还在乡下休息。第二天早晨，首相返回伦敦后，在他的授意下，给美国总统做了电复。此时的艾登先生，还在法国南部短期休假。张伯伦先生的回复大致是这样：对于总统提出缓解欧洲紧张局势的计划，竟然采用这种方式同他商议，这是罗斯福总统的信任，他非常感激。他乐意说明自己在德国和意大利方面所努力达成协议的立场，特别是在针对意大利的立场。他说：“从自己的角度说，英王陛下政府，若认为意大利真的愿意为恢复友好和信任的关系而努力，那么我们对于意大利侵占埃塞俄比亚的问题上，也愿意给予法律上的承认，当然若有可能，最好还是先由国际联盟表示同意为好。”首相在电文中提出这些事情的目的，是希望美国总统能考虑一下英国的努力是否同他本人的建议有冲突，如此，美国提出的步骤可以稍作推迟，这样更为明智。

总统看到这样的回复感到很失望，他表示在 1 月 17 日前，会给张伯伦先生回复一封信。外交大臣于 1 月 15 日回到了英国。事实上，并不是首相催促他回国的，因为首相认为他不在的情况下并不影响任何事情，而是外交部内对他忠心的官员催他返回英国。卡多根不无小心地到多佛码头等候他。艾登先生为了促进美国和英国的友好关系，已经长期付出了艰苦的努力，这个消息传到他的耳朵里以后，他的心里就开始担心。很快，他就给林赛爵士发了一封电报，以此来冲淡张伯伦那冷淡的回复带来的影响。10 月 18 日，总统先生的回信一大早就被送到伦敦。他在信中说，考虑到英国政府有直接进行谈判的计划，那么他愿意将自己提出的计划做些推迟，他还说他非常关心一件事，那就是英国政府对意大利在埃塞俄比亚的地位的承认问题。他认为英国承认意大利在埃塞俄比亚的地位，将产生一些非常糟糕的影响，日本在远东的政策会受影响，舆论对美国的看法也会受影响。美国国务卿科德尔·赫尔先生将这封信交给了华盛顿的英国大使，同时，他特别强调指出："这种承认会招来厌恶。人们不愿意冒着危险帮助他人，这种厌恶将会产生或者加深这种情绪。美国深切地关心自己在远东的利益问题，英国的行为将会被看作在欧洲进行卑劣的交易，而牺牲美国远东利益。"

内阁外交委员会在多次会议上提出讨论美国总统的信件。艾登先生很大程度上修正了内阁此前的态度，很多内阁成员认为他已经感到满意了。可他并不满意，只是他没有向这些阁员们表达自己的态度。1 月 21 日晚，经过讨论后，向华盛顿发出了两封公函。其大致的意思是，对总统的建议，首相十分欢迎，只是各个方面对美国的建议并没有热情，英国政府不愿意在失败的方面分担责任。张伯伦先生希望说明的态度是，对于总统先生的意见，我们并不是毫无保留地接受下来，因为欧洲的两个独裁者为此会受刺激，日本也不例外。英王陛下的政府还有一些看法，即我们从法律角度承认问题的立场，总统先生并未充分理解。我们之所以能做出这样的承认，是考虑到意大利将要全面解决问题，这种承认可以作为其中的一部分。

1 月 22 日，英国大使向美国总统递交了这些文件，且他同副国务卿威尔斯先生进行了谈话。他专门做了一份报告，向英国政府汇报此事。威尔斯先生对他说："总统先生的态度是，承认问题是一剂苦口的药，但是英美两国却不得不吃下去。总统希望两国能一起吃下这剂药。"罗斯福总统希望利用美国的影响，将欧洲主要国家召集到一起，共同商讨如何全面解决问题。即使仅仅处于试验的状态，实力雄厚的美国也当然要参与其中。可张伯伦先生就这样将该建议否定了。英国首相和外交大臣的态度相去甚远，这从英国首相的态度就能看得出来。在后来不长的时间内，两人的分歧还仅限于内阁的范围，可他们之间的裂痕埋下了根源。张伯伦先生有一位传记作者，也就是法伊林教授，此人对这段插曲有一段非常有趣的记叙和评论："张伯伦非常担心，他怕两个独裁者对此建议不理不睬，更怕他们以民主国家结成统一战线为借口发动战争。可是艾登回国后却主张要赢得美国的友谊，坚决认为可以冒险。这就是辞职的最初表现，不过终于想到了一个办法，可以两方面都得以保全……"英国！真是可怜！一直以来，英国都过着没有烦恼的日子，议会中那些温和儒雅的空泛发言一直没有停歇，就这样，英国糊里糊涂地走在了下坡路上。英国本想躲避那样的一条路，现在却走了上去。势力最为强大的报纸上发表的重要文章还在安抚人们的心灵，只有一些忠诚的少数还算值得钦佩。英国的做法表现出这样的态度：全世界都跟它一样，随意而无野心，善良而没有心机。

* * *

外交大臣若是想提出辞职，也不能以张伯伦拒绝美国总统的建议为理由。罗斯福的意图是令美国介入欧洲，可是欧洲现在的阴暗对他来说意味着在美国国内那冒极大的危险。要是往来的电文中泄露任何一点信息，美国国内那些孤立主义势力就会一拥而上，围攻总统先生。另外，欧洲现在满是仇恨和恐惧，要是美国此时插手欧洲，对延缓或者避免战争再有利不过了。对英国来说这是几乎等同于生存和死亡的大问题。它对奥地利的形势变化会产生怎样的影响，慕尼黑局势又会因此而产生什么样的变化，这些问题没有人在事后做出估算。我们必须肯定地说，美国的建议被拒绝后（事实上确实是拒绝了），最后一点可以用非战争的方式让世界避免蹂躏的机会也消失了。张伯伦先生对欧洲的局势并不清楚，加上他肤浅的眼界，现在已经自高自大到这种程度，将远从大西洋的对岸来援助的人拒绝了。即使是今天想到这些，仍然让人觉得吃惊。说起来真让人感到惋惜，一个人手里攥着国家的前途并握着全国人民的命运，虽然此人善良、正直、能干，在这件事上竟表现地失去了分寸，甚至没有自己的主见了。人们到了今天也依然难以想象，当时的他到底是怀着什么念头才会采用那样的外交态度。

* * *

慕尼黑危机时，苏联国提出了合作建议。在本书的后面，我还会讲到对这些建议的处理过程。我们当时不仅将自己的国防问题抛弃了，还想尽办法令法国削弱兵力，接着，我们同这两个大国的关系越来越疏远，而这两个大国正在尽力保全能令他们自己和我们生命的必须之物。要是英国人当时能意识到这样的问题，历史恐怕都要改写了。但那时候的每一天仿佛都很顺心。事情已经过去十年了，今天就让那些过去的事情成为教训，用来它指导未来吧。

* * *

1 月 25 日，艾登先生赶赴巴黎同法国进行协商。此时他对前途的信心想必已经有所减弱。以现在看，能否成功接近意大利将是决定一切的因素。我们在给美国总统的回信中，曾经将这些问题做了重点说明。法国政府尽力向艾登表达了自己的观点，西班牙问题必须被看作全面解决意大利关系的问题。毫无疑问，艾登表示同意。首相于 2 月 10 日同外交大臣一同会见了格伦迪伯爵。格伦迪此时表示，从原则上来说意大利准备进行谈判。

2 月 15 传来消息，德国迫使奥地利总理许施尼格接受它的条件，于是任命纳粹的主要人物赛斯·英夸特为公安部长和内政部长，此人进入了奥地利内阁。艾登先生和张伯伦先生的紧张关系，并没有因这起严重事件而有所缓和。他们于2月18日又一次同格伦迪伯爵会谈，从此，两个人再也没有合作过。意大利大使坚决不肯讨论意大利对奥地利的立场问题，英国提出撤退他们在西班牙的志愿军或所谓的志愿军（意大利正规军的五个师），大使拒绝讨论。格伦迪提出召开一般的会谈，地点选择罗马，对首相来说这个建议正中下怀，可外交大臣坚决反对这一建议。

接下来，开始了冗长的讨论和内阁长时间的讨论会。在《张伯伦先生传》中有公开记述这些的内容,这也是记述此事最权威的一本书了。法伊林教授说，首相先生现在明白若是艾登不辞职，就只能自己辞职了。一些日记和私人信函被授权交于法伊林使用，他从这些内容中引用了首相说的一些话："我想话要说得非常明白才行，任何相反意义的决定都是我所不能接受的。"我们无法得知说出这样话的时间，更不知道会议到底有多么冗长，只是最后艾登先生提出了辞职，他提出的方式非产简单。他说在这种情况下，要举行罗马会谈的事情，是他所不能接受的。他的同僚对他辞职的事情感到惊诧，用法伊林的话说，就是"非常震惊"。对于首相和外交大臣分裂，他们还不知道已经严重到必须分开的程度。可以看出，若是他们知道艾登先生会因这件事情而辞职，那么这个问题肯定会被广泛的讨论起来，甚至会成为更大的新问题。可是他们还是把这个争论的是非问题，当作了一个专门的讨论。那天剩余的时间则用在了外交大臣身上，人们用尽力气想令他改变主意。内阁的烦恼令张伯伦先生也很难过，他说："我看到我的同僚现在这个样子，感到非常吃惊，我建议将会议推迟到明天再继续召开。"可是艾登先生却认为任何表白都无济于事了。他的辞职在20日的午夜时分被确定下来。首相说："我认为他依然很光荣。"外交大臣一职立刻由哈利法克斯继任了。

内阁之外当然也知道发生了严重分歧的事情，但是毕竟不十分清楚。我已经有所耳闻，但是我很谨慎，没有对艾登先生提起过。我希望他先将自己的理由充分地确定下来，再提辞职比较合适，这样那些议会中的朋友们，才能有机会揭露问题。可是这时候的政府姿态那么高，并且政府也太过强大，以至于这场争论在内阁秘密进行中，主要由他们两人单独解决了。

* * *

2月20日深夜，我坐在恰特韦尔庄园的那栋老房子里（就跟我现在坐那儿是一样的），接到了电话，说艾登先生已经辞职。我必须承认当时的心情突然变得沉重了，巨大的失望像黑暗一样吞噬了我。在我的一生中，漫长的岁月里经历了无数的荣誉盛衰。即使在不久之后发生的大战中，战争最为艰苦的岁月也没有让我失眠。1940年，那场危机中我肩负众多责任。在后来的五年里，虽然我会经常遇到让人焦虑的事，或者非常难于处理的事，可是我在忙完一天的工作之后，依然躺倒就能入睡，除非有紧急情况把我叫醒。我的胃口很好，睡眠质量不错，醒来之后就能精神抖擞，我也没有什么感慨可发，不管早上送来的是什么早餐，都一股脑地吃光。1938年2月20日夜晚，也就是现在，我却失眠了，那是我唯一一次失眠。我躺在床上从午夜到天亮，内心一直充满忧虑。我眼前巍然屹立着着一位坚强的年轻人，他在抵抗着那忧郁的、没有主见的潮流，那股潮流轻易就会屈服，而且是忧郁的、迟缓着的，那股潮流中也有错误的估计和微弱的冲击。如果是我处理他的事情，定然会有很多不同之处。以我之见，在这种时候，他是英国民族全部的希望，而这个伟大的、历史悠久的民族曾经为全人类做出过诸多贡献，未来也是如此。可是这个人从他的职位上走开了。我凝望着慢慢透进窗子的阳光，我在内心看到“死神”正站立在我的面前。

第十五章　夺下奥地利

1938 年 2 月

“奥托计划”——希特勒将最高统帅权握在手里了——奥地利总理奉召前去拜访贝希特斯加登——摆在他面前严峻的问题——许施尼格失败了——希特勒 2 月 2 日在国会演讲——针对艾登辞职一事的争论——希特勒和墨索里尼臭味相投——奥地利公民的投票——奥地利被侵略——进军维也纳的胜利和它的背景——为欢送里宾特洛甫举办的午宴——3 月 12 日展开辩论——维也纳沦陷之后——捷克斯洛伐克危险了——苏联的建议和张伯伦先生——其他打击——与德·瓦勒拉先生展开谈判——爱尔兰各个港口被放弃了——英国损失惨重——爱尔兰中立——我的抗议无效

现代战争中即使某国最后战败，也仍能保存国家的本体和结构，他们的档案机密也还会继续保留。这次战争最后我们得到了很多材料，敌人的内幕才被发现。根据这些材料，我们能非常准确地核实我们当时得到的情报，判断当时的行动。现在我们知道希特勒的计划经过了。在 1936 年 7 月命令参谋部草拟局势计划，以便在机会成熟时占领奥地利。该计划被命名为“奥托计划”，一年后，也就是 1937 年 6 月 24 日，希特勒再次发出一个特别命令，要将计划的具体步骤做出来。11 月 5 日，他把自己的军事计划向军事将领们透露了。德国必须拥有更多的“生存之地”，若是能把波兰、白俄罗斯和乌克兰得到的话就最好不过了。但是必须经过大战才能得到这些地方，并且要顺便将那些地方的居民全部消灭干净。德国少不了要面对英国和法国这两个最“令人痛恨的敌人”。这两国绝对不会同意德国站在欧洲的中心，也不会让德国成为巨人。德国必须利用自己在军火制造方面的有利条件，利用已经被怂恿起来的爱国热情，这种情绪最突出的代表就是德国纳粹党，为此，只要遇到有利机会，就要发动一场战争，毕竟机会难得。德国要在这两个敌人都没做好准备的情况下抢先行动。

德国外交部、军官团和参谋部的观点影响了一些人，比如弗里奇、纽赖特，还有布洛姆堡。他们听到这一政策时就感到惊恐和震撼，因为在他们看来这样将会冒着极大的风险。他们承认元首的勇敢和果断，德国在军备的各方面都领先于各个协约国，这是不争的事实。德国陆军每个月都在更加成熟，英国现在没有坚定的意志，法国内部正在腐败，这样有利因素当然是可以充分加以利用的。但是所有的事情目前都进行得非常顺利，为什么不能再等上两年呢？他们需要时间来建立起完善的军事战斗指挥机构，那些民主国家已经衰败和颓废了，只要元首时常能发表一些和解性的演讲，它们就会进行一番毫无意义的争论。然而，希特勒却不相信这些。天生的才能令他相信，要想胜利必须冒险，那些有绝对把握的道路上不会有胜利两个字，必须要突然迈进才行。第一次重整军备成功，第二次恢复征兵也很顺利，第三次重占莱茵兰也毫无阻碍，第四次是同墨索里尼成功亲密接触，希特勒此前取得的这些成绩让他感到无比骄傲。要是等到时机完全成熟，最好的时机就会错过。那就什么都迟了。也许历史学家们或者其他人并不这样认为，他们用不着想该怎样度过每一天，更不用想怎样行动，当然可以轻松地说，要是再等两三年时间，希特勒的军队就会更为强大，那时候再动手，希特勒就能坐拥全世界了。不过从事实看，并不是那样，况且，人类的命运或者国家前途等等并没有绝对正确的断言。希特勒的决定是尽快行动。他要在最强盛的时刻挑起战争。

不和谐的婚姻影响了布洛姆堡，导致他在军官团中的实力变弱。并被免了职。希特勒在 1938 年 2 月 4 日又免除了弗里奇的官职，将武装部队的最高指挥权攥在了自己的手中。元首可以决定国家政策，还能直接支配军事机构。一个人要是有了很大的权利，又多少有些聪明，还能随意用可怕的手段惩罚他人，那么他自己的想法，就要在最大范围内发挥才行。此时希特勒的大权，已经同拿破仑在奥斯特利茨和耶拿战争之后的权力不相上下了。不过希特勒并不像拿破仑那样亲自在战场驰骋和指挥，因此没有重要战争胜利带来的荣耀。但是他在政治和外交方面的成功为他赢得了光荣，他的追随者和周围的人都确信这点，要不是希特勒就不会有这种胜利，完全是因为他判断准确而且做事大胆才取得了这些成绩。

* * *

希特勒想将奥地利共和国吞并，他在《我的奋斗》一书中明确地表达过这样的决心，他的理由是要将条顿种族纳入到德国。另外还有两个理由：若是德国占有了奥地利，首先，通往捷克斯洛伐克的大门就打开了；其次，想要进入西南欧的宽阔大路也被打通了。1934 年 7 月，奥地利的纳粹党暗杀了多尔富斯总理后，颠覆奥地利政府的贿赂、阴谋和暴力行动从未停止过。希特勒在各方面都取得了成功，不管是德国国内的成功，还是对协约国方面的胜利。与此同时奥地利境内的纳粹运动日渐强大，不过它还需要继续向前走。表面上看，巴本得到的命令是维护同奥地利政府的友好关系，让奥地利的纳粹党得到奥地利政府的承认，成为合法的组织。这时候的希特勒，暂时还受墨索里尼态度的约束。多尔富斯总理遇难后，他的遗孀到了威尼斯政治避难，意大利的独裁者乘飞机前去慰问她。那时候奥地利的南部边境上集结了意大利的大军。但现在是 1938 年初，欧洲的价值标准和各国的分分合合都有了决定性的变化。齐格菲防线是钢筋水泥结构，它越来越坚固了，除非法国做出巨大的牺牲，否则他就无法突破它。德国对西方不再开放。对墨索里尼的无效制裁，并没有让他的权利受损，反而让他愤怒了，因此他站到了德国那边。可能他正饶有兴致地想起一句名言，也就是马基雅维里的名言："人们报的不是大仇大恨，而是小仇。"人们一次次地看清了西方民主国家，要是暴力尚未击中他们，他们就不会向暴力屈服。此时，在奥地利的政治界，巴本正在巧妙地斡旋，他令很多奥地利的显贵在重压和阴谋下改变了立场。维也纳旅游业是重要产业，因时局不稳受到了很大的干扰。奥地利共和国已经非常衰弱，恐怖分子一边搞幕后活动，一边残暴地扔炸弹，这个国家已经到了垂死的边缘。

德国觉得时机刚刚好，奥地利的纳粹党已经取得合法地位，只要他们的领袖能加入维也纳的内阁，就能进一步控制奥地利的政策。1938 年 2 月 12 日，希特勒取得最高军事领导权的第八天，他把奥地利总理许施尼格先生叫到了贝希特斯加登。奥地利总理带着外交部长施米特先生一同前往。我们在许施尼格的记载中可以了解这样的对话片段。希特勒说到了奥地利边境的防务事宜，如果想突破那些防御工事，只是需要一些必要的军事行动而已，这是选择和平还是战争的大事。

希特勒说：你们在边界上的那些东西不过是吓唬人的玩意儿，只要我一声令下，一夜之间就将化为乌有。你以为你的阻挡能坚持半个小时以上？这可就难说了。或许我一夜之间就会突然在维也纳出现，就像春天的风暴一样。到那时你会有所感悟。其实我并不想令奥地利经历这样的事情，因为这样一来会死掉很多人。"奥地利兵团"和褐衫队会紧跟着部队出现！他们要复仇，这是任何人也无法阻拦的，我本人都拦不住。你想让奥利地走上西班牙的老路吗？我想尽力避免一切这样的事情发生。

许施尼格：我会制止在德国边境修建防御工事的行动，我也会得到必需的情报。当然，我知道你有能力以迅猛之势进入奥地利。可是，总理先生，流血事件是必然会发生的，无论我们是否愿意。在世界上，我们不是孤立的存在，只要有这样的行动，就可能引起战争。

希特勒：我们现在坐在舒适的椅子上，当然说起话来是轻松的，但如果出现所说的事情，这背后会有很多痛苦和流血事件发生。许施尼格先生想承担这个责任吗？你以为，这个世界上还有哪个人能阻止我的决定吗？没人能阻止。意大利也不能，我已经清楚地对墨索里尼说了，我会同意大利保持友好关系。英国更不可能，为了奥地利，英国是根本不会付出任何行动的……法国当然不能，我们在两年前，将少数部队开进莱茵兰，那是我的冒险行动，要是法国的军队也开进莱茵兰，我们或许只能无奈地撤出来了……现在，法国要是行动就太晚了。

谈话的第一个阶段是上午十一点开始的。吃过正式的午餐后，奥地利人被叫进了一间小屋子里，里宾特洛甫和巴本在那。在这个房间他们被最后通牒了，而且是以文字的形式。没有商量的余地，所有条件都是既定的。内容包含以下几点：奥地利的纳粹党人赛斯·英夸特必须担任奥地利内阁的保安部长，被关押的奥地利纳粹党人必须全部释放，政府主持的“保卫祖国协会”必须吸纳奥地利纳粹党加入。

希特勒随后又同奥地利总理见面，他说：“我再强调一遍，三天之内，我要看到这个协定执行，这是你最后的机会。”德国的约德尔将军在自己的日记中这样写道：“沉重的军事压力和政治压力再次加在了许施尼格和施米特身上。”许施尼格在晚上十一点钟签订了“协议草案”。后来，巴本陪同许施尼格返回萨尔茨堡。他们坐在雪橇上，经过被厚厚的积雪覆盖的公路时，巴本解释道：“没错。你现在了解到元首是什么样的人了。不过，你下次来的时候，情况就好多了。元首确实是个非常可爱的人呢。”

2 月 20 日，希特勒在国会发表了讲话：

能告诉诸位先生一些事情，我很荣幸。前几天，我们已经同一个国家达成了谅解。它有很多必须同我们亲近的理由，那就是奥地利。德国和日耳曼的奥地利结盟了，因为两个国家是同一个民族，当然还因为两国悠久的历史和共同的文化必须共享。1936年7月11日的协定遇到了困难，因此，我们考虑到这一点，就不得不想方设法地消除种种误解和障碍，这样才能肃清和解的道路。若是不能实现这些，显然会在未来的某一天造成难以估计的后果，那将是灾难和难以忍受的事情。我很高兴地向你们承诺，我们的想法以及我们邀请来的奥地利总统的想法，是完全重合的。我们想的是，两国都是为了将紧张的关系缓和下来。我们的意图也是如此。我们的办法是，令信仰国家社会主义的公民在日耳曼的奥地利享有其他公民所有的法律权利，这必须通过现在的立法完成。另一方面，为了能对和平有益要进行大赦，这是非常实际的行动，在政治方面、个人方面和经济方面等，都要尽可能地进行友好合作，这样才能加深两国之间的了解。以上所有内容都是针对7月11日协定范围内的事情或者为补充内容。在德国人民还没表达谢意的时候，我愿意先向奥地利总理表示我的谢意。他接受我的邀请，同我一起工作，完全是因为他诚挚的热情和伟大的谅解，我们由此也可以发现，两国的利益可通过这样的道路实现最大化，因为说到底，这是整个日耳曼民族的利益问题。我们生在任何土地上都是日耳曼民族的后代。

再也没有比这种欺骗和伪善更典型的代表了。英国人和美国人要是看见了必然受益匪浅。我在这里引述这段话是因为它有些方面确实很特别。真是令人费解，原本在一切自由国家的人，只要是有知识的男女都该唾弃希特勒的这番话。

* * *

我们在上一章讲到英国的严峻形势，现在还要接着讲这个问题。2

月 21 日，也就是第二天，英国下院展开了一场大规模辩论，讨论外交大臣艾登先生和他的次官克莱勃恩勋爵辞职的问题。克莱勃恩先生是喜怒不行于色的人，对艾登十分信任和忠心，他愿意同艾登先生共进退，艾登当然无法说明这都是罗斯福的建议引起的，也不能说这个建议受到了怎样的阻难。意大利方面存在的分歧并不是最主要的。艾登说：

我和我的同僚之间出现了分歧，并由此分裂，这一点我已经讲过。不过这个问题并不是孤立的，只是我不能进一步坦白。最近几个星期中，根本的分歧确实同意大利无关，而是外交方面的政策问题。

他总结说：

我不相信当外国认为我们在接连不断的压力下已经屈服后，还能对缓和欧洲的局势起到推动作用……从我的思想角度看，我相信想要进步首先要具备民族气节，只有坚定的精神才能体现出民族气节。我们的民族并不缺少这种精神，我确信如此。我想，如果这种精神不能体现出来，不仅对我国是不公平的，对世界也是不公正的。

艾德礼先生提出了一个论点，非常刁钻。在意大利，艾登先生的辞职被说成是“墨索里尼先生再一次大获全胜”。“我们听闻全世界都在议论此事，‘英国的外交大臣下台了，看看吧，我们的领袖具有如此大的威力。’”第二天，我开始发言。我在发言中赞扬了两位辞职的大臣。对艾德礼先生的指责，我也表示了支持，我说：

上个星期对于独裁者们来说，是相当令人满意的。对他们来说，没有比这更圆满的了。德国的独裁者已经用铁蹄踏上了一个有着最悠久历史的小国。意大利的独裁者对艾登先生早就恨之入骨，如今终于得到了一个胜利的结局。他们之间的矛盾由来已久，墨索里尼赢了，这是不容怀疑的事实。外交大臣肩负着全国人民和议会给他的任务，可是不列颠帝国的尊严、力量和主权都不能令他赢得胜利……这件事的一部分就这样结束了。那个担任着英国人民和议会重托的英国人，就这样离开了他的职务，他辞职了。由于意大利国内的原因，它的独裁者正需要取得一些成绩，此时却获得了彻底的胜利。不管在全世界的哪一个地方，无论在哪里，无论政府采用什么政策，只要是英国的友人，都因此而感到灰心丧气。可英国的敌人却欢天喜地……

或许，外交大臣辞职这件事情极有可能成为历史长河的一个界碑。俗话说，小事情能引发大冲突，但小事情不会让大事情发生。我们传统的旧政策是外交大臣所坚持的，而我们早已经将其抛弃了。首相和他的同僚奉行的是一种新政策。旧政策主张在欧洲尽力建立法律秩序，国际联盟应建立有效的力量，用来阻止侵略的发生。新政策呢？是不是认为在感情、尊严和物质上向集权国家做出具有深远影响的巨大让步来换取和平的持续呢？

哈利法克斯勋爵在某一天说“欧洲真是混乱。”受议会政府统治的那部分就是欧洲混乱的所在。我对大独裁者的那方面不太了解，不知道他们有什么混乱的事情。但他们知道自己想要什么，到现在人们必须承认，他们一步步取得了自己想要的东西。1932年到1935年之间，形成了对世界安全威胁最大的损害，其中绝大部分都是不可弥补的……1936年初，德国重占莱茵兰，我认为这是我们的第二次好机会，我们本可以采取行动的。可是现在，我们知道，若是当时国际联盟领导英法两国采取果断的行动，就能不做任何流血牺牲，让德国从莱茵兰地区撤出。这样可能带来一种影响，就是令德国军中那些行事谨慎的人恢复自己应有的地位。德国那位政治领袖就不会产生如此之高的地位了，并且他也不能继续得寸进尺了。我们现在面临的是第三次机会，可是这次却没有以前那么容易了。奥地利已经在压迫之下，捷克斯洛伐克是否也会遭受这样的待遇，我们还不得而知。

* * *

欧洲大陆的形势始终在变化。有人应墨索里尼的命令给许施尼格捎来口信，说奥地利在贝希特斯加登的态度是正确的，而且不失为明智。他还承诺，对于奥地利的问题，意大利的态度会始终如一，他还再次声明了他的个人情谊。2月24日，奥地利总理向议会亲自致辞，他说欢迎解决德国的纠纷问题，但是他也非常尖锐地指出，奥地利对于超过协定具体规定的事情坚决反对。他在3月3日通过奥地利驻罗马的武官交给墨索里尼一封秘密信函，对意大利领袖说，他打算为了加强奥地利政府在国内的地位而举行公民投票。二十四小时后，驻罗马的奥地利武官向他汇报墨索里尼的回电，领袖在谈话的时候心态乐观，说局势会变好的，罗马和伦敦的紧张关系不久就会缓解，现在的这种压力会减轻……墨索里尼对公民投票的问题，提出了警告，他说："这样做没什么好处。若是投票结果是满意的，那么人们可以说是因为弄虚作假，如果结果不满意，那么政府的地位就危险了。若是投票的结果起不到决定性的作用，则投票全无意义。"可是许施尼格心意已决。他在3月9日宣布，3月13日，适逢周日的那一天将在奥地利的全国举行公民投票。

开始并没有什么波澜。赛斯·英夸特接受这个意见的时候，并没有表示异议。可到了11日早晨五点半的时候，许施尼格被电话吵醒了。电话中，维也纳的警察局对他说："德国萨尔茨堡边境一个小时前被封锁了，德国的税务人员已经撤离，铁路交通已经被切断。"接着，他又收到了第二个报告。慕尼黑的总领事发来了电报，说此地的德国军队已经出动，他们假设目的地为奥地利。

同时上午略晚一些时候，赛斯·英夸特跑来了。他说戈林刚给他打了电话，告诉他务必在一个小时内取消投票活动，若是在规定的时间内没有接到回复，那么他就认为赛斯·英夸特已经失去了自由通话的能力。为此，他将采取恰当的行动。负责的官吏早就向许施尼格汇报过，说军警已经不能信任。于是他通知赛斯·英夸特，公民投票活动将延期。十五分钟后，赛斯·英夸特拿着戈林的答复来见许施尼格。在一张电文纸上写着：

想要挽回局势，就必须令奥地利总理辞职，两个小时内由赛斯·英夸特接任总理一职。若是在指定时间内未完成，那么德军即将进入奥地利。[①]

许施尼格立刻赶去晋见总统米克拉斯先生，提出辞去总理的职务。他还没有离开总统的房间，意大利政府的密电就到了，他们说给不出任何建议。总统年事已高，但态度非常坚定地说："看来到了最后决定的时刻，只有我一个人了。"他绝不肯任命纳粹党人做国家总理。德国人早就准备好了，总统决定让德国人使用暴力行动。

约德尔将军在 3 月 10 日的日记中记载了德国对此的反应，他写得很生动：

许施尼格在 3 月 13 日突然下令，说要举行公民投票。他没有同内阁成员商量就决定了。在没有计划和准备的情况下，这种方法能让执政党获得多数票。元首对他的做法坚决不能容忍。在 3 月 9 日到 10 日间的晚上，也就是当晚，希特勒召见戈林，还从开罗奥林匹克委员会将赖歇瑙将军也召唤回来，奉命而来的还有舒伯特将军和格莱斯－霍斯顿诺部长，本来后者和区领导人伯

① 见前引许施尼格书，第 66、72 页。——原注

克尔正在莱茵兰选帝侯领地。一点十五分左右，凯特尔将军把情况向有关方面通报。十点钟，他乘车来到总理府。随后，我于十点十五分赶到总理府，把原有的“奥托计划”草案递交给了他。十三点钟，凯特尔将军通知了卡纳里斯海军上将和作战部总参谋长。里宾特洛甫有事在身，不能离开伦敦。外交事务暂时由纽赖特负责。元首要向奥地利内阁送达最后通牒。他以私人身份致信墨索里尼，说明为什么不得不让元首行动。①

3月11日，也就是第二天，希特勒向德国武装部队下达了命令，要他们占领奥地利。在长期准备之后，经过周密计划的“奥托计划”实施了。这一天十分紧张，米克拉斯总统坚决拒绝了纳粹领袖的要求，他不同意任命赛斯·英夸特为总理。战后，在纽伦堡战犯审判时，有些电话谈话记录被当作了证据，其中有一段有趣的记录，是希特勒和他派到意大利领袖那里的特使黑森的菲利普亲王的电话记录。记录如下：

黑森：我刚返回威尼斯宫。对整件事情，领袖的态度都相当友善。他让我问候您。奥地利方面，他得知了全部消息，可能是许施尼格把事情告诉他了。他那时候曾经说根本不可能发生这种事情（指意大利不会动用武力），这可能仅仅是恐吓而已，根本不可能那样做。因此，他告诉许施尼格，事情已经无可挽回了，这样地不幸，不可更改了。然后，墨索里尼又说，对他来说，奥地利没有什么价值了。

希特勒：请你转告墨索里尼先生，我为这件事情会永远记住他的。

黑森：是的。

---

① 见《纽伦堡文件》第一编，第251页。——原注

希特勒：无论未来怎样，我都会永远、永远、永远记住他的。现在，我还打算同他签署一个协定——一个其他性质的协定。

黑森：是的，我已经转达了这一点。

希特勒：只要奥地利问题得以解决，无论发生什么我都会与他同甘共苦的。

黑森：是的，元首先生。

希特勒：听着，万一我们卷入了战争，我愿意签订任何协议。对于军事上陷入糟糕的形势，我已经没有什么可怕的了。你可以这样对他说，我是非常感谢他的。我会永远、永远在这件事情上记得他。

黑森：是的，元首先生。

希特勒：我永远会记得，无论未来发生什么，只要他需要我的帮助，无论多么危险，他都可以相信这一点，即使他的敌人是全世界，我也会站在他那一边。

黑森：是的，元首先生。①

希特勒确实没有食言，在1943年，他救了墨索里尼，是从意大利临时政府的手里救出来的。

* * *

这位奥地利下士追求的梦想之一就是胜利地向维也纳开进。3月12日是星期六，这一天的晚上，奥地利首都的纳粹党想表达对这位英勇的征服者的欢迎，计划举办一次火炬游行，可是却迟迟未见大军到来。来人只有三位巴伐利亚的军需官。这三个人乘火车来到维也纳是为即将入侵的德军准备营房的。人们抬着三个军官游行用来装饰气氛，令他们三个不知所措。延误的原因后来渐渐传出来，德国的战争机器

① 见前引许施尼格书，第102、103页；《纽伦堡文件》第一编，第258、259页。——原注

不够平稳，以浩荡之势穿过边境后就无力前进了。这时他们到达林茨。不是道路和气候出了问题，而是大多数坦克出了问题，还有摩托化的重炮兵也不对劲。重型军用车辆在林茨通往维也纳的路上挤得满满的，交通瘫痪了。这次事件的责任人被认为是赖歇瑙将军，他是希特勒非常宠信的人，也是第四军团的司令。德国陆军在重建的过程中还没有完全成熟起来，现在这次事件充分地暴露了这一点。

希特勒自己乘汽车，在林茨看到车辆堵塞后勃然大怒。在混乱而拥挤的道路上，轻型坦克想办法开出来了。星期日清早，零零散散的坦克开进了维也纳。装甲车和摩托化被迫用火车运到了维也纳。这种方式下，终于赶上了参加仪式。大家都看到过希特勒的那张照片，他在惊慌的或者兴奋的人群中乘车进入维也纳。这个时刻看起来是荣耀和神秘的，其背后却有着令人惊慌的事实。那就是德国元首对他有明显缺陷的军事机器感到十分震怒。将领被他训斥后，也开始攻击他。他们说希特勒没有听从弗里奇的警告，说德国的军事地位还不足以挑起大战，那种风险是难以承担的。之后，表面的形象得以继续保持，游行和正式的庆祝活动也顺利进行。就是在星期日这一天，维也纳被大批的德国军队和奥地利的纳粹党人占领了，接着，希特勒宣布奥地利共和国解散，其所有的领土都纳入德国。

* * *

此时，里宾特洛甫先生即将离开伦敦，回国担任外交部长的职务。在唐宁街 10 号，张伯伦先生设午宴以示欢送。我和我的妻子接到作陪的邀请，也参加了午宴。席间大约有十六个人，我的妻子坐在卡多根爵士身边。饭吃到一半的时候，来了一个外交部的信差，拿着一封信交给了卡多根爵士。他打开信封仔细阅读，然后站起身来，绕过桌子，走到首相落座的位置，把信交给了首相。从卡多根的行动上看，不像是有什么麻烦事，可是我发现首相略显慌乱之色。很快，卡多根收回信回到自己的座位上。我后来才得知信的内容是希特勒向奥地利进军了。德国的机械化部队正快速地向维也纳方向前进。宴会没有停顿，依然顺利进行。不久，张伯伦几次暗示他的夫人，然后，张伯伦夫人站起来，说："我们大家到客厅用些咖啡去吧。"我们就都到客厅去了。我或许还有别人，已经能感觉到张伯伦夫妇希望尽快结束宴会。大家都心神不宁地站着，闲散地等着向贵宾告别。

里宾特洛甫夫妇似乎并没有发现气氛有什么不同，相反，他们同主人夫妇不停地谈论，大约持续了半个小时。我与里宾特洛甫夫人谈了一会儿，用临别致辞一样的口吻对她说："我希望德国和英国能结成友好的关系。"她很郑重地说："请你小心谨慎，不要做破坏两国友好关系的事情。"他们当然对已经发生的事情是知情的，只是他们想让首相不能去处理事务，也不想让首相去接听电话，他们在拖住首相。他们或许觉得这是不错的主意。张伯伦最后对大使说："我有些急事，要去处理一下，对不起。"说完就从房间走出去了。里宾特洛甫夫妇依然没有离开，我们大多数人此时都找借口离开，然后回家了。我想他们最后也走了。这是我与里宾特洛甫在他被执行绞刑前的最后一次会面。

* * *

我受得打击很大，不能接受残暴地侵略奥地利的行为，也不能接受对美丽的维也纳的征服，它的文明、美誉和它对欧洲历史做出的贡献都让我难受。在 3 月 14 日，也就是发生那些事情的第二天。我在下院说：

3 月 12 日的时间绝不是虚夸，而是严重的事实。一个侵略计划正在欧洲大地上实施。这个计划是精心筹划的，时间上的安排非常精巧，且是逐步推进的。现在，不仅是我们国家，包括其他国家在内，都只能选择一种手段了。要么，我们就选择屈服，像奥地利那样；要么我们就趁还有机会做有力反击，消除危险；如果不能消除，就设法对付……我们若只是等待，观望事情的变化，原本可用于保卫和平和安全的资源，还要被抛弃多少？我们的朋友还会有多少离我们而去？那些可能成为我们盟国的国家，还有多少要被陆续推进那可怕的泥潭，而我们只能眼睁睁地看着？虚张声势恫吓后的力量不断增长，还要继续多久，才能成为真正的实力？……如果是两年后，德国陆军就会比法国强大很多，日内瓦的那些小国家都会纷纷逃走，跑去向越来越壮大的纳粹制度敬礼，只有那样，它们才能获得略好的待遇。而我们那时又将是什么样子呢？

我还说了下面的话：

旧日的奥匈帝国的交通枢纽就是维也纳，西南欧各国的交通中心也是维也纳。德国已经控制了多瑙河的一大段。只要纳粹德国控制了维也纳，就能在公路、航运和铁路等方面对整个西南欧的交通进行控制，这在军事和经济上都有作用。欧洲的机构会因此而受到哪些影响呢？对于小协约国来说，对于我们所说的国际均势会有哪些影响呢？我必须要说明一些小协约国集团，如果将三个所谓的小协约国分开，单独看待，那就是三个二等国家。可它们都是具备实力、精力旺盛的国家，若是联合起来，它们就组成了一个强有力的大国。过去和现在，他们都一直是联合起来的，并且是根据最为密切的军事协定联合的。他们联合形成一个大国，有着大国的军事力量。罗马尼亚和南斯拉夫都有数量庞大的军队，前者有汽油或者有原料和矿藏，而捷克斯洛伐克可以向他们供应军火。捷克斯洛伐克这个名字在英国人听起来显得有些奇怪，的确，它仅是一个很小的民主国家而已。它的陆军也的确仅比我们大两三倍的样子。它的军火供应也的确比意大利大出三倍。可是，这丝毫不会影响它是一个生机蓬勃的民族。他们有自己的权利，这在条约中是有规定的，他们还有一条要塞边防线。他们的生存意念异常强大，是为追求自由意志的生活。

无论在军事上还是在经济上，此刻的捷克斯洛伐克都在被孤立之中。根据和约，虽然他有对外贸易通道汉堡，却随时可能被关闭。现在，他通往南欧和从南欧通往西南欧的水路和铁路都是危险的，随时可能被阻断。这样他的贸易就危险了，很有可能被迫缴纳过境税，而且是完全能扼杀其贸易的过境税。奥匈帝国曾经最大的工业区就是这个国家。如果不能进行必须举行的谈判，不能达成协议以保障捷克斯洛伐克的交通安全，那么他同外界的交通就要或者很快就要被阻断。从南斯拉夫来的原料将无法进入，在该地建立起来的自由市场联系也会马上被阻断。上周五晚上的暴行结果，可能就让这个小国家的经济发生停止。在小协约国的中央，已经被钉进了一根楔子。这几个小国有权利在欧洲过上不受打扰生活，这和我们所有人一样，有权利在我们的土地上过上不受打扰的生活。

* * *

俄国人现在发出了警报，他们在 3 月 18 日提出建议，要对时局进行开会探讨。他们想探讨的是，假如德国给和平带来巨大的危险，将要在国际联盟行动的体制内采用何种方式和方法，以便于履行法苏协定，如果会议上能得出一个纲领也可以。巴黎和伦敦方面对该建议反应非常冷漠。法国政府为了其他的事情正烦躁不安，他们国内的飞机工厂罢工了，情况很严重。佛朗哥的军队现在正在西班牙的共产党统治区。张伯伦意志消沉，持怀疑态度，对于我所提出的未来将有危险的看法，他并不同意，对我主张的防御危险的方法，他也不赞同。我的主张是成立英法苏联盟，只有这样才能有遏制纳粹侵略的可能性。

我尽力表达这种主张。

我们从法伊林先生那里得知，首相当时的心情从他给姐姐的信中可以看出来快。那封信写于 3 月 20 日。他在信中说：

> 在温斯顿提出“大联盟”主张前，我已经考虑过这个问题……我同哈利法克斯进行了探讨，也将这个想法交给了外交部专家和三军参谋长，请他们进行研究。这个想法是非常具有吸引力的。如果不是进一步考虑到可行性，这绝对是有道理的一个设想，可只要想到具体问题，它的魔力就不见了。看看地图就知道，德国若是想要征战捷克斯洛伐克，我们或者法国都是根本无法挽救它的。为此，我只能放弃这个念头，不能给捷克斯洛伐克以保证了。而且我们也不能给法国以任何保证，因为法国同它之间有条约关系。[1]

不管怎么说，总算有主意了。根据错误的推理得出了这样一个主意。如果现代大国或者联盟之间打仗，若是某个地区想保卫自己，而自己的力量还不够，这需要将整个战线的力量进行比较。这种情况下，尤其是在战争还未打响或者可以避免的时候更是如此。“外交部专家和三军参谋长”根本不用想，就可以回答首相了，英国海军和法国陆军当然不能在波西米亚山头上建立阵地，因为这样就等于一面是捷克斯洛伐克，另一面是希特勒的侵略大军。展开地图就能看出这一点。可是，从德国的角度考虑，若是它知道只要穿过波西米亚的边境，全欧洲的大战就会爆发，那么希特勒在这种情况下，或许会推迟和放弃下一步进攻。还不足十二个月，具有战略价值的捷克斯洛伐克就被彻底抛弃了。此时希特勒的权利和威风几乎翻倍。这时的希特勒竟然突然向波兰做了一个保证，如此张伯伦在私下里说出的内心推测到底有错误，就完全可以看出来了。

---

① 见法伊林的前引书，第 347、348 页。——原注

*　*　*

对于苏联的动议建议，首相于1938年3月24日在下议院说出了他的看法：

> 对于苏联政府提出的行动建议，英王陛下政府认为其间接地、必然地会令一种趋势加强，那就是成立“排他性的国家联盟”，因此，英王政府认为，成立这样的联盟对未来欧洲的和平会有损害。

可残忍的事实摆在眼前，这是首相所不能回避的。当时的情况是，“国际信任的重大阻碍”依然存在，政府迟早要明确解释英国在欧洲具有什么义务。在中欧，我们英国到底有什么义务呢？“要是大战开始了，应该不会仅有那些具有法律义务的国家参战。战争会在哪里停下来呢？哪些国家会被迫参战？这些都是未知的事情。”还必须注意到“排他性的国家联盟”当然有利有弊，如果不采用这种方式，只能被侵略者一一攻破，逐个消灭掉，这样，这个理由就不存在了。而且，国际关系中的是非问题被这种想法忽略了。事实上，国际联盟和它的宪章还存在。

现在，首相的路线已经明确规定：“对柏林和布拉格采取外交上施加压力的方式，对意大利的态度仍然是容忍，对法国的义务解释须严格限制。为了实现前两条，在最后一条的解释上务必做到慎重和精准。”

*　*　*

读者现在必须向西转移，到“绿岛”[①]去看看。“要走很远很远，才

---

① 即爱尔兰。——原注

能到提珀勒里”[①]。不过，还是想要到那里去看看。希特勒占领了奥地利，他对捷克斯洛伐克的阴谋还在悄悄进行。这期间，我们转回去说说我们的另一个不幸，这是另一种意义上的不幸。

英国政府在1938年初开始，就同南爱尔兰的德·瓦勒拉开始了谈判。4月25日，双方终于达成协定，签订条款，其他问题先搁置一旁，英国放弃南爱尔兰的昆斯敦和贝雷黑文这两个港口，不再将其作为海军用途；英国放弃在拉夫·斯威利的基地。这是两个具有重要地位的港口，它们对英国海军的防卫和粮食供应都具有重要作用。1922年，我正担任殖民地事务大臣一职，那时候我处理过当时内阁做出的“爱尔兰方案”的细节问题。当时的海军大臣是贝蒂先生，我请他到殖民部，请他向迈克尔·科林斯[②]说明这个港口的重要性，即在英国的整个供应系统中作用。科林斯很快就被他说得信服了。科林斯说：“这些港口当然是属于英国的，它们是你们用来维持生命的。”这样，问题就得以解决了。而在十六年后，事情竟然变成如此境地。我们的安全离不开昆斯敦和贝雷黑文这两个港口，这个理由并不难理解。它们相当于加油站，我们的驱逐舰到大西洋搜索潜水艇，或者保护船队经过狭窄的海口进入英国，都必须经过那里。若是没有了这些地方，英国的舰队如果向北开进，就必须从拉姆莱希出发了；如果英国舰队要向南开进，就要从彭布洛克码头或法尔默思出发。我们海军活动范围的半径和保护范围就变小了，无论是在内海还是在境外都缩小了四百多英里。这是一个在安全方面极为重要的保证，我真不敢相信参谋长委员会竟然愿意放弃它。我在最后一刻还以为，我们至少还有权利在战时占用这几个爱尔兰港口的保证，可是德·瓦勒拉先生在爱尔兰会议上宣布，英国无条件地放弃了这些港口。我在后来得到了确切的消息，就连德·瓦勒拉先生对英国政府也同样惊讶，英国竟如此痛快地答应了他的要求。他的本意是将其作为谈条件的筹码，才将这一条作为要求的部分，若

---

① 这是英国的一首军歌，提珀勒属于爱尔兰。——原注

② 他是爱尔兰的代表。——原注

是其他各条均能得到满意的答复，那么这一条就可以放弃了。

在查特菲尔德勋爵最后写成的那本书中，他就自己同参谋长们所采取的对策用一章的内容专门做了说明。[①]如果有谁对这个问题感兴趣，不妨去看看这本书。我仍然相信，英国因为这种没有道理的放弃，失去了在战时可供我们占用的这些爱尔兰港口，对国家安全和生活来说是一个巨大的损失。真是难以想象，特别是在目前的情况下，还有比这更欠思考的事情吗？的确，我们最后在没有这些港口的情况下，也渡过了难关，因为我们不会眼睁睁地被饿死，在没有这些港口就无法度日的情况下，我们可以用武力把它们抢回来。不过，这些都不是可靠的理由，不能作为辩护。这种妥协未经深思熟虑的事件发生后，我们很快就失去了很多生命和船舰。

在保守党中绝大部分议员都支持首相，而只有北爱尔兰的几个人不然。当然，就算是工党和自由党那样的反对派们，看到这样的事情也感到高兴。因此，我在 5 月 5 日站出来抗议，我几乎得不到任何人的支持。在我发言的时候，人们耐心地倾听，但却带着怀疑。在有些人眼里，我成了一个值得同情的人，他们不理解，以我这样的地位为什么要进行这种抗议呢？这根本就是没有任何希望的事情。这是我看到下院犯的最彻底的一个错误。从那时候起到宣战，仅有十五个月的时间。议员先生们的看法变得完全不同的时候，已经是大西洋战役的胜败决定我们生死的时刻了。我的演说词在这里就不再引用，因为在《进入战斗》一书中已经全部引录了。唯独没有引录的是关于没有正视战时南爱尔兰的中立问题。

（我发问）如果英国同某个强国开战了，我们能确定自称爱尔兰共和国的南爱尔兰人不保持中立的态度吗？我们的帝国对南爱尔兰的方方面面都给以宽大的处理，假如南爱尔兰人选择了中

① 查特菲尔德勋爵《前车可鉴》，第 18 章。——原注

立……我们不能确保不发生这种事情。或许我们很快就能体会到这样的中立。我们在迫切需要使用那些港口的时候却无权占用它们。我们要保护我们的人民，当英国人挨饿匮乏的时候，我们可能要面对的困难非常艰巨。哪个人愿意把自己的头伸到绞刑的绳子里去？世界上哪个国家会那么做呢？在我们撤出这些港口以后，都柏林政府不费吹灰之力就能让我们无法使用这些港口。那里的大炮那么多，还可以投放水雷。他们还有一条非常重要的理由，他们获得了合法的权利。过去，我们有权使用这些港口，可我们却放弃了，我们想通过这种方式赢得他们的友好和善意，可是亲善的代价是我们必须承受艰辛。如果他们没有以友善的态度回报我们，“那么我们再把这些港口抢回来”，这样的话都是空话。我们不再有权利这样做了。如果我们在大战中破坏爱尔兰的中立，全世界都会嘲笑我们，而且那样一来，我们也将玷污参战的目的……我们正在用抛开现实的和重要安全保证的办法换取幻想和安逸，可那些都是空虚的和贪婪的。

《泰晤士报》的评论将问题说得很清楚：

关于防务的协定问题……使联合王国政府在1921年签订的爱英条约的条款解除了。政府曾经因为这些条款担负起保卫科克、拉夫·斯威利、贝雷黑文这些设防军港的责任，这个责任是重大且奇妙的任务。

如果直布罗陀归西班牙管辖，而马耳他由意大利掌管，就能解除得更彻底些了。这两个地方远没有南爱尔兰的那些港口的作用直接，它和我们人民的实际生存问题关系并不十分密切。

对这个可怕而悲哀的事情我就说这么多吧。

第十六章 捷克斯洛伐克的情况

这个问题不能成为历史争论的问题——希特勒的下一步计划——“对捷克斯洛伐克没有恶意”——勃鲁姆先生做出保证——我于1938年3月去巴黎访问——勃鲁姆先生的总理职位由达拉第先生接替了——英国和意大利签订协议——同苏台德领袖的对话——德国将领带着恐惧和怀疑进行抗争——捷克斯洛伐克和苏联的关系——贝奈斯和斯大林的关系——德国国内的清洗和阴谋——6月12日达拉第发表声明——希特勒对凯尔特做出承诺——维德曼上尉担负着使命前往伦敦——我于8月27日在塞顿·布瓦对选民的演讲——我于8月31日写给哈利法克斯勋爵的信——我在恰特韦尔庄园接受苏联大使的访问——我交给外交部的报告——《泰晤士报》9月7日发表社论——博内先生的提问和英国的回复——希特勒在纽伦堡发表危机演讲

有那么几年，似乎英法在慕尼黑事件中的做法，将要成为一个长期争论的历史问题，可那到底是聪明之举还是愚蠢之为呢？根据分析战后从德国取得的资料和在纽伦堡的审判中看出结论并非如此。争论主要在两个方面：第一，希特勒若是看到英国和法国行动坚决，是否会让步，是否会引发德国政变，令希特勒倒台？第二，从慕尼黑战争爆发的这段时间看，西方大国的地位比1938年9月慕尼黑危机是更高了还更低了？

已经有很多著作讨论了在慕尼黑危机时的事件，该事件的结束是因为牺牲了捷克斯洛伐克。今后，还会有人继续探讨这件事情。这里有几件主要的事情需要提出来，这些事件的联系也要说清楚。这些事实都是不可避免的。希特勒相信英国和法国的领导人对和平十分钟爱，在没有重整军备的情况下，根本不想开战，而他早就决心将日耳曼人联合起来，组成一个强大的德意志帝国，并向东扩张。他对捷克斯洛伐克采用的手段，已经是娴熟的伎俩了。苏台德地区的日耳曼人有不满情绪是真实存在的，只是在希特勒扩大化后，就被利用了。1938 年 2 月 20 日，希特勒在国会发表演讲，他第一次对捷克斯洛伐克进行攻击。他在演讲中说“与我们国家边境相邻的两个国家中，生活着一千多万的日耳曼人”，德国有责任对这些日耳曼同胞加以保护，必须为他们争得“一般意义的自由，不但要有人身自由，还要享有政治和思想上的自由”。

对奥地利和捷克斯洛伐克境内日耳曼人的地位，德国政府公开表示了关注。与此关系密切的是德国在欧洲境内展开的秘密计划和所进行的政治攻击。纳粹德国政府之所以要公开宣称自己的目的，主要是出于两点原因：第一，先将德国以外的日耳曼民族纳入德国版图；第二，以谋求向东方扩展德国的生存土壤。德国那些不太公开的政策就属于军事性质了。将捷克斯洛伐克摧毁，这样开战后，苏联就无法以捷克斯洛伐克为空军基地，对于英国和法国来说，捷克斯洛伐克也不能成为提供供给的力量。早在 1937 年 6 月，德国参谋部就已经接到了希特勒的命令，开始忙着拟定侵略和毁掉捷克斯洛伐克的步骤了。

在一个草案上有这样的内容：

德国的目的是要在战争开始和战争中消灭捷克斯洛伐克，否则，其会对德军西线作战的后方造成威胁，所以德国武装部队要进行突袭，这样捷克斯洛伐克的大部分空军基地才不会被苏联的空军利用。[1]

德国征服了奥地利，西方民主国家竟然接受了这一事实。希特勒由此受到了鼓舞，加紧了对捷克斯洛伐克计划步骤的实施。实际上，控制奥地利的领土，其实是在做准备，因为这是进攻波西米亚堡垒不可或缺的一步。希特勒在侵略奥地利最紧张的时刻，还坐在汽车里对哈尔德将军说："捷克斯洛伐克在这种情况下，就极为不方便了。"对这句话，哈尔德将军立刻明白希特勒的意思，他由此看到了未来的形势。希特勒的意图已经明白地表达给他，同时，由此也可以看出希特勒懂得军事。他说："德国部队要进攻捷克斯洛伐克，想要从南面进攻是完全不可能的，这不符合实际。那条穿过林茨的单轨轨道会彻底暴露，所以也不可能搞突袭。"可是，希特勒的主要政治战略观点并没有错。德国本土正在加强"西面的壁垒"，这要很久之后才能建成。但这已经令法国军队感到恐怖了，在松姆和帕森达勒的那些记忆又被点燃了。希特勒可以肯定一点，法国或者英国都不想打仗。

就在德国军队开往奥地利的那天，法国驻柏林大使向巴黎汇报了情况，说捷克斯洛伐克的公使曾得到戈林的严肃保证，戈林说德国对捷克斯洛伐克完全没有歹意。法国总理勃鲁姆先生在3月14日对巴黎的捷克斯洛伐克驻公使提出严正声明。声明说：法国将对捷克斯洛伐克尽全力履行义务。残酷的现实是不能被这种外交上的保证所遮蔽的。大陆的战略形势已经不同往日了。德国人不仅将话题指向捷克斯洛伐克，而且已经将大部队开往了捷克斯洛伐克的西部边境。这些边境地区居住的是日耳曼民族，他们有一个日耳曼国家主义党，这个党不但活跃还喜欢借题发挥，只要有什么乱子发生，他们就充当第五纵队。

我于3月底到巴黎去了。在那里，我同法国领导人进行了谈话，共同探索了一些问题。政府赞同我同法国恢复接触的举动。我住在英

---

① 《纽伦堡文件》第二编，第4页。——原注

国大使馆，前后会见了法国的很多重量级人物，有法国总理勃鲁姆、弗朗丹、甘默林将军、保罗·雷诺、皮埃尔·科特、赫里欧、路易·马兰和其他一些人。一次，我同勃鲁姆谈话，我说：“德国的野战榴弹炮据说要比你们已改装的七点五公分口径重炮好，在射程和打击力量方面都更优秀。”他回答说：“难道法国的炮兵问题还要你告诉我？”我说：“当然不用啦。可是你最好问问你们的技术专科学校，不久前他们办了一个展览，比较了新款七点五公分炮的火力，可他们却没有完全信服。”他立刻换做一副亲切友好样子。雷诺在同我谈话时说：“英国是不会使用征兵制度的，我们非常相信这一点。那么，你们怎么不打造一支机械化部队呢？假如你们的部队有六支装甲师，那么你们的陆军部队就非常强大了。”我记得当时有一本被多方面批评的书，是戴高乐上校写的，他在书中阐述了现代装甲车辆的攻击能力。

我与大使先生、弗朗丹一起吃中午饭，这顿饭吃了很长时间。1936年，我见过弗朗丹。那时候他因为有责任在身，显得情绪激动，现在他显得冷静而且平和，因为他目前没有担任官职。他深信法国唯有同德国妥协，此外没有出路。我们的争论持续了两个小时。甘默林也来同我见面，他对法国当时的陆军非常有信心，而我问及他们的炮兵时，因为他对此非常了解，所以显出不太高兴的样子。他总是在法国政治制度之内全心全力地做事。当时法国内部的政治局势非常动荡，不久之后勃鲁姆内阁就倒台了。法国的注意力被分散，对于欧洲大陆上显现出的危险并没有注意到。这时候就需要明确地做出规定，当危机全面爆发的时候，将两个国家应共同承担的、相互承担的责任确定下来，这样才能免除误会。法国政府在4月10日改组，达拉第先生接任了总理的职位，外交部长由博内担任。法国政策的责任将由这两个人担负，他们在未来那关乎生死命运的关键时刻负责管理法国。

英国政府为了能阻止德国下一步的侵略计划，根据张伯伦先生的决定，希望同意大利在地中海方面达成谅解。法国的地位会因此而加强，英法两国也可以将力量集中起来，这样就等于共同应对中欧的问题了。

墨索里尼在艾登下台这件事上，已经得到一定的满足感，他不会对英国这种前来认错的行为表示拒绝的，因为他觉得自己谈条件的地位已经提高了。英国和意大利在 1938 年 4 月 16 日签订了一个协定，协定的内容其实就是英国赞同意大利在埃塞俄比亚和西班牙自由活动，这是对意大利的回报，因为它对中欧表示了无可估量的友好。外交部并不相信这个交易。张伯伦先生的私人传记作者对我们说，张伯伦先生在自己的私人通信中写了这样的话：“去看看外交部给我的草案吧，简直能冻死一只北极熊。”

我跟外交部一样，对此事表示怀疑：

丘吉尔先生致艾登先生　　1938 年 4 月 18 日

当然，对于墨索里尼来说，意大利协定完全是他的胜利。他在地中海设防，目的是对付我们。他侵占了埃塞俄比亚，还在西班牙肆意妄为。英国却真诚地接受了它。协定中有一点对英国非常不利，那就是规定我们如果未经“事前商议”就不能在塞浦路斯设防。其他规定在我的理解中，无非是随便拼凑几句做个填充而已。

可是，我还认为，要是想反对这个协定，就要审慎为之。目前，这件事情已经确定下来，还说是向和平迈进了。可以相信，由于这个协定，地中海的火星是不会引起欧洲大战了。另外，法国为了自保，也必须效法，这样才不至于同英国各自行动。最后还有一种可能，那就是墨索里尼为了保护自己的利益，在德国涉足多瑙河盆地时，会加以阻止。

我在确定之前，当然想多了解你的想法和态度。我认为，第一步是英意协定，第二步就将是同德国试图达成一个更为庄严和盛大的协定，这样英国人民可以得到抚慰，德国的军事力量也将受到限制，不能继续增长，以免他们东欧计划的准备越来越充足。

张伯伦在上周曾经秘密对全国联合会执行委员会（保守党协

会）说，他本人还是希望“能同德国达成协议”。但没有得到热烈的反应。

我们此时空军方面的进展也越来越不尽如人意了……

艾登先生致丘吉尔先生　　1938 年 4 月 28 日

……我同意你在信中所表示的在意大利协定方面的意见。墨索里尼只是把曾经答应我们的东西破坏了，现在又重新答应了一次而已。此外，新内容仅有从利比亚撤出军队这一点，他之前将部队派遣到这里的目的，可能仅仅是为了搅乱秩序。现在的情形同我之前的料想一样，在罗马会谈以后，墨索里尼还是接着干预西班牙事务。如果佛朗哥要取得胜利，就必须进行这种干预，如果是这样，谁还会相信墨索里尼会停止干预，那他可就是太乐观了。

如果把这个协定中的所有规定当成是外交的手段，恐怕在想要实施的时候会遇到重重困难。要等西班牙的意大利军队撤出后协定才能生效，可这至少必须要等一个月之后才可能完成，这一点几乎是确定无疑的。还有重要的一点，意大利步兵是否待在西班牙并不重要，重要的是他们的专家和德国人坚持认为有权利留在那，这样想要确定是否撤退，将会面临巨大的困难，不过，有人可能不在乎这些。

还有一个问题是意大利在埃塞俄比亚的地位如何。根据我的了解，那里的情形呈现逐渐恶化的趋势，丝毫没有改善的迹象。我们此时承认意大利的地位，我担心在那里的几百万有色英国臣民会对英国不再信任。

我完全赞同你所说的对待这层关系必须持审慎态度。现在这个协定毕竟还没有正式生效，如果我说了什么话，被认为是妨碍协定的实现，那必然是我的不当之处。在我的辞职演说和在利明顿发表的演说中，曾经保证过不会那么做。

我认为国际形势中最让人感到焦虑的是暂时缓和紧张的局势问题。有些人或者会将这些当作国防不够努力的借口。考虑到形势严峻，这种努力还远远不够……

目前，希特勒对局势的关注非常警惕，因为，在欧洲危机中，能最后让意大利站在他那一边是非常重要的一件事。他和参谋长们在4月底举行了会议，此时他们考虑加快行动的速度。墨索里尼希望自己能在埃塞俄比亚自由活动，虽然他在这样的冒险行动中得到了英国政府的默认，但依然不能缺少德国的支持。但是要接受支持，就必须接受交换条件，该条件为德国在捷克斯洛伐克所采取的行动。这个问题不能不解决，只有如此，当解决捷克斯洛伐克问题的时候，意大利才会站到德国那边去。对英法两国政治家的公开言论，柏林当然要进行研究，这两个西方大国对捷克斯洛伐克人进行了劝导，说为了全欧洲的和平必须保持理性，他们希望柏林对这种意图能感到满意。苏台德纳粹党在亨莱因的领导下又提出要求，想在与德国相邻的区域内实行自治。4月24日，亨莱因在卡尔斯巴发表过演说，宣布了他们的步骤。随后，布拉格的英法公使前去拜见了捷克斯洛伐克的外交部长，他们表示“为了解决这一问题，希望捷克斯洛伐克的政府能全力以赴”。

捷克斯洛伐克的日耳曼人在5月份奉命加快了煽动活动。亨莱因于5月12日到伦敦访问，他的目的是将自己同胞受害的事实详尽地汇报给英国政府。他说想同我见个面。于是，我把见面的时间安排在了第二天。我们在莫佩思大厦见面时，阿奇博尔德·辛克莱爵士也在场。林德曼教授担任了翻译工作。

下面是亨莱因主张的解决办法：

应在布拉格设立一个主管国防、外交、经济和交通等事务的中央议会。在议会中，各个政党可以自由发表见解，政府实施多数票的决议。可以由捷克斯洛伐克军队在边疆要塞驻扎防务，当然，他们开到边疆并不会受到阻碍。苏台德的日耳曼人区和其他少数民族地区都应该实施地方自治的政策，这就意味着他们在自己的城乡参议会要有一个区议会。可以在区议会上辩论关于地方性的事务，这些地区的界限必须是提前界定好的。在实际问题上，比如划分边界的问题，他希望交给一个公正的法庭或国际联盟委任的法庭裁决。各个政党自由组织和竞选。每个自治区都设有公正的法庭。在使用德语的地区，地方官吏应由讲德国民族语言的人担任，例如警官、邮政和铁路等。从总的税收中分出适当的比例，作为该地区的行政费用。

驻伦敦的捷克斯洛伐克公使是马萨里克先生，他事后知道了这次会谈的内容，对这种解决办法表示同意。这样一来，捷克斯洛伐克共和国的独立就可以不受影响了，种族与少数民族之间的矛盾也得到了解决。如果德国是善意的，而且信守承诺，那么做到这些并不难。但我对这个条件没有一丝一毫的幻想。

亨莱因在 5 月 17 日，同捷克斯洛伐克政府进行了谈判，解决苏台德的问题。他从英国返回捷克斯洛伐克的途中，去访问了希特勒。当时，捷克斯洛伐克正要举行地方选举，为了这次选举，德国政府精心计划了神经战。现在，谣言流传开了，说德国军队正开往捷克斯洛伐克边境。英国政府在 5 月 20 日要求驻德大使内维尔 · 亨德森爵士在柏林打听一下这件事情的真实性。德国否认这件事，可是捷克斯洛伐克仍然心中忐忑。5 月 20 至 21 日的夜晚，他们向军队下达了局部动员的命令。

* * *

此时非常有必要对德国的企图做一些研究。一直以来，希特勒深信法国和英国绝不会为捷克斯洛伐克而开战。他在 5 月 28 日召集主要顾问开会，下令让他们做好进攻捷克斯洛伐克的准备。此后，直到

1939 年 1 月 30 日，他才在国会演说中公开了这个决定。

> 看到这样的挑衅，简直令人难以容忍……我决定彻底解决苏台德地区的日耳曼问题，以后再也用不着操心了。我在 5 月 28 日，下达了命令：在 10 月 2 日前，其一，做好准备，对这个国家采取军事行动；其二，马上将我们在西线的防御工事迅速扩大。

虽然他满怀信心，可是他的军事顾问们却并非如此。德国将军考虑到协约国的军事实力，除了空军之外，依然比德国强大许多，因此，他们不相信元首在发出挑战后，英国和法国会做出屈服的举动。所以必须出动三十五个师才能先击溃捷克斯洛伐克的军队，然后再包抄或者进攻波西米亚防线。希特勒接到了德国参谋部将领的提醒，希望他能注意到捷克斯洛伐克军队效率很高，且配有最新式的武器和装备。“齐格菲防线”又称“西墙”的野战工事已经建好，可是整个防务结构还远远没有完成。德国在向捷克斯洛伐克进攻时，只能调遣出五至八个后备师，用来保护西线，因为法国若是进攻的话，可以供调动的有一百个师。听说要冒这样大的风险，将领们都感到非常震惊。要是再推迟几年，德国军队就能重新占据优势地位。德国在实行征兵制、进入莱茵兰、抢夺奥地利时，因为协约国软弱、奉行和平主义，而使得希特勒的政治判断显得非常正确，可德国最高统帅部不相信希特勒会在第四次假造声势的恐吓中再次获得胜利。那些胜利的大国军事优势犹存，若是他们再次放弃自己的荣誉和职责，对他们而言虽是谨慎和一般的途径，不过，那也太不符合常理了。还有苏联，捷克斯洛伐克同它都属于斯拉夫种族。此时的苏联对德国来说，是一个巨大的威胁。苏联同捷克斯洛伐克的国家关系始终是友好团结的，苏联同贝奈斯总统的个人关系也一直很亲密。种族关系是这种关系的原因之一，另外，同最近发生的几件事情也有关系。在这里必须把这几件事情说明白。1944 年 1 月贝奈斯总统到马拉喀什来看望我时，把这些事讲给我听。希特勒在1935年向他建议说，若是在德法战争中，捷克斯洛伐克保证宣布中立，他就可以保证，无论发生任何事情都会尊重捷克斯洛伐克的领土权。贝奈斯声明说，如果发生那种情况，他同法国将一致行动，这是他的条约义务。德国大使回答他说：条约不必废除，开战以后，只要不派遣军队，也不进行动员，条约就毫无疑问地被破坏了。因为这个小小的共和国处于这种地位，即使对这种建议不满，也无法宣泄自己的愤怒。德国对他们来说是极为可怕的，特别是因为德国可能随时都会把苏台德－日耳曼人的问题提出来，或者对这些日耳曼人煽风点火，捷克斯洛伐克完全可能因此而陷入艰难的困境，或者面临越来越严重的危险。因此他们对这个建议的态度是，既不批评也不提倡，总之就是不置一词，任由这个建议放在那里，根本不谈。此后的一年多，这件事情都没有被再提起过。1936年秋天，贝奈斯总统收到德国高级军事部门送来的一封信件，大致内容是让他考虑，若是愿意接受元首的建议就立刻行动，因为苏联很快就会发生重大变故，到那时，即使他愿意为德国效力，德国也不再需要了。

这个让人惊恐的暗示让贝奈斯陷入了沉思，就在这时，他发现苏联驻布拉格的大使馆频频传递德国和苏联政府要人之间的信件。这就是所谓的共产党老赤卫队和军人之间叛国阴谋的一部分活动。他们想推翻斯大林，以亲德政策为基础建立一个新政权。贝奈斯总统立刻将他了解到的所有情况都告诉了斯大林先生。随后，苏联就展开了无情的大清洗运动，这在军事上和政治上是非常有必要的。1937年1月，接连不断地进行审判，检察官维辛斯基在这件事上发挥了极大的作用。

斯大林将共产党老赤卫队和军事将领赶出来了，虽然前者不太可能同后者合作，反之后者也一样。他们对斯大林当然是记恨的，因此，在集权国家里必然的准则是将他们全部清除干净。被枪毙的人非常多，像季诺维也夫、布哈林等革命时期的老领导人，还有不少的陆军高级军官都被枪毙了，哈切夫斯基元帅曾经被苏联派到伦敦参加英国国王乔治六世加冕仪式，也被枪决了。被“清算”的文官和上尉以上的军官，总计大约为五千多人。苏联军队将亲德分子都清洗了，其代价是军队的效率也降低了。苏联政府明显地更倾向于反德国。对贝奈斯总统，斯大林自然心怀感激。苏联政府对贝奈斯个人和他国家所受到的纳粹威胁，非常乐于伸出援手，帮助他抵抗危险。对这些事情，希特勒当然是非常了解的。可是英国和法国是否也知道，我就不得而知了。张伯伦先生和英国参谋部、法国参谋部认为，1937 年苏联清党完全是因为苏联军队内部分裂造成的，是仇恨和残忍的复仇使苏联陷入了分裂的状态。这种看法或许太极端了，一个政府制度如果以恐怖为根基，以无情为保护政权的手段，则政府的地位是会变得坚固的。这段叙述中所显示出来的，就是在捷克斯洛伐克和俄罗斯之间，贝奈斯和斯大林之间的关系是亲密的。

外界对贝奈斯和斯大林之间的关系都不了解，对德国紧张的内部关系也不了解。英国和法国驻捷克斯洛伐克的公使对这些浑然不觉。虽然齐格菲防线尚未竣工，但已经是一个令人恐惧的障碍了。

德国陆军成立的时间还不长，很难精确地估计出它的人数，其战斗力如何更不得而知，而且明显有些夸张。此外还有一种危险，那些不设防的城市可能会遭到空袭。民主国家的人民内心对战争是仇恨的，这才是关键。

达拉第的前任在 3 月 14 日曾经作出保证，尽管现在形势如此，可 6 月 12 日达拉第先生重申了那个保证，宣布法国对捷克斯洛伐克负有“神圣的”和“不可逃避的”义务。此前，有些人认为，东欧的一切问题在没有签订洛迦诺公约前，都是没有意义的空话，这就是十三年前签订条约所反映的问题，因此，当达拉第发表这个重要声明后，这些议论也就平息了。1924 年，法国和捷克斯洛伐克签订了条约，在历史面前，这个条约无疑从法律上或者事实上都具备完全的效力。在 1938 年这个多事之秋，法国政府的历届元首都要在这一点上进行重申。

可是，希特勒在这个问题上，却深信唯独他的判断才具有正确性。于是，他在 6 月 18 日宣布了进攻捷克斯洛伐克的最后命令。在此期间，德国的军事将领们感到焦虑不安，希特勒不断向他们做出保证。

希特勒致凯特尔

只有我坚定地相信法国不会进军，就像我们重占莱茵兰非军事区一样。因而英国也不会参与进来，由此，我决定向捷克斯洛伐克进军。[①]

希特勒为了用假象迷惑人，还派他的随从副官维德曼上尉来到了伦敦。7 月 8 日，哈利法克斯勋爵接见了这位特使先生，在表面上德国大使馆也装作不知道这件事。维德曼说：英国对元首的建议没有响应，元首很不高兴，英国政府能不能同意戈林到伦敦来讨论细节。德国在某种情况下，是有可能将进攻捷克斯洛伐克的事情向后推迟一年的。张伯伦先生在几天后同德国大使探讨了这种可能性。英国首相此前为了让布拉格的局势明朗化，曾经向捷克斯洛伐克提出建议，派一名人员到捷克斯洛伐克去视察，以方便促成和平的协议。7 月 20 日，英王前往巴黎，这样哈利法克斯就有机会同法国政府探讨这个建议了。在简单地表明各自的态度后，两国都同意进行调解。

张伯伦在 1938 年 7 月 26 日的会议上宣布派朗西曼勋爵前往布拉格。他的目的是促使捷克斯洛伐克政府同亨莱因用和平的方式解决问题。第二天，捷克斯洛伐克政府的少数民族问题草案发表，这也将成为他们谈判的依据。同日，哈利法克斯勋爵在会上发言："我不相信欧洲各国的领导人现在都想打仗。"朗西曼勋爵于 8 月 3 日到达布拉格，并同各方进行了一系列谈判，这些谈判极复杂和繁冗。谈判进行了还不到两周的时间就破裂了。此后的局势发展更加迅猛。

已担任外交部长的里宾特洛甫 8 月 27 日报告说，意大利驻柏林的大使曾经前来拜访他，并对他说："墨索里尼再次下达了书面指示，德

① 《纽伦堡文件》第二编，第 10 号。——原注

国将在什么时间对捷克斯洛伐克采取行动，他希望德国能尽快告诉他”。墨索里尼要求通知他，这样他才能“在法国边境，于合适的时间采取必需的手段”。

* * *

令人感到不安的局势在八月份更加严重了。我在27日，对我的选区选民说：

在赛顿·布瓦的这个原始森林中，我们仅凭这个名字就能联想到诺曼的时代。那些爱好和平、奉公守法的英国人民的内心，在这里是很难明白为什么欧洲盛行一种残暴的情绪。你们在这个充满焦虑情绪的一个月中，能从报纸上看到各种报道，前一星期还是好的，下一星期就变成坏的了。可是，我必须对你们说，欧洲和全世界的大局势正不断走向一个制高点，到达顶点的时候就没有什么可拖延的了。

战争并非必须打响，和平所受威胁是不可免除的，因为德国开始从家庭中征兵，它数目庞大的军队是不会解除的。并没有哪个国家对它带有威胁，它也不必害怕任何别的国家，可是它却将一百五十万士兵的编制按照战时的标准执行，这个举动非常严重……我想我必须坦诚地告诉你们，将如此巨大的力量按战时编制的目的，就是想在最短的时间能实现某种目的……

我们赞同朗西曼前往布拉格，政府已经派他去了。我们确实希望他能够调解成功，我们为他祈祷。从目前看，捷克斯洛伐克政府也在对国内的情况做调整，他们全力这样做，对所有的要求尽力加以接受，只要还没有令他们的国家四分五裂就可以了……可是协议却被更嚣张和巨大的野心阻碍着。如果是这种情况，德国纳粹的要求就必然指向欧洲和文明世界，或者德国纳粹党突然就会做出残暴的事情，对小国家发动战争，企图将其征服。令人感到担忧的是，这不仅是要进攻捷克斯洛伐克，而且是残忍地对待全世界的文明和自由……

无论发生了什么，我们的政府应该让全世界的各个国家都知道，也必须让他们知道：英国和英帝国，一定能尽到自己的责任，发挥自己的作用，他们在那些重大的历史事件中是怎么样做的，现在就还会怎么做。

我在这些日子中与大臣们有些交流。因为我与政府在国防问题和外交问题上有着严重的政治观点分歧，所以我与哈利法克斯勋爵的关系也多少受到了影响。我的想法和艾登的主要观点是一致的，可是我对他的下一任却不能说这样的话。即使这样，我们见面的时候还是朋友关系，况且我们已经做了多年的同事。我有时写信给他，或者他也请我抽空去看他。

丘吉尔先生致哈利法克斯勋爵　　　　1938 年 8 月 31 日

贝奈斯若是已经做出妥协，且朗西曼认为他的建议公平合理，但是对方仍然不肯接受，那么，我认为在这周就只能做两件事才能加强力量阻止希特勒的暴行，而且，这两件事都不会导致你因为可怕的保证而需要承担什么责任。

第一步，英法俄能否提出一个联合照会，以便说明几个问题：(1) 他们渴望和平；(2) 对德国的军事部署，他们都感到忧心忡忡；(3) 对于捷克斯洛伐克的争端如何解决的问题，他们都很关切；(4) 若是德国对捷克斯洛伐克实施侵略，这三个国家将视其为严重问题。联合照会拟定以后，三国驻美大使就应将它交给罗斯福总统看看。我们在这个问题上，还应尽力取得罗斯福的支持。

我分析，罗斯福总统极有可能致信给希特勒，他会指出局势非常严重，并认为对捷克斯洛伐克的入侵会引发世界大战，因此他还会提出友好和平地解决问题的希望。

并且，我认为，德国官方的和平分子在这种情况下就得到了坚持已见的最佳机会，希特勒若是同罗斯福会谈，也许等于给自己找到了退却的借口。不过，这样的事情当然是难以预料的，仅仅是一些愿望而已。提出一个联合照会才是重中之重。

第二步，能够挽救局势的举动是调动舰队，再将后备小舰队和巡洋舰队编入现役舰队。我所指的并非将皇家后备舰队召集起来，也并非是进行动员。我的意思是，将五六个小舰队编制成第一舰队的规模，还能为了反潜艇而利用两百艘左右的拖网船。采取这些措施和其他一些措施，海军港口就能造大声势，产生震慑力，可以用来阻止德国发动战争。若是战争爆发了，这些也可以及时起到戒备的作用。总之，这是对我们有好处的做法。

很冒昧我希望你不要见怪，对一个曾经亲身经历过这种日子的人提出的建议。迅速地行动很明显是至关重要的。

* * *

我在 9 月 2 日下午，接到苏联大使的信件，说他马上要来恰特韦尔见我，因为有一个问题非常紧急。我和麦斯基大使的友谊由来已久，他跟我的儿子伦道夫也常常见面。我接见了这位大使，说了几句客套话后，他告诉我一些事情。他讲得严肃而仔细，我在他开始讲述不久就明白了，苏联政府宁可通过我提出建议，也不愿意直接由外交部提出，他们担心被拒绝，因此大使才能同我进行这样的私人谈话。很明显，他们的意图是让我将自己的所闻汇报给政府。可以推断虽然大使没有说出口，但是他也没有对我说“要保守秘密”。当时，我认为这件事非同小可，必须小心谨慎地转告给政府。一定要避免将我的个人意见掺杂进去，另外还要避免使用可能引起我们之间争论的语言，因为那样可能导致张伯伦和哈利法克斯在考虑问题时受到影响。

丘吉尔先生致哈利法克斯勋爵　　　　　　　　1938 年 9 月 3 日

我得到了一些情报，来源非常可靠。我认为向您汇报是我的责任，虽然并没有人要求我必须如此。9 月 2 日也就是昨天，驻莫斯科法国代办（大使在休假）去访问了李维诺夫。他站在法国的立场上，询问了一个问题：当德国袭击捷克斯洛伐克的时候，苏联能怎样进行援助；当波兰和罗马西亚站在中立的立场时，形势将非常困难，那时候苏联又会做些什么。李维诺夫则说担负直接责任的是法国，苏联的行动要根据法国的举措来定夺，因此，他反问法国有什么计划。法国代办对这个问题没有作答。李维诺夫在这种情况下还是对他说道：苏联当然决心承担起自己的责任。他能预见到波兰和罗马尼亚的态度会带来困难，可是他也认为罗马尼亚方面的困难完全可以克服。

罗马尼亚政府在最近几个月对苏联的态度非常友善，两国的关系已经有所改观。李维诺夫认为罗马尼亚必然会有些勉强，最好通过国际联盟帮它克服这种情绪。可以这样做，由国际联盟确定德国是入侵国，而捷克斯洛伐克为被侵略国，或许这样罗马尼亚可以同意苏联的陆军和空军从自己的过境通过。法国代办说国际联盟的行政院也许无法形成统一认识。可李维诺夫回答他说，只要有多数票就足够了。在行政院表决的时候，罗马尼亚很可能站在多数一方。李维诺夫由此提出意见，他说根据第十一条规定，可以提出由于面临战争的危险，必须由国联各个会员召开国联行政院会议，共同商讨对策。他还指出时间已经不多了，如果打算这样做就应尽早付出行动。他后来对法国代办又说道：法国、苏联和捷克斯洛伐克的参谋部应当马上召开一次会议，针对援助的方式和方法进行研究，如果召开会议，苏联准备参与。李维诺夫说，在 3 月 17 日他曾经发表谈话，其副本在外交部应当有备份。他在那次谈话中提出就维护和平的问题，各个爱好和平的国家应该进

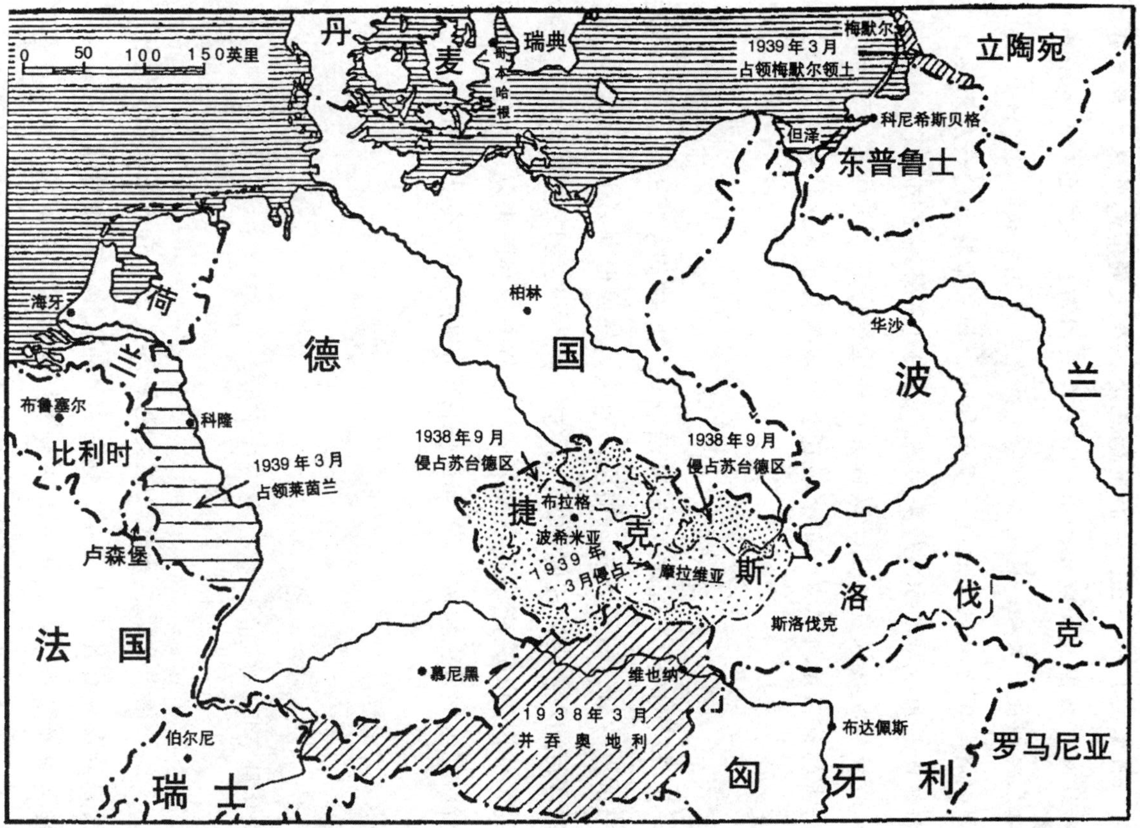

希特勒的侵略　　　　（照原图译制）

行磋商，得出一个最为稳妥的方法。如果能由法国、苏联和英国共同发表一个联合声明就好了。他相信出于道义，美国会给以必要的支持。他以苏联政府的名义说了这些话，也就是说苏联政府认为这样做是最好的阻止战争的方法。

我需要指出一点，希特勒的态度从今天的消息看来，好像有所缓和。我因此可以推论出，若是亨莱因与贝奈斯没有出现新的裂痕（即使有裂痕，也应该不会是捷克斯洛伐克政府的责任），英国政府就不会决议采取进一步的行动。如果希特勒的态度果真改为倾向于用和平的方式解决问题，我们就不要再惹恼他了。

当然，我认为你也可以从其他的途径得到这些信息，可李维诺夫的谈话是极其重要的。我还认为我们应该对此作出响应，因此才向你汇报。

我口授的报告一写好就送交哈利法克斯勋爵了。9月5日，他用非常慎重的口气做了答复。他说，他认为如果根据第十一条规定，此时采取行动不会带来任何好处，不过，他会始终考虑这件事情的。“我认为，你说的对，应该在亨莱因从贝希特斯加登回来以后，根据他的报告对整个形势重新认定。”他还说目前的局势非常令人担忧。

* * *

9月7日，《泰晤士报》发表社论称：

苏台德人最近提出建议，捷克斯洛伐克政府已经表示同意接受，若是苏台德人又增加了新要求，那么唯一可能的结论是，德国不单单是为了解救捷克斯洛伐克境内那些生活疾苦、毫不自由的人。捷克斯洛伐克政府在这种形势下，必须考虑的是应不应该将某些方面所支持的计划废除掉。该计划是割让与其他民族国家接壤的地区，这样那些居住着其他种族居民的地方将不再属于捷克斯洛伐克，而能令捷克斯洛伐克这个国家变得更为单纯。

这个计划将意味着必须交出波西米亚要塞防线上的全部地区。英国政府立刻声明《泰晤士报》这篇文章所表达的并非政府的意见，尽管如此，外国舆论还是无法安心，特别是法国。9 月 7 日，也就是同一天，驻伦敦的法国大使前来面见哈利法克斯勋爵，他代表法国政府提出请求，希望英国政府能将自己的态度清楚阐述，假如德国进攻捷克斯洛伐克时，英国的立场是怎样的。法国外交部长博内先生那时候曾宣布，1938 年 9 月 10 日，他曾经向驻巴黎的英国大使埃里克 · 菲普斯爵士提出这样的问题："或许明天，希特勒就会对捷克斯洛伐克大举进犯了，我们法国会在那时候立刻行动。法国国会将转过头来问英国'我们将要出兵，你们呢？跟我们一同行动吗？'不知道英国会如果回答这个问题？"

12 日，哈利法克斯勋爵交给菲普斯爵士一份经过内阁同意的答复，请他转交法国。答复的内容如下：

我们非常明白，对法国政府来说，英国政府在这个问题的上的回答是多么重要。可这个问题也像你对博内指出的那样，虽然简单明了，可是却不能单独考虑，还必须考虑到发生这个问题时的态势。就目前考虑，这些情况还属于臆测。

另外，英王陛下政府在这件事情中，当然不可能仅仅考虑自己的情况，事实上，不管英国政府的决定和行动是什么，各自治领都会承担同样的责任。当然，在事情尚未发生的情况下，各自治领的政府必然不愿意已经有人替他们做出决定，它们更希望做决定的人是自己。

因此，我目前对博内先生提出的问题只能做出这样的回答：英国政府当然不会让法国面临安全威胁，可是由于现在对于形势的发展还难以准确预测，所以，我们无法准确地说出未来采取行动的性质，也无法说明采取行动的时间。[1]

英国政府表示“绝不会让法国面临安全威胁”，因此法国政府据此发问“如果法国政府面对威胁，那么英国会提供什么样的帮助。”博内记载了伦敦的答复：两个未经摩托化的师，自开战后计算，在六个月内，将派出一百五十架飞机援助。博内先生如若不是为了找个借口，以便把捷克斯洛伐克抛给命运的话，那么我想他已经达到了自己的目的。

同一天，也就是9月12日，在纽伦堡党员大会上，希特勒发表了演讲，他声称将对捷克斯洛伐克大举进攻。捷克斯洛伐克境内的一些地区于第二天实施了戒严，这算是回应德国的举动。9月14日，捷克斯洛伐克同亨莱因的谈判彻底破碎。苏台德的这位领导人在15日逃跑了，他去了德国。

至此，危机到达了最高点。

① 乔治·博内的《从华盛顿到法国外交部》，第360、361页。——原注

第十七章　慕尼黑事件的悲惨程度

张伯伦大权独揽——张伯伦前往贝希特斯加登访问——他跟希特勒会晤——朗西曼的使命终结了——捷克斯洛伐克承受的英法压力——贝奈斯总统屈服了——福歇将军放弃了他的法国国籍——在国联大会上，李维诺夫发表强硬的声明——人们忽略苏联的实力——注定发生悲剧的国家周围全是秃鹫——在戈德斯贝格的张伯伦和希特勒——希特勒下最后通牒——英法内阁拒绝了——威尔逊带着使命前往柏林——9月26日我到访唐宁街——哈利法克斯的公报——英国动员海军——德国前线的背后——贝克将军被罢免——希特勒同德国陆军参谋部的争执——哈尔德将军的暗算——传说中9月14日暗算失败的原因——德国陆军参谋部9月26日给希特勒的意见书——雷德尔海军上将的进谏——希特勒动摇了——2月27日张伯伦的广播——他第三次提出访问希特勒的建议——他呼吁墨索里尼——下院在9月28日的闹剧——慕尼黑会议——废纸——张伯伦凯旋——“和平和荣耀”——在纽登堡，凯特尔元帅的证言——希特勒的判断又被证实了——一些一般意义上的道德和行为的法则——法国和英国到了致命危险的边缘

英国的外交政策被张伯伦先生掌控了。霍勒斯·威尔逊爵士既是他的亲信，又是他的代理人。对于外交部的事情，哈利法克斯勋爵越来弄不懂，不过他还是紧跟首相的主张。内阁虽然有深深的焦虑，却

还跟随张伯伦。下议院中的政府多数党都服从议会领袖的调遣。我们的国家大事被一个人，只被这一个人所领导着。无论是在个人努力方面还是对他所应当承担的义务，这个人绝不会选择退缩。

达拉第先生和张伯伦先生在9月13日至9月14日的深夜进行了沟通。在法国政府看来，如果英法两国的领导人一同去会见希特勒，或许会更有益。可是张伯伦却在打自己的算盘。他先给希特勒发了电报，说想去访问希特勒。他在第二天把这件事汇报给了内阁。当天下午，希特勒回电了，他邀请张伯伦到贝希特斯加登去访问。9月15日早晨，英国首相张伯伦先生乘飞机飞往慕尼黑机场。这个时候访问希特勒，无论从哪方面考虑都欠妥。捷克斯洛伐克的首都听说这个消息后，他们的领导人感到非常惊讶，简直不敢相信这是真的。因为他们刚刚首次将苏台德内部形势控制下来，英国首相竟能出访德国同希特勒会晤，真是太不可思议了。他们认为，他们同德国打交道的地位将被降低。因为，9月12日希特勒才发表了带有挑衅的演讲，且德国随后就开始怂恿亨莱因的党羽叛变。当地的人并没有支持叛变，于是亨莱因就逃往到德国去了。苏台德的日耳曼党没有了领导人，因此不同意直接开始行动。捷克斯洛伐克制定了所谓的“第四次计划”，该计划是正式向日耳曼领袖们提出的，其中包括地方自治的行政计划。这不仅符合这年四月亨莱因在卡尔斯巴德所提出的要求，而且也符合3月24日张伯伦就此提出意见，也契合了8月27日，西蒙爵士就此在演说中发表的声明。不过，朗西曼勋爵看出，德国最不想看到捷克斯洛伐克政府同苏台德地区的领袖们达成了协议的事情发生。由于张伯伦的访问，苏台德党有了这样一个机会，他们可以提出更多的要求。这个党的积极分子根据柏林下达的指令，提出了公开要求，希望并入德国。

* * *

9月16日下午，首相的飞机抵达慕尼黑机场，之后他乘火车去了贝希特斯加登。此时，德国的每个电台都在转播同一件事，即亨莱因声明要求将苏台德地区并入德国。这也是张伯伦下飞机后听到的最大新闻。这显然是计划好的，想让张伯伦还没有见到希特勒的时候就知道这件事情。无论是德国政府，还是亨莱因本人，此前都没有提出过并入德国的要求。因为在这之前英国外交部一定会宣布不能接受这样的政策。

现在，法伊林公布了张伯伦同希特勒会谈的记录。从他的记述中，张伯伦的形象会给我们留下鲜明的印象：

> 虽然，他从面容看是个冷酷无情的人，可是他给我的印象是，只要他做出了承诺就应该会遵守诺言。这是我的想法。

我们已经看到的事实是，早在几个月之前，希特勒已经下定决心侵略捷克斯洛伐克，并且为此做好了准备。现在他只是在等待最后的信号。9 月 17 日是周六，首相返回伦敦。他一到伦敦就召集内阁开会。此时，朗西曼勋爵已经回来了，人们注意到了他的报告。他最近身体不太好，并且为了完成使命费尽了精神，人也跟着瘦了。他建议“将那些日耳曼居民占多数的地方转交给德国”，他说这是一个“直接干脆的办事方式”。的确，这个办法的优点就是简单直接。

首相和朗西曼勋爵的看法是一致的。他们认为想要劝阻希特勒不下令入侵捷克斯洛伐克，就要把苏台德地区割让给德国。在张伯伦同希特勒会谈时，他感觉到了希特勒那种“斗志昂扬”的精神状态。张伯伦的内阁认为，法国人一点儿斗志也没有，对希特勒向捷克斯洛伐克提出要求，法国根本不会表示抗议。有些大臣竟提出“民族自决权”“少数民族要求待遇公正”等说法，不过是自欺欺人罢了，这不过是摆出一副神态，显得“支持小人物对捷克斯洛伐克的暴徒们进行反抗”而已。

现在必须同法国政府采取一致的做法——后退。9 月 18 日，达拉第和博内到了伦敦。张伯伦此时已经做好了决定，他打算接受在贝希特斯加登时希特勒阐明的要求。他现在所做的只是拟定建议，然后让驻布拉格的英法代表前去提出。法国内阁送来一份草案，其中的考虑的确是非常周密的。他们想到，如果采用公民投票的方式，那么斯洛伐克和露西尼亚地区就可能提出同样的要求，因此他们不赞成公民投票。他们主张的方式是将苏台德地区直接割让给德国。不过他们还说，对于已经破碎的捷克斯洛伐克的新疆界，英国应当同法国、苏联（他们从未同苏联商议过此事）一同保证其安全。

在我们很多人的眼里，博内实际上就是一个彻头彻尾的失败主义者，即使内阁之外的人也会这样认为，任凭他巧舌如簧说出那么多的话，无非就是一个意思，“为了换取和平，绝对不惜任何代价”。战后他写了一本书，当然他要在书中尽力把责任推开，推到张伯伦和哈利法克斯身上去。大家对他的心理都再清楚不过了。法国最近还郑重其事地重申和明确了自己的义务，声明为保卫捷克斯洛伐克而参战，可博内却为了让法国不去履行义务，而甘愿付出任何代价。现在如果看英国和法国的内阁表现，就像两个熟透的西瓜挤在一起，终于挤爆了。然而，它们实际只需要从剑鞘中拔出宝剑而已。英国和法国有一点是完全一致的，他们都没有同捷克斯洛伐克人商议过此事，都认为捷克斯洛伐克人应该服从保护人的安排。这些人头脑简单到像是孩子一样，真是糟糕透了。

最后，英国和法国向捷克斯洛伐克说明他们的决定（或者叫最后通牒）。他们说：“英国政府和法国政府都知道，捷克斯洛伐克将要做出的牺牲是巨大的，他们都觉得有必要做出坦率的说明，对于安全来说这具有必要性……首相和希特勒还要再次进行会谈，最迟在周三，如能提前，我们觉得你可以早些答复我们。”此后，在9月19日下午，捷克斯洛伐克政府就接到了建议，让他们尽快将国境内日耳曼人占半数以上的地区交给德国。

英国和法国不同，英国没有条约义务一定要保护捷克斯洛伐克，并且，英国也未曾做出过非正式的保证。可法国却担负着条约义务，如果德国向捷克斯洛伐克进攻，法国就应该同德国作战。已经有二十年了，贝奈斯总统始终在国际联盟和其他场合支持法国的利益和政策，说他是法国忠诚的盟友还不够，更应该说他是法国的附庸。若是世界有神圣和庄严的义务，那么法国和捷克斯洛伐克的关系就应当是了。勃鲁姆和达拉第的声明还在耳畔回响的时候，法国政府就食言了。这是灾难的前兆。一直以来，我都认为贝奈斯的屈服是不对的，他应该保卫自己的防线。那时候我认为如果真的开战了，法国人民一定会热情高涨，这种情况下法国就要伸出援手，而英国也必须采取同样的行动。9 月 20 日，是这次危机的高潮阶段，我有两天时间是在巴黎渡过的，我去拜访了我的朋友雷诺和曼德尔，他们都在政府就职。这两位部长正在愁苦，简直不想在达拉第政府任职了。我反对他们离开政府，因为对于事态的发展而言，他们付出的代价是没有意义的，相反，法国政府会失去两个最干练、最有能力的人，因此而变得更加软弱无力。我毫不客气地把这个意思明确地对他们说了。这次访问的过程是痛苦的，然后，我又回到了伦敦。

* * *

英国和法国驻布拉格公使在 9 月 20 日深夜到 21 日的凌晨两点前去晋见贝奈斯总统。他们告诉总统先生，已经不可能根据 1925 年的德捷协定做裁决了，然后他们不断地催促他接受英法的建议，且在“形势没有发展到英法两国所不能承受之前”行动。对此通知，想必法国政府多少感到一些羞愧，因此仅是让法国公使口头表达了这层意思。捷克斯洛伐克政府迫于这种压力，在 9 月 21 日委曲求全地尊重了英法两国的提议。这时法国有一位将军在布拉格，他叫福歇。福歇将军自 1919 年以后，一直是法国驻捷克斯洛伐克军事代表团的成员，1926 年成为代表团团长。现在他向法国政府申请了离职。在他成功离职后，紧接着就成了捷克斯洛伐克的一名军人，并加入了捷克斯洛伐克的国籍。

我们不能轻易忽略法国曾经为自己做的申辩。他们说若是捷克斯洛伐克不肯屈服而导致开战，法国当然要履行自己的义务，可是如果捷克斯洛伐克刚一遇到点压力就屈服的话，那么这和法国的荣誉没有什么关系。我们只能把这些内容交给历史，让后人来评判吧。

* * *

9 月 21 日，也就是当天，我将一篇关于这次危机的声明交给伦敦新闻媒体发表了：

在英法两国共同的压力之下，捷克斯洛伐克的领土被分割了。这件事可以被认为是在纳粹武力的威胁下，西方民主国家完全屈服了。这是一种失败。它不会为法国和英国带来和平和安全，而是相反，这两个国家将面临更大的危险，也变得更加软弱可欺。为了让捷克斯洛伐克中立，就能看到德国可以派遣二十五个师的兵力，这些力量威胁着西线，并且，纳粹的胜利为自己赢得了直通黑海的一条通道。不仅仅是捷克斯洛伐克会受到威胁，所有国家的民主和自由都将面临危险。以为向虎口送一个小国家，就能换取安全，这种荒诞的认识会带来致命的危险。只要在很短的时间里，德国的战争潜力就会飞速发展，且法国和英国将要完成必要的防御准备的速度，根本赶不上德国的发展。

* * *

9 月 21 日召开了国际联盟大会。李维诺夫正式发出警告：

……捷克斯洛伐克被它的邻国所干涉。咆哮是公开的，还说要以武力进攻，这是公开的攻击恐吓。在欧洲，这个历史最悠久、最文明，也最勤劳的民族，刚摆脱了长达几百年的压迫，才获得独立，今天或许是明天就要决心投入战斗了，他们将拿着武器保卫自己的独立……

国际联盟竟然对被消灭的奥地利无动于衷，轻易放过了如此严重的事件。苏联政府完全清楚这件事对欧洲的重要性，特别是对捷克斯洛伐克命运的影响。因此在德奥合并之后，苏联就立刻向欧洲各大国建议，应立即就这件事可能发生的后果进行集体协商，找到应对和预防的措施。很遗憾，没有人对我们的建议给以正确的重视。如果实行这个建议，我们就不至于看着捷克斯洛伐克遭此命运，全世界也不至于为它的命运而震惊……在我动身来日内瓦的前几天，法国政府第一次问我，若是捷克斯洛伐克遭到攻打，苏联会采取何种态度？我代表我们的政府，毫不含糊地做如下回答：

“我们已经做好了准备，会按照条约规定的义务完成我们的使命。我们会同法国一起援助捷克斯洛伐克，用我们所能使用的方式行动。我们的国防部也做好了准备，马上就会参加捷克斯洛伐克国防部同法国召开的会议，同他们一同商议如何采取行动……”就在两天前，捷克斯洛伐克政府正式询问苏联政府，若是法国能给捷克斯洛伐克直接的、有效的帮助，完全遵照条约义务行事，那么苏联呢？是不是能根据苏捷协定对捷克斯洛伐克进行同等的援助？我国政府对这个问题的答复是明确的、肯定的。

真是令人不解，因为苏联是与此有关的大国，他所发表的声明中没有附带任何条件，而张伯伦的谈判和法国处理这次危机的方式竟然没有受到一丝一毫的影响。我听闻，苏联军队从地理上来说是不能派兵到达捷克斯洛伐克的，要是开战了，苏联只能派小规模的空军援助。要实现这一步，苏联军队还要通过罗马尼亚和匈牙利，也就必须让两个国家同意苏联的军队在其领土上通过。我听麦斯基先生说，如果是一个得到国际联盟支持的大同盟对罗马尼亚施压并且向它承诺，那么让它同意并不困难。两条铁路可以从苏联通往捷克斯洛伐克，都要穿过喀尔巴阡山脉。北面从切诺维兹经过布科维纳是一条路线，南面由德布勒森穿过匈牙利是另一条路线。这两条铁路线与布加勒斯特和布达佩斯的距离都很远，但是，它们能将苏联军队的十三个师带到捷克斯洛伐克去。这种可能性能给和平带来希望，因为希特勒会因此受阻。几乎可以断言，只要开战他就会遇到巨大的阻力。有些人竭力说苏联说的是空话，并不会付出行动。事实上，苏联的建议并没有得到重视。人们没有把苏联提出的建议用在对付希特勒方面，而是用冷漠的，甚至是藐视的态度回应它。斯大林的心中因此留下了一个印记。在时局演变的过程中，苏联这个国家被世界遗忘了。我们因此而在后来受到了沉重的打击。

* * *

9 月 21 日墨索里尼在特雷维佐发表了一篇重要演说，他说："若是用'形势微妙'来形容今天捷克斯洛伐克的地位，那么我们或许可以说，它'曾经'如此。为什么要说是'曾经'，因为这个问题已经发生了。不但'捷克斯洛伐克'如此，还包括捷克斯洛伐克、日耳曼、波兰、罗马尼亚、斯洛伐克、马扎尔、露西尼亚。因此，我要发表严肃声明，必须用一个通用的办法来解决问题。"[①]

在来自英法的共同压力下，捷克斯洛伐克政府屈服了，他们被迫倒台。之后，赛洛维将军成立了一个无党派政府。第一次世界大战时，赛洛维将军曾经是捷克斯洛伐克军团的司令，驻军在西伯利亚地区。贝奈斯在 9 月 22 日通过广播庄严地向全国发出呼吁，希望人民能保

① 里普卡的《慕尼黑及其后》，第 117 页。——原注

持冷静。张伯伦在贝奈斯准备广播的时候，飞到德国去了。他第二次同希特勒进行会谈。他们会谈的地点是莱茵兰地区的一个城市，叫做戈德斯贝格。英国首相以为带着捷克斯洛伐克政府业已接受的英法建议细节就有了同“元首”会谈的根据。他们在戈德斯贝格的一家旅馆中会面了。四年前，希特勒为了清理罗姆从该旅馆匆匆而去。张伯伦在会谈开始后遇到的情形完全可以用他自己的话形容，即“一种全然出乎意料的形势”。他返回英国后，在下议院对当时的情况进行了描述：

> 我在贝希特斯加登时，听到的是如果能接受民族自决，希特勒先生会同我做进一步探讨，将实施办法和步骤的问题确定下来。可后来他却对我说，他完全没有想到我会接受这个条件。我并不想让下议院认为希特勒是故意欺骗我。我也不认为他有意骗我，可我本以为，当我带着这些建议再次到戈德斯贝格时，就可以平静地同他讨论这些事情，问题就顺利地解决了。可是并不是那样，我感到非常吃惊。他说他不能接受这些建议，而是提出了一个我完全不知道的建议。
>
> 我想我需要考虑一下，因此我退场了。我要想想我该怎么办。我不知道能否完成自己的使命，我预感到事情不会太顺利。在我退场之前，必须先得到希特勒的保证，让他在谈判没有结果之前，不调动他的军队，相当于将此前的这个保证再延迟一下。为此，我也做出了保证，我请求捷克斯洛伐克政府不要做出任何能引发意外的事情。

讨论就这样被暂时搁置了。第二天会谈恢复。张伯伦在9月23日早晨一直在旅馆的阳台上来回踱步。早餐后的时间，张伯伦给希特勒送了信，他说自己准备转交德国的新建议给捷克斯洛伐克政府，可他预想会遇到非同一般的困难。当天下午，希特勒做了回复，他没有一丝让步的意思。张伯伦要求在当晚的最后一次会议上提出附带有地图的备忘录，这时候，捷克斯洛伐克已经开始动员了。英法两国的政府正式向他们各自驻布拉格的代表下达指示，说此前他们负责劝捷克斯洛伐克不要动员，但现在不需要继续担负这个责任了。当晚的十点三十分，张伯伦和希特勒再次面谈，用首相自己的话更能清楚表现当时的情况：

> 我与德国总理的最后一次会谈时，他将带有地图的备忘录还给我。晚上十点半会谈开始，直到次日凌晨两三点钟结束。参加会谈的有德国外交部部长，还有亨德森爵士和威尔逊爵士。在备忘录上，我第一次发现了时间的上限。于是，我直言不讳地强调说："若是在这些条件上坚持，可能会带来危险，若是战争爆发会引发可怕的后果。与其说这是一份备忘录，还不如说它是最后通牒，无论从文件的措辞看，还是从它所持的态度看，都是如此。中立国的舆论界会因此受到极大的震动。我对德国总理提出了严肃的不满，在我们全力谋求和平的时候，他竟然无动于衷。"
>
> 在这里我必须顺便说明，希特勒向我恳切的重申他在贝希特斯加登所说过的话，他说这是他在欧洲的最后一次领土野心，他的目的是将日耳曼种族囊括在德国，而不是非日耳曼人。另外，他还非常诚恳地表示要同英国友好相处。他说，只要这次苏台德问题能和平解决，他非常希望恢复谈判。他还提到了另外一个问题，即"殖民地问题比较棘手，不过，这完全不会引发战争。"

张伯伦于9月24日下午回到伦敦。内阁第二天开了三次会议。这时候，巴黎和伦敦的舆论越来越强硬了。最终讨论得出的结果是，对在戈德斯贝格提出的条件绝不接受，并向德国政府通知该消息。该决定得到了法国内阁的同意。接着，法国实行了部分动员，这么高的效率真是让人感到意外。法国总理于9月25日的晚上来到伦敦，接受了对捷克斯洛伐克的义务，不过依然有些勉强。第二天下午，威尔逊爵士带着首相的亲笔信和使命，前往柏林面见希特勒。希特勒正准备在三个小时后发表体育馆的演讲。威尔逊得到了唯一答复，希特勒说他不会放弃在戈德斯贝格的最后通牒中所使用的最后期限——10月1日，星期六。他说要是在28日，也就是星期三的下午两点仍然没有得到通知表示捷克斯洛伐克已经同意，那么，他就在这一天向该地区出兵。

希特勒当晚在柏林发表了演说。他在演说中用温柔和亲切的语调提到了法国和德国，用粗暴无情的口气对贝奈斯和捷克斯洛伐克人进行了攻击。他以坚决的态度表示，捷克斯洛伐克人必须在26日之前撤出苏台德地区。他还声称，只要这个问题一解决，他就会对捷克斯洛伐克境内的任何事情都失去了兴趣，这是他“在欧洲的最后一个领土要求”。

* * *

危机越来越严重，这同处理其他类似问题没有任何分别。我也因此同政府有了更多更紧密的接触。9月10日，我到唐宁街去参见首相，那次我们进行了一次长谈。9月26日，我再次登门造访，这是非常重要的一天，下午三点半，在内阁的会议室里，他和哈利法克斯勋爵接见了我。我在8月30日曾经给哈利法克斯写信，提出一些政策。这一次，我力求促使他们使用这些政策，即同法国和俄国共同发表三国声明，一致表达反对希特勒的侵略行为。我们经过仔细讨论，完成了一个公报，我和哈利法克斯的意见是一致的，于是我认为首相也会完全同意的。当时，只有一个外交部级的官员在，因此拟稿一事就由他完成。我们分开的时候，我感到心满意足，像是抛开了重负一样。

晚上，大约八点钟，外交部新闻司的司长雷金纳德·利珀爵士将一份公报交给了外交大臣，主要内容是：

> 如果德国坚持对捷克斯洛伐克动武，而将英国首相的努力弃之不顾，那么将导致一个直接的结果，即法国必然对捷克斯洛伐克进行保护。英国和苏联都将支持法国。

哈利法克斯勋爵批准后，公报马上就发表了。

我回到莫佩思大厦的寓所时时间还比较早。我发现有十五位先生已经聚集在这里等待我了。他们分别是塞希尔勋爵、劳埃德勋爵、爱德华·格里格爵士、罗伯特·霍恩爵士、布思比先生、布雷肯先生、劳先生，这些人都是保守党成员。大家的情绪非常热烈，每个人的意见都是“我们必须让苏联加入”，看来对此问题大家是一致的。在保守党内部的热切意见背后，反映出他们已经抛开了阶级、政党、意识形态，连利害关系也不顾了。我为我所看到的高涨情绪所感动并由衷地发出惊叹。我对他们讲了在唐宁街的事情，还向他们说明了公报的性质。大家听到这些才感到踏实下来。

对这个公报，法国右派的报纸持怀疑和藐视的态度，《晨报》说它是“巧妙的谎言”。博内先生为了显示自己的进步，一直在忙碌，他为了让一些议员觉得英国的保证并非他想看到的，就对几个议员说，他不能证实英国公报。当然他想传达这种印象并没有什么困难。当晚，我同库珀先生在海军部共进晚餐时得知，他正向首相提出要求，请首相立刻动员英国舰队。我由此想到了二十五年前，发生在我身上的事情，那些情况跟现在非常相似。

* * *

双方的军队已经列好阵势，对峙的情况好像马上就要发生冲突。在欧洲最坚固的战线后，已经有捷克斯洛伐克的一百五十万人武装好了，他们配备了高效率的工业机械，在高度组织下待命。部分法国军队也被动员了。虽然法国内阁对捷克斯洛伐克应承担的义务有些不情愿，但还是践行了。9 月 27 日我国海军在午夜前向自己的舰队发了警戒电报，命令所有的舰队在第二天行动。英国的各大报纸在夜间十一点三十八分接到了这个消息。第二天，也就是 9 月 28 日上午十一点二十分，海军部正式向英国舰队下达了动员令。

* * *

希特勒向英国政府和法国政府展示的正面形象是坚挺的，可背后是什么样的呢？现在我们就可以看看了。对于希特勒的计划，总参谋长贝克将军并不赞同，并且这个计划让他心里极为不踏实，他企图阻止该计划。3 月份，他在德国进攻奥地利之后，曾向希特勒递交了一份备忘录。他列举了种种事实，用来证明接连不断的征服行动会导致世界性的灾难，德国原本刚刚开始复兴，在这种情况下，免不了再次陷入崩溃。对此，希特勒没有做任何回答。贝克将军也不想同元首分担挑起战争的历史责任。过了一阵子，进入 7 月份后，他们两人就成了对立的双方。就在即将进攻捷克斯洛伐克的时候，贝克要求希特勒做出不再做战争冒险的承诺，于是两个人的关系彻底决裂了。希特勒对贝克说了一番话，他说军队是国家的工具，他是国家元首，所以包括陆军在内的所有武装力量都应毫不犹豫地服从自己。由此，贝克提出辞职申请，可希特勒并没有批准。这位将军已经决定辞职，就不会改变主意的，此后他就不再到陆军部上班了。希特勒只能同意他的辞职，另外派哈尔德接替他的职务。后来，贝克的命运虽然悲惨，但却非常光荣。

只有圈子里的人才知道这些事情，对其他人来说，这是秘密。专家顾问和元首之间展开了斗争，这斗争一直持续且相当严重。对陆军参谋部来说，贝克始终是个公认的值得尊敬和信任的人。他们在职业方面的意见是一致的，且反对来自非军人或者政党方面的命令。在九月危机的影响下，德国的局面变成了将领们感到担心的形势。德国东部的边境上，已经部署了三十至四十个师，全都是捷克斯洛伐克的军队。在“西墙”，法国军队压在边境，优势可达八比一。苏联也正虎视眈眈，极有可能采取军事行动，它可以借用捷克斯洛伐克的机场，或者通过波兰和罗马尼亚推进自己的军队。最后是英国海军，据说在最后一刻也开始动员了。人们的情绪随着这些事情的发展而高涨，最后达到了狂热的程度。

首先，哈尔德将军做了一份报告，我们得知这份报告的内容是要拘捕希特勒和他主要的亲信。这是一份阴谋的策划方案。不仅是哈尔德的详细记述能证明这个计划的存在，我们也可以肯定确实有这样一份计划，只是我们不知道他们当时有多大的决心。将军们屡屡制定反动计划，可都因为各种原因在最后时刻放弃了。盟军将他们俘虏以后，他们为了保护自身，一遍又一遍地讲述他们为和平做出的努力。这个报告是真实存在过的阴谋计划，这是可以确信的，他们也确实为了实现这个计划而采取过很多重大措施。

(哈德尔说)九月初，为了能让德国不再受这个疯子的控制，我们采取了一些必要的行动。那时候的德国人，对战争的未来感到害怕的占多数。我们不是要杀死纳粹的领袖们，而是想抓捕他们，然后建立一个军政府。我们会告诉人们，因为我们深刻地相信我国人民正在被引到一个不可更改的灾祸中，因此我们不得不采取措施。

以下这些人参加了这次阴谋：哈尔德将军、贝克将军、施蒂普纳格尔将军、托马斯将军（装备署署长）、布罗克多尔夫将军（波茨坦卫戍司令）、维茨累本将军（柏林卫戍司令）、柏林警察局局长赫尔多夫将军。担任总司令的勃劳希契将军也得到了他们的秘密通知，并且这位总司令表示认可这个计划。

他们借对捷克斯洛伐克采取军事行动的机会将一个装甲师调到了

柏林附近，只要一个晚上就可以开进柏林，表面上看是属于军队的正常调动。此事的真伪是有证据可以证明的，在慕尼黑危机时，由赫普纳将军负责指挥的第三装甲师确实驻扎在柏林以南。当时赫普纳将军还担负着一个秘密重任，他必须在接到信号之后，立刻占领首都、总理府和纳粹的重要机构。后来，为了完成目标，这个师又归维茨勒本将军指挥统领了。从哈尔德将军的叙述中，我们得知柏林警察局长赫尔多夫为了能逮捕希特勒、戈林、希姆莱和戈培尔等人，做了周密的部署。“那时候，政变取得成功的全部条件都具备了，只要希特勒在柏林，此计划根本不可能出现任何意外。”9 月 14 日，希特勒从贝特斯加登抵达柏林。中午时分，哈尔德得知此消息后，立刻去见维茨勒本先生，两人一同订立计划。他们很快就做出了八点行动的决定。下午四点，哈尔德在办公室接到消息说，张伯伦将飞往贝希特斯加登，到那里面见希特勒。于是他立刻开了个会，哈尔德先生在会上告诉维茨勒本：“希特勒虚张声势的恐吓若是能够再次赢得胜利，那么，他不能不顾及总参谋长的身份，而去拆穿希特勒。”他们的决定是静待事态发展，暂不行动。

这就是总参谋长哈尔德将军讲的柏林发生内部危机的故事，历史学家们会去考证这件事情的真实性。在后来，米勒－希勒布兰特将军证明确有此事。一些权威人士也调查了此事，证明确实是这样的。如果这件事是真实发生的历史事件，那么人类命运再次因为微小的事情而改变了。

此外，在参谋部方面除了这些激烈的策划之外，还有热心的行动，同样希望限制希特勒的行为。9 月 26 日，一个由汉内肯将军、博登沙茨上校、勒布将军等组成的代表团，来到总理府请求晋见希特勒。但是，他们被遣散了。第二天中午，在陆军部，一些主要将领开了个会。他们在会上达成一致，签订了一份意见并送到了总理府。1938 年 11

月，法国发表了这个文件。[①]意见书的内容有十八页，分为五章，其中还有三个附录。在第一章中，讲述了第三帝国的政治领导人和军队将领们的不同意见。其中还对德国人民情绪低落进行了说明，以证明德国人无法支持一次欧洲大战。如果欧洲开战了，那么军事当局就应该获得非常高的权利。第二章的内容包括德军军备的种种不足和匆忙建造起来的有缺陷的齐格菲防线，还提到了缺少防御工事的埃克斯拉夏佩勒和萨尔布吕肯之间地区。意见书中提到，法国军队集结在纪韦，所以不能排除其有进攻比利时的举动。最后还强调指出，军官太少了，要是想让陆军获得作战的能力，军官最少要达到四万八千名，而军士最少要有十万名，若是现在实行全部动员，将有十八个师缺少训练有素的下级指挥官，以上还是保守的估算。

在意见书中，为了证明若不限制在小范围战争则非常有可能失败，并列举了很多个理由。在陆军军官中，可以确定相信德国将获得胜利的人还不足百分之二十。在附录中，对捷克斯洛伐克的军事力量做了评价，说捷克斯洛伐克军队在没有同盟国的帮扶下，亦能战斗三个月之久。在德国与波兰或者法国交界的地方，甚至在波罗的海或者北海方面，德国都必须有足够的防守兵力。至少有二十五万的兵力在奥地利，以防止发生民众暴动，也是为了准备向捷克斯洛伐克的进攻。参谋部最后的意见是，在三个月内不大可能将冲突局限在一定的区域内。

海军部长是雷德尔海军上将。陆军发出警告后，他又重点强调了一遍。元首在9月27日晚上十点会见了雷德尔，此间，雷德尔言辞激烈地发出了呼吁。几个小时后，英国舰队动员的消息传来，使他的呼吁就更有力量了。希特勒不再坚持了。28日凌晨两点，德国电台否认自己原计划在29日发起动员的消息。雷德尔的呼吁更加有力量了。同一天上午十一点四十五分，德国官方通讯社甚至给英国新闻界发了公告，声称德国并没有准备在29日发起动员。这时候的希特勒一定承受

① 1938年11月，在《法国和外国政治年刊》上，由拉韦尔涅教授发表的。见里普卡前引书，第211页以后。——原注

了极大的压力，他的个人意志力在经受异常猛烈的打击。他已经非常明显地走到了战争的边缘。对他来说，不仅舆论非常不利，而且海陆空三军又向他发出了严重的警告，他会毫不犹豫地改变主意吗？还有他的统治方面的问题，长期以来，他所维持统治靠的是威望，而现在，他能经受住如此的考验吗？

* * *

一边是元首和将领们进行斗争，另一边是张伯伦先生又再准备向英国人民发表广播讲话。9月27日晚，他说：

> 对一个我们并不完全了解的民族、一个遥远的国家，我们在这里争吵，他们却在制造防毒面具，挖掘战壕，这是多么不合理，多么可怕，多么令人难以理解啊！……假如我第三次到德国访问能有益处的话，我将毫不犹豫地前往……从内心讲，我是个非常热爱和平的人。对我而言，两国之间的武力冲突，就像是噩梦一样。尽管如此，如果我确定某个国家坚决要用武力来胁迫全世界，那我认为必须进行反抗到底。因为信仰自由的人在这种统治下是无法生存的。我们必须认识到，战争是可怕的，在我们加入参战的队伍时，必须对这个关系到生死存亡的大问题有所认识。

张伯伦的这次广播演说，可谓是滴水不漏，其中表达的意思就是战也可，不战也可。此后，希特勒向他发来了那封由威尔逊爵士转交的回信。这封信是个希望，在信中，希特勒主动表示德国愿意参加联合保证，确认捷克斯洛伐克的新国界，他还进一步表示，愿意保证新的公民投票方式的实施。这时时间变得非常紧张了，德国在戈德斯贝格备忘录上表明的最后期限就要到了，第二天就是9月28日，星期三，下午两点就是最后的时刻。张伯伦以个人名义写信给希特勒：“来信获悉。我由此确信，你的所有基本要求可以在不发生战争的情况下获得满足。我愿意即刻动身，到柏林同你和捷克斯洛伐克代表讨论移交的问题。若是你认为可以，那么让法国和意大利的代表也来参加会议。我确信，用不了一周就能达成协议了。”[①]张伯伦同时给墨索里尼打了电报，告诉他自己已经最后向希特勒发出了呼吁。电文如下：“我希望您能向德国总理表示想派代表参加会议的意愿。我也希望您能对希特勒先生进行敦促，让他同意我的建议，这样我们的人民就不必经历战乱之苦。”

在这次危机事件中，巴黎和伦敦之间没有进行互相信任的、亲密的协商，这是个非常明显的特点。双方在意见上虽然大体相同，不过却几乎没有个人接触，或者说联系非常少。在没有同法国政府商议的情况下，张伯伦先生就写了这样的两封信，并且他也没有同自己内阁的同僚商议过。此时法国也采取自己的办法，他们的措施同英国在方向上是一致的。我们已经得知，法国的新闻媒体对与德国较量的事情一直表示反对，巴黎的报纸在法国外交部的授意下，一直抨击那个提及苏联的英国强硬公报，说其是谎言。27日晚，法国驻柏林大使接受命令，又提出一个深层次的建议，准备扩大将预备交给德国的苏台德地区。当希特勒收到墨索里尼的电报时，弗朗索瓦－彭赛先生正同他在一起。墨索里尼劝说希特勒同意张伯伦的意见，举行会议，并且声称意大利愿意出席会议。希特勒在9月28日下午三点通知张伯伦和达拉第开会，他建议同墨索里尼先生一起到慕尼黑。此时的张伯伦正在下院作报告，汇报最近事件的大致情况。在他演讲要结束的时候，希特勒邀请他的电报到了。坐在楼上贵族席位的哈利法克斯拿着电报交给了首相。这时候的张伯伦正在讲述他写信给墨索里尼的事情，他还讲了他的这些行动带来了怎样的结果：

---

① 法伊林，前引书，第372页。——原注

墨索里尼先生给我回信说他已经下发了通知……他说尽管意大利已经准备实现彻底支持德国的保证，可是英国政府向他提出的要求他认为也非常重要，他希望希特勒能延迟行动，也就是推迟已经通知威尔逊爵士的行动，他指出至少要延迟二十四小时。这样一来，我认为墨索里尼先生就有时间重新考虑当前的形势，想办法和平解决事件了。希特勒先生表示同意，他说可以下令推迟二十四个小时……不止如此，还有一些事情，我要跟下院汇报一下。希特勒先生已经发来了邀请信，他邀请我明天早晨到慕尼黑去同他会面，同时，他也邀请了墨索里尼和达拉第先生。墨索里尼说他已经同意前往。如果我猜得没错，达拉第先生也会应邀。我想就没有必要汇报我的回信情况了……我认为下院一定会同意我即刻前去赴约。我想下院也一定希望我在这次最后的努力中能做出些成绩。

张伯伦就这样第三次飞到德国去了。

* * *

这个有纪念意义的会议被多方记述。我在这里只想强调会议中比较突出的几个重点。这次会议上没有苏联的参与，因为没有邀请它。捷克斯洛伐克也没有参与会议。捷克斯洛伐克在28日晚上仅收到一份通知，直接地传递了第二天将召开由欧洲四强代表参加的会议。“四强国代表”很快就达成了一致意见，从中午开始的会议一直持续到第二天凌晨两点。9月30日凌晨两点，在已经写好的备忘录上签了字，在戈德斯贝格的几个基本要点都被接受了。从10月1日起，苏台德地区开始撤退，撤退分五批进行，预计需要不到十天的时间。国际委员会负责决定最后的边界。捷克斯洛伐克代表专程赶到慕尼黑等候会议结果，文件被批准后，代表收到了文件。

专家负责草拟最后文件的时候，四位政治家暂时等候。此时，首相问希特勒是不是可以同他单独谈谈。希特勒“非常愉快”地答应了。[1]两位政治领袖于9月30日在慕尼黑希特勒的寓所进行了谈话，在场的只有翻译，没有其他人。张伯伦先生事前准备了一份声明，现在他把内容提出来了：

> 我们——德国的最高领袖兼总理和英国首相，今天举行会谈。我们都认为英国和德国的关系问题不仅对我们两国是重要的，且对整个欧洲来说也是最重要的。
>
> 对于英德之间有关其他任何问题，我们都认为应该用协商的方式来解决，我们决心继续为此努力。这样就可以将两国之间的分歧消灭掉，同时，这也是为保证欧洲的和平做贡献。

希特勒将这个声明读了一遍，就立刻签字确认了。

张伯伦乘飞机返回英国。他在赫斯顿下了飞机，此时，他手里拿着希特勒签字的联合声明挥舞着。前来迎接他的重要人物都听他宣读了这个声明。他乘坐的汽车驶出机场时，群众在两旁欢呼着。哈利法克斯勋爵就坐在他身边，他对勋爵说：“所有这些事情，将在三个月后成为过去。”在唐宁街的官邸窗前，他再次挥舞着那张声明说：“我确信我们这个时代是和平的，这是我们国家历史上第二次从德国带回和平，我们光荣地将和平带到了唐宁街。”[2]

* * *

现在我们已经得到了一份记录，记录了凯特尔元帅在纽伦堡接受审讯时回答捷克斯洛伐克代表的提问。

---

① 法伊林，前引书，第376页。——原注

② 法伊林，前引书，第381页。——原注

捷克斯洛伐克的代表艾格上校问凯特尔元帅：

“如果在1938年，布拉格得到了西方各国的支持，那么第三帝国还是否会向捷克斯洛伐克发动进攻？”

凯特尔元帅是这样回答的：

“那当然是不会的了。那时候我们军事方面的力量还不够强大。慕尼黑签订协定的目的就是让苏联远离欧洲事务，这样德国就能赢得完成武装的时间。”①

这是对希特勒判断正确的再次证明，毕竟，这一次又是元首做出的正确判断，德国参谋部因此不无羞愧，希特勒仅凭自己的直觉和天生的才能就对政治形势和所有军事问题作出了准确的估计。这跟莱茵兰的问题是一样的，德国军事将领们的阻挠又一次输给了希特勒，元首的领导能力赢了。这些爱国将领都热切地希望祖国能在世界上重获自己的地位。他们每天都在辛苦工作，为了让德国的实力不断增长而使用各种方法。这时候，他们发现自己如此地不了解局势的发展形势，内心充满了痛苦。他们对元首的恨意在很多情况下，根本比不过他们对元首那奇妙的赞美和远见卓识的天才仰慕。希特勒无疑已经成了一颗闪亮的星星，这些将领们必须理所当然地追随他并服从他的领导。希特勒就这样成了德国的主人，没有人会有不同意见。通往宏伟事业的大门已经打开了。那些企图造反的人消失了，不过他们在军中的同僚并没有告发他们。

* * *

一些道德和行动的标准或许对未来能起到指导作用，因此，在这

---

② 见《法国拯救了欧洲》，第一卷，第561页注释。——原注

里不妨讲讲。当对这种事情发表批评意见的时候，必须结合当时的实际情况。人们对其中的部分事实或许还不知道，所以对事情的估计往往是猜测的结果，其中不免受到想要做出判断的人普遍情绪和想法的干扰。有些人遇到含混不清的难题，总是希望能得到简单明确的解决办法，这或许是由于他们自身的性格和特质所决定的，这样的人遇到挑战的第一反应是为战斗做准备，这种做法不一定正确。还有另一种人，他们习惯于逆来顺受，诚心诚意地付出忍耐，希望通过妥协的办法谋求和平，这种做法也未必是错误的。大多数情况则是相反，后者可能是对的。因为无论从道德角度还是从实际结果看都是这样。首先，忍耐和保持友好已经使多少次战争未能爆发。其次，从宗教和道德上看，同样主张忍让和谦卑。人和人之间的关系是这样，国和国之间的关系也是如此。那些煽动者们引发了多次战争，那些通过延迟的办法原本是可以消除的误会也多次引发战争。还有很多这样的例子，两个国家原本发生过激烈的战争，可停战后的几年中，它们不但变得友好了，而且还变成了盟友。

基督教教义中，有“登山宝训”，这就是非常经典的一个例子。它教育我们，应该尊敬教友派，可是大臣们却不会从这些教义出发来处理国家大事和履行责任。大臣所担负的责任，首先是避免在国际关系中发生冲突和战争，其次是想办法不让任何侵略的行为发生，无论是民族主义的侵犯还是意识领域的侵犯都不可以。不过为了本国人民的生命安全和国家安全以及自由，大臣们（是人民赋予他们权力的）必须使用最后的手段时，或许经过仔细地反复地考虑，得到正确的肯定的判断，也可能使用武力。一经证明确实需要使用武力，那么就可以动用兵力了，并且，一定是在最有利的情况下使用兵力。若是战争延期一年就会令自己处于劣势地位（或者更难于赢得胜利），那么选择推迟就不会有什么好处。自古以来对人类来说，这两种情形是会带来痛苦的。只有历史会根据双方所知并根据事后得到的证明来记载这些事情，作为对它们的最后评判。

每个国家都应该遵守承诺和盟国的条约义务，这一准绳可以帮助我们做出评判。人们把这个准绳称为“道义”。不过一般所说的“道义”和基督教所说的并不完全相同，这真是让人费解。自尊心对道义颇具影响力，自尊心也能极大地促使道义之心。当然，如果道义规范过于夸张，那么行为就会因此而变得迂腐和不通情理，这样即使它再高尚也不适用。而此次事件中，道义的标准已经能清楚地将责任展现出来。如果那时候，能对事实进行正确判断，那么道义的指令力量就更加强大了。

捷克斯洛伐克政府对法国一直忠心耿耿、惟命是从，这简直是一个让人痛心的错误。很多让人感到害怕的后果都是由此产生的。侠肝义胆的精神、道义感、明智而公道的政策、对小国被威胁勾起的同情心，都会形成一股难以抵挡的力量。如果有条约约束着英国，那么它一定会振奋精神、投入战斗。不管怎样，英国也被不可避免地裹挟进去了。遗憾的是，历史难免会这样记录此事：英国政府不仅默许法国政府走上一条死路，而且还鼓励法国如此选择。

第十八章　慕尼黑的冬天

匈牙利和波兰：乘人之危——英国人民生活在紧张中——库珀先生发表辞职演讲——对慕尼黑事件的争辩——10 月 9 日希特勒发表演说——英国内阁难于选择：是要和平还是重建军备——大选的事情——和库珀先生的书信往来——捷克斯洛伐克的解体——首相的责任和大权——他于 1938 年 11 月同巴黎接近并访问了巴黎——博内先生向德国表达了自己的态度——慕尼黑事件的后果——英法联合对比力量在预计和实际上都有所衰退——英国空军的起色——英国空军在 1938 至 1940 年同德国的对比——德国 1938 年人口增长了一千万

捷克斯洛伐克在 9 月 30 日屈从了慕尼黑会议的决定。捷克斯洛伐克人说：他们对自己从未参与的决定表示抗议，他们希望能在全世界面前将这种抗议备案。贝奈斯总统辞去了自己的职务，因为“对于一个新国家的发展来说，他可能已经成为了一种阻碍力量”。他没有继续留在捷克斯洛伐克，而是留在了英国。捷克斯洛伐克根据这个协定，就这样被分解了。不仅德国是争抢尸体吃的秃鹫，9 月 30 日，慕尼黑协定签订后不久，波兰也向捷克斯洛伐克发出了最后通牒，限定在二十四小时之内，令其将特申边区交给自己。对这种过分刻薄的要求，此时的捷克斯洛伐克已经无力反抗了。

我们不能因为波兰民族具有英雄气概就忽略他们所犯的错误。几百年来，他们因为这种错误而遭受了巨大的苦难。我们知道，他们在

1919 年才作为胜利的协约国之一而恢复了独立，他们成立共和国后成为西方主要的国家之一，而此前，他们的几代人都是被奴役的对象，处于被各国瓜分的境地。到了 1938 年的现在，波兰为了无足轻重的特申，竟同法国、英国、美国等友邦疏远了，可正是在这些国家的扶持之下，他们的民族才重新团结地生活在一起。事实上，没过多久，它就感觉到非常需要这些国家了。我们眼看着德国日渐强大，并对他们垂涎三尺，可他们却在捷克斯洛伐克被劫掠的时候，急不可耐地去抢夺自己的那一份利益。他们在这种紧要关头，向法国和英国大使关上了自己的大门，英法大使求见波兰外长，却得不到机会。一个民族中的一些个体具有各种英雄气质，不但有很好的天赋，还英勇豪迈，令人佩服，可是他们的政府在处理事务时，却一再犯同样的错误。在欧洲的历史中，这是一个让人无法弄明白的事情，这真是件悲哀的事。如今的波兰又在遭受新的奴役。我们同他们休戚与共，我们相信他们，比如会奋起反抗施加在他们身上的保证，对于他们所承受的痛苦，他们会以百折不挠的精神去抗争。我们期待未来会变得光明。

* * *

匈牙利差一点就参加慕尼黑的讨论了。霍尔蒂在 1938 年 8 月访问了德国，可是希特勒对他的态度非常谨慎。希特勒在 8 月 23 日下午同这位匈牙利摄政的谈话进行了很久，可是并没有把自己将进攻捷克斯洛伐克的准确时间告诉他。“他根本不知道时间。凡事打算一起用餐的人，餐前都要下厨房分担劳动。”可是却没人告诉他什么时间吃饭。不过匈牙利倒是迎来了他们提出自己的要求时间。

* * *

英国国内当时对慕尼黑协定所带来的困惑感到愤怒。现在，我们经历了那么多让人殚心竭虑的日子以后，如果想向下一代人讲清楚这些，确实不是件容易的事情。在保守党内部意见分歧很大，我从来没有见过这些曾经关系密切如家人和朋友之间有这样大的分歧。那些因为政党关系、社会关系、家庭关系，一直保持友善关系的男人和女人们，现在已经用轻蔑的眼神对视了。这个问题并不会因一些事情而消失，当张伯伦从飞机场进城的时候，夹道的人们冲着他欢呼是无济于事，在唐宁街或者其通道热烈欢迎他的人群也不能解决这个问题，执政党议会领袖和党员的积极努力也不能奏效。当时，我们处于少数地位，那些支持政府的人对我们说三道四。不过我们并不会为这些问题着急。内阁的根基已经被动摇了，假如发生什么的话他们还是会团结起来的。内阁仅有一位成员站出来，海军大臣库珀先生将自己举足轻重的职位辞去了。他曾经决定动员舰队，这样海军部的地位就会提升。他从欢呼的人群中站出来，表示对首相的做法完全不赞同，可这时候的张伯伦还是能够完全控制公众舆论的。

针对慕尼黑事件下院进行了一天的辩论。辩论刚开始，库珀先生就发表了演说，表示自己要辞职。在我们的议会生活中，这件事情是非常杰出的。他没有用讲稿，神态自若地发表了四十分钟讲话。党内的多数派是他的对立派，这些人都全神贯注地听了他的讲话。此时极其容易就能争取到反对政府的工党和自由党的喝彩。可是对于保守党内来说，这就是一次可以引起巨大分歧争论的演讲。他说的话中有一些值得记录的真理：

恳请我的同事们，在看待这个问题的时候，不要总是从捷克斯洛伐克的角度出发，更不要在考虑这个问题的时候，总是局限在这个小国在战略上处于劣势地位出发。我们还不如说这样的话："捷克斯洛伐克遭受侵略一事，迟早会引起欧洲大战。如果那一天来了，我们就不可避免地要参战。我们没有选择站在哪一边的自由。我们别无选择。"我们应该把这一点告诉全世界，好让那些准备破坏和平的人知道应该为什么放弃这种做法……

后来，在星期三上午，张伯伦先生最后一次发出呼吁。经过四个星期的谈判，希特勒总算在最后打算做出一点点让步，或许他会退让一点，他总算对英国的提议做出了一点让步的准备。不过我要提醒下院，注意希特勒在那天早上收到的第一个消息并不是首相写给他的信，而是在天刚亮的时候英国开始动员舰队的消息。我们无法知道一个人的动机是什么，因此我们就无法知道两个消息中哪个对他影响更为明显，让他决定同意慕尼黑之行。可是我们知道过去他从不让步，而这一次他让步了。我已经催促动员舰队很多天了，我相信因为外交辞令慎重和保守，外交公文上又有附加条款，所以这些并不比行动的语言更容易被希特勒所了解。此前，我曾经希望在8月底之前能采取这一类的行动，那时候首相还没有去贝特斯加登。我建议说，这种行动应该与威尔逊爵士奉命前往德国一同进行。我记得首相的意见是，那样会让威尔逊的使命受损害，而我却认为这对他顺利完成使命有帮助。

这就是我和首相之间多日来的严重分歧。首相始终认为同希特勒打交道要用温婉悦耳和通情达理的话语进行交流。我则想只有武力的语言才能让他明白。

对于希特勒先生的友好态度和他说的话，首相是非常相信的。即使希特勒一边破坏凡尔赛和约，一边做出保证，声称会尊重洛迦诺公约。他破坏洛迦诺公约的时候，又开始保证不会进行下一步干涉，不会在欧洲提出领土要求。希特勒对奥地利用兵的时候，也曾让他的党羽代言，做出了严肃的保证，声称自己绝不会插手捷克斯洛伐克的事情。这些事情发生了还不到半年。我们的首相却至今还对希特勒的保证坚信不疑！

* * *

从这次辩论中完全可以看出两点：第一，人们的情绪很激动；第二，问题已经非常严重了。我清楚地记得，我在发言中说了这样的话“我们经历了一次彻底的全面的失败”。人们听了这句话后，发出了暴风骤雨般的抗议，我只能稍作停歇才能接着发言。人们对张伯伦先生更加尊敬了，因为他为了保卫和平付出了自己的力量，并且他一直坚持不懈地努力着。可是这里也不能回避他的一些错误的估计和判断，他对人或事都曾犯过这种错误，并且据此采取了错误的步骤。我们不能批评他的动机，他处理问题的方法也同样是需要很大的勇气才能完成的。两年后，他逝世了，我才就这一点在演说中竭力地称赞他。保守党内部的重要成员间出现了严重的分歧，不过，这并不会让他们变得不尊重彼此，大多数的情况下，只有私人关系方面短暂地受些影响。还有一个认识我们是一致的。两个反对党——工党和自由党，现在正强烈要求采取行动，他们此前抓住一切机会反对和攻击政府的国防措施，哪怕是温和的、折中的方式，他们也不会放过。他们希望这样做能赢得人民的信赖。

除此以外，政府还有一个重要的理由可以提出来，这是个很实际的问题，只是说出来并不会让他们更荣耀而已。我们在战争方面严重缺乏准备，这是任何人都不能否认的。我和我的朋友们是最积极地证明这方面的情况的。英国政府已经让自己的空军实力远远落后于德国，我们那些缺乏保护的方面仍未得到加强。世界上人口最密集的，最大的城市仅由一百架左右的高射炮保卫着，其中很多炮手没有得到足够的训练。若是希特勒先生信守承诺，那么和平就能实现，张伯伦先生就是正确的；若是不幸，希特勒说的是谎话，那么我们最少也需要一点时间做准备，才能补救疏忽所带来的糟糕境地。一般人因为暂时不必面对恐怖的战争，而感到一种突然放松下来的快慰。所有这些考虑，让政府的支持者们对政府表示了衷心的赞叹。英王陛下政府“在近期的危机中使用的防止措施”被下院通过了，票数为三百六十六票对一百四十四票。保守党有三四十名党员的意见相反，他们唯一能表示自己反对的方式就是弃权。我们都正式地采取了这个做法。

在演讲中，我说：

这次的辩论时间相当长。其实，我们根本没有必要探讨在贝希特斯加登、戈德斯贝格、慕尼黑等地方所形成的局面有什么差别，那简直是浪费时间。我可以简单明了地把问题说明白，只要下院准许我将一个比喻稍作修改就可以了。一个人拿着手枪指着你，让你掏出一英镑，你刚把一英镑交给他，他又用手枪指着你要两英镑。最后独裁者说可以先收你一英镑十七先令六便士，让你保证随后交出剩余的部分。

对和平，首相始终都在坚定不移、毫不放松地追求着。人们都知道这一点没有人能比得上他。如此不屈不挠地、激烈地保卫和维护和平之心是前所未有的。不过我对此却弄不明白，若是一直以来，英法早就做好了牺牲捷克斯洛伐克的准备，那么这次怎么会被卷入危险，几乎与德国作战呢？我相信，首相带回来的条件在夏季的某一天就可以轻易通过一般外交途径而达成协议。我的意思是，我确信若是在夏季的某一天，如果向捷克斯洛伐克人表明他们必须自己解决这件事情，并且西方国家不会给他任何支持，那么他们即使经历一些挫折，也早就可能获得更好的条件了，总之，他们不会有更糟糕的条件。

所有这些都成为过去了。捷克斯洛伐克已经陷入了沉默、悲凉的黑暗中，成了被抛弃的、四分五裂的国家。它长期追随法国，在法国的政策领导之下，结果站在法国身边的它，却在各个方面吃了大亏……

若是英国落入德国纳粹的手中，被德国控制，必须服从它的命令，那对我们来说将是不能忍受的，即使我们必须靠着它的善良和恩泽才能过活，也是无法忍受的。我为了避免发生这种情况，尽力督促政府在各个方面做好防务工作。首先，要建立一支强大的空军，它的实力必须比任何有实力攻击我国海岸的国家强；其次，联合各个国家的集体力量；随后，以国际联盟的盟约为基础再建立联盟、签订军事条约。这样就能实现力量的联合，不管怎样都要将那个国家前进的脚步阻拦住。可是这些心思都白费了，那些似对非对、看似有见地的借口，将这些主张都破坏并废弃了。

英国勇敢而忠心的臣民已经做好了准备，一定要履行自己的职责，即使再大的代价他们也不怕。上周的局势如此紧张，他们也没有丝毫畏惧。他们得知暂时可以不必面对艰苦的磨难，因而表现出欢天喜地的样子，流露出抛开重负的轻松心情。我当然不会对他们有怨言，可我认为他们有权利知道事情的真相。他们应该知道英国的国防方面还有严重的缺点，还有很多被忽视并且尚未开展的问题，我们已经经历了一次失败，我们将深受其后果的影响。我们应该告诉他们，这是英国历史上一个可怕的历史阶段，欧洲也不再平衡了。有一句让人感到害怕的话，西方民主国家应该听一听："已经在天平上称过了，你们的分量不够。"如果认为这件事情从此就结束了，那你们就错了。讨债才刚刚开始，以后每年我们都会品尝这种苦酒，这不过是第一次品尝苦味而已。我们只能打起精神来，重新找回战斗的力量，这样，我们才能重新站起来，像往常和从前那样为保卫自由而战斗。

* * *

英国人出于善意，非常诚实地相信在慕尼黑已经取得了英德之间的和平，因此而感到非常庆幸。希特勒对这些反应却是冷漠的。在张伯伦极力要求的那个保持友好关系的宣言上签字后还不到两周，他就于10月9日在萨尔布吕肯发表了演讲，他说：

对方的政治家向我们要求和平……但他们统治下的国家政治体制随时可能让他们丢了官职，取而代之的可能是一些并不爱好和平的人。这种人已经在等待时机了。我们都知道，若是英国不再是张伯伦先生执政，而是艾登先生、库珀先生、丘吉尔先生执政，则他们的目的将是马上发动又一次的世界大战。对此，他们毫不隐瞒地公开承认。除此以外，我们也知道过去背后潜伏着犹太国际这个威胁最大的敌人，如今仍是如此。他们在一个布尔什维克国家已经制定了体制，且站稳了脚跟。我们更知道，某个国际新闻社在靠说谎和诽谤换来的势力也不小。这使我们不得不更加警觉，必须时刻想到需要保护自己的祖国，维护和平。我们时刻不能放松，必须为自己做好准备。

所以，我会根据我在纽伦堡发表的演说那样去做，用最大的力量，集中精力将西部的防御工事建设好。我们现在还要将防御工事前的亚琛区（埃克斯拉夏佩勒）和萨尔布吕肯区并入我们的防御工事。

他还说：

如果情况好的话，也就是英国人能不再显出凡尔赛和约时代所具有的那种神气，那么我们就用不着看这个女管家的脸色了。假如英国政要再问起德国境内的德国人未来就属于过分的举动，即使问及属于德国的其他人的命运也是不正当的。当然，我们也绝不会去过问英国的事情。除了德国以外的国家，都该管好自己的事情，比如管管巴基斯坦的事情。

慕尼黑协定带来的那种从重压之下解脱出来的感觉渐渐地归于平

静了。张伯伦先生和他的政府感觉到自己进入了一个新的局面，这令他们左右为难。此前首相说："我深信我们的时代是和平的。"可是他的很多同僚则认为应该趁机重新武装起来，这是"我们的时代"带来的机会。内阁在这个问题上发生了分歧。慕尼黑危机应该引起警惕，并且我们的防务也要求我们尽力重整军备，从高射炮方面尤其能显示出这种种弱点。可是在看希特勒方面，他的情绪因此而发生了极大地震动。也许他可以借此机会说："这种态度，算是对慕尼黑协定的信赖吗？这算是友好吗？假如把我们当作值得信赖的朋友，那么你为什么又要重整军备呢？请你保持对我们的信赖吧！让我保留军备好了。"根据议会已经掌握的材料看，这种说法是非常有道理的。可是这不能让人心服口服。当时英国国内有非常激烈的情绪，要求尽力扩张军备。这当然会受到德国政府的反对，它还会授意报纸媒体抨击此事。可全英国的舆论也是不可置疑的。即使首相只能让他们暂时避开战火，他们也因此感到欣慰，高声喊出响彻云霄的口号，可他们仍然没有忘记担心军备问题，他们感到迫切需要军事力量。每个军事部门都指出军备在危机发生时暴露出缺乏的状况，这是令人担忧的。内阁取得了一致，并做出了一个比较适中的计划。计划的基本原则是这样的：必须尽力做好准备，但不适宜采用更大规模的举动，这样可以避免刺激德国和意大利，并且也可以令本国的贸易政策正常进行下去。

* * *

慕尼黑事件以后，张伯伦先生没有被要求举行大选的诱惑和压力所压倒。这当然是他的功劳，因为此时若是举行大选，毫无疑问地会陷入更大的混乱之中。可是那年的冬季确实是令人焦急和困顿的，在那些曾经拒绝对慕尼黑协定投赞成票的保守党人看来尤其如此。在各自的选区里，我们每个人都受到了保守党党部的反对。一些人积极活动，激烈地反对我们，不过，一年后，他们中的很多人成了我们热情的支持者。我的选区是埃平区，这个区的情势发展迫使我不得不做出明确的声明，表示如果当地的党部做出弹劾我的决议，我将立刻辞去我在下院的席位，然后再加入补缺的竞选之中。可是霍基爵士是我忠实的、勤勉的战友，他和周围的一群人坚决支持我，每一步都要尽力争取，毫不放松。在他们的艰苦战斗后，党部终于在一次决定性会议上，让我得到三对二的信任票。这是我在黑暗时期的一个收获。在这个暗淡的冬季里，直到 11 月，我们又针对国防问题进行了一次辩论。我发表了长篇演讲。

库珀先生致丘吉尔先生　　　　　1938 年 11 月 19 日

我很遗憾地听说，你为了我在上周四的演说中提及你，而感到不愉快。我不知道这是为什么。我只是说首相在提及 1914 年的旧事时，他要表达的意思是，在军事动员之后的检查，无论如何都会发现一些不足和缺陷。所以你对他的指责，我认为他并不能接受。当然，我本可以避免提及你，只是我还认为，若是在辩论中以他人曾经的发言作为自己的论据更为有效些。另外，我在周四那天的处境相当复杂。对你的那篇展开激烈攻击的演说，我由衷地感到敬佩和欣赏。在那篇演说中，你对政府最近三年的政绩进行了抨击，这三年中，我是在最后的六周离开政府的。因此如果你希望我完全认同你的看法，当然是非常困难的，我也不大可能投赞成票。不过，我还是请你多多原谅，我很抱歉。无论你是否认为我有足够依据才冒犯你，都要请你原谅。对我而言，我们之间的友谊和联系都是非常重要的，你的忠告对我来说也是宝贵的。

丘吉尔先生致库珀先生　　　　　1938 年 11 月 22 日

非常高兴收到你的来信。真心地向你致以谢意。在我们这个狭小的朋友圈子中，如果在这种情况下开始相互指责当然是个极大的错误。只有一个原则，那就是尽力互相帮助，而不是相互中伤，以免他人得利。善于表达的你很容易就能表明自己的立场，当然就没必要再将我们的意见分歧表达一遍了。一直以来，这也是我所遵守的原则。你的发言是无可厚非的。然而我的一些朋友却认为你偏离正题地回答我的提问，他们因此怀疑你的用心到底是什么。比如他们会想到你是否有意让我在反对政府的保守党人中被孤立起来。不过我本人并没有这样的想法，而且你的来信措辞婉转，我也觉得轻松了很多。我们政敌人数众多，而我们人数又如此之少，目标又如此重要，我们在任何情况下都不该相互削弱。

我听了你的演说。我认为其中的一部分非常之精彩，特别是你将这三年来我们所经历的灾难，在不用讲稿的情况下都能讲得如此全面。

对这次辩论，我感到很遗憾。张伯伦现在安稳了，没有任何牵挂了。慕尼黑事件已经过去了。防务上的缺陷再次被抛到脑后去了。国防军备问题至今没有做出真正的努力。我们喘息的时间是花费了可怕的代价才换取回来的，可惜又要被浪费了。为这些国事，我一直充满忧虑之情，在你请我一同共进晚餐的时候，我也显得不够礼貌，那是因为我并不知道你在发言的开头说了那些话。

无论如何，我都是你忠诚的、真挚的朋友。

* * *

11 月 1 日，捷克斯洛伐克的残余部分选举出了一位总统，弥补了空缺。新总统是个无关紧要的人物——哈查博士。布拉格组建了新的政府。这个政府现在孤立无援，它的外交部长说："在最近的未来，根据欧洲和世界的大环境来看，我们没有希望获得安宁。"希特勒的想法也差不多。11 月初，德国将抢来的赃物正式瓜分了。波兰毫无顾虑地将特申据为己有。斯洛伐克人一度被德国当作棋盘上的小卒，现在他们实现了自治，但却没有长久的保障。匈牙利在牺牲斯洛伐克的利益时为自己换得了一杯羹。英国的下议院把这些慕尼黑事件的后果讲出来以后，张伯伦的解释是，英法两国的承诺是在慕尼黑协定后的国际保障，该保证只是关系到捷克斯洛伐克无辜受到侵害时的假设，而它的现有疆界问题则不在承诺范围内。他用一种置身事外的神气说："现在我们正在做的事情是为调整凡尔赛和约规定的边界作证。这些划定边界的人是否认为划定的界限不可更改，我就不得而知了。我想他们不大可能这样认为。或许，他们都能想到这些边界有时不可避免地要做出调整。不要把这些人当成是有超乎寻常本领的人，他们没有能力一下子就看出永远正确的边界，这是情理之中的。现在的问题不是调整是否正当，而是通过什么方式调整，究竟是靠战争还是靠谈判和讨论。边界的调整还没有结束，关于匈牙利的边界问题正由德国和意大利仲裁，它们会最后决定捷克斯洛伐克和匈牙利的边界线。关于捷克斯洛伐克的问题，我想我要说的就是这么多了。"用不了太久，还得继续说。

* * *

我在1938年11月17日写了下面的话：

目前首相执行的政策是最具有决定意义的，也是非常重要的。每个人都必须承认这一点。对即将发生的事情和他要做的事情，他的看法始终是坚定不移的。他有自己的价值标准和自己的看法。在他的认识中，希特勒、墨索里尼同他达成的协定能令不列颠帝国和欧洲很好的获得安宁。对他的动机，人们无法反对。他的信心和勇敢，也是人们所无法怀疑的。他拥有除此以外的、选择做他认为正确事情的权利。那些在英国对外政策的原则上，和在英国必须面对的事情和可能要面对的事情上，即使人们的看法与他不同，也必须认识到我们无权去阻拦他。我们没有权利让他放弃使用他所能使用的方式和手段，也没有权力使他放弃自己所坚持的道路。他有承担责任的权利，并且他有这样的意愿。我们用不了多久，就能知道他的计划会给我们带来何种结果。

首相认为德国在征服和吞并捷克斯洛伐克后，纳粹政府的胃口已经感到满意了，因此他相信在欧洲大陆上，希特勒不会再继续做领土扩张的打算。或许他打算争取保守党的同意，将目前属于英国托管的地方（包括被认为完全属于托管一类的地方）全部交给德国。他坚信，只要让德国收回失去的国土，英国和德国的友好关系就能长久地保持下去。他还确信结成这种友好关系后，为了自卫而团结起来的英国和法兰西共和国的力量并不会被削弱。我们双方一致认为这种团结是应当的，而且是需要加以维护的关系。张伯伦先生确信这所有的一切都能安抚有怨气的国家，也确信那些普遍达成的协定，能换来长久的和平。不过，这些都是推测和愿望罢了。只要我们想想，就能想到一系列与之相反的可能。对那些难以忍受的事情，他或许会要求我们忍耐，或许他只能无奈地要求我们忍耐。再进一步说，在此次艰难的谈判中，对方或许跟首相不同，并没有被激发出那种善意和信用。我们付出的代价是很高的，但是我们是被迫的，是不得不付出的，可是这或许还远远不够。不列颠帝国忍受了巨大的耻辱和伤痛，却没有令欧洲大陆的局势发展转移方向，也没有让这种发展止步，这也是代价之一。拖延，最多也只能持续几个月的时间。我将在明年的这个时候得知希特勒和德国纳粹党给首相留下的印象是否符合实际。而且，我们在明年这个时候将看到绥靖政策的效果如何，是起到了该起的作用，还是激发了更为凶残的野心。在这段时间中，我们只能做一件事，就是为了防止首相上当受骗，或者防止他采用了错误的手段，必须加强我国的防御力量和抵抗能力，这样即使情况非常糟糕，也可以有喘息之机。

* * *

张伯伦先生不管人们对“我们这个和平的时代”怎么看，都坚持认为必须离间意大利和德国。对此，他的看法是明确的。他相信自己已经赢得了希特勒的友谊，且对此充满了希望。他为了实现自己的计划，还打算拉拢意大利的墨索里尼，这样他就能拥有同德国和解的筹码，不过代价不菲。他还必须在与意大利独裁者言归于好的同时拉上法国。这简直就是普天之下皆为友爱。在下一章中，我们将系统地研究这个建议的结果。

首相和哈利法克斯勋爵于 11 月底访问了巴黎。首相建议法国政府访问罗马，虽然法国同意了，但是却不怎么热衷。首相和哈利法克斯勋爵得知了一件令他们感到高兴的事情：法国正在效仿张伯伦和希特勒在慕尼黑的签字，打算做一个声明，像英国声明英德未来的关系那样。1938 年 11 月 27 日，博内先生给法国驻华盛顿大使一封信，其中表达了法国政府的这一意图。信中这样写道：“昨天在巴黎进行了讨论，内维尔·张伯伦先生和哈利法克斯勋爵明确表示，他们对那个与英德声明性质上相同的声明很满意。对国际形势的缓和工作，这个声明将直接做出贡献。”[①]里宾特洛甫专程带着沙赫特博士赶往巴黎，就是为了进行这种讨论。德国人希望签订这个一般意义的友好协定，也希望能具体签订一项经济协定。对于前者来说是一种收获。12 月 6 日，在巴黎签字后，对后者来说，即使博内先生很想成为法德达成谅解的缔造者，也还是不愿意接受这样的条件。

在访问巴黎的时候，里宾特洛甫先生还有更深层次的使命和动机。希特勒也想离间法国和英国的关系，这跟张伯伦企图离间德国和意大利的关系一样。博内先生在叙述他和里宾特洛甫的对话时，涉及这件

① 《法国黄皮书》第 35、37 页。——原注

事情，这段谈话颇有意思：

我对里宾特洛甫说明了英国方面的情况。英德关系若是得以改善，对欧洲整个局势的任何政策方面的发展都会有益，而法国和德国之间的一切作为也都是以缓和欧洲政策为目标的。目前局势的责任方面，德国的外交部长正力求推到英国政府身上。他说，在慕尼黑事件以后，英国政府和英国报纸在一段时间里表达了一种理解的态度，特别是后者。随后，它们却对柏林政府表达了让人失望的一种态度……德国感到气愤的是，在英国议会中，库珀、丘吉尔、艾登和莫里森等人发表的政治意见越来越多，还有一些报纸的评论。德国人根本不可能限制报纸对此不做出回应的。英法团结从根本上来说是重要的，也是不可动摇的，我把这一点重新申诉了一遍。我直接指明，如果把目光放长远，就可以看到德国和法国的关系正在改善。因此英国和德国之间的关系也必须改善，这样才能与法德关系并存和平衡发展，如若不然，则为不妥。①

慕尼黑事件结束后的一年里人们曾有些争论，争论的问题是到底是协约国的实力增长速度快，还是希特勒方面快。很多英国人知道我国的防务缺陷，如今他们看到英国空军每个月都在扩充，看到大量的“旋风”式和“喷火”式战斗机即将出厂，他们感到一种从重荷之下解脱出来的快感。英国空军中队正在接连不断底扩大编制，高射炮的数量也在增加，为战时部署而进行的转变也在加快速度。可是有些宝贵的改进同德国军备的增长速度比起来，立刻就显得不值一提了。前面也提到过，需要四年才能完成英国全境内的军需品生产计划。第一年什么也不能生产，第二年能生产出很少的产品，第三年才能成批的生产产品，第四年才能连续不断的大量生产。再看看目前的德国，它的战

① 《法国黄皮书》第 43、44 页。——原注

备工作的情形同战时不相上下，节奏紧张，发展迅猛。它的行进速度已经可以赶上第三年或者第四年的程度了。英国的推进不过是在非紧急状态下有所发展而已，与德国相比较，规模要小很多。英国在 1938 年至 1939 年的全部军事开销数额为三亿零四百万英镑。[①]德国的军事开支最低也不会低于十五亿英镑。战争爆发前的最后一年，如果将德国军火的总产量同英法两国之和相比较，前者可能超过后者两倍，保守估计也不会少于一倍。德国生产坦克的所有规模巨大的工厂都在生产产品。德国不断拥有比英国多很多的武器。

捷克斯洛伐克被征服了。这意味着协约国失去了捷克斯洛伐克的军事力量的支持，首先是失去了二十一个正规师，失去了已经动员的十六或者十五个后备师，其次失去了它的山地防御工事，在慕尼黑危机中，德国为了在这一防线部署兵力，不得不消耗三十个师的兵力，那可是德国已经全部训练好的机动部队的主力军。根据战后审讯的供词，哈尔德和约德尔两位将军说，在慕尼黑事件时的部署使德国在西线仅剩十三个师，其中只有一个是一线正规军，也就是第五师。对我们来说，捷克斯洛伐克的解体就是损失了将近三十五个师的兵力。另外，捷克斯洛伐克的斯科达兵工厂在中欧排名第二，现在也交给对方了。从 1938 年 8 月到 1939 年 9 月，这个兵工厂的总产量相当于该段时间内英国所有兵工厂实际产出的总和。在德国如同战时状态般努力地工作时，法国的工人却于 1936 年就实现了渴望已久的每周四十小时的工作制度。

法德陆军实力对比不幸地发生了变化。自 1938 年，德国陆军逐月增长，不但数量增加，编制上和后备部队的累积也同样在不断增长，同时陆军的质量和战备熟练度亦是逐月提高。德国军备连续扩充的同时，官兵的训练也在继续，一般官兵的技术熟练程度也在不断发展。再看看法国，它的陆军就没有这种扩充和进步。德国在所有方面都超

① 1937—1938 年，为二亿三千四百万英镑。1938—1939 年，为三亿零四百万英镑。1939—1940 年，为三亿六千七百万英镑。——原注

过了法国。

法国在 1935 年并不需要协约国的帮助就可以攻占德国，而且无需经过大规模的战斗就能做到。1936 年，法国的实力还不容置疑，绝对具有压倒优势。现在，我们从德国透露的消息中可以得知，1938 年这种情况也没有消失。德国军事的最高统帅部之所以对希特勒的各种行动加以阻挠，是因为他们知道自己的弱点是什么。希特勒的行动成功了，而且他因此获得了更高的名望。我们现在讨论的是慕尼黑事件后一年中的情形，这段时间的德国即使在训练后备军，但仍不及法国，只是在效率方面已经变得非常之高。军队的基础在于人口，从这方面看，德国人口是法国的两倍，因此德国军队无论使用何种标准都会胜过法国，这不过是个时间问题罢了。德国军队在士气上也优于法国。任何一支军队在抛弃盟国、畏惧战争的情况下，士气都会减弱。官兵会因为被迫屈服而变得缺乏斗志。德国的民族，被信心、成功和日渐强大的力量激发着，他们的战斗本能已经显现出来；法国却自认软弱，因此法国官兵无论职位高低，都有一种垂头丧气之感。

*　　*　　*

我们在一个重要方面刚刚追上德国。我们的地位因此略有改观。1938 年，我们开始用“旋风”式替换“斗士”式一类旧式双翼战斗机，后来开始用“喷火”式替换旧战斗机。我们在这一年的 9 月，仅有五个中队配有“旋风”式战斗机。旧式飞机的储备和零配件只能抛弃，因为根本用不着它们了。德国在新式战斗机的装备上已经远远超过了我们。德国有“米式”飞机，而且数量庞大，我们的旧式飞机根本无法与之抗衡。1939 年的一整年中，我们的情况有所改变，主要表现在我们有更多的中队配备了新式飞机。1939 年 7 月，我们已经拥有新式战斗机的中队达到了二十六个，虽然因为时间有限，来不及大规模建立储备和备用零配件，但是每架飞机上已经装有八挺机关枪了。1940

年 7 月，在不列颠空战中，我们一般用来作战的中队有四十七个，都配备了新式战斗机。

德国方面的实力增加的数据如下：

	轰炸机	战斗机
1938 年	1，466 架	920 架
1939 年	1，533 架	1，090 架
1940 年	1，558 架	1，290 架

不管是从数量上还是从质量上看，实际上，德国空军的扩充是早在战争开始前就已经完成了大部分工作。我们开始努力的时间比他们晚了大约两年。1939 年到 1940 年期间，德国增加的数量仅为百分之二十，英国的现代战斗机增加了百分之八十。我们在 1938 年的质量方面还差得很远，尽管在 1939 年我们尽了力，对这种不平衡的状态有所弥补，可在 1940 年同德国的力量比拼中，我们还是处于劣势。

伦敦在 1938 年可能遭遇空袭。不幸的是我们对此没有任何防备。不过德国只有取得了必要的基地才能逼近我们的海岸线，也就是说只有占领了法国、荷兰和比利时等国家，才能展开不列颠空战。假如德国没有取得这些基地，就无法为自己的轰炸机护航，因为当时的战斗机航程还比较短。德国在 1938 年和 1939 年是根本无法击败法国的。

直到 1940 年，德国开始了大规模的坦克生产，这些坦克是用来突破法国战线的。在西线，法国军队的优势仍不可忽视，只要德国还没有征服东线的波兰，那么它就无法集中全部空军力量来对付英国，只有后来法国被迫投降以后，这种情形才能发生。这其中还没有将苏联的态度计算在内，更没有计算捷克斯洛伐克可能进行的抗争。我认为，有必要将该段时间内的空军实力做一次数据对比，不过我得出的结论是不能被这些数据所更改的。

虽说，在慕尼黑事件后，我们“有了”一年的时间可用来做准备，然而上述原因导致英国和法国同希特勒的德国对比变得更糟糕，还不及慕尼黑危机时好。

*　　*　　*

1938 年，还有一个令人震惊的实际情况。这一整年当中，希特勒将很多百姓和士兵纳入了德国，其中包括六百七十五万奥地利人，三百五十万苏台德人，总数在一千万人以上的居民、劳苦大众和士兵。这无疑使他在力量对比上转而占据了优势。

第十九章　布拉格和阿尔巴尼亚的情况以及英国对波兰做出保证

1939 年 1—4 月

张伯伦出访罗马——德国军队前往捷克斯洛伐克并聚集在此——内阁持乐观态度——希特勒侵略捷克斯洛伐克——在伯明翰张伯伦发表了演讲——政策完全变了——我在 3 月 31 日给首相写了一封信——苏联政府建议召开六国会议——英国向波兰做了保证——和贝克上校的交流——意大利于 1939 年 4 月 7 日在阿尔巴尼亚登陆——英国地中海舰队部署所犯的错误——我于 4 月 13 日在下院发表演讲——我写信给哈利法克斯勋爵——墨索里尼、齐亚诺和戈林召开了军事计划会议——德国在吞并捷克斯洛伐克后取得了优势战略地位——英国政府实行征兵制——反对派的工党和自由党态度软弱——组织英国联合政府的宣传鼓动——克里普斯爵士发出呼吁——斯坦利先生说他想辞职

至此，张伯伦先生依然深信他若是能同两个独裁者举行会谈，就能为世界形势争取改善的机会。其实这两个人早已下定决心，只是他还被蒙在鼓里。他带着满满的希望提出建议，希望他和哈利法克斯勋爵能在 1 月份前往意大利访问。意大利拖了些日子才发出邀请。1 月 11 日举行了会谈。可是现在，当我们读《齐亚诺日记》时，能了解意大利在背地里对英国和英国代表发表的让人感到非常羞愧的评论。齐

亚诺写道:“这次访问的调子实际上很低……双方从未进行过真正的交流。那些人跟我们之间的距离相当遥远，简直是在另一个世界。饭后，我们向领袖提及此事。墨索里尼说，‘这些人跟大英帝国的创造者弗朗西斯·德拉克船长完全不同，跟其他冒险家也不同，仿佛那些人跟这些人是用不同材料制造出来的。明白一点说，这些人就是富贵人家的末代子孙罢了，没有一点骨气。’”齐亚诺还写道:“英国人就是怕开战。他们根本不想打仗，其目的无非是尽可能地拖延下去……我们和英国人的会谈没有任何结果就结束了。我给里宾特洛甫打了电话，我对他说，这是一次没有害处的巨大失败……当张伯伦坐上火车以后，他的侨胞们对着轰隆隆开动的火车唱起来:‘他是一个顶好的好人’。这时候的张伯伦满眼热泪。墨索里尼问道:‘他们唱的是什么歌？’”在两周后的日记又写道:“张伯伦准备在下院发表演说的提纲，被珀思勋爵交给了我们，询问我们的看法。他说，如果我们认为不妥，可以进行修改。领袖对这个演讲的大纲表示同意。他说:‘真是破天荒的头一遭，英国的首脑竟然把自己的演说提纲交给其他国家的政府批准了。这对英国人来说可不是好兆头。’”[①]可是，最后却是齐亚诺和墨索里尼走上了灭亡之路。

此外，1月18日，里宾特洛甫到了华沙，他在外交上开始向波兰进攻了。先是将捷克斯洛伐克吞并，然后又包围了波兰。德国在这次战斗中，第一步是宣布德国拥有对但泽的主权，再将控制权从波罗的海地区延伸至立陶宛的重要海港梅默尔。这样，波兰出海的通道就被截断了。波兰在受到这样的压制后，表示强烈的反对。希特勒只好密切关注事态，以伺机发动战争。

到了3月的第二周，谣言四起。据说，在德奥境内的军队频频调动，在维也纳和萨尔茨堡之间尤为严重，德国已经按照战时编制将四十个师做了动员。斯洛伐克人相信德国人支持他们，会帮助他们从捷克斯

① 见马尔科姆·马格里奇编的《齐亚诺日记，1939—1943年》，第9、10页。——原注

洛伐克共和国的统治下解脱出来。贝克上校松了口气，因为他看到条顿民族的强风已经更改方向了。在华沙，贝克上校公开说，他的政府对斯洛伐克人充满了同情。希特勒在柏林接待了斯洛伐克的领袖蒂索神甫，完全使用的是接待国家总理的礼节。12日，在议会上，有人向张伯伦先生发问，内容是关于保障捷克斯洛伐克边境的，张伯伦向下院重申了这个建议，他说该建议仅限于无故的侵犯，而现在没有发生这种事情。用不了多久，这种侵略就变成了现实。

* * *

英国的政治形势在3月份充满了乐观态度，真是颠倒了黑白。在捷克斯洛伐克的内外都受到德国巨大压力的时候，英国拥护慕尼黑协定的各位大臣和各家报纸无视这一情况，即便形势越来越严峻，他们还是对这个政策充满信心，可捷克斯洛伐克却因这个政策再也不能起死回生了。可以用3月10日的事情举例说明一下，那天内政大臣在他的选区发表了演说，他说他渴望能有一个为期五年的和平计划，这一计划很快就会带动一个“黄金时代”出现，等等。他们那时候还充满信心地讨论着与德国签订贸易协定的事。著名的漫画杂志《笨拙》刊登了一幅讽刺漫画：约翰牛从噩梦中醒来了，它喘了一口气，那些在夜晚影响它休息的糟糕的东西就从窗口飘走了，邪恶的谣言、幻觉和猜疑都不见了。就在漫画发表的同一天，希特勒就向捷克斯洛伐克政府发送了最后通牒，此时的捷克斯洛伐克因为慕尼黑决议已经失去了自己的边界防线，德军向布拉格挺近，必然控制了这个失去反抗能力的国家。我记得当刊登了这个重大消息的晚报送来的时候，我和艾登在下院的休息室里坐着。这种强硬的行径让人震惊，即使是我们这种对未来没有任何幻想，还试图尽力证明这种局势的人都不免吃惊。英国政府虽然对所有的秘密情报都尽在掌握，但在这种情况下，也慌了手脚。这确实让人无法接受。捷克斯洛伐克在3月14日被瓦解了，它彻底被征服了，斯洛伐克人正式宣布独立。受波兰暗中支持匈牙利军队此时开进了一直期盼的捷克斯洛伐克东部省份喀尔巴阡—乌克兰。希特勒到达布拉格后,即宣布捷克斯洛伐克将在德国的保护之下。这样，德意志帝国就将捷克斯洛伐克纳入了自己的版图。

张伯伦被迫在 3 月 15 日对下院说：“今天早晨六点，德国军队占领了波西米亚。捷克斯洛伐克政府下达了不抵抗命令,人民已经接受。”他继续说他认为对捷克斯洛伐克的保证现在已经失效了。在慕尼黑会议结束后的五个月前，殖民地事务大臣英斯基普爵士提到过这个保证。他说：“英王陛下政府认为，出于道义上的考虑，英国有责任维持对捷克斯洛伐克的保证（采用这样的说法，给人的感觉是这项保证已经在技术上生效了）……因此，英国政府在发生无故侵略的行为时，为保护捷克斯洛伐克的领土完整，必然尽自己的能力而采取行动。”可首相现在却说：“直到昨天为止，这项保证还是有效的。但是，斯洛伐克国会宣布了自己的独立，形势彻底改变。因为斯洛伐克的宣言，我们曾经作出保证的那个国家，由于内部分裂而消失了，所以，英国不用再担负保证其边界完整的义务了。英国政府的约束不存在了。”

这几乎是不可更改的了。最后，首相说：“对于现在发生的事情，我确实感到深深的遗憾，但我们却不能因此偏离正轨。世界各国人民的愿望依然是和平，我们应当牢牢记住这一点。”

两天后，张伯伦将在伯明翰发表演讲，这是预先定好的。我认为对所发生的事情，他必然用一种婉转的措辞表示接受，因为这样，他就能保持与在议会上的演讲格调是一致的。甚至，我这样想，他可能会说，幸亏政府在慕尼黑已经有了先见之名，这样英国同捷克斯洛伐克（也可以说是中欧）的命运就彻底没有关系了。他也可能说：“我们去年 9 月决定不卷入欧洲大陆的纷争，真是幸事。现在那些跟我们无关的国家正用不流血、不破费的方式来解决他们的争端，而我们可以置身事外了。”在慕尼黑会议上已经达成了一致，分裂捷克斯洛伐克，且英国很多人就自己所了解的形势也表示赞同这种做法，因此有这种想法也是合情合理的。那些对慕尼黑协定持积极肯定态度的人，也持这种态度。所以，我等待着张伯伦先生在伯明翰的演讲，那时我的态度是蔑视。

首相的反应让我吃了一惊。他一直认为自己对希特勒的性格足够了解，也能确切地知道德国行动的尺度。他曾经相信，也希望慕尼黑会议是一次坦诚相见的会议。他和希特勒、墨索里尼能合力解救全世界，不用继续面临战争无限度的恐惧。现在就像是什么东西突然爆炸了，他的信念、他的行动、他的言论所导致的一切，都被爆炸毁掉了。他对事实的判断，出现了严重的错误，上当的人不止是他自己，那些对他十分信服的同僚和可怜的英国舆论也跟着他犯了错误。这是他没法推脱的责任。可是他在一夜之间，竟从过去的错误中转变过来了。可以这样说，首相对希特勒不够了解，而希特勒也对首相的性格估计过低了。希特勒以为，首相外表温和谦恭，内心热切渴望和平，这些足以显示出他的性格了，他错误地以为首相就是他手里的一把雨伞。其实，内维尔·张伯伦的内心坚毅，绝不会容忍上当受骗的事情发生。这是希特勒所不知道的。

在伯明翰的演说中，张伯伦的基调有很大的转变。据他的传记作者说："他的口气变了，跟从前大不相同……他得到了更为充分的消息，议会、人民大众、各个自治领都用坚定的态度表明了自己的立场。因此他抛开了上面都是国内问题和社会福利问题讲稿。然后，他勇敢地站出来，决定同困难做斗争。"他谴责了希特勒的行为，说他破坏慕尼黑协定是完全不讲信用的。他还引用了希特勒做出保证时说的话："我对欧洲领土，这是最后一点要求了"，"我保证，我对捷克斯洛伐克的事情再也没有兴致了，对任何一个捷克斯洛伐克人也没兴趣了"。张伯伦在演讲中说："慕尼黑会议之后，我相信大部分英国人跟我一样，都真心期待这一政策贯彻下去。然而今天，我和英国人的失望和愤怒是一样的。对方毫无顾忌的毁掉了我们的期望。发生在本周的事情和那些我刚刚读过的保证，这怎么可能是一致呢？"

“谁会不同情这个国家呢？它突然遭受侵略，这个勇敢的、自豪的民族已经失去了自由，失去了国家的独立权……我们现在听说捷克斯洛伐克发生了动乱，因此必须占领它……那不正是外国的怂恿而引发的动乱吗？这真的是被攻打的最后一个小国吗？还会不会有更多的国家被进攻呢？这实际上已经是企图靠暴力称霸世界的第一步了！”

真是让人难以理解，首相的这些说辞，跟他两天前在下院的声明态度迥然不同，他的政策也完全不同了。他一定是在紧张的思想斗争后才转变的。他在 15 日还说：“我们不能离开正确的轨道。”然而现在，他突然做了一次急转弯。首相不仅是在口头上改变了态度。

波兰是希特勒名单中的下一个“小国”。首相这段时间变得非常忙碌，因为他的重大决定必须同很多人进行商谈。两周后，也就是 3 月 31 日，首相对议会说：

> 现在，我要向议会做一个汇报……假如波兰突然面临明显的危险行动，而波兰政府为此认为必须举全国之力抵抗这样的危险，那么英王陛下政府将马上对波兰政府予以援助，政府认为有必要这样做。英国已经向波兰做出保证了，保证的大体意思与此相同。
>
> 我还要发表一个声明，法国政府已经向我明确授权，他们表示法国在这个问题上同英王陛下政府采取相同的立场，后来他们又说各个自治领已经得到了详细的通知。

现在这种时候，已经没必要再追述过去的事情了。议院中各个党派领导人达成一致，共同支持对波兰做出的保证。我们当时说：“上帝保佑。这是我们唯一的办法了。”事已至此，我们在这样的情况下必须这样做了。那些了解当时情势的人都认为，我们不可避免地要加入一场大战。这是可以看得出来的。

*　*　*

现在是故事的高潮了。在这个故事里，好心而能干的人先做出一个又一个错误的判断，终于发展到了悲剧阶段。即使担负责任的人，有着光明磊落的动机，然而却让我们大家最终陷入困境，这样的事实下他们不能逃脱历史的批判。我们应该回顾一下，过去我们抛弃了的和业已接受的东西都是些什么。在最为严肃的条约下，解除了德国的武装力量，而德国打破了最为严肃的条约，重建武装。我们先丢了空中的优势地位，接着空中均势也没能保住。德国进军莱茵兰，并占领了那里，随后他们建起了齐格菲防线，现在已经建好或许还在建设中。柏林－罗马轴心确立下来。德国吞并和同化了奥地利。签订的慕尼黑协定被分裂，捷克斯洛伐克彻底被分裂，它的防御工事也被德国占有了，它强大的斯科达军工厂以后生产的就是德国的军火了。罗斯福总统想让美国插手欧洲事务，以稳定、澄清欧洲的局势，结果被甩到了一边。苏联想同西方国家联合起来，尽力保全和挽救捷克斯洛伐克，却没人响应。英国曾经可以用两个师帮助法国，加强法国边境的国防事务，那时的德国军队还没有完善，它在捷克斯洛伐克的三十五个师原本是我们能够对付的，可没有人要这样做。一切都成为过去了。

现在英国要带领法国向前进发，以保证波兰的领土完整。这可是在所有的优势和有利条件都被抛弃了的时候。而此前六个月的波兰还以饿狼一般的状态加入掠夺和摧残捷克斯洛伐克的行动。如果我们明智的话，应当在1938年帮助捷克斯洛伐克，毕竟那时德国可能派遣的军队大概只有五六个师，而当时的法国有六七十个师能以迅猛之势快速跨过莱茵河到达鲁尔地区。然而那时候的人们却对提出这种战争表示怀疑，不是认为不合理，就是认为举止轻率，总之绝对不符合现代人的思想道德标准。现在已经是最后时刻了，西方的两个民主国家却宣布：为了保证波兰的领土完整，时刻准备牺牲自己的性命。有人说历史记录的大部分内容都是人类的邪恶、痛苦和愚蠢。大约五六年的时间里，一直采取绥靖和抚慰的政策，突然就变了，一夜之间，立场就完全不同了。对一触即发的战争不再回避而甘心面对。可是现在若是开战，条件跟此前相比，已经变得很差，规模也扩大到极致了。我们可以仔细翻翻历史，看看能否找出类似的例子。

另外一个问题是，我们凭什么能对波兰加以保护？我们靠什么来践行我们的诺言？唯一的办法就是对德宣战。我们曾在1938年被“西墙”吓退，现在它更坚固了，德国陆军也更强大，但是我们要向它们进攻。这是连成一串的界碑，分布在一条通往灾难的路上。在德国一天天强大的时候，这些碑上刻着我们不断屈服的事迹。最初，我们还有轻松应付的能力，以后难度越来越大。终于，英国和法国现在不再忍受屈辱，在他们做出决定的时候，正是条件最不利的时候，这种糟糕的时候做出这样的选择，必然让千百万人遭受屠杀的危险。所有的资本和有利条件都被挥霍一空，才将精挑细选的词汇颠倒过来发表声明，表达决心，要为正义事业决一死战。在不需要流血就能轻易取得胜利时，我们没有为正义而宣战，当我们十拿九稳不必花费巨大代价的时候，我们没有宣战，终于有一天不得不极其困难的条件下，我们开始战斗了。现在我们只剩一线生机。或许还有更糟的事情等着我们。即使一点希望都没有了，我们也必须奋不顾身地战斗，因为战死沙场也胜过被奴役地生活。

* * *

张伯伦先生在伯明翰的演说让我跟他变得亲近了许多。我给他写了一封信：

昨天下午我在议院会客厅中向您提出了建议，我想冒昧地再向您进一步说明。我要说的是关于今后在防空上进行充分准备的问题。我们的做法不是具有侵略性的，而是增加英国政府在大陆所采取的行动严肃感。将官兵们集合为一个整体，他们的效率就会一天比一天高。这会给国内带来一些影响，人们会因此而增加信心，减少发生恐惧慌张的情绪。我始终对希特勒不能放心，现在，他的神经也应该是紧绷的。我们正在组织联合力量，准备对付他的下一步侵略行为，他当然不会不知道，而且，他是那种什么事情都干得出来的人。我非常担心他们会对伦敦发动突然袭击，我更担心他们企图袭击我们的航空工业。假如他已经知道我们做了准备就不太可能这样做了。从实际考虑，就不大可能发动突然袭击，因此，为了能做出更为审慎的计划和讨论，我们要把所有能导致极端暴行的因素都消除掉。

我于 1914 年 8 月期间向阿斯奎斯先生提出建议，希望我能将舰队调至北方。我考虑的是，舰队能在外交形势尚未绝望的时候穿过多佛海峡和爱尔兰海峡。以我所见，目前将航空人员的队伍壮大也是相同目的。为此，我想提醒一下，希望你不要介意。

* * *

波兰人在捷克斯洛伐克共和国被消灭的时候，卑鄙地取得了特申地区，不过，没过多久，他们就要受到惩罚了。里宾特洛甫在 3 月 21 日同波兰驻柏林大使利普斯基先生进行了对话，他明显提高了声调，较之从前讨论时的态度更为严厉了。德国占领了波西米亚地区，斯洛伐克成了卫星国，德国军队于是就被派往了波兰南部边界地区。利普斯基对里宾特洛甫说道：波兰人民对德国普遍感到不理解，德国对斯洛伐克为什么要使用保护措施。波兰人认为德国这种做法实际针对的是波兰。他还询问了最近里宾特洛甫和立陶宛外交部长谈话的情况，并询问他们此次谈话对梅默尔是否会发生影响。两天后，也就是 3 月 23 日，利普斯基就得到了答复。德国军队将梅默尔占领了。

所有在东欧能起到抵挡德国侵略的手段几乎都被使用了。匈牙利转而投向了德国。最初，波兰人观望捷克斯洛伐克人的境遇，现在，他们又拒绝同罗马尼亚进行紧密合作。苏联军队是不可能越过波兰和罗马尼亚去对付德国的，因为这两个国家不让他们穿过自己的国土。要实现“大同盟”最主要的问题是同苏联的关系。苏联政府受到当时局势的影响，在慕尼黑危机时，虽然人们将苏联拒之门外，可在 3 月 19 日，苏联提出建议，欲举行六国会谈。张伯伦对这个提议有自己的既定见解。3 月 26 日，他在一封私人信件中这样写道：

> 对苏联，我必须承认，我非常不信任它。即使它愿意，可它的实力能否组织完成一次大规模的进攻，我很怀疑。我对它的动机也不信任。依照我的看法，它不是为了我们的自由观念，而是出于离间我们的目的，它生怕天下太平。不仅如此，很多小国都对它充满了仇恨和怀疑，波兰、罗马尼亚、芬兰尤其如此。

这样，苏联提出召开六国会谈的建议没能实现，而是在现实中受到了冷遇。

英国官方一直希望能诱惑意大利，令其不再做轴心国。这件事本来有很大的可能性，现在，这种可能已渐渐消失了。墨索里尼于 3 月 26 日发表了讲话，措辞十分激烈，他向法国要求地中海。他在秘密计划扩张，想在意大利和巴尔干半岛、亚得里亚海增强意大利的实力。他的目的是可以获得与德国在中欧持平的力量。他计划入侵阿尔巴尼亚，而且已经做好了准备。

张伯伦先生于 3 月 29 日在议会上宣布了他的计划，他想将英国本土的护卫队扩大至现在的两倍，包括在纸面上已经增加的二十一万人，这些是还没有武装的力量。希特勒的总参谋长凯特尔先生于 4 月 3 日发出秘密指令，这是针对波兰的命令：“1939 年至 1940 年，武装部队命令”——代号为“白色方案”。元首对这个命令做了指示：“准备工作必须于 9 月 1 日完成，且在此后必须具备随时发动军事行动的能力。”4 月 4 日，政府在萨伏伊饭店宴请波兰上校贝克先生，他们也邀请我参加午宴。这位波兰外交部长到伦敦来是为了做重要访问。我于去年和他结识，那是在维埃拉，当时我们在一起吃饭。现在，我问他：“你返回波兰的时候，要经过德国，你能保证你专车的安全吗？”他回答说：“我想时间还来得及，我能平安回国。”

* * *

我们的面前已经出现了新危机。

1939 年 4 月 7 日的黎明，意大利军队在阿尔巴尼亚登陆了。经过短暂的战斗后，整个国家就沦陷了。被占领的捷克斯洛伐克成了德国入侵波兰的跳板，阿尔巴尼亚的命运也是如此，它成了意大利侵略希腊的跳板，也成了逼迫南斯拉夫中立的条件。英国政府早就承担起了保卫东北欧和平利益的义务，可东南欧怎么办呢？现在东南欧受到威胁，如果把和平比作一艘大船，那这艘大船已经有多处破损了。

我在 4 月 9 日给英国首相写信，我说：

> 我希望召集一次会议，最好赶在星期二之前召开。我给你写信是想向你说明我的建议。我非常期望你能像对待波兰协定一样来对待你在议会上发表的声明，提出使用联合战线的建议。
>
> 我认为，目前的时间非常宝贵，我们必须尽快恢复外交主动权。现在很多方法都不再起作用了，无论是发表声明、废除英意协定，还是撤回我们的大使，都不会有任何作用了。周日的各家报纸都直接提到了英国目前向希腊和土耳其做的保证。有几份报纸说英国海军已经占领了科孚地区。我注意到这条消息后，认为假如该情况属实，那么我们就有更好的条件维护和平了。对我们来说这是一次好机会。如果我们还没有实施这个行动，就应该向希腊征

求意见，得到他们的同意。我分析，报纸宣布这个想法是形势的需要，因为意大利很快就会抢先一步占领那里。那样，我们就无法从意大利的手里夺回这个地方了。换一个角度考虑，如果我们能抢占先机，将科孚占领，如果那时英国的军舰哪怕只受到微小的攻击，墨索里尼的侵略战争就被迫需要面对英国。那将是一个好机会，意大利国内一切反对同英国开战的力量都可以发挥出来。就目前来说,这不会加剧危机,而是会减少危机。务必在今晚行动。

巴尔干半岛现在已经相当危险。这些国家依然被德国和意大利的高压控制，他们估计我们不会采取任何行动，假如我们确实如此，那么他们为了赢得最好的条件，就只能同柏林和罗马妥协。我们那时的处境就变得困窘了，几乎会陷入绝望！如果我们承担对波兰的责任，就会卷入东欧的纷争，也失去了一个建立大同盟的希望，而这个希望本是能令我们得救的。

在我写信的时候，我对我们地中海舰队的情况还不了解。我想我们的地中海舰队应该集合，在海上摆出既能相互援助，又不太接近的阵形，当然，摆阵形的位置也要恰当才好。

的确，地中海舰队此时正四处分散着。我们的五艘主力舰分布情况如下：直布罗陀海峡有一艘，东地中海有一艘，与意大利相隔甚远的各个海港处分布着另外三艘，其中有两艘没有配备护航的小舰队。我们的驱逐舰也分散着，分别在欧洲和非洲沿海。在马耳他港，有一巡洋舰大队，但是没有掩护，战列舰的强有力的高射炮炮廓并没有与它在一起。我们的舰队实力因为分散而减弱的时候，传来消息说意大利舰队在奥特朗托海峡集结了,意大利的军队也集合了,他们正在登舰。看来他们在为一个重大的阴谋做准备。

我于 4 月 13 日，在下院指责这种部署太粗心大意了。我说：

外国人已经对英国人过周末的习惯开始进行研究了，并且他们对英国人在教会节日的重视程度也非常感兴趣。议会解散后的第一天，刚好是耶稣受难日。我听说，英国舰队在这一天仍然像往常一样执行早就公布的计划。因此舰队照旧分散于各个地方……我们经历过战争，也有二十五年的和平经历，我确信英国的情报工作在全世界范围内具有一流水平。可是我听说，英国各部的大臣在波西米亚被征服和阿尔巴尼亚遭侵略这两件事情上却不是如此，他们对未来将发生什么一无所知，或者至少说是知道得不够确切。我认为，这种过失应该不是英国秘密情报部门的失误。为什么英国各个部的大臣在德国残暴地入侵波西米亚的前不久还醉心于所谓的“温和的会谈”,还畅想什么“将迎来一个黄金时代”呢?一件性质非同一般的事件就要发生了，而且其后果是不堪设想的，为什么按照旧规定执行？周日的假期为什么还没有取消？……我想，情报部门将收集到的情报及时汇报给各部门的大臣以后，如果他们根据这些信息的影响和重要性进行筛选、加工和简化，并且他们用固有的眼光看待这些情报，则因为他们认为应继续保持世界和平，所以仅重视跟这种真诚的值得尊敬的理想有关的情报，那么他们就将面临最恐怖的危险。因为在同一时刻，所有的事情都被发动了。经过逐年累月的发展，事情在向前迈进，当我们考虑到某种情形时，事实上对方已经实现了某种情形。目前，危机一触即发，欧洲的部分国家已经实现了相当规模的动员。成千上万的人准备参战。每个国家的强有力的军队都在边界上驻守着，新的攻击已经近在咫尺,到处都弥漫着这种感觉。还存有怀疑吗?只要开战，我们必然被卷入战争。我们现在的日子跟两三个月之前已经完全不同了，因为我们已经承担了各方面的责任。我认为，当所有发生的事情被看清楚以后，再做这样的决定也是顺理成章的。我们直接或者间接向一些国家给予保证，这些保证有些正在进行。在这里就不必一一例举了。一年前的我们还有强大的力量，那时候，我们做梦也想不到该做现在正在做的事情，就连一个月以前，我们也没有想到该做这些事情。我们当然希望能从危险深潭的边缘将整个欧洲拉回到安全地带，也就是回到法治和和平的高原上。我们必须以高尚的榜样的姿态存在，不可以有任何退却的行为。目前的情况下，我们根本不可能待在家里，不能享受那样舒适恬淡的生活，可是我们嘴上却不愿意承认“强制”一词，更别说为了我们已经答应军队的扩充和装备而甘心付出某种行动了。黑漆漆的苦水冲溺着每个地方。我只能用坦率的态度真诚地说：我们怎么可以还不将全国国民兵力编入军事编制呢？

我在几天后给哈利法克斯勋爵写了一封私人信件，针对英国舰队的部署问题，我再次表达了不满的意见：

英国舰队的部署情况，真是让人感到不能理解。首先，在4月14日，星期二的夜晚，海军大臣报告了本土舰队的戒备事宜，他说高射炮手想离开炮位都是不可以的。这未免紧张过度了。这种结果可能是一封让人感到震惊的电报引发的。我看这已经超出了警戒的标准了。然而，下院所说的地中海舰队却是另一个样子，它们在地中海的各处分散着。这种混乱的状态是容易被攻击的。另外，报纸上登载的照片显示“巴勒姆”号还在那不勒斯的码头停靠着。现在，地中海舰队已经应该在它所应该在的海面上集中起来了。因此，地中海方面确定无疑地安排妥当了。可是本国的海面上却又出现了戒备不足的情况。大西洋舰队事实上是毫无战斗力的，因为最近几天有很多人在休假，仅有几门高射炮。任何人在这种时候都想休假，这样就可以避开一阵子。所有的扫雷艇都无法行动，因为尚未重新装备完毕。这些情况同报告中指出的星期二的情况怎么可能一致呢？从戒备的规定看，这些都是严重不符合标准的。现在我们所处的环境，毕竟与上周没有什么太大的区别。因为海务大臣正值重病，我猜测斯坦诺普将要承担很多事情。

我给你写信是为了专门告诉你，希望你能查明真实的情况。我不想因这件事情去打扰首相，所以我希望你能保守这封信的秘密，而且我认为你有必要知道实际情况。

* * *

德国对波西米亚和摩拉维亚宣布了保护权，随后，1939 年 4 月 15 日，戈林与墨索里尼、齐亚诺等针对德国战备的情况进行了会谈，旨在让意大利人了解这些情况。现在已经发现了这次会谈的记录。戈林的一段话被记录在案，他说："无论如何，从捷克斯洛伐克所拥有的重型武器就可以看出存在的危险，如果在慕尼黑会议后发生严重冲突将是巨大的危险！幸亏德国付出了行动，两个轴心国的地位才有了提高。即使不考虑其他因素，仅从德国占有捷克斯洛伐克巨大生产能力一点看，轴心国的经济能力也已经得到了提高。轴心国与西方国家力量的对比，因为在捷克斯洛伐克的胜利而发生了变化，前者的力量更强大了。此外可以假设德国进行大规模战争，那么也用不着派任何一兵一卒来防范捷克斯洛伐克了。总的来说，两个轴心国可以因此享受更好的条件了，这是有利的……应该说德国是为了轴心国的利益才向捷克斯洛伐克采取这样的步骤。现在德国如果进攻波兰，可以从左右两面进军，而且到达波兰新工业区的距离只需飞行二十分钟。因为这个工业区距离波兰边境太近，所以它已被迁往同其他工业区较近的内地了。"

约德尔将军在几年后发表了一篇演说。他说："1938 年秋季和 1939 年春天，我们没有花费任何军事代价就将捷克斯洛伐克的冲突解决了，还兼并了它。大德意志领土的恢复因此而完成。现在，考虑波兰的问题已经成为可能，因为对德国的战略角度已经比较有利了。"

戈林前往罗马访问的当天，罗斯福总统先生致信给希特勒和墨索里尼，他这封私人信件是建议他们做出保证，在十年之内“或许你们的眼光更为长远，可以考虑在二十五年之内”不发动侵略。最初，意大利的墨索里尼不肯看这封信的内容，还特别做出批语，他写道：“简直是小儿麻痹症的结果！”对后来他所遭受的比这更为严重的折磨，是他此时所无法料想的。

* * *

过去，首相一直保证说不会实施征兵制。4月27日，他终于变了。他非常果断地决定实施征兵制。陆军大臣霍尔－贝利沙先生，在这个迟来的觉悟中起到了主要的促进作用。他同首相进行了几次谈话，其性质非常严重，为此他事先已做好了牺牲政治前途的准备。我在这次严峻的形势中看到了他们的一些特点。他在这段时间里，每天去办公室都像是最后一次上班一样。

毕竟，这个时间段里实施征兵制也不能让英国立刻拥有一支军队。当时征兵仅限于二十岁的男子，他们需要训练和此后配备武器装备。不过，在法国、波兰和其他所有得到我们大度保证的国家看来，这是非常重要的标志性行动。反对党在辩论中没有尽到应有的责任。英国有史以来就反对征兵制，可工党和自由党在这种偏见面前屈服了。工党领袖提出的动议如下：

> 我们现在正为了保卫祖国安全，实现国际义务而采取一切必要的步骤，此时的政府竟然背弃了承诺，决定让志愿者参军，本院对这种行为深感遗憾。国防力量所需要的人数从来没有因为志愿原则而匮乏过。本院认为提出这样的措施之前并没有做周密的考虑。国防力量不会因此而有明显的增长，相反，这会引起分裂，甚至举国上下的努力都会因此受挫。这也证明了全国人民和本院对严峻时期的这项举措不能完全信任。

随后，自由党也反对这一行动，他们还找出了各种反对的理由。这两个政党也很烦恼，因为由于他们必须根据自己的政党采取相应的态度，这是不得不做的事。并且为了站在这样的立场上，还找出了许许多多的理由来。他们在表决投票的时候也是根据自己政党的需要进行的。最后的投票结果是三百八十票对一百四十三票，保守党的政策通过了。我发言时，尽力劝说反对党，希望他们转而支持这个必须采取的措施。可是我的努力还是付诸东流了。对于他们面对的困难，我非常理解，因为他们站在反对政府的立场，必须提出反对意见。我之所以记录这件事情是因为此事之后自由党和工党就失去了反对当时政府的权利。他们对在当时的情况下所采取的手段表达得清楚而明白。不久之后，他们就表示采用另一种手段。这是一种更真实的手段。

* * *

张伯伦先生一直为避免开战而努力，可是战争来临的时候证明了他对作战并不恐惧。他的传记作者法伊林转述了他日记中的片段，他说："开战的机率越高，丘吉尔加入政府工作的机会就越大，反之，也是如此。"这句话中多少带有一些轻视的口吻。我不仅仅想再次成为内阁大臣的一员，我还有其他的想法。对首相的看法，我很了解，他的意思很简单：如果开战了，他就要找我帮忙，而且他可以确信，我是不会拒绝的。但换个角度来说，他也害怕让我参加政府，希特勒会认为这是一种敌对的态度，如果还有一线和平的机会的话，那么也会随之消失。这种看法最合情合理，但是却不正确。但这不能怪罪张伯伦先生。他为了不让局势往微妙的、严重的、坏的方向发展，而拒绝让一位下院的议员加入政府，是不能归罪于他的。

我在3月中与艾登和另外三十个保守议员联合提出议案，建议成立联合政府。夏季，英国国内掀起了成立联合政府的浪潮。有人提出我和艾登先生必须进入内阁才行。克里普斯爵士一直奉行独立主张，他对国内的这次危机感到十分忧虑。他不仅访问我，也访问了各位大臣。他极力提议成立被他称为“全国一致的政府”。我无力支持他，但是贸易大臣斯坦利先生却非常赞赏他的主张。他给首相写了一封信，指出只要这有帮助，他愿意为了政府的改组辞职。

斯坦利先生致首相　　　　　　　　　　　　1939 年 6 月 30 日

这个时候正是你感到烦恼焦灼的时刻，我给你写信时不免犹豫起来。可是考虑到事情紧急，还要请你谅解。我认为我们的认识是一致的，都认为在今年秋季就会爆发战争，如果想要避免，就必须将我们必然对波兰履行的义务让希特勒知道，因为如果他侵略波兰就必然爆发大战。我们每个人都在考虑，我们是否可以采取某种行动，这种行动既能够吸引人的注意又不会招致敌人的报复，让我们不必面对威胁。我只想到一个办法，那就是成立一个战时所必需成立的那种政府。除此以外，我再也想不出什么办法才能行之有效。这样的政府组织表明我们具有举国一致、同心同德的决心。我想不仅德国会受到重大影响，美国也不例外，并且最后如果可能得到满意的解决，则政府出面和解也变得容易了。这种可能性，您一定也曾考虑过，我想你对其中可能遇到的难题比我了解更多。不过，我还是想写信给你，以便你对我的想法有所了解。我也在此向你保证，如果你真的考虑过组织这样的政府，那么我愿意承担任何职位，无论多么小、是政府内还是政府外的职位我都愿意担任。想必我们的很多同僚都跟我的想法一样。

首相的回应，仅仅是表示正式收到了该信件。

几周后的多数报纸都回应了这一建议。7 月 3 日，《每日电讯报》拉开序幕，《曼彻斯特卫报》再次强调，最后纷纷响应。我很惊讶地看到每天的舆论都提及这件事，并一再表达。有几周的时间里，许许多多的海报都写着“让丘吉尔回政府”，还被张贴在招贴板上。很多自愿参加的青年男女在下议院的门口走来走去，他们在自己的身前和身后挂着广告板，上面也张贴着这样的广告语。我并没有参与和鼓动这种宣传方式。若是政府邀请我加入，我是不会犹豫和拒绝的。现在我个人的好运气来了。但是其他的事情都自然的，按照一定逻辑的，而且又是可怕的顺序演变下去。

第二十章 苏联的谜团

英德海军协定被希特勒废除了——德波互不侵犯条约也被希特勒废除了——苏联提出成立三国同盟的建议——边境国家犹豫不决——苏德之间的接触变得频繁了——李维诺夫被免职——莫洛托夫——英苏对话——5月9日展开辩论——劳合·乔治讲话——我发表关于欧洲局势的讲话——有必要联合苏俄——晚了——德苏“钢铁盟约”——苏联的外交政策

德国和英国的国际关系已经没有任何前途了。当然，我们现在都知道希特勒执政以后，英国和德国之间的友谊就已经不存在了。希特勒只是想用劝说和恐吓的方式对付英国，希望他能在东欧地区肆意妄为。张伯伦则一直寄希望于安抚、教化和感动，认为这样希特勒就会变得温和礼貌。可是现在英国政府的最后一点希望也不存在了，英国内阁终于可以确定：德国纳粹就是要开战。首相因此向各个国家提供保证，只要不拒绝，都和它们签订盟约，根本不会考虑英国是否有能力实施有效的帮助。英国先声明向波兰提出保证，然后又向希腊和罗马提供保证，接下来同土耳其签订了盟约。

现在我们转而说说在慕尼黑张伯伦向希特勒要求的那张废纸。在赫斯顿，张伯伦下飞机的时候还不无得意地向公众挥舞过。就在那张倒霉的纸上，他得到了慕尼黑协定和英德海军条约两个保证，这是他和希特勒之间的保证，也是英国和德国之间的保证。第一个保证在捷克斯洛伐克被征服的时候已经确定无疑地被破坏了。现在，希特勒又要将第二个保证也破坏了。

希特勒于4月28日，在国会发表了演讲，他说：

> 既然现在英国政府和英国媒体都认为无论怎样都必须要反对德国，并且他们还采用了我们已经得知的包围德国的政策，他们都支持这一观点。既然如此，海军条约就失去了基础。我为此给英国政府发一个说明该决定的公文。从实质看，这对我们不算是重要问题。我想我们还是不要同英国进行军备竞赛。他们这只不过是出于维护自尊的举动而已。如果英国在这个问题上愿意同德国再次举行会谈，我当然感到高兴，因为那样我们就可以达成明白而坦率的谅解了。

因为有了英德海军协定，显然让希特勒在实施他的政策关键时期得到了很大的好处。可现在，用他的话说这个协定是对英国的施恩，只要德国不高兴，就可以不再继续施恩。他还表示愿意同英国政府就海军问题再做一次协商。这可能是他的一个希望，他以为政府那些曾轻信他的人还会继续使用绥靖政策。海军协定现在对他而言，已经是可有可无了。他与意大利结盟，并且德国空军已占优势。他占领了捷克斯洛伐克和奥地利，这两个国家的所有一切都归德国所有了。希特勒还有“西墙”。他在海军方面早就抛弃了任何协定，用尽全力扩大潜水艇的队伍。虽然他是根据条约规定扩建潜水艇队伍，数量最多可以跟英国持平，然而德国制造潜水艇的计划并不受条约限制，事实上他不过是表面上遵守条约而已。在海军协定中，虽然英国非常大度地向他承诺了，可是他没有足够的力量达到条约中的最高水平。他因此厚着脸皮惟妙惟肖地演戏。条约被他以恶劣的态度扔给了缔造该条约的傻瓜。希特勒在同一次演说中，还说德波互不侵犯条约也将废除。他引用的直接理由是：英国对波兰做出了保证。他是这样说道：“假如发生了什么事情，比如德国和某个国家发生了冲突，而英国为此参战了，那么波兰就会因为这个保证而对德作战。不久前，我同毕苏德斯基元帅签订了协定，这两个条约是不能共存的，因此，德波协定已经被废除了。我为说明这一建议，已经给波兰政府发公文……”

当时，我对他的这篇演说进行了研究，之后我写了一篇论文，我这样写道：

德国现在的目光很可能投向波兰。无论希特勒先生的演说是否反映了他内心的想法，但是根据上周五的一幕，可以看出他的目的在于孤立波兰。他陈述的理由都是模棱两可的，要用猛烈的进攻和强大的压力施加给波兰。看来，德国独裁者认为只要他将要求限制在但泽和走廊地区，那么英国和波兰的协定就是无效的。很明显，他希望英国像之前一样，那些高喊“为了捷克斯洛伐克，谁会去打仗呢？”的英国人，现在将口号变为“为了但泽和走廊地区，谁会去打仗呢？”由此，可以看出他还没有发现英国舆论已经发生了大转弯，因为他的暴行和他在慕尼黑地区的撕毁承诺，英国政府特别是英国首相已经完全地、彻底地改变了政策。

1934 年，德国和波兰签订的互不侵犯条约被废弃了。这一行动是非常严重的，会带来极大的威胁。一直到今年的一月份，里宾特洛甫访问华沙，他还再三肯定这个条约。该条约也是根据希特勒的意愿在谈判后签订的，且该条约是有利于德国的。这两方面都跟海军协定一样。德国在积贫积弱的情况下地位能够逐渐好转，跟这两个协定不无关系。实际上，海军协定相当于德国破坏凡尔赛军事条款的行为得到了英国的原谅，如此一来，国际联盟行政院的决定失效了，斯特雷扎阵线的决定也消失了。波兰同德国签订协定后，德国就可以将精力集中到对付奥地利方面，之后再将注意力转移到捷克斯洛伐克方面。这两个国家惨遭践踏而毁灭，真是太不幸了。在一段时期内，东欧各国之间的关系也受到德波协定的影响，根本无法形成同一利益关系的团结，波兰和法国之间的关系也被削弱了。当德国获得了这个协定所带来的利益之后，德国就单方面破坏了该协定。波兰从暗示中才得知自己正在面临着危险，可能已经处于被侵略的区域内了。

* * *

英国政府应该尽快考虑这样的问题：英国在给波兰和罗马尼亚提供保护的同时，会和哪些实际问题有牵连。要想让这两个保证实现其军事价值，只有一个方式，也就是将其纳入英国和其他国家达成一致的、全面的协定体制之中。英国为了达到这个目的，派驻苏联大使和李维诺夫进行会谈。4 月 15 日会谈开始。可是此前苏联政府受到的都是另一种态度的对待，现在他们已经不太可能提供帮助了。但他们在 4 月 16 日还是正式提出了建议，他们认为英国、法国和苏联应该结成可以相互支持的联合阵线。该建议没有公开全部内容。苏联不仅主张三国联合，还希望尽可能让波兰加入，联盟要对中欧和东欧那些受到德国进攻威胁的国家提出保证。成立该协定有一个阻碍，那就是与苏联接壤的国家充满了担忧，它们害怕苏联借此机会将军队派到自己的国家，以此方式同它们联合抵御德国的进攻。苏联可能借此机会将它们纳入苏维埃共产主义体制之下，而它们一直痛恨这种制度。位于波罗的海的波兰、罗马尼亚和波兰三个国家都面临着两难的选择，到底是忍受德国的侵略呢？还是接受苏联的帮助？英国和法国的政策在这种左右为难的可怕选择中停滞不前了。

即使用事后的眼光来看，当时无论如何都应该选择接受苏联的建议，成立一个“三国同盟”。如果突然发生战争，就要考虑如何进行援助的问题，不过，可以保留到对付共同敌人的盟国之间去考虑和解决。因为那时候的情绪已经完全不同了。一旦开战，盟国之间就会乐于倾听对方的愿望。和平时代，一些权宜之计是无法接受的，而只要战争一打响，这些办法就会变得非常受欢迎。这种极有可能成立的大联盟之中，任何一个国家如果不肯接受邀请，那么都会造成困难，因为军队如果想进入另一个盟国的国境都是一个难以解决的问题。

这个难以解决的问题将张伯伦和外交部弄得迷茫了，他们不知道该怎么办。现在，局势瞬息万变，而且变化的规模十分巨大，到了非常紧要的时刻。在这种时候随机应变才是聪明之举，每个阶段要有不同的办法。如果三国联盟成立，德国在 1939 年必然十分恐慌。即使如此，也不能肯定地说可以避免战祸。同盟国还可以采用第二个方案，就是利用力量上的优势在外交方面将主动权重新抢回来。此前，希特勒反对东西两线同时作战，如今他仍然不能发动这样的战争。从另一方面考虑，他也不能中途放弃。令人惋惜的是我们没有让希特勒陷入这种难于处理的局面之中，我们本来很可能让他在这种境地里死掉的。政治家的任务绝不是只解决那些简单易处理的任务。这种问题一般都会顺其自然地解决。为拯救世界而做决定的机会，就出现在均势被动摇，无法轻易分辨力量对比的迷雾之中。我们已让自己深陷可怕的境地，既然 1939 年的情况已经如此，我们就应该将较好的机会把握住。对我们来说，这是至关重要的事情。然而到了现在，我们也无法确定，什么时候起，斯大林决定放弃同西方民主国家合作，而转向同希特勒妥协呢？事实上，并没有发生这样的变化。美国出版了一本书，叫做《1939 年到 1941 年的纳粹—苏联关系》，这是美国国务院通过缴获了的德国外交部许多档案后整理出版的。我们从书中可以了解很多鲜为人知的史实。我们得知，两国在 1939 年 2 月初有过短暂的接触。不过，这些都是贸易和商业方面的事情，这是可以确定的。在慕尼黑事件发生后，捷克斯洛伐克的地位发生了变化，德国和苏联之间有些需要协商的事宜。捷克斯洛伐克在 3 月份被德国吞并，此后，这种需要磋商的事情越来越多了。此前，捷克斯洛伐克政府向苏联提供斯科达兵工厂的产品，如今这个工厂已经是德国的了，那么苏联和捷克斯洛伐克签订的合同该怎样处理呢？根据德国外交部秘书魏茨泽克的记载，差不多是在一年前，苏联大使曾向德国递交国书。4 月 17 日，该大使第一次来拜访他。而他就斯科达厂的合同提出疑问，魏茨泽克说：“苏联报纸的调子，在我看来，跟那些美国报纸和许多法国报纸并不一样，它没有跟德国唱反调。”苏联大使针对这个话题说：既然苏联和意大利的关系不因意识形态的不同而受影响，那么德国和苏联之间也就不该存在这种阻碍。苏联既不想利用目前德国和西方民主国家的关系反对德国，但也并没有什么理由不能与德国发展正常关系，并且，苏德之间的正常关系会越来越好。这次谈话在我们看来是非常重要的，因为。此时英国大使正在莫斯科同李维诺夫会谈，且在 4 月 16 日，苏联正式提出建议，要与英国和法国成立“三国同盟”。苏联脚踩两只船的行为初现端倪。此后，苏联一直在发展苏德关系，使之发展为“正常关系”。苏联也在建议反对德国侵略并为成立“三国同盟”进行谈判。可以做个假设，若是张伯伦在得到苏联的建议后，立即回复：“我们三国确实应该联合起来，打断希特勒的脊椎骨”等等，那么英国议会接着表示赞同，斯大林就能理解这层意图，历史可能就会从另一条道路向前发展了。无论如何，这条路也不可能会更糟糕。

我在 5 月 4 日对当时的局势做了这样的评论：

不要错失良机才是关键问题。苏联提出建议已经有十天或者十二天了，英国人民也已经接受了征兵制。英国人打破了向来遵守的、不愿改变的习惯。英国人民有权利向波兰提出要求，让它不要在英法的共同事业上投放障碍物。英国必须同意与苏联建立密切合作，还要和立陶宛、拉脱维亚、爱沙尼亚这几个位于波罗的海的国家建立合作。这三个民族都非常善战，他们总共拥有二十个师，而且都是精锐部队。苏联必须友善地提供军火给他们，其他帮助当然也要有。

想要在东线保持一个一致反对纳粹入侵的战线，就少不了苏联的积极努力。苏联的利益同防止希特勒对东欧的企图关系密切。现在，想要联合波罗的海和黑海之间的各国还是有可能的。集成这样强有力的战线，才有可能反对下一步的暴行或者进攻。如果能用坚定的信念，结成一个这样的战线，并果断、坚定、快速地完成军事部署，之后将西欧国家的力量联合起来，那么对付希特勒、希姆莱、戈林、里宾特洛甫、戈培尔等一伙人，这样的战线所具有的力量，让德国人不敢轻易挑衅。

* * *

可实际情况并不是如此。一方面是欲向明智妥协，采取权宜之计，而另一方面是保持了长时间的沉默。对李维诺夫而言，拖延是一个要命的打击。为了同西方国家直接、明白地解决好，他尽了最后的努力，结果却失败了。我们的声誉受到了很大损伤。苏联要获得另外一种安全政策，一种完全不同的外交政策。为了保证自身的安全，苏联必须要有一个新政策的代表。5 月 3 日，莫斯科用公报的形式宣布了一件事，即李维诺夫先生申请辞职，他不再担任人民外交委员的职务，莫洛托夫总理兼任该职务。5 月 4 日，驻莫斯科的德国代办给柏林发了报告："至 5 月 2 日为止，李维诺夫还同德国大使会面。他的去职应该是斯大林的临时决定，因为昨天的报纸还显示，他的名字被列在检阅游行的贵宾名单之中……斯大林在最近的一次党代表大会上，还强调指出务必使英国避免卷入战争。莫洛托夫不是犹太民族，人们认为他是'斯大林先生最亲密的战友和最好的合作伙伴'。任命他来担任这个职务，目的非常明显，就是为了保证在外交政策方面能完全按照斯大林的意思来决定。"

苏联的驻外代表执行了通知所在国家的政府命令，并说明苏联的这次人事变动，并不是因为苏联的外交政策有什么变化。莫斯科广播在 5 月 4 日说，李维诺夫多年都积极努力地为西方安全而努力，这一政策不会变，莫洛托夫将继续实行这种政策。这位出色的犹太人是德国人最厌恶的人，现在他像一件破旧的工具一样一下子就被抛弃了。

被毫不客气的从世界舞台上赶了下去，他无法为自己辩解，从此开始了隐居，靠着微薄的薪俸生活，警方将他监视了起来。莫洛托夫在国际上并没有什么声望，现在他成了外交人民委员，跟斯大林来往十分密切。以前的所有声明都不是他的阻碍，国际联盟的意见约束不了他，他为实现苏联的自卫会采用任何手段。现在，他只能有一个办法了，就是希望同希特勒达成协议。苏维埃政府从慕尼黑和其他一些事情中认识到，英国和法国在自己不会遭受进攻的情况下，无论如何是不会打仗的，并且如果真有那样一天，它们也发挥不了多大的作用了。乌云越积越厚，暴风雨就要来了。现在，苏联必须为自己的安全做打算。

李维诺夫被免职以后代表着一个时代过去了。从这件事情可以看出，克里姆林宫已经对西方国家建立安全协定丧失了信心，他们认为不可能建立起一条可以抵御德国的东欧战线了。德国报纸为此发表了评论，这不一定是正确的，但是颇有趣味。据德国报纸在5月4日刊登的一篇华沙通讯称，李维诺夫和伏罗希洛夫元帅有过激烈的争执。苏联人曾经在忽视这位元帅的时候大胆地叫他“党的杂工”。伏罗希洛夫元帅宣称红军并不想为了波兰而征战，毫无疑问，这是根据明确的政治命令而说出的话，他还用苏联总参谋部的名义批评了“太过繁重的军事义务”。《法兰克福报》得到了充分的消息以后，于5月7日发表了评论，说李维诺夫辞职给英法的“包围”政策带来了不可估量的损失。他的辞职可能是苏联国内对该政策关心的人将他至于这样的境地，因为那些人可能担心由此而带来的军事负担。这样说是对的，不过这种巨大的改变在这样的时期需要一些掩饰，即使到了最后，苏联仍会是一副犹豫不决的态度，它苏联必须在两方面都不放手。苏联对希特勒既憎恨又害怕，可为了同他讨价还价不得不这样做。

* * *

犹太人李维诺夫去职了。希特勒最激烈的偏见稍稍缓和了一些。

德国政府从此不再把自己的外交政策称为“反布尔什维克主义”了。德国开始骂起了“民主主义的财阀们”。苏联人得到了一些报纸文章的保证，说德国生存的地方绝不会侵犯到苏联去，无论从哪方面而言，只要到了苏联的边境，德国就会止步。苏联若是不想和德国之间发生什么冲突，只要它不同英法签订“包围协定”就可以了。德国大使舒伦堡伯爵奉召前往柏林开始详细商议，此后他又回到了莫斯科，提出了一项长期货物信用贷款的建议，这对苏联是有利的。双方都想订立盟约，认为这是出于各自的需要。

苏联的政策发生了巨大的变化，这是不自然的事情。只有极权国家才能做到如此快速的转变。就在两年前，包括图哈切夫斯基在内的几千名成绩显著的军官都倾向于这种政策，苏联的陆军军官们都被杀害了。然而现在，克里姆林宫里的少数主人感到非常担忧，这种政策被他们所接受了。亲德主义曾经被视为有害言论，被说成是阴谋叛国。现在，这种政策在一夜之间就成了国家政策。只要提出不同意见的人都是倒霉蛋，那些没有立刻就转变过来的人也同样成了走霉运的人。

为了立刻就要进行的工作，选择新一任人民外交委员当然就是最好的办法。

*　　*　　*

有必要讲一讲这位斯大林安插在苏联对外政策讲台上的这个人。英国和法国政府当时也并不了解这个人。莫洛托夫非常出色，能力出众，性格冷酷。他跟任何一个布尔什维克的领袖没有什么不同，在为革命奋斗的年代中，他经历了很多可怕的事情和考验，可他一直平平安安。他发迹的过程中，不断涌现出各种阴谋，被清洗的危险一直伴随其左右。他就是在这种社会环境里生存下来的。他的脑袋就像一颗炮弹。他有漆黑的小胡须，机敏的双眼，面部平坦。他举止沉稳，说话机灵而圆滑。作为一个国家机器中政策的推行人员或者工具，他最能适应这种风起云涌的变化。我跟他有过几次地位平等的见面机会，那些场合不是幽默诙谐的会议，就是他不无殷勤地、毫无意义地建议干杯。我第一次看到像他这样的人，他是人们所能想象到的机器人的代表，但这些丝毫不影响他是一位讲道理讲掩饰的外交家。我只是不知道他对地位比他低的人是什么态度。在德黑兰会议上，斯大林表示只要打败德国就攻打日本。从莫洛托夫和日本大使的谈话记录中，可以看出他对日本大使的态度。后来不断举行会谈，在这种带有试探意味，氛围尴尬的、微妙的谈判中，他始终很沉稳，既不将自己的意图显露出来，还保持着正式的礼节。在他的言谈之中，简直滴水不漏，他不会流露出任何没必要的刺激。他的微笑之中似乎带着西伯利亚寒潮，他态度审慎，仔细斟酌，说话通常都是非常巧妙高超的，带着他那谦逊有礼的样子，在这个凶残的世界里，为执行苏联政策而充当最完美的代表。

如果哪个问题有争端，不要想通过书信跟他讨论出结果，假如他被逼得太紧，就会说谎或者用侮辱性的语言做结束。这本书很快就会讲到这样的事情。有一次，我似乎感受到了符合人性的自然反应。1942 年的春天，他从美国回来，飞机中途停在了英国。我们那时候已经达成了英苏协定，他飞回苏联就要冒着巨大的风险。我们在唐宁街见面了，在那用来召开秘密会议的大花园门口，我用力握着他的手臂时，我们四目相对，凝视着对方。他好像突然很动情的样子，在外表之下深深隐藏的真实人性呈现出来。我们紧紧地握手，谁也没有说话，他用紧紧握住我的手臂的方式回答了我。我们那时候的命运息息相关，是团结一致的关系。在他的生命之中，无数的暴乱和破坏充斥在他的左右，不是他自己面对威胁，就是要将他人拉入危险。苏维埃的机器所得到莫洛托夫确实是个代表人物，他干练，且在每个方面都很典型。他是一个忠诚的共产党员，信仰共产主义。如果毕生都不用陷入他所经历的那种时刻带有紧迫感的生活，可真是要庆祝一番了。如果不得不过他那样的日子，我倒宁愿不出生。如果人死了以后就会进入另一个世界，那么马扎兰、塔莱朗、梅特涅一定希望跟他一同从事外交工作，只要他愿意就可以了。

* * *

莫洛托夫成为外交人民委员以后，他主张牺牲波兰的利益以换取同德国达成协议的策略，法国很快就得知了这样的事实。5 月 7 日，法国驻柏林大使有一封非常值得关注的电文,该电文被收录在法国《黄皮书》中。他在电文中声称根据他得到的秘密情报可断定，苏联和德国和解的前提就是第四次瓜分波兰。1946 年 4 月，达拉第先生说："苏联从五月份以来，有两种谈判始终在同时进行，一方面是同法国谈判，另一方面是同德国谈判。跟保卫波兰比起来，苏联似乎更倾向于瓜分波兰。这将直接导致第二次世界大战的爆发。"当然其他原因也从中起了作用。

* * *

英国政府在 5 月 8 日对苏联在 4 月 16 日提出的照会建议给出了回复。英国没有将回复公开，但是 5 月 9 日塔斯社发出了英国建议要点的一则消息。英国官方机关报《消息报》发表了一则公报。其中的大意是这样的：路透社说英国提出的建议是反对这样做，即"苏联向各个邻国分别提出保证，假如苏联因此而不得不被卷入战争之中，英国会义无反顾地援助苏联，英国为此可做出保证。"可是事实并非如此。这篇公报说：5 月 8 日，苏联政府收到了英国的反建议，其中不包含苏联必须分别向各个邻国做出保证的内容，因为英国提出的是相反的建议，英法两国为履行对罗马尼亚和波兰的保证而不得不作战的话，苏联要马上履行义务，援助英国和法国。可是，英国在反建议中，没有提及如果苏联因履行对东欧各国的义务时的情况，更没有说如果苏联被迫开战，英法两国会援助苏联。

张伯伦在同一天晚些时候发表讲话，他说政府已经对东欧承担起了新的义务，可若是邀请苏联加入则会遇到各种困难，因此就没有邀请它。英国政府曾经向苏联提出建议，让它发表类似的声明，对某些可能遭遇侵略的国家提出援助保证，只要它们接受，就要确保它们的独立。

苏维埃政府几乎同时提出了一项方案，该方案更为严格，涵盖的内容也更广。英国政府虽然认为它具有一些特别的优点，但是对英国所提建议中要免除的那些困难则更有促进作用。因此，英国政府向苏联指出了这些困难。他们同时将原建议的一部分做了修改。英国政府明确表示：英国政府并不反对苏联视情况而定，如果苏联根据英法是否进行干预而决定干预与否，也是可以接受的。

很可惜，两周前没有把这些话明确地公布出来。

应该讲一下，土耳其议会在 5 月 12 日正式通过了英国和土耳其的协定。我希望英国承担了这个新义务以后，就能让我们在危机发生的时候加强自己在地中海的地位。意大利占领了阿尔巴尼亚以后，我们就用这一举动做出了回应。我们同德国的谈判已经成为了过去，现在我们同意大利的关系也是如此，已经陷入了僵局。

英国和苏联的谈判没有什么成绩。下院在5月9日提出了所有问题，接着展开了辩论。在严肃和简短的辩论中，发言人不是那些党内的领袖，就是曾经在内阁担任过大臣的要人。劳合·乔治先生、艾登先生和我都主张政府同苏联建立广泛的协定，当然协定必须根据平等条件订立。首先发言的是劳合·乔治先生，他用低沉的调子向人们呈现了一个画面，这幅画可以说是阴沉和险峻的：

目前的局势勾起了我的回忆。那些记忆是关于 1918 年初春的深刻记忆，我想那是普遍存在过的一种感受。我们那时候已经知道德国不久就要发动一起大规模的进攻。那时候没人知道它会先进攻哪里。在我的记忆中，法国人认为德国会先进攻它的前线；英国的各位将军认为德国会先攻击英国。法国前线到底哪个部分先遭遇攻击，对这个问题，法国的将军们有各种不同的看法。对同样的问题，我们的将军们也是一样，无法达成一致看法。我们只知道将有一个地方要遭遇猛烈的攻击，但不知道是哪里。当时的普遍氛围，虽说不是恐慌，可也不能算是安宁。我们当时知道德国正在做准备，因为他们在阵线后的活动非常频繁。这些，在我看来跟目前的形势非常相近……德国正在针对利比亚到北海一段的形势进行调查和观察，他们希望能获取作战时一切可能重要的因素。他们在战线后的活动，带有一种非常不吉利的神秘感。

他们在1918年也有类似的秘密。这是用来迷惑我们，让我们看不出他们的目的的方式。他们不是为了准备防御……当然更不是准备抵抗法国、英国、苏联的进攻，因为没有谁会威胁到他们。在公开的消息中，没有任何提议或者暗示表示要对德国或意大利的任何地区发动进攻。我在私人信息中没有听说此类计划。他们对此当然十分了解。可以判定，他们不是为了防御做准备的。他们的目的在于按照已经做好的计划，向与我们利益相关的某个国家进攻。

* * *

劳合·乔治先生有一段话说得简短而有力：

两个独裁者力求用迅速的战斗完成军事计划和目标。他们不想长期打仗。如果战争持续太久，对这两个人来说是不利的。他们会被像伊比利亚半岛那样的长期战争拖垮。苏联坚持抵御侵略，虽然拿破仑当时没有让俄国取得过太大的胜利，但还是被俄国拖垮了。德国现在的想法是开战后速战速决，毫不拖延。对奥地利的战争，在 1866 年，数周之内就结束了。对法国的战争，在 1870 年仅仅打了一两个月，就宣告了结束。1914 年作战计划的目标基本也是如此，并且差点就取得胜利了，幸好俄国的参与让他们没能得逞。只要他们没能快速取得胜利就意味着失败。我说的话希望你们相信：德国那些伟大的军事思想家始终在研究这个问题，1914 年的战争中到底有什么问题和不足？当发动下次大战的时候，他们又该如何弥补这些缺陷，怎样防止发生哪些致命的错误？

劳合·乔治从事实出发又延伸到想象，接着说德国人目前已经有了坦克“两万辆”、轰炸机“几千架”。这些远远高于事实的说法引起了人们的恐慌，这是非常不合适的。我们这些少数人，历年来都在为了强调重整军备而奔忙呼喊，可是他却不跟我们一同努力，这是为什么？全院都为他说的话而感到凄凉。类似的话和演讲中流露出的悲凉，在两年前或者说是三年前，必然受到嘲笑和讽刺，可那时候时间还充裕。现在，无论这些数字是不是精确都为时已晚。

首相回答了提问，我们第一次从他的口中得知他对苏联建议的态度。对这个建议，他的态度当然不仅是冷漠的，而且带着明显的蔑视。他说：

我们当然欢迎苏联，如果能有办法争取苏联的帮助和合作，当然是好事，那样就可以建立和平阵线了。对此，我们有需要，也必须重视。说我们看不起苏联的帮助是没有任何根据的。关于苏联军队的实力该怎样计算，我们没有听到任何不加证实的说法，至于苏联军队确切地发挥什么作用，我想，在目前所必须面对的局势中，因为苏联是一个大国，不但资源丰富，而且疆土宽广、人口众多，所以没有人会傻傻地认为它是一个无足轻重的力量。

就这一问题，我接着发言：

为什么我们始终不能同苏联达成协议，我一直也未能知道其中的阻碍在哪里。首相说他很想这样做。他想根据苏联政府提出的简单广泛的形式达成协议。

苏联政府提出建议的目的，无疑是为了成立反侵略的三国同盟，即英法苏同盟。如果其他国家也想从该联盟受益，那么联盟可以考虑扩大范围，以便增大互助范围。联盟的目的只有一个，就是在未来抵抗侵略行为，并让被侵略的国家受到保护。苏联提出的建议，我不认为有什么不妥之处。这个简单建议哪里不好？人们会说苏联政府值得信任吗？对此，我想莫斯科也是一样的，他们会说张伯伦值得信任吗。我想我们就这两个问题都会作出肯定的回答。我非常希望这样……

土耳其的建议受到了广泛的认可。这一建议对地中海地区以及整个黑海都能得到促进团结和和平的强大力量。土耳其同英国签订了协定，并且他和苏联之间的关系也非常友好，同罗马尼亚来往频繁而且友好。这些国家为了保护自己的重要利益，而实现了联合。……

南欧各个联合起来的国家利益同英国是一致的，在北欧不也是如此吗？同样具有一致的利益。单看波罗的海，为了立陶宛、拉脱维亚和爱沙尼亚，彼得大帝就曾经征战过。现在，苏联非常关心的事情是不让纳粹德国得到这些国家，这对北欧来说也具有重要的意义。我们不能说德国将要进攻乌克兰，因为这是攻击苏联的本土。整个东线都和苏联的主要利益有关系，这一点你们是知道的。我们可以由此判断，苏联人会将与他们的利益有关的国家联系起来，不让这些国家受损失。

若是你打算在开战以后同苏联结盟，这将是一个重大的考验，同时也是意义重大的事情。况且，我们已经向波兰和罗马尼亚提出了保证，而这两个国家都和苏联结盟了，那么我们为什么还要担心同苏联结盟的事情呢？现在结盟，可以起到防止战争爆发的作用。这些在外交上的、所有的谨慎的语言和行为，以及迟迟不作决定的意义在哪里？我一点也不明白。倒霉的话，形势变得非常糟糕，我们和他们都被这种局面裹挟了，那么我们就要同他们一道，竭尽全力地斗争。如果幸运，并没有发生这种困难，那么我们就可以在最开始享受安全了。……

英国政府曾经向波兰做出保证，我在听到政府的这个承诺时不免很吃惊。对这保证，我至今持支持的态度。可在我听到该保证的时候，确实非常惊讶，因为之前所发生的事情，带给人们的感觉是，英国不会采取这样的做法。我请各位委员注意，对十天前和今天提出的问题，劳合·乔治先生始终没有回应。这个问题是提出这个保证前的事情，参谋部并没有参加过讨论。需要讨论的问题有：这个保证妥当与否？有没有实操性？能否实现呢？这个问题的提出是全国人都知道的，可是没有得到答复，令人感到担忧。

苏联明显需要平等的待遇，并且，他们还需要相信盟国或者说是和平阵线，确信采用的方式是对成功有利的，否则，苏联不会加入该协定。那些犹犹豫豫的领导人和左右摇摆的政策，任何人都不会与其合作。政府必然认识到，没有一个可以同西方各国联合起来的苏联的帮助，这些东欧国家都无法靠自己的力量支撑一年左右的战争，它们需要苏联强大的支持。我基本上同意劳合·乔治的建议。假如要在东线建立一个强大的阵线，也就是和平阵线，或者说只有在发生战争的情况下才变为战线，那么就必须获得在背后支持东欧各国的苏联，因为它的支持是强大的，而且它是友好的。

如果东线不能建立起来，那么西线的国家会怎样？即使我们还没有向比利时、荷兰、丹麦和瑞士等国做保证，但是从一般意义上说，我们有责任帮助他们。这些国家究竟会发生什么呢？我们可以回忆1917年发生的事情，当年俄国的战线被打垮，俄国士兵的士气消失了。那支军队讲究纪律，而且非常庞大，可是病变和革命让它失去了战斗的信心，前线已经乱得不成样子，简直难以用语言描绘。即使那时候它已经没有什么战斗力了，而且情况一点也不乐观，可是在战争结束和订立和约之前，德国有一百五十万以上的军队还不得不与其周旋。德国在那条战线的战斗不再继续的情况下才转移了，他们的一百万大军和五千门大炮很快就到了西线。结果在战争的最后一刻扭转战争的局势，差点让我们的和平也成为灾难。

东线的重要性是不容忽视的，可令我惊讶的是，现在竟然没有人关心这一问题。我当然不是说必须讨苏联的欢心，现在没必要讨好任何国家了。这里摆着的只一个公正的提议，这个提议更直接、更简单、更有力。依我看，这个建议的条件比政府自己提出的还要好。我们不能随便抛弃它，对它置之不理。我请政府将这些无情的教训记在心里。如果东线不够强大，那么我们想保护西欧的利益也是办不到的。东线想要强大就离不开苏联。长期以来，我们的政府没有关注国防问题，当捷克斯洛伐克和它所拥有的全部军事力量被侵占的时候，也没有引起注意。现在，对罗马尼亚和波兰提出保证，却丝毫没有考虑技术方面的问题。以目前的情况，我们需要苏联，但却对它加以拒绝。当我们被卷入战争，可能是情况最糟糕的时候。如果是那样，他们就没有承担起国民的信任，而且也对不起国民给予他们的宽容。

毫无疑问，现在每件事都已经太晚了。艾德礼、辛克莱和艾登发言的时候，都将已经逼近的危险和必须同苏联结盟的必要性做了概述。

在几周之前，工党和自由党的领袖们还带领着他们的党员对全国实施征兵制投反对票，现在他们的地位因此而下滑了。他们经常就外交政策提出反对意见，可是他们的辩论经常都缺乏说服力。假如没有足够的实力支撑，如果全国人民没有为了争取到这种实力而做出牺牲，那么任何外交政策都没有实际意义。

* * *

一方面是西方国家通过各种努力，试图建立抵御德国的战略防线，另一方面对方也在进行此类的努力。5 月初，里宾特洛甫与齐亚诺在莫斯科进行了会谈，并公开和正式地宣布了结果，即达成了叫做“钢铁盟约”的协议。两国外交部长于 5 月 22 日在柏林签字。这是对英国给予东欧各国软弱性保证的挑战性回复。从齐亚诺的日记里可以看到一段谈话记录，该记录正是在签订盟约时，他与希特勒的对话：

> 希特勒表示他对这个盟约感到满意。他还说已经确定意大利会支持地中海的政策。谈及阿尔巴尼亚，他表示很有兴趣。我们计划把阿尔巴尼亚当成要塞，以便控制巴尔干地区，他对此表示了极大的赞同。

5 月 23 日，也就是签订“钢铁盟约”次日，希特勒和他们的参谋长们开了个会。在会上，他显出一副洋洋得意的样子。这次会议的机密纪要如下：

> 我们爱国主义的浪潮还在继续，日本和意大利的情况也跟我们一样。我们很好地利用了过去的那段时间。我们的行动是根据目标逐步进行的。波兰是我们的敌人，但不是“候补”的，它一直都跟我们的敌人站在一起。虽然我们也签订过友好协议，可是

波兰暗地里却不是这样，它总是居心加害于我们，试图利用所有的机会。我们争论的主题并不是但泽，我们的主题是必须在东方拓展生存空间，保证我们的粮食供应。这样，我们必定不能放过波兰。我们必须做出一旦机会合适就向波兰发动进攻的决定。我们不能指望事情像捷克斯洛伐克那样发展，必须要打仗了。我们的首要任务是将波兰孤立起来，这是非常关键的一步。

如果我们无法确定进攻波兰不会引起西线的战火，那么可能的结果是，法国和英国成了我们在战场上必须主要对付的敌人。假如苏联、英国和法国成立了联盟，反对我们、意大利和日本，那么我们只能用几次歼灭性的进攻给英法以打击。我不大相信，英国能同我们达成和平协议，因此我们必须做好战争的准备。英国人是我们的仇敌，因为他们认为我们的发展是削弱它的地位，认为我们拥有了称霸的基础。我们同英国之间必将经历不是你死就是我亡的较量。武装部队必须占领荷兰和比利时的空军基地，不必理睬他们的中立宣言。

如果英国试图干涉我们进攻波兰，那么我就必须以快如闪电的速度攻占荷兰，这样我们就能从荷兰手中夺取通向须德海的新防线。有一种认识是危险的，那就是以为我们可以不费吹灰之力就可以赢得胜利，这已经是不可能的了，因此我们必须拿出全部的勇气。我们现在的问题是解决八千万人的生存问题，根本不用考虑正义与否。国家的任何一个武装部队和政府的目标只有一个，就是迅速取得战斗的胜利。不过，政府必须做好长期战争的准备，所谓的长期是十年到十五年之间。

英国人当然知道战争失败的后果，那将意味着他的世界霸权不复存在了。英国反对德国的促进力。

英国人是骄傲的。他们勇敢而顽强，有着坚强的抵抗力，也有超凡的组织能力。每一个新的进展都会被他们加以利用。他们喜欢冒险，也具备北欧民族的勇敢，可跟一般德国人相比，还是稍微逊色一些。在第一次世界大战中，如果我们的战列舰和巡洋舰再多两艘，且日德兰海战是在早上打响的，则英国舰队就会被打败，他们只能举旗投降。我们首先要做好的是突袭的准备，其次也要做好长期战争的准备。我们与此同时还要将英国在欧洲大陆的所有机会清除干净。我们的海军基地和空军基地必须由陆军坚定地把守。只要拿下荷兰和比利时，并守住这两个地方，接着打败法国，那么我们就具备基本的战胜英国的条件了。

德国外交部在 5 月 30 日给莫斯科大使下达了训令："我们的计划政策有变，现在的政策相反，我们已经做了决定，要同苏联进行谈判，并加以明确。"一边是轴心国集结军队并进行军事部署，另一边是西方国家和苏联的联合彻底失败。苏联外交人民委员莫洛托夫于 5 月 30 日发表讲话，他对 5 月 19 日张伯伦在下院的演说做了回复，我们从中可以看出双方见解的根本性差距。他说：

苏联政府早在 4 月中旬就和英法政府进行了讨论，希望能确认应当采取的必要手段。可是这个谈判至今没有结果。事情已经很明了了，只要还有一点真诚的希望成立和平国家的强大有力的反侵略战线，则必须达到以下几个最低条件：

英国、法国、苏联缔结一个公约，纯粹以防御反侵略互助为目的。

英国、法国、苏联必须向中欧和东欧国家、苏联的邻国等欧洲国家提出保证，以抵抗入侵者的侵略。

英国、法国、苏联必须在协约中明确规定，只要敌人入侵，三国就必须相互给予最直接的帮助，还要明确向被保证国家提供帮助的直接而有力的方式和范围。

看起来，谈判已经进入僵持阶段，无法继续了。虽然对英国给予的保证，波兰和罗马尼亚政府表示接受，可是却不能接受苏联政府的同样保证。波罗的海是另一个具有重要战略价值的地区，他们的态度也是如此。苏联政府明确地表达了自己的条约主张，认为芬兰和波罗的海国家必须在全面的保证范围内。可是这四个国家并不认可这个保证，或许他们是太害怕才会反对这个保证。芬兰和爱沙尼亚还发表声明说：他们会将未经他们同意而做出的保证看作侵略。爱沙尼亚和拉脱维亚于 6 月 7 日同德国签订了互不侵犯条约。希特勒轻松地打破了那个反对他的、一直犹豫的联盟阵线。

第二十一章　即将开战了

但泽受到的威胁——甘默林将军请我去莱茵河战线参观——和乔治将军一同前往——留下的印象——法国准备战略防守——研究原子能的情况——我就防空工作写了一封信——再次努力与苏联达成协议——波兰的阻力——在莫斯科进行的军事会谈——斯大林在 1942 年向我说明的情况——记录下的欺骗行为——莫斯科邀请里宾特洛甫——苏联和德国签订互不侵犯的协定——令全世界都感到震惊的事情——希特勒的军事命令——“最好的政策是坦诚”——英国的防范准备——首相写信给希特勒——轻慢的回答——希特勒将进攻的时间推迟了——希特勒给墨索里尼写信——意大利领袖的回答——最后那几天

夏天渐渐过去了，整个欧洲都在备战，这种情况一直没有停歇。外交家的态度、政治家的演讲、人类的愿望已经渐渐从被重视的范畴淡出了。德国似乎为解决它和波兰在但泽的矛盾而准备使用武力，这一点从他们的军事调动可以看出端倪。看来，德国想把这些当作侵略波兰的第一步行动。张伯伦先生于 6 月 10 日在议会讲话，表明他对目前形势的担忧，还再三表示，若是波兰的独立遭遇危险，英国一定不会袖手旁观。比利时政府在国王的带动下，基本上是用超脱的态度于 6 月 23 日发表声明，声称他们对英法举行的参谋会议表示反对，他们已经下定决心严格保持中立。事态在发展，不仅令英国和法国的内部越靠越近，还促使两国的军队也越来越密切。巴黎和伦敦在整个 7 月间都频频来往。7 月 14 日是个显示英法团结的好机会，因为这一天是法国的国庆节。法国政府邀请我参加了国庆盛典。

我在游行结束时打算离开布歇尔，可是甘默林将军向我发出邀请，建议我去法国前线参观。他对我说：“你还没有参观过莱茵河扇形战区，8 月份我们再请你来参观一次，那时候什么都可以让你看。”于是我们就制定了一个参观计划。8 月 15 日，乔治将军欢迎他的好朋友斯皮尔斯将军和我前来参观。在东北战线的陆军，乔治是总司令，他是极有可能继承最高统帅职位的人。他非常能干，待人和善可亲，我很高兴同他见面。我们在一起的时间大约有十天。这些天来，我们针对军事问题进行讨论。我随时同甘默林联系，他此时正在前线区域的几个地方考察。

从莱茵河在劳特堡附近的拐弯处，我们开始在整个防区参观，一直走到瑞士边境。这很像 1914 年英国的情况，当时人们正在悠闲地享受假日，大人带着孩子在沙滩游戏。可在莱茵河这里景象有所不同。每座临时桥都转移到了河这边或者河那边，凡是永久性的桥梁都派重兵把守且埋放了地雷。这些忠诚的军官整日整夜地把守着桥梁，只要接到信号就会立刻按动炸毁桥梁的按钮。阿尔卑斯山上的积雪融化，让这条巨大河流的水势猛涨，湍急的河水一直向前奔流。在树丛中的哨兵坑里，法军前哨的中队蹲伏着。我们从他们的口中得知，必须要分散成两三个人的小队走到河边，为了避免暴露目标，绝对不可以有太多人同时出现。河对岸大约三百码开外的地方，有德国人在树丛中活动，他们正在悠闲地用镐头和铁锹修筑防御工事。所有住在斯特拉斯堡边区的居民早就撤离了。我在桥上驻留了一会儿，期间开过去的汽车有一两辆。两端的桥头都要检查护照，还要仔细盘问身份。这里的法国哨所和德国哨所的距离仅为 100 米左右，他们之间互不往来。这时候，欧洲目前并没有发生动荡，法国和德国之间也没有出现冲突。莱茵河波涛滚滚，不断奔流，时速可达六七英里。水面上掠过一艘小游船，上面载着孩子们。这次以后，到我再次见到莱茵河，时间大约相隔了五年。我和蒙哥马利元帅在1945年3月乘坐小船在莱茵河上横渡，那是在遥远的北部，一个距离韦塞尔不远的地方。

我收集了一些札记，回国后就送给陆军大臣了，或许跟我有来往的其他大臣也送了。我是这样写的：

已经不能对法国前线突袭制胜了。不管怎么看，如果不花费巨大的生命代价是无法突破防线的，并且花费的时间也不会短，毕竟在战斗过程中的局势会不断变化。德国的情况也与此相同，只是程度略轻一点。

该防线的两端依托的是两个中立的小国。一般说来，比利时的态度是令人非常不满的。现在，法国和比利时之间没有任何军事联系。

在防线的另一端，我可以仔细地观察。法国正在尽全力做防范，准备抵御经瑞士入侵的敌人。德国若是采用这种行动路线，必然沿着阿勒河前行，还会有部分兵力为了保护进攻的主力充当右翼，这部分兵力会向贝尔福山峡开进。在战争打响的最初，我认为德国对法国前线和两端的小国不会表示强烈的兴趣。

德国还没有进攻波兰的时候用不着实施军事动员令。他们现在的部队就是按照战时编制的，在东线作战已经足够用了。即使在对波兰展开猛烈攻击后再实施动员也不迟，那时候增援齐格菲防线的时间仍然富富有余。所以，若是把德国实施动员作为报警信号，则在战争打响以前是看不到了。另外，在这种极度紧张的日子里，法国非常有必要采取特殊措施。

截止到现在，一般都认为希特勒会在阿尔卑斯下雪以后行动，因为那样冬季可以给墨索里尼以掩护。这些条件在9月初的两周内就能齐备，或者还会早一些。10月底到11月初，就进入了泥泞期，这对德国发动进攻非常不利，希特勒在泥泞期到来之前还有足够的时间对付波兰，给波兰沉重的一击。所以，最危险的时期是9

月的前半个月。从德国在纽伦堡的示威活动看，他们的宣传等与上面的结论是一致的。

* * *

我认为在这次访问中有些是值得引起注意的，我看到我的东道主法国肩负着大部分的责任，而且他们都认为必须采取守势，他们用不容置疑的口气向我讲述了这个想法。在跟这些能力超群的法国军官谈话的过程中，难免会产生一种认识，就是他们认为德国的力量比不上他们。可法国那种发动大规模进攻的生龙活虎的气魄已经不能再现了。法国唯一的目的就是为自己而战。对面的齐格菲防线不断坚固而且还配有新式武器，这些武器的火力比先前更加凶猛。上次大战中，在松姆和帕森达勒的攻势现在还在我的脑子里，让我感到隐隐地恐惧。德国现在当然要比慕尼黑事件时的实力更为强大。德国统帅部深切的忧虑还不能被我所了解。我们已经落到这种境况了，心理方面和物质方面都如此落后，导致现在没有一个能担当责任的人。我此时还是在野的状态无法承担什么责任。没有谁能根据切合实际的推测，勇敢地采取行动。所能推测的内容是，德国在从北海到瑞士的漫长防线上配备了四十二个师，可这些部队装备不全且缺乏训练。在慕尼黑事件期间，德国在该防线的部队仅有十三个师。

* * *

我在最后的几周中最为担心的是英国政府。我担心如果德国向波兰进攻，英国政府会不顾我们曾有的承诺，因胆小怕事而退缩，不能对德作战。毫无疑问，张伯伦此时的方针已经做出了确定性的改变，尽管这件事情让他也感到非常难过。那时候，我对他的了解还不及一年后更为深入。如果希特勒再一次用虚张声势的恐吓做出威胁，他或许会说将发动什么新的行动，或许会说他掌握了什么神秘的武器，等等，那样我们内阁在承受重担之下可能会被吓倒，我真担心发生这样的事情，因为真出现这种情况的话，内阁就会变得慌张失措。以前，林德曼教授经常给我讲原子能方面的事情，于是，我请他为我讲述这方面的现状。跟他谈过之后，我就写信给我的朋友伍德，我在前面提到过我和伍德关系很密切。

丘吉尔先生致空军大臣　　　　　　　　　　1939年8月5日

在前几周的某个星期日，报纸上的一篇文章谈到了一个新发现，一种叫做铀的特殊原子在被中子击碎时会发生一连串的反应，能释放巨大的能量。只要一看就能感觉到，未来会有一种具有极大破坏力的新爆炸物被发明出来。针对这个问题必须有这样重要的看法：无论科学界对此多么重视，且未来最终还是要将重点落在实用性方面，可是这一发现在近几年内还不会带来巨大的危险，在战争中暂时不会被大规模使用。

在国际形势异常紧张的时期，从各种迹象都能看出一些谣传是有人故意传播的，据说用这种方法能制出秘密武器，这种新武器具有非常可怕的力量，想要炸平伦敦只是一瞬间的事情。当然，第五纵队也希望用这种威胁的话，试图诱惑我们再一次屈服。为此，我们必须把实际情况加以澄清。

首先，根据最权威的学者所说，在铀里具有这种作用和效力的成分是非常少的。因此，如果想大规模的利用这种效力，必须先从铀中提取这种成分，这需要几年的努力才能实现。其次，只有大量的铀放在一起才能发生连锁反应。能量开始释放以后，且强烈的效果还没有产生的过程中，只要受到轻微的影响就会被引爆。[①]或许，它的确跟我们目前所有的那些爆炸物的爆炸力相当，

① 后来终于克服了这个困难。经过几年的努力，用非常精密的方法，才解决了这个难题。——原注

但是不会产生更大的危险。再次，这些实验不是小规模可以完成的，如果对方已经顺利完成了大规模的实验，那么他们要保守秘密几乎是不可能的。他们尚未真正拥有足以危险我们的成果，因此不能用危言耸听吓到我们。最后，柏林现在已经控制的原属于捷克斯洛伐克的领土内铀的储量非常少。

有些人感到极度恐慌，因为他们认为德国纳粹已经因这种新发现而具备了秘密武器——能凶残地毁灭敌人的新爆炸武器。从上述理由可以得出结论，这种想法毫无道理。未来的种种悲剧比一般的谣传更肆虐，我希望人们不要相信这些。

我很纳闷自己说的竟然是正确的。在原子能方面找到门路的并非德国人。实际上德国人选错了路线。我和罗斯福总统决定并签订了值得纪念的协议，要大规模制造原子弹，这时候的德国人选择不再研究原子弹，而是去研究火箭和无人驾驶飞机。我们在后面会谈到我和罗斯福总统的协议。

在提交给防空研究委员的最后一个意见书中，我也是这样写的：

1939 年 8 月 10 日

英国应采用对来袭者抽取过境税的方式为主要防御手段。如果每次遭遇空袭都能击落敌机的五分之一，那么空袭就会停止……可以试想，我们开始遭遇的攻击规模非常大，接连几个小时内都有敌机对我们进行空袭，他们分批越洋而来，第一次空袭的结果并不是决定空战胜负的决定因素。对英国实施空袭并不是一件小事，敌人在伤亡重大的情况下，会慎重考虑他的得失。在日间空袭的一开始，如果就显示出损失巨大，那么建筑物集中的地区可能就会遭遇夜袭，我们那时候就可以集中精力对付盲目的夜袭了。

*　*　*

7月7日，墨索里尼对英国大使说：“请转告张伯伦先生，如果英国会为波兰打保卫战，那么意大利必然和自己的盟友德国一同战斗。”而他在背后的行为却是相反的态度。这时候，他所想要达到的目的主要是将意大利在地中海和北非的利益巩固下来，他干涉西班牙的果实要拿到手，还要把在阿尔巴尼亚所夺得的利益利用好。他并不想为德国入侵波兰而费心，他也不想参与欧洲的战争。意大利在军事和政治上的脆弱，他自己比谁都知道得详细，可是他还是常常为自己吹嘘。如果德国在1942年向他提供军火，他会愿意作战的，可是在1939年的现在，他可不会这样做。波兰在夏季所承受的压力越来愈大，墨索里尼这时候又想充当和事佬，就像在慕尼黑事件时那样。

墨索里尼提出建议，说要召开一个以世界和平为主题的会议，可是希特勒只是敷衍了一下，因此这个会议没能召开。齐亚诺于8月11日同里宾特洛甫在萨尔茨堡进行了会晤，他在日记中这样写道：

> 如果我能用书面的证据清楚地证明目前的明智之举不是发动战争，那将是领袖最想看到的……战争是不可能被局限在波兰的范围内，假如发展成为全面战争，每个国家都会随之受损。这是领袖最毫无保留地、热切地渴望和平的时候了……里宾特洛甫一直推脱，找借口回避问题。我问他德国的详细政策如何，他就开始闪烁其词。他在德国对波兰的问题上，一次次的撒谎，已经有太多次了，现在他有点慌乱不安，因为有些事情他必须告诉我，还因为他们实际在策划东西。……德国决心要打仗，这是不可改变的了。他们的既得利益远远超过他们企图得到的，这场仗他们是打定了。毁灭的魔鬼已经占据了他们的内心……我们在谈话中，气氛时不时变得非常紧张。我的意见是毫不保留地痛快地说出来

的，可是他却一点也不为所动。我逐渐发现，在德国人看来，我们是多么微不足道。[①]

齐亚诺第二天去见了希特勒。现在，我们掌握了德国这次会见的记录。希特勒清楚地表达了自己要同波兰彻底地解决问题，为此，他宁可同英法开战，他准备把意大利拉入战争。他说："英国最多能向法国派出的兵力为两个步兵师和一个装甲师，还可能提供几个中队的轰炸机。英国不会派出战斗机，因为英国国内要保留必需的兵力。不久以后德国空军要对英国展开空袭，英国的战斗机只能用来保卫本土。"他说在消灭波兰之后，对付法国所需的时间并不会太长，因为在"西墙"，德国可以集中几百个师的兵力，那时候法国就要把所有地方的兵力都集中到马其诺防线来，比如从殖民地和意大利的边境等地方集结兵力同德军进行生死搏斗。齐亚诺在回答他时，不免对这番话的严重性表示惊诧，他抱怨德国此前没有通知他们，因此他们并不知道波兰的争端已经如此严重，更不知道这件事情如此紧迫。相反，里宾特洛甫告诉他的是但泽问题可以暂时放置，留待将来解决。虽然，意大利的领袖深信西方各国之间必然会发生冲突，可是他料想制定此事的计划无论如何都需要两到三年的功夫。

齐亚诺在会谈一结束，就心情沉重地返回意大利了。他向他的主人汇报了此事，他看到墨索里尼更加确定民主国家会参战，他也得知原来墨索里尼并不想参与到战争中，而是想避开争斗。

* * *

英法两国的政府还是希望同苏联达成协议，他们再次为此事而努力。英国决定向莫斯科派一位使者。早在前几年，艾登先生同斯大林

① 见《齐亚诺日记》第123页。——原注

有接触，而且非常成功，此次他主动申请前往。首相却没有接受这个勇敢的建议。首相于6月12日将这个至关重要的任务委派给了斯特朗先生。当然，斯特朗先生也是一位出色的官员，可他的地位仅限于外交部。这是错误的一个方面，因为派一位地位并不高的人前去显得对对方不够尊敬和重视。还有一个问题，不知道斯特朗能不能顺利通过苏联机构的外围。不管怎样，一切都为时已晚。如果从麦斯基在1938年到恰特韦尔来看望我算起，到现在已经发生了太多事情：慕尼黑事件过去了；希特勒的军队又经过了一年多的发展；德国的兵工厂在斯科达工厂被掠夺后得到了补充，而且日夜不停地在生产。苏联政府对捷克斯洛伐克非常关切，可是它已经被毁了。贝奈斯已经流亡国外。布拉格有位德国总督，他在统治那里。

以苏联的眼光看波兰，意味着是完全不同的一系列多年累积的政治问题和战略问题。1920的华沙之战是两国之间发生的最后一次冲突。那时候加米涅夫指挥着布尔什维克军队向波兰展开进攻，毕苏斯基得到了法国和英国的支持，法国的魏刚将军和英国代表团的领导者达伯农勋爵给他提了建议，他因此击退了苏联的红军，在追击的过程中以报复之心大肆屠杀。波兰在此后的几年里一直是反对布尔什维主义的前哨。波兰一方面联合那些波罗的海反苏的国家，又一方面在慕尼黑事件中对捷克斯洛伐克进行了大抢劫。苏联政府非常清楚波兰对他们的恨意，也知道如果德国进攻波兰，它是抵挡不住的。但苏联更清楚自己面临的风险，他们的最高统帅内部已经遭到破坏，这需要花费时间来整顿。斯特朗先生此行的任务在这样的情形之下不免堪忧。

谈判仅仅围绕着一个问题展开，因此而没有取得任何进展。这个问题就是波兰和波罗的海各国不肯接受苏联的帮助，不愿意由苏联从德国的手中拯救他们。《真理报》在6月13发表社论，其中表明，对苏联来说，最为重要的是芬兰、拉脱维亚和爱沙尼亚的有效中立。并且,该社论指出对于英国和法国来说,这些国家的安全也是至关重要的。即使是“丘吉尔先生那样的政治家”也是这样认为的。莫斯科在6月

15 日针对这个问题进行了讨论。苏联第二天的报纸声称“苏联外交部对初次会谈的结果感到不顺利”。整个 7 月里，谈判都在时断时续地进行着。苏联政府最后提出建议，认为苏联同英法两国代表就军事问题进行谈判。英国为此派出了代表团，由德拉克斯海军上将率领，该团在 8 月 10 日前往莫斯科。可是这些前去谈判的军官们并没有拿到书面授权的谈判证明。杜芒克将军率领着法国代表团也出发了。伏罗希洛夫元帅代表苏联参加和主持谈判。现在，我们得知，苏联政府同时许可德国和意大利各派一名代表到莫斯科来。波兰和罗马尼亚不同意苏联军队进入国境，因此，英法苏三国的军事会谈就这样失败了。波兰的口号是：“德国入侵，我们可能失去自由，而苏联人进来，我们可能失去的是灵魂。”①

*　　*　　*

此后，1942 年 8 月的一个早晨，在克里姆林宫，斯大林把苏联那时候的一些事情讲给我听了。他说：“我们当时对英法的认识是，如果波兰遭遇侵犯，两国的政府都没有开战的决心，他们仅仅是想在外交上实现英法苏三国的联合，认为如此一来，希特勒就不会开战。我们则深信这样并不能阻止希特勒。”当时斯大林曾提出这样的问题，他问：“如果法国要抗击德国，那么在动员时可以派遣多少个师。”回答是：“一百个左右。”他接着问：“那么英国呢？”回答为：“两个，以后可以增派两个。”斯大林重复了一遍：“喔，两个，以后可以增派两个。”他问：“如果对敌作战，你们知道我们苏联将要向前线派多少个师？”他顿了顿，继续说，“要派三百多个。”我不知道这是他和谁的对话，也不知道是什么时间，他没有告诉我。可我们不得不承认他说得很有道理。然而，这对英国外交部的斯特朗先生来说，可不是什么好事。

① 雷诺，前引书，第一卷，第 587 页。——原注

斯大林和莫洛托夫为了便于议价，故意隐藏了真实的意图，他们打算不到最后时刻不说真话。莫洛托夫在同时应付两方面的事情上非常有手段，这在他和英德双方的接触中就能看得出来。时至 8 月 4 日，德国大使舒伦堡先生从莫斯科发出一封电报，他当时是这样说的："根据莫洛托夫的态度分析，苏联政府实际上是倾向于德国的，希望改善苏德关系，不过鉴于他们从前对德国的不信任，而这种观念依然存在。总的来看，我认为假如英国和法国能让他们感到满意，现在苏联可能会下定决心，同他们签订协议。谈判当然还要持续很长时间，特别是他们对英国非常缺乏信心。……从我们的角度看，必须做出巨大的努力才有可能让苏联政府改变方向。"[①]其实大局已定，他多虑了。

斯大林在 8 月 19 日晚上向政治局宣布，他将同德国签订条约。同盟国代表团在 8 月 22 日夜晚才见到伏罗希洛夫元帅。他对法国代表团的团长说："一直以来，也没有解决同法国进军事合作的问题。去年捷克斯洛伐克被消灭的时候，我们希望等到法国的消息，可是我们没有等到。我们的军队那时候已经做好了准备……在政治和军事方面谈判方面，法国和英国政府始终拖延，而且时间拖得太久了。既然这样，我们就不能不猜测某种政治方面的可能。"里宾特洛甫第二天就到达了莫斯科。[②]

* * *

现在，我们得到了一些文件才知道了这个交易。这些文件有来自纽伦堡的也有最近美国缴获并发表的。我们永远不应该遗忘这次交易。和里宾特洛普一同飞抵莫斯科的只有他的主要助手高斯。据他说："里宾特洛普先生于 8 月 23 日同斯大林会晤……过了很久，德国外交部长会谈回来了，看上去他很满意……"没有遇到什么困难，当天晚上

① 《纳粹－苏联关系》，第 41 页。——原注

② 雷诺，前引书，第一卷，第 588 页。——原注

苏德互不侵犯条约的正文就形成了协议。高斯说："在前言部分，里宾特洛普先生加入了一句话，用来阐述苏德友好关系形成的重大意义，可是斯大林不同意。他说，纳粹政府已经毫无顾忌地向苏联政府泼了六年的大粪，现在不能让人民突然看到友好宣言。这样，这句话就又被删掉了。"还有一个秘密协议，德国声明在政治上，它对拉脱维亚、芬兰、爱沙尼亚都没有兴致，可是却要得到立陶宛。波兰被瓜分，界限已经明确决定了。德国对波罗的海各国只有经济利益的追求。直至 8 月 23 日深夜，这份互不侵犯协定才最后签署。[①]

* * *

我平心静气地在本章和上一章记录了所发生的一切。尽管这样，我也得说，只有两个集权专制国家的领导人才能对付这样事情，毕竟这种有违常理的事情会让人反感，遭人指责。到底是斯大林更讨厌这个条约，还是希特勒更讨厌它，我们就不得而知了。总之，两个人都知道这是暂时的、不得已而为之的事情。他们分属于不同的帝国，使用的是不同的制度，他们之间的仇恨是极其深刻的。毫无疑问，斯大林回答希特勒只要同西方国家作战一年，德国就不再是苏联最强劲的敌手了。希特勒采用的是"逐个击破"的手段。能签订这样的协议，证明了英法两国近年来在外交上的失败，无论政策还是手段都糟透了。

我们必须将苏联方面的情况加以说明。他们最需要是能令德国军队更加靠近西线，阵地部署越靠西对他们越有利。因为这样苏联才能拥有时间，将广阔帝国内各个地区的军队集结完毕。1914 年，俄国军队的悲惨状况让他们刻骨铭心。当时，他们仅仅做了部分动员，就向德军发起进攻。不过，他们现在的边境跟上次大战时相比，已经偏东了许多。因此，只要还没有受到攻击，他们就要想尽办法抢占波罗的

① 《纽伦堡文件》，第十编，第 209 页以后。——原注

海各国和波兰的大部分，无论是使用武力还是欺骗，只要能到达目的就行。这样的政策虽说显得残酷而冷漠，可是从现实来说，却有重大意义。

这个坏消息像是一枚炸弹，在全世界范围内爆炸了。据苏联的塔斯社称：里宾特洛普在 8 月 21 日到 22 日飞往莫斯科，准备同苏联签订互不侵犯条约。不管当时的英国政府作何感想，但是他们丝毫也没有感到害怕。他们立刻公开回应，“英国决心要履行的义务绝对不会被这件事情影响。”大战已经不可能避免或者延迟了，目前任何方法都不能实现这一目标。

* * *

我们可以将“条约”的前提做一个记录：

> 缔结条约的任何一方都不得相互进行单独的或者与他国联合的任何暴力行为、侵略行为和攻击行为。

该条约的期限为十年，若是在期满一年前，任何一方都没有提出废除该条约，则条约自动延长五年。人们在会议桌的周围欢呼庆贺，还祝酒举杯。斯大林主动提出要为德国元首干杯。他提议说：“我知道元首多么受德国人民的敬爱，我祝他身体健康！干杯！”我们可以从这些事实中受到教训“最好的政策是诚实”。这个简单而普通的训诫在本书中还有几个同样的例证。虽然奸诈之人和政治家煞费苦心，可他们往往害了自己，这就是一个有力的证明。二十二个月之后，斯大林和苏联千百万的生命就要为此付出沉重的代价。一个政府如若在道德上没有底线，总以为自己占了便宜，想做什么就做什么，那么“在一天的末尾总会把一切都算清楚，等到全都结束的时候就算的更明白了。”

* * *

从秘密谈判中，希特勒得知同苏联谈判的条约将于 8 月 22 日签署，因此，里宾特洛普还没从莫斯科赶回来，在条约尚未公布的时候，他就写信给总司令了。他写道：

> 我们一开始就必须做出这样的决定：同西方国家开战……我在春季已经决定，和波兰之间的冲突迟早要解决。我认为应当先打西方，然后回头再进攻东方……封锁并不是问题，我们所需的粮食、牲畜、煤炭会由东方供给……我担心的是，在最后的时刻会有一些下流无耻的人提出调解……政治上的目标已经又实现了一步。已经开始为打败英国的霸权而行动了。只要我在政治上完成布置，这一任务就要交给军人完成了。

* * *

英国政府在德苏条约的消息公布后，迅速开始进行防御措施。海岸重要地点的防卫部队和防空部队都接到了各种命令，让他们集合待命，防卫每个轻易能被攻击的据点。政府还向各个自治领和殖民地发了电文，提醒他们快速进入警戒状态。掌玺大臣也接到命令开始行动了，他把地方机构全部改为了战时编制。内阁于 8 月 23 日向海军部授权，征用二十五艘商船并改为武装商船巡洋舰，此外还征用了三十五艘拖网渔船，并给这些渔船装上了潜艇探测器。征召了六千人的预备役，准备分配到海外驻军去。已经批准了所有雷达站的防空部署，还批准了防空部队的全面部署。有两万四千人的空军预备役已经接到了服役的命令，包括各气球中队在内的空军辅助部队也接到了服役令。所有现役军人都不能请假。海军部已经向商船的航运发出警告。很多其他行动也都开始了。

* * *

首相给希特勒写了信，决心让他知道英国的这些准备措施。法伊林先生写的传记中并没有这封信的内容，但是该信件通过其他途径发表了。考虑到对张伯伦先生必须公正，有必要再次提到这封信的内容：

英国政府所采取的一些措施，恐怕阁下已经有所了解，在今晚的报纸和无线电广播中已经公布了这些行动。

英国政府认为这都是必要的行动，因为根据报告，德国方面的军事调动正在进行中。在德苏条约公布后，一些柏林人显然以为英国不会干涉波兰的事情，认为这种可能性非常之低，已经没有考虑的必要了。这真是大错特错。无论苏德协定是什么性质的，英国对波兰的条约义务都不会受到任何影响。英国政府始终明确表示，决心履行对波兰的义务。

有人认为若是1914年的英王陛下政府能讲明英国的立场，能做出清楚的解释，那场巨大的灾难或许可以避免。现在，无论这种说法是否有根据，为了让人们不再怀有这种悲哀的误解，这次英王陛下政府决心做出说明。他们已经下定决心准备在必要的时候动用他们的全部能力。只要开始敌对，那么结果就是未知数了。假如认为战争开始以后能很快结束，这种想法是非常危险的，即使是想迅速在战争中各个战线的某个方面赢得胜利也是不可能的。

我现在确实想不出什么法子来，我不知道怎样才能让这场席卷整个欧洲的灾难性战争不要发生。可是我想统治者的行动可能对人类造成极为糟糕的后果，因此我提到了上面的各种情况，希望阁下能对此做出慎重的考虑。[①]

希特勒在回复中详细讲述了为解决但泽和走廊的问题德国准备用“无与伦比的宽容胸怀”，此外，他还说了下面的无耻谎话。

英国对波兰提出的保证是这样的：对引发冲突的原因不加考虑，无论什么情况都会对波兰施以援手。真是一种无条件的保证。该保持可以看作是在鼓励那个国家，他们相当于得到了一张特殊的许可证。这个国家在这种掩护下就可以用任何令人惊讶的恐怖方式对待国内的一百五十万日耳曼居民了。[②]

英国政府于 8 月 25 日，公开了同波兰签订的正式条约并明确了此前提出的保证。采取该步骤的当时，所希望的是能得到一个最好的机会让波兰同德国谈判。条约中很明确地表达了这样的意思，如果波兰和德国的直接谈判失败了，则英国会同波兰站在一处。戈林在战后的纽伦堡受审时说：

英国正式向波兰提出保证，就在当天，我接到了元首打来的电话。他说，他打算停止原计划中进攻波兰的行动。于是，我问这是暂时的还是永久性的。元首回答说：“不，我要想想办法，看是否能将英国的干涉排除。”[③]

事实上，希特勒的进攻时间确实推迟了。原计划为 8 月 25 日，后来改为了 9 月 1 日。如同张伯伦所希望的一样，德国和波兰进行了直接谈判。可是希特勒的目的并非同波兰达成协议，而是想将各种逃避

---

① 《纽伦堡文件》，第二编，第 157、158 页。——原注

② 《纽伦堡文件》，第二编，第 158 页。——原注

③ 《纽伦堡文件》，第二编，第 166 页。——原注

保证的机会提供给英王陛下政府。英国政府的想法跟议会和全国是一致的，并非是这样想的。性格略显古怪的岛国人民就是这样奇怪，已经有上千年没有敌人侵犯这个国家了，这里的人不喜欢军事训练，可是当危险越大越近的时候，他们反而变得十分镇定。当危险会危及到生命安全的时候，他们反而变得什么也不怕了，并且非常勇猛。在多次危难中，这种性格让他们重新获得安全，保全自己。

* * *

希特这时给墨索里尼写了一封信。最近，这封信在意大利被公开发表了：

领袖：

德国和苏联很久以来一直在想一个问题，他们之间的政治关系有没有可能建立在一个新的基础上。根据以下理由，最近有必要在这一方面获得有意义的结果。

1. 总的世界政治形势。

2. 日本内阁的立场迟迟未经明确。虽然日本有打算，准备加入一个反苏联盟，根据当前情况，德国和意大利（我认为）会认为这种考虑处于次要地位。针对英国承担某些明确的责任，是日本人所不愿意的。我认为从德国和意大利的方面来看，这个问题是具有决定意义的。

3. 德国和波兰的关系从今年春天开始就令人非常不满意。最近的几周中，就更让人难以忍受了，造成这种情形的原因主要是英国的举动，德国并没有做错什么……为此，我急需通过德苏谈判中取得结果。到目前为止，我还没有把这个问题的细节向你说明。从李维诺夫去职以后起就有了一种意向，克里姆林宫在最近几周明显地改变对德国关系的态度。现在这种意向越来越明显，在局势刚刚变得清晰以后，我就派外交部长前往莫斯科。从整个世界来说，性质最广泛的互不侵犯条约签订了，不久以后，它的全文会公开。该条约为无条件条约，其中规定德国和英国利益的任何问题都要协商解决。领袖先生，我可以对你说，俄国的善意态度可以通过这些规定而获得保证。若是发生冲突，从罗马尼亚方面，不会有任何攻击出现了，这才是最重要的。①

墨索里尼在收到信件以后立即作出了回复：

你的来信刚刚由马肯森大使送过来，现在回复如下：

1. 我非常赞同德国和苏联达成协议。

2. 对日本，我认为应尽量避免冷淡它或者与它决裂，否则它可能同西方民主国家集团越来越亲近……

3. 莫斯科条约签订后，罗马尼亚就被封锁了，土耳其也可能因此改变立场。英国曾经借出一笔钱给土耳其，但是两国并没有签订条约。如果土耳其改变态度，法国和英国在东地中海的战略部署可能会被破坏。

4. 我完全能理解德国对波兰问题的立场，这种紧张的局势下，我们都深信这是无法持续的。

5. 我认为意大利在军事行动开始后的态度是这样的：若是德国在进攻波兰时能局限在一定范围内，意大利就向德国提供所需的援助，包括政治援助和经济援助。

我必须严肃地提出，假如德国进攻波兰时，波兰的盟国开始反攻德国，意大利的军事准备情况将不容许我在军事上采取主动行动。我曾多次向元首你提及此事，并且也向里宾特洛普先生说明过。

① 《希特勒与墨索里尼，书信与文件集》，第 7 页。——原注

不过，假如德国能迅速向我们提供军火和战备物资等，我们就有能力对付法国和英国的进攻。那样的话，我可以即刻参战。在前几次会晤中，我们曾预计的开战时间是 1942 年。我们的海陆空三军在那个时候就能完成我们曾经约定的计划，做好准备。①

希特勒要是此前没有料到是这样，那么现在他也应该明白了。战争爆发的时候，意大利是不会进行武装干涉的。墨索里尼的企图是在最后时刻重演慕尼黑时的角色，现在已经被没人陪他演戏了。后来，德国最后行动的消息，意大利的领袖不是通过德国得知的，而是通过英国得知的。8 月 27 日，齐亚诺在日记中这样写道："德国向伦敦提出建议，英国将其全文通知我们，而此前，我们没有得到任何消息。"②

墨索里尼只有一个需要，那就是意大利保持中立的事情能得到希特勒的同意。希特勒在这一点上满足了他。

* * *

希特勒于 8 月 31 日发出了"第一号作战指令"。

（一）德国对东部边界的形势已经不能再容忍了，并且想要通过和平的政治手段解决也是不可能的了。我决定用武力解决那里的问题。

（二）按照"白色方案"向波兰发动进攻。其中有一点有变动，但不包括陆军几乎已经全部完成的那些方面。作战任务和目标的分配按照原计划执行。

进攻日期为 1939 年 9 月 1 日，具体时间为四时四十五分（红铅笔注）。

① 《希特勒与墨索里尼，书信与文件集》，第 10 页。——原注

② 《齐亚诺日记》，第 136 页。——原注

（三）西线的重要问题是，必须让英国和法国毫无疑问地在最初承担敌对行动的责任。最开始只能用单纯的局部行动来还击对方不太过分的越境行为。[①]

*　*　*

我从莱茵河返回后就到巴尔桑夫人那里去了，接着过了几天晴朗的日子。与我在一起的人都是笑容满面，但他们也是一群内心充满焦虑的人。我们住在一个纳瓦尔的一个古堡里，亨利王在伊夫里战役打响前曾在这里住过一晚。和我们在一起的有华莱士夫人，她还带着几个儿子。她的丈夫是内阁的一位部长，她在这里就是为了等他。前不久，他打来电报说他来不了了，只说以后会告诉她原因。还不断传来一些其他的危险兆头，人们都很忐忑。厄尔山谷里讨人喜欢的阳光似乎都变得不那么温柔了。我在这种非常不安的氛围里几乎不能画画了。如果我在国内，至少可以知道正在发生什么，因此我决定回国，计划8月26日出发。我对妻子说会在恰当的时候告诉她。在我途经巴黎时请乔治将军吃午饭。令我印象深刻的是，他在席间将法国和德国军队的数字都说了一遍，并把这些师分成不同的等级，还进行了比较。我忍不住惊叹："优势在你们这边啊！"他的回答是："德军实力很强，我们不能主动进攻，他们发动进攻后我们两个国家就要联合行动，担负起我们的责任。"

我在回到英国的当晚住在恰特韦尔的家中。第二天，我请刚从波兰回来的艾恩赛将军到我家来。他带来了波兰军队非常有利的消息。波兰士气高涨，他还观看了军事演习。一个师在炮兵实弹射击的掩护下练习进攻，其中有少数伤亡。我和他一起住了三天。对当前局势，我们力求做出估计。此时，我刚好将住所厨房的砖墙垒好了。去年，

① 见《纽伦堡文件》，第二编，第172页。——原注

这所住宅开始建造，计划过几年我们全家都搬进来住。8 月 30 日，我的妻子接到我的电报后，从敦刻尔克回到英国。

* * *

当时，有两万名有组织的德国纳粹在英国。在开战以前，根据他们在其他友好国家所使用的手段，应该是先搞破坏，或者从事暗杀活动。当时我没有得到官方保护，可是我觉得自己非常受关注，虽然不想提出此类的要求，但还是要防备不测。我得到了很多情报，综合看起来，我想希特勒认为我是他的敌人。汤普森巡官曾经在伦敦警察厅做过侦探，现在他退休了。我请他跟我住在一处，并且我把自己的武器也找出来了。这些武器倒是保存尚好。为了防止有人乘虚而入，我们就在一个人睡觉时，另一个人负责戒备。这时候没有人再怀疑战争的发生了。而我知道只要发生大战，我就必须承担一项非常重要的责任。

附　录

（1）我和格兰迪伯爵的谈话内容

丘吉尔先生致范西塔特爵士　　　　1935年9月28日

他当然对整个局势是了解的，只是他为意大利事件做了很多辩解，这些辩解可谓巧妙……

我对他说，舆论界在议会休会后有了急剧的变化。英国或者说是整个不列颠帝国，在国际联盟的基础上，可以在行动上保持一致，整个机构是一个保障，各政党都认为任何地区发生危险的时候，该保障都是强有力的。他说，国联失去意大利是一个损失。现政权的意大利失败后必然会出现一个亲德国的意大利。似乎他更倾向于经济制裁。他们打算接受农村公社那样的生活，他们可以忍受任何穷苦的状态。他还说英国的舆论已经变得难以捉摸了。我的回答是，这个责任不是驻外大使应当承担的，不过舆论对该事实的确已经变了，只要认识到这一点就可以了。除此以外，还要对埃塞俄比亚发生战争后有所预见，一旦打起仗来，必定会有伤亡，还会轰炸村庄等，类似的情况会让人们的情绪无比高涨。似乎，他担心经济制裁在最初不会有什么成效，不过随着时间的推移，制裁压力会加大，战争将在某个机会下发生。

虽然英国舰队必须在不久的将来重建，但是我认为英国舰队依然是强大的。目前看来，它的效率还很好，并且已经做好了自卫的充分准备。可我也反复强调过，这种准备如果就我们在地中海的利害关系而言，也只能算是防御手段。从立场看，我们和国际联盟的其他会员国没有什么不同。我听他这样说，只能苦笑了之。

接着，我提到必须找到一个方法来解决问题。他回答说：“一个人，能支配自己的精神要比攻取一座城池更伟大。”他们在除了意大利以外的任何地方都会这样想。他们要对付的是手里有步枪的二十万人。墨索里尼的独裁政策很受拥戴，独裁力量的根本就在于成功。我最后说对举行三国政府领袖会谈的事情表示赞同。三个聚在一处就能处理一些一个人所处理不了的难题。意大利提出要求，要在埃塞俄比亚占有最高的地位，并让其施行内部改革。英国和法国对此已经表示非常理解了。我对他说，假如大家都同意这一要求，我也必定支持。英国公民为了赢得光荣的和平，愿意采取任何方法。在三国领袖会议方面，我认为他们应当把达成的协议递交给国际联盟，请求批准。依我看，这是唯一能让在强大的友好的欧洲国家——意大利不会毁灭的办法了。如果这个办法没能取得成功也不至于有害，而现在我们却在向毁灭的方向前进。

(2) 我关于海军航空兵的备忘录

1936 年致国防协调大臣英斯基普爵士

1. 海军元帅提出主张，用于侦察、射击和空袭敌人的所有舰队都应该完全由他指挥，并且必须是他所能信任的。这是一个不容反对的意见，因为那些飞机相当于他的双眼。为了实现这个目标，必须采取各种措施，按照海军部的主张行动。

2. 有些人认为，这与空军和陆军的协同作战是一个性质，我们不能认同这种看法。同陆军配合作战的飞机起飞地点是机场，而从战舰上起飞则需要同海军配合，这就和一般的空军作战完全不同。空军和陆军协同作战只是作战的配合问题，而后一种情况则是同现代海军作战的一个组成部分。

3. 受海军部所统领的空军和空军部的空军是不同的。飞机起落架的种类和起飞的基地并不是主要的区别。二者的区别在于任务不同，关键是看它所承担的任务是不是海军的。

4. 大部分的防御任务是可以明文规定的。例如，无论是用着陆轮的飞机、带有浮舟的水上飞机，还是飞艇，也无论是用于侦察的飞机，还是用于战斗和轰炸的飞机，或者发射鱼雷的水上飞机，只要是配备在军舰或航空母舰上的，它们执行任务的所有飞机都该属于海军。

5. 这个问题就缩小到应该派哪些飞机从海岸基地起飞出海进行战斗。这就要根据海军的任务和担负的责任来决定这个问题。在保护商船方面，那些配备在军舰上的飞机能发挥很大的作用。在辽阔的海面上这个作用尤为突出，因为海面上非常辽阔，如果一队巡洋舰或者小型航空母舰上，能有一架侦察机，就能在方圆一千英里的海面上进行巡逻和搜查。可是海军却不能提出拥有强大的空军，当然他们确实没有要求配备在英国海峡能对付强敌的商船。我们根据这一点实际情况,认为空军是空军,海军是海军。如果敌人使用空军主力或者特种机队进行攻击,则英国皇家空军就应该出动。

6. 在这方面我们应该记住，为了纯粹地配合空军作战，我们可以选择或改装几艘军舰，比如当需要袭击某个基地或重要据点时，就有能力绕到敌后去。这是空军作战，所使用的飞机必须是那些一般不会用于同舰队配合的飞机。海军部和空军部的作用在这种情况下等于做了角色互换。空军部就可以根据战略战术上的需要来调动海军舰队了。这个特殊情况可以充分证明“指挥权根据任务划分”的原则，绝不是打乱计划的行动。

7. 应根据规定将划给海军的所有东西都交给海军管理。海军航空部队应该完全服从海军部的指挥，且要为它配齐工作人员。可以从皇家海军中为该部队挑选人员，比如所需的军官、实习士官、基础军官、技术兵等。所挑选的人要在皇家空军训练学校中接受训练，这样可以学习到飞行技术和管理飞机的训练（或许这些学校里配有海军军官）。当飞机驾驶员和航空机械人员的熟练程度都达标以后，就可以转到海军部的陆地机构接受训练了，如同皇家空军的飞行员也要到空军学校继续学习空军作战一样，在这里他们将接受执行海军航空兵部队任务的训练。这样就能实现海军航空部队的所有人员全部属于海军了。海军部负责管理他们的训练和晋级，并且负责他们的事业和年金，等等。所有官兵的勤务人员都适用该原则，船上和岸上两个机构的人员无一例外。

8. 一方面是将海军航空兵部队完全海军化，另一方面调整各种任务。空军部应积极承担其防空的任务；对于海军来说，这就意味着要有一个统一的作战指挥部来控制每个海港的探照灯、飞机、海岸高射炮、防空气球和其他设备。不过，要塞司令还是要管理司令官及部下的。

9. 对那些易受攻击地区的空防，伦敦和其他有必要放置大型空防装备的地方，应该隶属于空军部，接受统一指挥。该指挥机构不仅要负责作战指挥，只要有可能，还应包含空防全部人员的积极培养、训练和管理方面的事宜。

10. 就像海军部应该有自己的“双眼”一样，空军部对积极空防的指挥权是确定的、应当的。空军部为了实现这个目的，应该成立一个新部门，用来指挥全部的高射炮、探照灯、防空气球，还有跟任务相关的所有工作人员，那些随时都可能派来参加任务的人也不应排除在外。这个新部门应该设一些主持工作的军官，还要合适的人配合他的工作，在特定的地点或者地区做些积极防空的相关任务。

11. 这些并不代表空军部或者空军参谋已经具备了单独完成这个新的重要任务的能力，在建立空防指挥系统时还要依靠原有的两个兵种。现有的海军参谋部的军官们必须和海军部、空军部中已经接受了良好训练的参谋人员结合起来。

注意——不要让新兵招募的事情和移交防空司令部各单位（供作战或者训练用的）的内部行政问题束缚住。在没有找到更好的解决办法前，必须按照现在人员的来源处理。

12. 到现在，该备忘录还没有提到武器装备，但这个问题很简单。海军部所需要的飞机类型是根据指派给他们的任务决定的。至于他们在国家财政和资源中需要占多大的比例，最终是由内阁决定，此前会有国防协调大臣带领优先权委员会审核。该部大臣目前的指示当然是发给现有人员，一旦开战或者战备紧张，他就可以将这些事情直接指派给军需处办理了。当然，海军在一般的航空生产中并没有优先权。海军部不能把其他需要挤到后面去，所有的需要还是按照最高需要来办理。

13. 我们并不是要成立隶属于海军部的飞机技术设计机构。那样就成了和空军部或者军需部现有的这种单位竞争了。不过，海军部还是可以建立一个技术参谋核心，这样向两个部提出科学发展有关的可能方向，当向军需部提出海军的特殊需求时就能恰当地使用专业术语了。

14. 将我们的主张总结一下就是：

第一，为了完成海军所承担的所有任务，海军部应拥有海军航空兵部队的一切指挥权。

第二，必须成立一个空军部，人员可以从海、陆、空三军中抽调，以担负指挥空防的任务。

第三，必须由国防协调大臣带领的优先权委员会来决定武器和装备供给的问题。这样的军需部门迟早要建立。目前相关事宜仍由现有的部门处理。

(3) 关于军需机构的备忘录

1936年 6月 6日

1. 国防大臣目前承担的职责包括一些划分不当和互不相关的职能。掌管战略协调的大臣应当与担任下列职责的大臣的工作是不同的。尽管这两位大臣的工作范围并不是彼此毫无关系。这些职责包括：(1) 保证现有计划的实现；(2) 计划的目的是使英国工业尽快适应战时需要，也是为了现在的目的建立起来的最高效控制。

2. 因此，首先属于战略思想的任务必须与平时和战时物资供应的任务彼此分开，后者的各项事宜应当成立一个新的管理机构。为了协调彼此，最好的方式是设立海军部、空军部、陆军部和军需部，国防协调大臣在这四个部之上，有最后决定优先权的权利。

3. 用不着再成立什么委员会了。即使是更多的、分工更细致的、专门的委员会，也无法实现这个目的，想要完成供应任务必须有一个机构下达命令和指示。必须有一个有权利的、负责的指挥系统，能在整个英国工业内部贯彻执行下去，这并不代表着国家会干预工业方面的行动。目前，海陆空三军都是各自管理自己的供应，而计划中的第四个权力机构的性质是单纯的咨询。只有在战争的时候，才有放弃现在的供应办法的必要，目前需要的是将海陆空三军的军需部联合起来，成为一个机构，战时工业的扩充事宜全部由它处理（可以保留支配权的有海军部对军舰的改造和一些海军的特殊储备）。

4. 不仅在供应任务方面要实现机构统一，设计任务也要统一。海陆空三军对各自所需要的军需品种类、质量和数量方面用专业术语描述出来，交给军需部。军需部要想尽办法满足其要求。可以这样说，军需部的指责是向海陆空各军提供已经被批准的各项需要。

5. 现在是和平时期普通状态下的部署形式，要实现这样的事情或按时执行已经被审核通过的计划是不可能的。我们在目前的情况下，还不必也不可能实行战时的方法和权利。我们应该有一个可以称之为紧急准备期的过渡状态。

6. 该项法律的草案应由两部分组成——第一部分是紧急准备阶段的方式，第二部分是战时状态。现在就应该实施第一部分，并对第二部分进行仔细研究，周密考虑，以便确定原则和拟定条文，这样，如果战争来临，就可以直接提交给议会，很快就能实施了。我们的全面计划早就做好了，因此在紧急阶段，我们必须能够迅速地、没有太多破折地过渡到战时阶段。

7. 应该先设立一个军需大臣，这样有利于将新计划付诸实现。在该军需部内，可以设立一个军需委员会，其中的各位成员担负着研究各自所主管的四个或者五个生产部门的问题。接下来，由海陆空三军中负责供应、计划和订立合同等机关所负责的业务，应逐步转交给新的军需部负责。以后，在经费（这里所说的是在计划范围内的已经被批准给付的款项）的问题上，只有军需部才需要同财政部打交道。

(4) 1936 年 7 月 28 日我在两院保守党议员代表团谒见首相时的发言

我们的小小的陆军在和平时期的需求，还有空军和海军在某种程度上的需求，特别是武器弹药，都由陆军部提供。为此，陆军部拥有很多的政府工厂，并且他们还有很多有来往的私人承办厂商。这种方式所能满足的只有和平年代的日常所需。虽然我们的正规陆军有限，他这种方式下的储备也只能满足几周内的战斗需求。在几个月之前除此之外，便一无所有了。陆军部的订货范围大概在最近的三四个月前才得到批准，可以向一般民用工厂寻求帮助。

然而现在每个大陆国家，早就开始科学地、稳步地改组自己的工业了。它们这样做的目的是将和平时期的体制过渡到战时状态。德国是其中最为领先的国家了，这个问题早在希特勒上台前就成为德国政府最重要的研究方面。德国根据和约在海陆空三军方面都是受限制的。可是德国一心想要复仇，在这种情绪的鼓舞下，为了战争的需要，他们实际上将全部力量都集中在工业改造方面了。当别人都把问题处理完毕了，我们才开始认真考虑这个问题。那时就只剩下我们了。我们在 1932 年和 1933 年是有时间追赶的。早在三年前，也就是希特勒刚刚上台的时候，我们当中在研究战时工业体制的官员大约有十几名。可那时候的德国，有五六百人在研究这个问题。希特勒政权启动了整个庞大的机构，他们所想的是，只要协约国没有马上攻打他们，那么用不了多久，他们就能将国家武装起来，因此，他们恪守条约中关于海陆空方面的规定，只要他们的工业还没有足够强大的能力，就决不会冒着风险破坏条约。

现在的情况是这样的，政府没有向议会提到太多其他问题，只是提出零碎的项目，只有不知情的人或许能被迷惑。比如，我在上周听说政府到二十五家工厂视察过了，还签订了制造军火的合同。还有，诺丁汉旧有的枪炮工厂要重新投入使用了，伍尔维奇加油站要搬迁到西岸去。可是，三个月前，任何一份订单都没有发，从订货的日期算起，这些军火在十八个月中，没有任何一项能达到大批交货的程度。如果军火只包括投射用的炸弹（炮弹和炸弹）、装有发射火药的弹壳等，那么这些工厂还要增添工具，用来完成一些特殊的需要，并且现有工厂的布局还需要改造。另外，在制造的过程中，还需要钻模和规测器，这些都需要制造……制造这些特殊工具、钻模和规测器的工厂并非是承担炮弹制造的工厂，大多数还由另外的工厂完成。这当然需要时间。首先是特殊机械工具交付使用，然后才能在工厂中装配，接着才是生产。那时候才能发货，开始的数量很小，然后成批的供应，最后才能有大批的、连续地供应。那时候，军用物资才算得上是开始储存。这个长期的过程是无法超越的，现在，我们只能用极小的规模生产。总共在五十二家工厂订货了，其中有十四家于上周签订了合同。现在的德国呢？他们的军火工厂已经增加到了四五百家。这一点都不夸张。德国的工厂已经紧张地生产两年了。

我们现在说说大炮的问题。我说的是用来发射爆炸性炮弹的大炮。这需要很长时间才能建立一个制造大炮的工厂。这个过程非常长，因为，这需要特殊的厂房，需要品种极多的机械工具，且整个工厂的布局也十分讲究。我们在过去的十年中，除了军舰上使用的大炮外，大炮的产量实在是太少了，毕竟是适应和平时期的需要就够了。在未来的两年中，我们都不会生产出大量的野战炮和高射炮。德国去年生产的大炮至少也有五千门之多，到了战时，他们的产量还会大幅度提高。因此，我们不能不建立炮厂，这样，当情况需要时我们才可能建立国家军队，并配有相当规模的武器装备。

大炮和投射物的问题是国防的核心，因此我才提出这个问题。只要将这些理由和条件稍稍修改，就可以使用于整个装备问题。英国工业是有潜力的，如果启动，在短时间内，即可生产出各种装备。例如，卡车、类似于装甲车和坦克一样的武器等，还能生产陆军所需要许多中轻型武器。可究竟启动了没有？为什么我听说必须正规军装备好后才会装备本土防卫队呢？步枪和步枪子弹的情况，我还没有了解过。我希望至少拥有百万人的用量才好。但是步枪的新供给来源就要花费很长时间了。

我们更需要提到机关枪的生产。勃朗宁机关枪和轻机枪的生产计划，我还一点也没有听说。假如建立必要工厂的命令是几个月前下达的，那么我们在 1938 年以前也不可能希望其供应量是令人满意的这样，只能从国外购进了。德国这样的工厂已经开工了，他们的供应量很大，全国使用机关枪的男子都可以得到足够的供应。

像发射火药、信管、毒气、防毒面具、探照灯、迫击炮、手榴弹、空袭炸弹、爆炸物等等的生产的道理也是如此。海军所需要的深水炸弹和水雷的生产完全可以根据这一道理进行考虑。海军需要的很多小型的军需品都是陆军部门供应的,我们应当记得这一点。这有赖于全国工业发展的水平。海军若是缺少任何供应，都会是极大的损失。这些问题的背后是原料供给和各种复杂的情况。

我们能得出什么结论呢？我们的军事供给大约在两年后才能改进到令人满意的程度，这结论的根据是从国防物资的装备上看的结果，也是此前陆军部所负责的全部供应量上看的结果，更是根据陆军队和海军部对此的一切反应上看的结果。假如我们依然使用现有规模，那么两年后，我们的供应问题跟战时的需求相比将差得太远，跟其他国家在和平时期所达到的程度比，也是非常落后的。

即使我相信现在的估计多半偏低，可如果万一真实情况就是如此，那么，怎么能说没有紧急状态呢？怎么能说对国内的正常贸易绝对是不可以干预的呢？怎么能说为了解决劳动力减弱的事情不能同工会联系呢？国防协调大臣说“按工作需要增加受训工人的数量”，又怎么能够安心地让人信服呢？为什么还要对我们说不要打扰公众，不要做一些打乱公众已经习惯生活的事情呢？

有人开始埋怨国民，说他们不能理解国家所需，抱怨工会没有起作用，抱怨陆军和本土防卫队的工作不够紧张有序，抱怨舆论界设置障碍。可是政府如果对公众说并没有什么紧急状态，那么阻碍就永远存在。

我从法国政府处秘密得到一份对德国空军实力的估计，那是 1936 年的情况。我于去年 12 月份在帝国国防委员会上提出的数字跟这份估计几乎是完全相同的。我个人认为这个估计仍然偏低，而空军参谋部则认为估计过高了。恐怕德国现在可以同时出动的飞机已经超过一千五百架，将近两千架之多，毕竟必须认识到，即使到两千架，他们也不会停止发展。德国空军的整个设备和布局的规模十分庞大，他们的正规划发展计划可能是空前巨大的。如果法国估计的一千五百架数目为我们所认同，那么可以继续估计，按照可以出动作战、连续作战的飞机和军用飞机和飞行员来计算的话，我们首都的空军实力还不到它的一半。如果要将两国力量进行对比，那么还不能忽视两国的后备补充。从德国工业的组织看，他们能最大限度地发挥工业作用，飞机的产量可达每月一千架。未来这个数字还会增长。那么英国工业呢？每个月能产出三百架或者三百五十架飞机吗？我们如果想要达到德国潜在的军用生产数量，要经过多长时间呢？我们在两年之内是做不到的。假如将战争中的损耗率考虑进去，那么极高的损耗让我们在开战后不到半年，实力就只剩下他们的三分之一了。为战时工业的扩大做好准备是迫在眉睫的，以现在的规模为基础，至少要增加两倍。也许德国今年的空军开支会超过一亿两千万。综合这些情况，我们在今年的情况下已经没有追赶上德国的可能了。相反的，我们越来越落后于他们了。谁也说不准这种情况将在明年持续多久。

根据宣布的消息，1937 年 4 月 1 日将要完成一百二十个空军中队，还要完成第一线飞机达一千五百架的本土防卫计划。议会却没有得到关于这个计划在飞机、人员、组织和补给方面的如何执行的任何信息。对此，我们还没听到任何动静。我的意思不是责备政府，不是说他们应该向议会提供详细情况，因为我知道这样做很危险。可是不了解情况的人难免会感到焦急，由此而引起私下议论也是正常的……我怀疑的是，我们在明年 7 月间是否能拥有三十个配有新式飞机的空军中队。根据我所知道的，新式飞机在十二个或者十五个月内不可能提供太大的数量。我们在这段时间里只有那些老款的旧装备。

在实施飞机方面还有一个问题。十五个月后，这些飞机从制造厂里大量生产出来以后，它们所必需的装置都装备好了吗？比方说机关枪的配备，如果从现在起我们预计需要两千架飞机，其中有增加的一千五百架，还有后备的五百架，那么应该配备在这些飞机上的机关枪都准备了吗？一些新式战斗机的机翼上需要装备八挺机关枪，这是一个很大的数目。即使按照平均数量四挺机关枪算，再加上必不可少的备用储备，那么总数将超过一万挺。可是几个月前才决定大规模制造勃朗宁机关枪和轻机关枪的，不是吗？

现在我们来考察一下我们正在建造和已经建造的航空队，可使用的标准为投掷重量和射程范围。为此，我们又要同德国做一次比较了。今后的德国任何时候都可以派出一个飞机队，该队每次出航都能向陆军投放出五百吨的炸药。我们可以从军事统计中得知，一吨炸弹平均能炸伤三十人，杀死十人，造成的损失价值高达五万镑。当然也不必认为德国会出动全部的轰炸机队不断对英国进行轰炸，那是不可能的，因为其中必然会有其他因素的考虑。可是每次飞行投弹的总量仍是两国轰炸机队实力对比的重要方面，这一标准是合情合理的。假如德国的全部轰炸机真的每次都向伦敦投放大约五百吨的炸药，那么英国该怎样回敬德国呢？再假设，如果德国现在就这样做了，我们该如何报复呢？我们首相想报复的是柏林。可我们能做什么呢？就目前看，我们还没有能携带一定数量的炸弹飞往柏林的空军队。我们在一年之后的今天又能有什么呢？你可以考虑一下一年后的今天，德国的航空队差不多能带一千吨的炸弹来轰炸我们了。可是，我们那时候想用炸弹空袭柏林作为报复，可是却连六十吨以上的炸药都无法携带。

现在我们先不说柏林的情况。新轰炸机队航程短，这是个很大的缺点。从英国大部分新式重型轰炸机、中型轰炸机的航程看，如果从本土起飞，只能抵达德国海岸而已。我们的轰炸机只能到轰炸距离我们最近的德国城市，我们的航程能力就是如此。所以，如果我们明年这个时候确实要报复德国，投弹重量的问题可以解决，但我们从本土起飞只能攻击德国的边境了。

或许更好的方式是让我们的飞机从法国或者比利时机场起飞。如果能实现的话,我们的飞机攻击范围就可以囊括德国一些重要的工业区。如果我们可以跟法国、比利时的空军实现联合,那么作战就会变得更为有效,绝对胜过英国空军单打独斗。

现在，我要换个话题，讨论另一个问题。我要说的是英国本土在积极和消极空防、地面和空中空防的问题。毫无疑问，人类社会从未遭受的严重考验将降临到英国的大中城市和运输港口了。在这个方面的布置究竟怎样了呢。例如，伦敦和这里的七八百万居民怎么办呢？我曾经于两年前在下院提出，铝热剂烧夷弹空袭是有危险的。这些炸弹比橘子稍微大一些，可是德国那时候已经生产出几百万个了。每架中型飞机上可以携带五百个，然后进行空投。这种情形是不能排除的，一次小规模的空袭就能投下几万个这种炸弹，地面会因此一层层地被烧毁。如果我们只有九十个消防队，起火的地点有一百处，我们该如何取舍？真正的进攻必定要比这种假设更严重。我们必须想好如果重磅炸弹同时投下，我们该怎么办。

那时候会遭受严重破坏的是各种系统，如自来水、供电、煤气、电话等。这意味着什么？在人类历史上，还没有发生过这样的事情。大量居民可能要撤离，于是政府就要处理公共秩序、粮食供应和公共卫生等事宜。那时候为了要特别注意这些问题，他们或许还要出动所有受过训练的队伍。

每个补给海港都在攻击范围之内，泰晤士河、布里斯托尔、默尔西河和索斯安普敦都是攻击对象。如果这些地方遭遇攻击该怎么办呢？那些为了运进食物的各种方式该怎样处理？有什么部署计划呢？我们为保护防空中心做了哪些准备？这些防空中心可是我们继续抵抗时所依赖的中心。一方面是居民和他们将面临困境的问题，另一方面是我们能借以战斗手段的问题。如果伦敦陷入混乱状态，那么政府该去那里呢？我们已经为建立另一个政府所在地做好准备了吗？是的，有人已经在纸面上谈论此事了，可是，我们为此准备好一两个指挥中心以防万一了吗？我们有深埋地下的电话线和无线电吗？我们那些能出谋划策的系统机构还要靠它发号施令呢！

(5)

第一线飞机产量比较

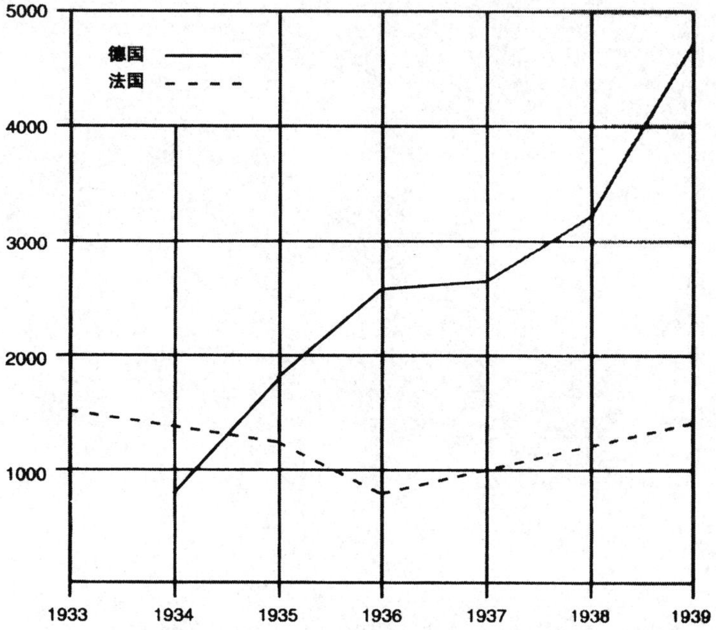

注：德国的数字是根据所缴获的文件；法国的数字是根据法国方面的材料。

图书在版编目（CIP）数据

第二次世界大战回忆录 .01，从战争到战争 /（英）温斯顿 · 丘吉尔著；
方唐译．—北京 ：北京时代华文书局，2017.7（2020.2重印）
ISBN 978-7-5699-1639-3

Ⅰ．①第… Ⅱ．①温… ②方… Ⅲ．①丘吉尔（Churchill，Winston Leonard Spencer 1874–1965）–回忆录②第二次世界大战–史料 Ⅳ．① K835.167=5②K152

中国版本图书馆 CIP 数据核字（2017）第 137097 号

第二次世界大战回忆录 01：从战争到战争

DIERCI SHIJIE DAZHAN HUIYILU 01：CONG ZHANZHENG DAO ZHANZHENG

著　　者 | 〔英国〕温斯顿 · 丘吉尔
译　　者 | 方　唐

出 版 人 | 王训海
选题策划 | 梁明德　邵鹏军
责任编辑 | 周连杰
装帧设计 | 格林文化
责任印制 | 刘　银　訾　敬

出版发行 | 北京时代华文书局 http://www.bjsdsj.com.cn
北京市东城区安定门外大街 136 号皇城国际大厦 A 座 8 楼
邮编：100011　电话：010-64267955　64267677
印　　刷 | 三河市华润印刷有限公司　0316-3656029
（如发现印装质量问题，请与印刷厂联系调换）
开　　本 | 710mm×1000mm　1/16　印　　张 | 26.5　字　　数 | 344 千字
版　　次 | 2017 年 8 月第 1 版　印　　次 | 2020 年 2 月第 3 次印刷
书　　号 | ISBN 978-7-5699-1639-3
定　　价 | 60.00 元